# The Canterbury and York Society

*GENERAL EDITOR: DR P.M. HOSKIN*

ISSN 0262–995X

# THE MEDIEVAL COURT OF ARCHES

CANTERBURY AND YORK SOCIETY VOL. XCV

# The Medieval Court of Arches

EDITED BY

F. DONALD LOGAN

The Canterbury and York Society
The Boydell Press
2005

© CANTERBURY AND YORK SOCIETY 2005

*All Rights Reserved*. Except as permitted under current legislation no part of this work may be photocopied, stored in a retrieval system, published, performed in public, adapted, broadcast, transmitted, recorded or reproduced in any form or by any means, without the prior permission of the copyright owner

First published 2005

Transferred to digital printing

A Canterbury and York Society publication
published by the Boydell Press
an imprint of Boydell & Brewer Ltd
PO Box 9, Woodbridge, Suffolk IP12 3DF, UK
and of Boydell & Brewer Inc.
668 Mt Hope Avenue, Rochester, NY 14620, USA
website: www.boydellandbrewer.com

ISBN 0 907239 68 4

A catalogue record for this book is available
from the British Library

Details of previous volumes available from Boydell & Brewer Ltd

This publication is printed on acid-free paper

# CONTENTS

|  | page |
|---|---|
| Preface | vii |
| Bibliographical abbreviations | ix |
| Introduction | xiii |
|     Prooemium | xiii |
|     History of the Court of Arches | xv |
|     Procedure in the Court of Arches | xxxviii |

PART ONE: STATUTES OF THE COURT OF ARCHES . . . . . . . . . . 1

I. Statutes in the Medieval Black Book of the Arches . . . . . . . . . . . 1
   1. Statute of Robert Kilwardby, archbishop of Canterbury, 6 November 1273 . . . . . . 4
   2. Statutes of Robert Winchelsey, archbishop of Canterbury, 9 November 1295 . . . . . . 5
   3. Statute of Robert Winchelsey; archbishop of Canterbury, 16 June 1309 . . . . . . 21
   4. Statute of Walter Reynolds, archbishop of Canterbury, 30 July 1320 . . . . . . 22
   5. Statutes of John Stratford, archbishop of Canterbury, 11 May 1342 . . . . . . 23
   6. Statute of William Courtenay, archbishop of Canterbury, 22 June 1390 . . . . . . 45
   7. Statute of William Courtenay, archbishop of Canterbury, 12 March 1392 . . . . . . 47
   8. Statute of Thomas Arundel, archbishop of Canterbury, 14 August 1397 . . . . . . 48
   9. Statute of Thomas Arundel, archbishop of Canterbury, 14 October 1397 . . . . . . 49
   10. Statute of Thomas Arundel, archbishop of Canterbury, 28 June 1401 . . . . . . 50
   11. Statute of Thomas Arundel, archbishop of Canterbury, 5 March 1403 . . . . . . 52
   12. Statute of Henry Chichele, archbishop of Canterbury, 16 October 1423 . . . . . . 53

II. Statutes not in the Medieval Black Book of the Arches . . . . . . . . . . 55
   1. Statute issued by the Official of the Court of Arches, 4 May 1280. . 55
   2. Memorandum of Walter de Thorpe, dean of the Arches, 27 July 1303, quoting letter of Archbishop Winchelsey of 25 July 1303 . . . 57
   3. Directive of the Official of the Court of Arches, 31 May 1312 . . . 58
   4. Letter of Simon Sudbury, archbishop of Canterbury, 29 August 1378, reaffirming letter of Archbishop Simon Islip, 23 February 1351 . . . . . . . . . . . . . . . . . . . . . . . . . . . . . . . . . . 58
   5. Statute of Archbishop Warham of 1528 limiting the number of proctors in the Court of Arches to ten. . . . . . . . . . . . . . . . . 60

PART TWO: CUSTOMS OF THE COURT OF ARCHES . . . . . . . . . . 65
   1. Customs of the Court of Canterbury . . . . . . . . . . . . . . . . . 70
   2. The Shorter Version . . . . . . . . . . . . . . . . . . . . . . . . . . 80

PART THREE: TREATISES ON PROCEDURE IN THE COURT OF ARCHES . 85
   1. Modus procedendi in tuitoriis negociis . . . . . . . . . . . . . . . . 85
   2. Iste est modus prosequendi causas in curia Cantuariensi . . . . . . . 90
   3. Quia cause ad curiam Cantuariensem . . . . . . . . . . . . . . . . 97
   4. Hic calumpniatur processus curie Cantuariensis . . . . . . . . . . . 114
   5. Tractatus super appellacionibus tam directis quam tuitoriis secundum consuetudinem curie Cantuariensis . . . . . . . . . . . 117

PART FOUR: PERSONNEL OF THE COURT OF ARCHES . . . . . . . 197
   Officials . . . . . . . . . . . . . . . . . . . . . . . . . . . . . . . . . . 197
   Deans of the Arches . . . . . . . . . . . . . . . . . . . . . . . . . . . 200
   Examiners General . . . . . . . . . . . . . . . . . . . . . . . . . . . . 204
   Registrars . . . . . . . . . . . . . . . . . . . . . . . . . . . . . . . . . 206
   Scribes of the Acts . . . . . . . . . . . . . . . . . . . . . . . . . . . . 208
   Apparitors (or Beadles) . . . . . . . . . . . . . . . . . . . . . . . . . 208
   Advocates . . . . . . . . . . . . . . . . . . . . . . . . . . . . . . . . . 209
   Proctors General . . . . . . . . . . . . . . . . . . . . . . . . . . . . . 218

PART FIVE: CALENDAR OF THE COURT OF ARCHES . . . . . . . . . 225

Index . . . . . . . . . . . . . . . . . . . . . . . . . . . . . . . . . . . . . 230

# PREFACE

This volume has been long in the making. My interest in medieval canon law was ignited by the modern master of the subject, the late Stephan Kuttner, during six months that I spent in 1960 at his institute at Catholic University in Washington. The specific subject of the Court of Arches was suggested by Robin Du Boulay later in that same year, and the dedication of this book honours a friendship of over forty years and counting. In the course of the intervening decades, as my research took me into kindred and not so kindred places, I kept folders marked 'Court of Arches'. Only in the opening years of the new millennium have I been able to return to this subject and am pleased beyond measure that this study is being published under the aegis of the century-old Canterbury and York Society.

My interest in church courts in medieval England has grown out of the conviction that the study of the canon law texts and their transmission and the study of the opinions of the learned men of the law, as absolutely essential as these studies are, give us only a partial view of the canon law system. Law was not meant principally for the lawgiver or the scholar: it was meant to be applied in society upon real people living in real circumstances in real time. To complete the picture one must see how the law was applied. Bishops applied it in making countless administrative decisions. Parish priests applied it as they observed rules for celebrating the sacraments and in hundreds of other ways, and lay people as they observed feast days and fast days and in many other aspects of their daily lives. The canon law was also applied in cases that came before the church courts as disputes were resolved by using the law texts and the learned opinions of experts. Among the ecclesiastical courts in medieval England none stood higher than the appellate court of the archbishop of Canterbury as metropolitan, which court sat from at least the mid-thirteenth century in the church of St Mary le Bow in the city of London, from whose remarkable arches the church and the court took their names. The Court of Arches from its first appearance in the surviving records in the mid-thirteenth century to the time of the 1530s is the subject of this study.

In the course of a long gestation this volume and its author have incurred a great many debts, which it is a pleasure to acknowledge. Some debts are to persons whom I have never met. Dr Irene Churchill, whom I, as a fledgling research student, once heard lecture at Lambeth Palace, has been an inspiration to me since I first opened her *Canterbury Administration*. Also, at Canterbury Cathedral Library the late Dr William Urry welcomed me warmly, and it was there that I came into contact with the spirit of a former honorary librarian, Mr W.P. Blore, whose transcriptions of vital manuscripts, many made in the cathedral crypt during air raids, were put at my disposal. To Norma Adams, recently taken from us beyond her century, I am indebted for her personal encouragement and her pioneering work on this court, dating back, as she told me, to 1939. Also, Dorothy M. Owen kindly shared with me material which she had gathered on the courts, and from our discussions I learned a great deal more. There must be a place *in paradiso* where these scholars gather to discuss bishops, courts, appeals and the vicissitudes of the human race.

Librarians and archivists have made research on this subject possible by easing access to material in their keeping. Recent visits to the archives at the cathedrals at Hereford and Wells have been made pleasurable and productive thanks to Rosalind Caird and Anne Crawford respectively. Many weeks were spent at Lambeth Palace Library, where the staff efficiently filled my requests. At the library of Harvard Law School I was provided access to materials which were vital to this research. As always, the librarians and staffs at the Institute of Historical Research, the British Library, St John's Seminary Library (Boston) and the Public Record Office (Kew), now part of The National Archives, have provided congenial places in which to carry on this work.

In an act of great generosity, Charles Donahue, Jr., went over with exceptional care my rendering of treatise five, making, in the process, corrections and suggestions for the readings and the notes that have considerably improved the text, and these words seem an inadequate expression of my debt to him. In addition, his work with Miss Adams, *Select Canterbury Cases*, has been an indispensable guide to the early history of this court. I have imposed on others. Richard Helmholz checked my readings for the edition of the customs of the court against the principal manuscript at Oxford and gave me wise advice about the introduction to this volume. David Smith journeyed to Kew from North Yorkshire to check references for me; he also read part of the introduction and made useful suggestions. Derek Keene, from his unrivalled knowledge of medieval Cheapside, provided me with information about the church of St Mary le Bow during this period. The Latin texts edited here have benefited from informal 'seminars' at Brookline and Cambridge in Massachusetts with Karen Corsano and Daniel Williman, which went beyond gerunds and gerundives. Throughout, Philippa Hoskin, the general editor, could not have been more supportive of this enterprise and more tolerant of its author's idiosyncrasies.

I am the fortunate recipient of sound, informed scholarly advice, which I have departed from rarely and then, I fear, at my own peril.

F.D.L.<br>
Feast of SS Peter and Paul, 2004

# ABBREVIATIONS

| | |
|---|---|
| Amundesham | *Annales monasterii S. Albani a Johanne Amundesham*, ed. Henry T. Riley (RS; 2 vols; London, 1870–71) |
| arg. | argumentum *or* argumento |
| *BRUC* | A.B. Emden, *A Biographical Register of the University of Cambridge to 1500* (Cambridge, 1963) |
| Brundage | James A. Brundage, *Medieval Canon Law* (London and New York, 1995) |
| *BRUO* 1–3 | A.B. Emden, *A Biographical Register of the University of Oxford to A.D. 1500* (3 vols; Oxford, 1957–59) |
| *BRUO* 4 | idem, *A Biographical Register of the University of Oxford, A.D. 1501 to 1540* (Oxford, 1974) |
| *CCR* | *Calendar of Close Rolls* (London, 1902– ) |
| *Chron. Edw. I & Edw. II* | *Chronicles of the Reigns of Edward I and Edward II*, vol. 1, *Annales Londonienses*, ed. William Stubbs (RS, 76) |
| Churchill | Irene J. Churchill, *Canterbury Administration: The Administrative Machinery of the Archbishopric of Canterbury Illustrated from Original Records* (2 vols; London, 1933) |
| *Corp. Iur. Can.* | *Corpus iuris canonici*, ed. E.L. Richter and E. Friedberg (2 vols; Leipzig, 1879–81) |
| *Corp. Iur. Civ.* | *Corpus iuris civilis*, ed. T. Mommsen and P. Krueger (3 vols; Berlin, 1954) |
| *CPL* | *Calendar of the Entries in the Papal Registers relating to Great Britain and Ireland: Papal Letters* (London and Dublin, 1894– ) |
| *CPR* | *Calendar of Patent Rolls* (London, 1901– ) |
| Donahue, *Records* | Charles Donahue, Jr., *The Records of the Medieval Ecclesiastical Court*, Part II, *England* (Berlin, 1994) |
| Ducarel, 'Indexes' | A.C. Ducarel, 'Indexes to the Archbishops' Registers, 1279–1757' (unpublished ms., London, 1756–60; Lambeth Palace Library) |
| *EHR* | *English Historical Review* |
| Glos. Ord. | *Glossa ordinaria* of Bernard of Parma to the *Liber extra* (or *Decretales*). The edition used here is *Decretales domini pape Gregorii accurata diligentia emendata* (Paris, 1507) |
| Hostiensis, *Commentaria* | Hostiensis [Henricus de Segusio], *In primum [-sextum] decretalium librum commentaria* (6 vols; Venice, 1581) |
| Inn. IV, *Apparatus* | Innocent IV, *Apparatus toto orbe celebrandus super quinque libros decretalium et super decretalibus per eum editis* (Lyons, 1546) |
| *JEH* | *Journal of Ecclesiastical History* |
| Kingsford, *Grey Friars* | C.F. Kingsford, *The Grey Friars of London: Their History with the Register of their Convent and an Appendix of Documents* (Aberdeen, 1915) |

| | |
|---|---|
| *Lit. Cant.* | *Literae Cantuarienses*, ed. J.B. Sheppard (RS; 3 vols; London, 1886–89) |
| Logan, 'Doctors' Commons' | F. Donald Logan, 'Doctors' Commons in the Early Sixteenth Century: A Society of Many Talents', *Historical Research* 61 (1988), pp. 151–65 |
| M. | Master (*magister*) |
| Pottthast | A. Potthast, *Regesta pontificum romanorum inde ab anno post Christum MCXCVIII ad annum MCCCIV* (2 vols; Berlin, 1874–75) |
| PRO | The National Archives of the United Kingdom: Public Record Office |
| Powicke and Cheney | *Councils and Synods with other Documents relating to the English Church*, II, *A.D. 1205–1313*, eds F.M. Powicke and C.R. Cheney (2 parts; Oxford, 1964) |
| RS | [Rolls Series] *Chronicles and Memorials of Great Britain and Ireland during the Middle Ages Published under the Direction of the Master of the Rolls* |
| *Reg. [bishop], [diocese]* | Bishop's register published by learned society; for full reference see E.L.C. Mullins, *Texts and Calendars: An Analytical Guide to Serial Publications* (2 vols; London, 1958–83) |
| *Reg. Epp. Jo. Peckham* | *Registrum epistolarum fratris Johannis Peckham, archiepiscopi Cantuariensis*, ed. Charles T. Martin (3 vols; RS; London, 1882–85) |
| Seipp no. | www.bu.edu/law/seipp |
| *Select Canterbury Cases* | Norma Adams and Charles Donahue, Jr., *Select Cases from the Ecclesiastical Courts of the Province of Canterbury, c. 1200–1301* (Selden Society, 95; 1981) |
| Smith, *Index of Wills* | J.C.C. Smith, *Index of Wills proved in the Prerogative Court of Canterbury, 1383–1558* (London, 1893) |
| Spelman, *Concilia* | *Concilia, decreta, leges, constitutiones, in re ecclesiarum orbis Britannici*, ed. Henry Spelman (London, 1639) |
| Squibb, *Doctors' Commons* | G.D. Squibb, *Doctors' Commons: A History of the College of Advocates and Doctors of Law* (Oxford, 1977) |
| VCH | *Victoria History of the Counties of England* (individual counties are referred to by abbreviated county names, e.g., Lincs.) |
| Wells, *Dean & Chapter* | *Calendar of the Dean and Chapter of Wells* (2 vols; London, 1907–14) |
| Wilkins, *Concilia* | *Concilia Magnae Britanniae et Hiberniae, A.D. 447–1718*, ed. D. Wilkins (4 vols; London, 1737) |
| Woodcock, *Courts* | Brian L. Woodcock, *Medieval Ecclesiastical Courts in the Diocese of Canterbury* (Oxford, 1952) |

*Citations to Canon and Roman Law texts*

Canon Law:
Decr. Grat. = Decretum Gratiani (in *Corp. Iur. Can.*, vol. 1)
    D. = Distinctio; c. = capitulum; C. = Causa; q. = questio
    E.g., in part I: D.28 c.3 = Distinction 28, chapter 3
       in part II: C.4 q.5 c.1 = Cause 4, question 5, chapter 1

in part III: D.1, de cons., c.14 = Distinction 1, chapter 14
X = Liber extra *or* Decretales Gregorii IX (in *Corp. Iur. Can.*, vol. 2)
    book, title, chapter (e.g., X 2.28.70)
*Liber sextus* = *Liber sextus decretalium Bonifacii papae VIII* (in *Corp. Iur. Can.*, vol. 2)
    book, title, chapter

Roman Law:
Inst. = Institutiones (Institutes of Justinian) (in *Corp. Iur. Can.*, vol. 1)
    book, title, fragment (e.g., Inst. 3.15.2)
Dig. = Digesta (Digest) (in *Corp. Iur. Can.*, vol. 1)
    book, title, fragment, preface or paragraph (e.g., Dig. 36.3.5pr; Dig. 44.7.5.6)
Cod. = Codex Justinianus (Code of Justinian)
    book, title, law, usually paragraph (e.g., Cod. 9.3.3)
Nov. = Novella (or Novels)
    novel (new law), chapter, preface or paragraph (e.g., Nov. 96.6.2)

For Robin Du Boulay

*in amicitia*

# INTRODUCTION

PROOEMIUM

This book is about the principal ecclesiastical court in medieval England, the Court of Arches. It was the court of the archbishop of Canterbury, not as diocesan but as metropolitan of an ecclesiastical province, which included thirteen suffragan dioceses in England, south of the Humber, and four suffragan dioceses in Wales. (The smaller province of York with only two suffragan sees completes the organizational picture of England at this level.)[1]

The Court of Arches is to be distinguished from other courts of the archbishop of Canterbury. In the diocese of Canterbury the archbishop had the Consistory Court of Canterbury, presided over by a commissary general.[2] Besides the Court of Arches there were during the late Middle Ages two other non-diocesan courts of the archbishop of Canterbury: (i) the Court of Audience, which evolved out of the archbishop personally hearing complaints to a fairly fixed court, which followed the archbishop and then, probably in the fifteenth century, settled at Lambeth,[3] and (ii) the Court of Prerogative, which proved wills of testators with goods in more than one diocese.[4] The term 'Court of Arches' is used here to apply to the court of appeal in the province of Canterbury; the term

---

[1] For the York ecclesiastical courts see Robert Brentano, *York Metropolitan Jurisdiction and Papal Judges Delegate (1279–96)* (Berkeley and Los Angeles, 1959); D.M. Smith, *Ecclesiastical Cause Papers at York: The Court of York, 1301–99* (Borthwick Texts and Calendars, 14; York, 1988); idem, *The Court of York, 1400–1499: A Handlist of the Cause Papers and an Index to the Archiepiscopal Court Books* (Borthwick Texts and Calendars, 19; York, 2003); W.J. Sheils, *Ecclesiastical Cause Papers at York: Files Transmitted on Appeal, 1500–1883* (Borthwick Texts and Calendars: Records of the Northern Province, 9; York, 1983); Ronald A. Marchant, *The Church under the Law: Justice, Administration and Discipline in the Diocese of York, 1560–1640* (Cambridge, 1969).

[2] There was also the Archdeacon's Court, the archdeaconry being coterminous with the diocese. For the jurisdictions and the relationship between these courts see the pioneering work of Brian L. Woodcock, *Medieval Ecclesiastical Courts in the Diocese of Canterbury* (Oxford, 1952).

[3] It was seen to come from his position as papal legate (*legatus natus pape*). For the Court of Audience, presided over by an Auditor of Causes, see Churchill 1. 470–79; C. Donahue and J. Gordus, 'A Case from Archbishop Stratford's Audience Act Book', *Bulletin of Medieval Canon Law* 2 (1972) 45–59; F. Donald Logan, 'Archbishop Thomas Bourgchier Revisited', *The Church in Pre-Reformation England: Essays in Honour of F.R.H. Du Boulay*, eds, C.M. Barron and C. Harper-Bill (Woodbridge, Suffolk, 1985), pp. 177–85.

[4] The archbishop delegated individuals to prove wills and to appoint executors, at first seemingly for specific cases and then more generally. When the Prerogative, as the archbishop described it, became a court is not easy to determine: the expression 'Court of Prerogative' is not known to have been used before Archbishop Morton's time (after 1486) but in reality had probably existed for some time. See Churchill 1. chap. 11.

is synonymous with 'Court of Canterbury' – its official name was *curia Cantuariensis*. From at least the mid-thirteenth century the court sat at Cheapside, London, in the Church of St Mary le Bow. It took its popular name from that church. Although known as St Mary le Bow and, more familiarly, as Bow Church, in Latin the church was called *ecclesia beate Marie de arcubus* or simply *ecclesia de arcubus*, and the court that sat there was commonly called *curia de arcubus* or Court of Arches, the name used here.[5]

One small, almost pedantic point should be mentioned. The court is referred to here as the 'Court of Arches' and not 'Court of the Arches'. The absence of the definite article in this expression is found insistently in our sources. In a year book of 1410 we read 'en le court d'Arches'.[6] On 6 October 1535 Richard Gwent, dean of the Arches, in a letter to Thomas Cromwell referred to 'the court of arches'.[7] When a royal charter was granted to the Society of Doctors' Common in 1768, the king spoke of 'the court of arches' twice.[8] Interestingly, the same royal charter makes mention of 'the dean of the arches',[9] which echoes an earlier usage, where the poet Langland wrote of 'vokettes of the arches' (i.e., 'advocates of the arches').[10] Hence, the usage here is the 'Court of Arches' – or simply 'the Arches' – but always the 'dean, advocate etc. of the Arches'.

The focus of this volume is on the *medieval* Court of Arches. The starting point is the mid-thirteenth century, when the court first appears in the surviving records, and the *terminus* is the Act in Restraint of Appeals of April 1533.

When the church of St Mary le Bow was destroyed in the Great London Fire of 1666, the records of the court that were there at the time went up in flames. A contemporary ecclesiastical lawyer, Sir Leoline Jenkins, reported that there were 'consumed by the late fire . . . all the books of acts and all the sentences since the beginning of Edward the 6th's time (for there were no ancienter extant)'.[11] Although twelve volumes for the period of the last half of the sixteenth century and the first half of the seventeenth century have surfaced, no central records of the court from the medieval period have survived.[12] This is not to say that there are no records for this period, but what can be found in extraneous sources are exiguous indeed, with one notable exception: the late thirteenth-century *sede vacante* records which were kept at Canterbury and which have been thoroughly

---

[5] The church derived its name from its stone arches.
[6] Year Book, Mich. 11 Hen. 4, pl. 9, f. 41a (Seipp no. 1410–009).
[7] Gerald Bray, ed., *Tudor Church Reform: The Henrician Canons of 1535 and the* Reformatio Legum Ecclesiasticarum (Church of England Rec. Soc., vol. 8, 2000), p. xxvii.
[8] For the text see Squibb, *Doctors' Common*, pp. 210, 212.
[9] ibid., p. 211.
[10] *The Vision of Piers Plowman: A Critical Edition of the B-text based on Trinity College Cambridge Ms b. 15.17*, ed. A.V.C. Schmidt (new ed., London, 1987), p. 19 (passus ii, line 61).
[11] Quoted in M. Doreen Slatter, 'The Records of the Court of Arches', *JEH* 4 (1953) 140.
[12] For a survey of the post-medieval records see Slatter, 'Records', pp. 139–53, and eadem, 'The Study of the Records of the Court of Arches', *Journal of the Society of Archivists* 1 (1955) 29–31; Melanie Barber, 'Records of the Court of Arches in Lambeth Palace Library', *Ecclesiastical Law Journal* 3 (1993–95) 10–19. For the post-Restoration period see Jane Houston, ed., *Index of Cases in the Records of the Court of Arches at Lambeth Palace Library* (Index Library, 85; British Rec. Soc., 1972).

studied by Professors Adams and Donahue.[13] Occasional pieces can be found elsewhere.[14] When the Court of Arches accepted an appeal, the court 'rescribed' – to use the technical word – by writing to the inferior jurisdiction to stop any further action in the lower jurisdiction and to cite the appealed party to appear. Bishops who received such inhibitions would sometimes have them enregistered in their episcopal registers. Such surviving inhibitions, although not numerous, shed some light on the types of cases appealed to the Arches. Also, matters involving the court could come to the attention of the royal chancery, which issued appropriate writs (e.g., significations of excommunications, prohibitions) and leave traces in the public records. In addition, notaries and others compiled formulary books, many of which contained forms related to actions in the Court of Arches.[15]

This volume contains three sections of texts, a list of the personnel of the court and a section on the court's calendar. Among the texts prime place is given to the statutes of the court, found principally in the *Liber statutorum*, known in more recent times as the Black Book of the Arches. Some statutes are drawn from other sources. Complementing and, in a real sense, co-equal in importance are the customs of the Court of Arches. The edition of the long version of the customs is based on five manuscripts, that of the shorter version on two manuscripts. In addition, several treatises written specifically about procedure in the Court of Arches reveal to us the workings of the court as seen through the eyes of learned canonists who were personally familiar with the court. Also, the names of all officers of the court that have come to light in the preparation of this study are listed by office. Finally, the calendar of the court is described.

The introduction now considers two aspects of the Court of Arches: its history and its procedure.

## History of the Court of Arches

The Court of Arches appears in extant records from as early as 1251. How it came into existence must be examined.

Before pursuing this theme a matter of definition of two terms must be addressed. First, the meaning of *curia Cantuariensis*.[16] In the earliest usage it meant simply the jurisdiction of the archbishop of Canterbury undifferentiated, as bishop, as metropolitan, as judge, as administrator, as pastor of souls. Even after the appellate court was in full definition and operating from the church of St Mary le Bow in London, the term continued to be used for a period in this broader sense. This court was functioning at London, as will be seen shortly, from at least the very early 1250s, yet in 1278 an entry in the register of Thomas Cantilupe, bishop of Hereford, speaks of ordination by the bishop 'uel ab alio

---

[13] *Select Canterbury Cases*. In addition, Professor Donahue has compiled a valuable calendar of vacancy (and other) cases in Donahue, *Records*, pp. 41–84.
[14] At least eight original documents – not copies – were inserted in London, Inner Temple Library, Petyt Ms. 5/3; see J. Conway Davis, ed., *Catalogue of Manuscripts in the Library of the Honourable Society of the Inner Temple* (Oxford, 1972), pp. 210–15. For a valuable listing of records of medieval English church courts, see Donahue, *Records*.
[15] See infra, pp. 30–31. A list of these can also be found in Donahue, *Records*, pp. 88–89.
[16] See Churchill 1. 10–11, 186–87.

curie Cantuariensis suffraganeo',[17] which may simply mean that a provincial scribe was not up to date on the latest usage. Ten years earlier in a composition between Archbishop Boniface of Savoy and the prior and chapter of Worcester Cathedral it was agreed that during a vacancy of the diocese of Worcester the prior was to act as Official of the diocese 'auctoritate curie Cantuariensis'.[18] Thus, there was a situation when briefly there were two contemporary uses for 'curia Cantuariensis': *late dicta*, as we may say, when it referred to the archbishop's jurisdiction and *stricte dicta* when it referred to the provincial appellate court. It was probably from the early 1270s that the expression was used exclusively in the narrow sense to refer to the archbishop's court of appeals that sat in London.

Second, the term 'Official' needs glossing. It too had a broad meaning and a narrow meaning. In the early thirteenth century, during the times of Archbishops Hubert Walter and Stephen Langton it meant the person who could act for the archbishop, generally in his absence.[19] Master Hugh Mortimer was described both as *officialis Cantuariensis* and *officialis curie Cantuariensis*, the former in documents dating from the mid-1250s and the latter in a nearly contemporary (1259) document.[20] Presiding over the provincial court was considered but part of his authority. It is worthy of note that, when Archbishop Kilwardby on 6 November 1273, in the early days of his pontificate after a long vacancy, ordered oaths to be taken by advocates and proctors in his provincial court, he wrote to the dean of the Arches and not to the Official. This might lead one to suggest that the office of Official had not yet been limited to his activity in the provincial court and that the dean at this moment bore much of the responsibility for the court's activity, although as the Official's commissary general, with the Official still having a broader mandate, which included the court.[21] The restricted meaning of 'Official' to refer to the presiding judge of the provincial court of appeal was probably a consequence of a decision taken by Kilwardby (1273–78), whose register has disappeared.[22] Thereafter, the Official acted as the presiding officer of the appellate court, although on occasion the archbishop might assign other, ad-hoc duties to him.

*The early court*

Two forces helped to create the provincial court of appeal of the archbishop of Canterbury (*curia Cantuariensis*, Court of Arches) in its historical form: the devolution of courts from the household of the archbishop and the waning of the use of papal judges delegate.[23]

---

[17] *Reg. Cantilupe, Hereford*, p. 193.
[18] For text see Churchill 2. 59–60.
[19] This is discussed in *Select Canterbury Cases*, pp. 7–8 (intro.). See also Woodcock, *Courts*, pp. 9, 14.
[20] ibid., pp. 14, 113.
[21] In a case in 1269 the dean was called the 'commissary general of the official of the court of Canterbury' (*Select Canterbury Cases*, p. 301).
[22] For the development of the office of Official the essential article is David M. Smith, 'The "Officialis" of the Bishop in Twelfth- and Thirteenth-Century England: Problems of Terminology', *Medieval Ecclesiastical Studies in Honour of Dorothy M. Owen*, eds M.J. Franklin and Christopher Harper-Bill (Woodbridge, Suffolk, 1995), pp. 201–20.
[23] For aspects of the history of the court see Churchill 1. chap. 10, and *Select Canterbury Cases*, intro. passim.

First, how did courts come into existence?

Back in times before records bishops dealt personally with issues which, in our construction, were administrative, disciplinary and judicial, although at that time the distinctions between them were probably not made. At times, because the bishop was otherwise engaged or the volume of business was too great for him to handle, the bishop might appoint a deputy to act in his name. What we call courts developed from there. This development appears to have been a post-Conquest phenomenon.

The extent to which formal ecclesiastical courts existed in pre-Conquest England is not clear, but the weight of the argument for their existence is not persuasive. In addition, before the Conquest churchmen sat with lay officials in the hundred court, where they heard ecclesiastical cases. The Conqueror in the mid-1070s issued an ordinance which forbade churchmen from sitting in the hundred court and which ordered persons with issues involving ecclesiastical matters to appear at *loca* designated by the bishops to receive justice 'secundum canones et episcopales leges'.[24] These *loca* evolved into the church courts.[25]

Subsequent developments paralleled what was happening in the king's household as one function after another devolved from the *curia regis* into separate courts, themselves often spawning offspring. When the bishops began to appoint a specific person – called *officialis principalis* – by a special commission with special powers to hear cases and to make judgments is not clear, but by the thirteenth century it was well established. For the archbishop of Canterbury, with both diocesan and provincial jurisdictions, the matter had a two-fold aspect. As has been seen,[26] the archbishop appointed by commission a 'commissary' to act in cases coming to him as bishop of the diocese of Canterbury. Yet, as metropolitan with certain responsibilities over the eighteen dioceses forming the province of Canterbury, the devolution of judicial matters from the person of the archbishop and his household to individuals in courts separate from the archbishop's household was not as straightforward, and disputes were to occur. Yet it was out of this devolution that the Court of Arches came into being as a distinct court with jurisdiction extending throughout the southern province. The archbishop retained the practice of hearing some cases in his household, i.e., in his audience where cases were heard by an Auditor and in the archbishop's name. There remains to see how the court became situated in the church of St Mary le Bow, London.

The second influence that served the historical Court of Arches concerned papal judges delegate. The twelfth century witnessed a fairly robust business in

---

[24] For the text see F. Liebermann, ed., *Die Gesetze der Angelsachsen* (3 vols; Halle, 1903–16), 1. 485; William Stubbs, *Select Charters* (9th ed.; Oxford, 1913), pp. 99–100. For the date see Curtis H. Walker, 'The Date of the Conqueror's Ordinance Separating the Ecclesiastical Courts', *EHR* 39 (1924) 399–400.

[25] Bishops are also known to have used diocesan synods to decide cases, but synods were probably used infrequently for routine matters. Cf. Colin Morris, 'From Synod to Consistory: The Bishops' Courts in England, 1150–1250', *JEH* 22 (1971) 115–23. Exceptionally, significant cases (e.g., of heresy) were heard in convocation into the 1530s and beyond. Dr Gerald Bray is preparing a study of convocation and, in advance of publication, has kindly provided me with a list of such trials.

[26] Supra, p. xiii.

cases appealed to Rome which were redirected by the popes to judges in England delegated to resolve such appeals with papal authority.[27] A procedure with its origins in the eleventh century, it flourished well into the first half of the thirteenth century but began to show signs of fading by mid-century. It was a procedure by which cases of first instance as well as cases of appeal were brought to the pope or, more accurately, to the papal curia. Local judges, appointed by papal authority and generally at the nomination of the petitioner, had authority not only to hear the cases but to make final decisions. Since such judges did not preside over permanent courts but were only appointed for specific cases, no archive of documents exists for papal judge-delegate courts in England. Other sources, especially cartularies and episcopal *acta*, provide a valuable view of how the system worked.[28] Several influences appear to have contributed to the lessening of the use of judge-delegate procedure, and its waning awaits fuller investigation. The period between the death of Pope Gregory IX (22 August 1241) and the election of Pope Innocent IV (25 June 1243) saw the temporary cessation of this system of delegating judges.[29] Although Innocent IV, the distinguished canonist, revived the practice, other factors were working against it. Local bishops in England bore the responsibility for enforcing the final decisions of these courts, yet they enjoyed none of the income produced in these litigations. In addition, bishops resented being bypassed by a system that allowed direct access to the pope. Robert Grosseteste, bishop of Lincoln (1235–53), attacked the system in an address before Innocent IV and his cardinals. Also, its cumbersome and costly nature commended this form of appeal, even in its heyday, mostly to large and wealthy ecclesiastical institutions.[30] It will be suggested shortly that the Court of Arches probably came into existence as the appellate court of the province of Canterbury in the mid-1240s. Once in full operation, this court would undoubtedly have had a negative effect on the use of judge-delegate procedure.

Among the judges who were deputed by the pope to act in specific cases was the dean of that deanery within the diocese of London which was under the jurisdiction of the archbishop of Canterbury. It was called the deanery of the Arches from the fact that its principal church was the church of St Mary le Bow (church of the Arches) at Cheapside in the city of London. Comprised of thirteen parishes, this peculiar jurisdiction had a dean, his powers similar to those of an archdeacon, who had judicial powers within his archdeaconry. The dean was an obvious candidate for appointment as a papal judge delegate. And so it was. As early as the 1220s he is seen acting as a papal judge delegate.[31] On 7 March 1231 the dean was appointed with the prior of St Bartholomew's Priory, London, to hear a case appealed from the dean of London and on the fol-

---

[27] The classic work on the subject is Jane E. Sayers, *Papal Judges Delegate in the Province of Canterbury, 1198–1254: A Study in Ecclesiastical Jurisdiction and Administration* (Oxford, 1971).
[28] See eadem, 'The Records of the Court of the Judges Delegate in England', *The Records of the Medieval Ecclesiastical Courts*, Part II, *England*, ed. Charles Donahue, Jr. (Berlin, 1994).
[29] Celestine IV, elected on 25 October 1241, died seventeen days later probably without having been consecrated bishop of Rome.
[30] These developments are discussed in Sayers, *Papal Judges Delegate*, pp. 272–77.
[31] B.R. Kemp, ed., *English Episcopal Acta*, 19, *Salisbury, 1217–1228* (London, 2000), no. 276.

lowing 22 April with the prior of St Mary's Priory, Southwark, in another case.[32] About 1232 he can be seen again acting as a judge delegate,[33] and in 1232 the dean acted with the prior of Holy Trinity Priory, London, and the archdeacon of Colchester, in yet another case.[34] The dean of the Arches appeared as a single judge delegate in 1238 in a case between the rector of Stewkley (Bucks.) and the priory of Newton Longville (also Bucks.).[35] The dean of the Arches was obviously much in demand in this capacity.[36] At some point before 1251 he had become the commissary of the Official, who for some time had been exercising judicial power as part of broader powers, and a court became established in London.[37]

These two impulses – the devolving of a court from the archbishop's household and the developments involving papal judge-delegate jurisdiction – helped to produce the historical metropolitan court which was to become the most important ecclesiastical court in England in the Middle Ages. Other factors were undoubtedly at play. The maturing of canonical procedural principles and the formation of an educated class of ecclesiastical lawyers were conditions that helped to shape ecclesiastical courts in general and were not peculiar to the Arches. Other issues concerning the origin of the court present themselves.

That the provincial court of appeal sat in London must have been an obvious decision. Canterbury, located at the extreme southeastern part of the province, was hardly a suitable location for a metropolitan court. London, the principal city of the realm, the seat of government, a place where the archbishop had his principal residence and where he had a deanery subject to his immediate jurisdiction, was the ideal location.[38] And so it happened: a court was established in London with the Official holding the principal place and the dean of the Arches as his commissary. By mid-thirteenth century the court was in full operation.

The Court of Arches is first seen in an appeal case concerning the dean and chapter of Wells Cathedral. The earliest known document of the court is dated 3 December 1251 and is known to us because it was copied in a memorandum of 18 January 1252:

---

[32] *CPL* 1. 125, 127.
[33] Nicholas Vincent, ed., *English Episcopal Acta*, 9, *Winchester, 1205–1238* (London, 1994), p. 138.
[34] *CPL* 1. 136.
[35] H.E. Salter, ed., *Newington Longeville Charters* (Oxfordshire Rec. Soc., 3; 1921), no. 54; see Sayers, *Papal Judges Delegate*, pp. 33, 290.
[36] Since the identities of the early deans are unknown, it is impossible to know how many deans we see acting as papal judges-delegate at this time.
[37] An early reference to the dean as commissary of the Official is from Worcester: 15 Feb. 1260 (Philippa Hoskin, ed., *English Episcopal Acta*, 13, *Worcester, 1218–1268* (London, 1997), no. 74). As late as 13 Jan. 1264 the pope sent a mandate to the Official of Canterbury and to the dean of the Arches to hear an appeal as his deputies (*CPL* 1. 395).
[38] Although in previous vacancies of the archbishopric the court seems to have sat at Canterbury, during the vacancy of 1292–94 it sat routinely in the church of St Mary le Bow as it had *sede plena*; see *Select Canterbury Cases*, p. *34* (intro.). In 1342, Archbishop Stratford was to laud the location of the court: 'propter loci commoditatem et subditorum utilitatem tamquam in loco insigni, habili et securo' (infra, p. 23).

Magister E. de Lenn, officialis Cantuariensis salutem, reuerenciam et honorem.

Exposuit nobis capitulum Wellense quod uos, ecclesia de Congerbury ad ipsos de iure spectante, W. de Button clerico de facto, licet non de iure, eam eidem conferendo dictum capitulum contra iusticiam spoliastis, quam dictus W. iniuste detinet occupatam. Vnde senciens indebite se grauari sedem Cantuariensem appellauit. Quare uobis inhibemus ne, pendente coram nobis appellacione, in preiudicium dicti capituli hac occasione aliquid attemptetis aut attemptari faciatis. Citamus eciam peremptorie quod compareatis coram nobis in ecclesia beate Marie de arcubus recepturus. Et super citacione nos dictis die et loco certificare curetis.

Datum apud Otteford die dominica proxima post festum sancti Andree anno gracie millesimo ducentesimo quinquagesimo primo.[39]

The actual appeal to the Official was made on 15 November 1251, the day after the bishop's collation of the benefice of Congresbury became known to the chapter; it was twice renewed, on 19 November[40] and again on 25 November.[41] The document merits comment. It is an inhibition, which was the standard response of the Official to an appeal. Addressed to the bishop, it recounts how the bishop allegedly despoiled the chapter of its right to appoint to the church of Congresbury in Somerset by conferring the church on the cleric William Button, who, we later learn, was the bishop's nephew. The Official, in response to the appeal, ordered two things: (i) pending the appeal, the bishop must do nothing prejudicial to the claims of the chapter and (ii) the bishop must appear in the church of St Mary le Bow in London to answer to the appeal.[42] There is not even a whiff of a hint that this is new procedure: it sounds like a well-established way of responding. Two hundred and fifty years later the court was responding to appeals in the same way and with almost precisely the same words. To return to the case just cited, on 18 January 1252, less than seven weeks after the inhibition, the Official ordered the archdeacon of Wells to cite the bishop's nephew, William Button, to appear at St Mary le Bow on the following 12 April:

Magister E. de Lenn, domini Cantuariensis officialis, discreto uiro Magistro Roberto de Falesham, domini archidiaconi Wellensis officiali, salutem in domino.

Mandamus uobis sub pena canonica firmiter iniungentes quatinus, cum sitis beneficiati in episcopatu Cantuariensi,[43] quod citetis peremptorie Willelmum de Button clericum, domini Bathonensis episcopi nepotem, secundum tenorem cuiusdam memorandi[44] nobis exhibendi sigillo officialitatis signati quod compareat coram nobis in ecclesia beate Marie de arcubus Londonia sexta feria post dominicam qua cantatur 'Quasimodo geniti' secundum formam predicti memorandi facturus et recepturus quod ordo dictauerit racionis et de citacione facta nos dictis die et loco per litera uestra patentes certificetis. Valete.

---

[39] Wells, Dean and Chapter Archives, R.I, f. 101ʳ.

[40] *Wells, Dean & Chapter*, 1. 132, which is a memorandum of the appeal, which was witnessed by thirty-one named persons and other persons unnamed.

[41] These and related documents can be found calendared in ibid., pp. 132–34.

[42] The text seems somewhat abbreviated *in fine* since it fails to specify the date on which the bishop must appear: also, in the address the recipient is unnamed.

[43] *rectius* Wellensi.

[44] The reference is to the memorandum which contains the mandate from the Arches dated 3 December 1251 (Wells, Dean and Chapter Archives, R.I., ff. 100ᵛ–101ʳ).

Datum Londonia die iouis proxima post festum sancti Hilarii anno domini millesimo ducentesimo quinquagesimo primo.[45]

These two texts contain the earliest texts from a provincial appellate court resident at Bow Church. They were sent by the Official of Canterbury to the jurisdiction of a suffragan bishop, inhibited further action and commanded appearance in the church of St Mary le Bow. Other, similar appeals followed.

Two early Arches cases can be seen in documents at Hereford.[46] The first involved Aymo (Emeric) d'Aigueblanche, nephew of the bishop of Hereford, and the church of Walford: probably by late 1255 the case had gone to the Arches,[47] and routine documents (inhibitions, citations, etc.) were going between London and Hereford. The documents include reports of what happened at the provincial court. For example, on 30 March 1256 the appeal for tuition was heard in the church of St Mary le Bow before M. Hugh Mortimer, Official of Canterbury; it prorogued to the archbishop's chapel at Lambeth on the following two days. Aymo's proctor succeeded in having the case postponed until the following 1 May, when Aymo was to appear in the Arches.[48] On 21–22 April 1257 the dean of the Arches granted another delay (until 26 June of that year) for Aymo to appear in the Arches,[49] and on 26 and 27 June Aymo did appear in the church of St Mary le Bow before the dean.[50] This case was to continue for some time. The second case, which has not left the same trail as the first, concerned an appeal of Gloucester Abbey over tithes from the mill at 'Hynet' and dates from at least 25 January 1256: the Official requests the dean of Hereford to verify that such an appeal was made.[51]

What the documents in these cases at Wells and Hereford show is that both the Official and the dean were involved as judges in the court, that it met routinely in the church of St Mary le Bow, although for some reason – the Official's convenience? – it met at Lambeth briefly and that the court was functioning much as it was to function throughout the rest of the Middle Ages. The Court of Arches was up and running by the middle of the thirteenth century.

That the court existed prior to 1251–52 seems evident enough, but how long before that time it existed we cannot say with assurance. An educated guess might find its origins in the mid-1240s. The long vacancy of the archbishopric between the death of Edmund Rich (16 November1240) and the consecration of Boniface of Savoy (15 January 1245) was contentious, particularly over tuitorial appeals (i.e., appeals made to Rome on the principal matter and to Canterbury for protection, *pro tuicione*).[52] Robert Grosseteste, bishop of Lincoln, so offended

---

[45] Wells, Dean and Chapter Archives, R.III, f. 207$^r$.
[46] For a list of the documents involved in early cases at Hereford see Donahue, *Records*, pp. 44–45.
[47] Hereford Cathedral Muniments, 2920, itself undated, must predate a document in the same case of mid-February 1256, which is in W.W. Capes, ed., *Charters and Records of Hereford Cathedral* (Hereford, 1908), pp. 109–110.
[48] Hereford Cathedral Muniments, 1956.
[49] ibid., no. 1958.
[50] ibid., no. 1961.
[51] ibid., no. 1893.
[52] For tuitorial appeals see infra, pp. xxiv–xl.

the prior and chapter of Christ Church, Canterbury, in his opposition to their hearing tuitorial appeals that they excommunicated him in 1243. Boniface, in the early days of his pontificate, might well have endeavoured to bring order to the evident disorder by establishing his provincial court in the form and shape in which we find it in 1251–52.[53]

## The late thirteenth-century court

The first known statute of the court was issued by Archbishop Kilwardby on 6 November 1273 and ordered advocates and proctors in the Court of Arches to swear by oath that they would exercise their offices honestly and diligently without taking on cases which they know to be wicked or desperate, without unduly protracting cases and without imposing onerous fees on their clients.[54] A professional class of practitioners was by now at work in the court. Whereas the Wells and Hereford cases of the 1250s seem to show the parties represented by their personal proctors, by the time of this statute there appear to be practitioners who were attached to the court itself. In 1280 the Official of the court addressed the advocates and proctors as 'cetui aduocatorum et procuratorum eiusdem curie', as if they formed a fixed body within the court.[55] Later, in 1295, Archbishop Winchelsey was to restrict the number of advocates to sixteen and the number of proctors to ten.[56] The 'closed shop' of legal practitioners in the Court of Arches should be traced possibly from the time of Kilwardby's statute of 1273 and almost certainly from the *cetui* of 1280, Winchelsey's restriction of the numbers being a further indication that practice in the court was limited to sworn officers of the court.[57] An advanced stage in the development of the Court of Arches was reached with the emergence of a fixed, stable, exclusive body of practitioners.

In the history of the court no controversy stirred more feeling and touched the constitutional nature of the court more closely than the dispute which raged in the early 1280s between Archbishop Pecham and his suffragans. It is a story already told but worth retelling in the present context.[58] Three issues in this controversy concerned the Court of Arches: (i) jurisdiction over wills, (ii) appeals and *querele* from the subjects of suffragan bishops and (iii) tuitorial appeals. The combative friar archbishop, John Pecham (1279–92), seldom reluctant, it seems, to exercise his powers to the full, had agitated his suffragan bishops by what they

---

[53] Marjorie Morgan (later Chibnall), suggesting an origin from the time of Archbishop Boniface, notes that during the vacancy an appeal case was delegated by the prior and chapter to the dean of the Arches ('Early Canterbury Jurisdiction', *EHR* 60 (1945) 395).
[54] See infra, p. 4.
[55] See infra, p. 56.
[56] See infra, pp. 7–8.
[57] In 1401 Archbishop Arundel reaffirmed this exclusivity, suggesting that some relaxation had occurred (infra, pp. 50–52).
[58] See, particularly, Decima L. Douie, *Archbishop Pecham* (Oxford, 1952), pp. 192–228, from whom much of the following narrative is drawn; and also Churchill 1. 427–30; *Select Canterbury Cases*, pp. 27–30 (intro.) and R.C. Finucane, 'The Cantilupe-Pecham Controversy' in M. Janacy, ed., *St Thomas Cantilupe, Bishop of Hereford: Essays in his Honour* (Hereford, 1982), pp. 103–23. The principal documents are in Powicke and Cheney, 2.2. 921–39.

considered aggressive metropolitan activity. In addition, incidents involving Thomas Cantilupe, bishop of Hereford (1275–82), and Godfrey Giffard, bishop of Worcester (1268–1302), were particularly contentious, and Cantilupe and Giffard were supported by their fellow suffragans. The matter came to a head at the Easter council of the province held at the New Temple, London, from 19 to 25 April 1282. The bishops issued twenty-one complaints against the archbishop, to which he responded *seriatim*. Of these twenty-one, fifteen concerned the archbishop's judicial system. Some were about quite minor matters, inserted no doubt to satisfy a complaining bishop,[59] but major complaints had to do with jurisdiction and procedure. In the event, the bishops' complaints were sent to a committee of five arbitrators, whose decisions were more or less adopted, although some ambiguity remained.

In the first place, the bishops resented that their courts were being bypassed when their subjects either issued complaints (*querele*) or appealed directly to the archbishop's court. *Ipsis suffraganeis mediis pretermissis* was the crux of the complaint. A case that turned on this question had arisen in the summer of 1281, and it is not too much to say that it crystallized episcopal opinion on the issue and led to the *omnibus* complaints of April 1282. It concerned a matrimonial case that was heard by the subdean of Hereford Cathedral, whose judgment against him the defendant, rather than appealing to the next higher court (the bishop's court), appealed directly to the Court of Arches. An inhibition was sent by the Arches to the subdean to suspend his judgment pending appeal. The subdean immediately imprisoned not only the appellant but also the appellant's father and the unfortunate messenger who had delivered the inhibition. The subdean responded to an order from Archbishop Pecham to release these prisoners by throwing the document into the mud, for which he was excommunicated. The bishop of Hereford, Thomas Cantilupe, was abroad at the time, and his less than diplomatic Official, M. Robert le Wyse, refused to obey the order of the Court of Arches to publish the excommunication, since, he insisted, the appeal should have come to his court. Fearing that he himself would be excommunicated, le Wyse appealed to Rome. At about the same time he wrote to Bishop Cantilupe,

> In all things your fellow bishops are opposed to the archbishop. They have drawn up as many as thirty articles concerning a variety of usurpations, to which the archbishop must respond at the next assembly.[60]

When Cantilupe returned to the country, he was ordered to publish the excommunication of his Official, which had been imposed as had been expected, and to cite the Official and subdean to appear in the Arches. He refused: they were simply protecting the rights of his court. In February the archbishop excommunicated the future saint, who left for Italy, where he died in August. The root issue between Pecham and Cantilupe, besides those of character and personality, concerned the jurisdictions of their respective courts. A single marriage case had escalated to a grave crisis.

In response to the complaint Pecham resorted to the claim of custom, but the arbitrators sharply distinguished between those rights which he held as metropol-

---

[59] E.g., the Court of Arches, it was said, moved too slowly, a complaint that could have been made about most courts, including the courts of the suffragan bishops themselves.

[60] Author's translation; for the text see Douie, p. 196 n.

itan and those rights which he held as *legatus natus pape*. Three of the arbitrators had been Officials of the Arches, and the committee observed that recently under Archbishop Pecham the Official was rescribing to complaints (*querele*) of subjects of suffragan bishops more frequently than in their day, when it was done rarely by some and not at all by other Officials. They found that the Official of the Court of Arches should not accept such complaints because the Official exercised only ordinary jurisdiction. By his legatine authority the archbishop can hear complaints as well as appeals from lower courts, the suffragan bishops being bypassed, but he should do so only if there is a particularly compelling reason and always with a sensitivity to the rights of his suffragan bishops. Thus, the Court of Arches could not hear such complaints or appeals, but these types of actions could proceed to the archbishop's Audience but only with care and caution.

The archbishop did allow, in his instruction to his Official, that he could rescribe to the *querele* of subjects of his suffragan bishops in special cases: (i) in the event of negligence or (ii) in hearing the accounts of executors of testators with property in more than one diocese. This latter reason will be retuned to shortly, but the first reason – 'in causa negligencie' – often overlooked in this discussion, was to be spelled out by Winchelsey in his statutes of 1295, and the nearly contemporary *Tractatus super appellacionbus tam directis quam tuitoriis secundum consuetudinem curie Cantuariensis* discusses the same matter.[61] The ban from hearing such *querele* was far from absolute.

The second major point of disagreement concerned tuitorial appeals, and it too can be traced to a particularl case, as will be seen. The complaint of the bishops, interestingly enough, was limited to the effect that tuitorial appeals had on their own courts, which was a limited view of the problem. Appeal to Rome could be made at any point and from any jurisdiction, bypassing all intermediate jurisdictions, and this was not disputed here. This meant that tuitorial appeals could be made from courts inferior to the bishops' courts, yet the suffragan bishops complained only of the effect that tuitorial appeals had on their courts. Their complaint was essentially against the summary procedure by which tuition was granted in the Court of Arches: it allowed frivolous appeals to delay justice often to the detriment of souls as, for example, when removal of an illicit occupant from a benefice was inhibited. The bishops wanted to be able to confront witnesses and to justify their actions against the appellant.

As with the previous issue, this complaint against tuitorial appeals may have had its origins in a case in the Worcester diocese which disturbed the formidable Godfrey Giffard, bishop of Worcester (1268–1302). In late 1281 the bishop deprived the rector of Chipping Campden of his benefice, a cleric who was not even a deacon, and filled the benefice with one of his own chaplains. To Giffard's great irritation the deprived rector, who appealed to Rome and for tuition to the Court of Canterbury, was granted tuition, thus thwarting Giffard's effort to replace him. Pecham, in an attempt to calm the waters, responded to Giffard's protest by conceding that he would be willing to postpone the tuition until the Easter meeting of the bishops. Giffard had other issues with the archbishop's court, and his hand can be seen in drawing this problem of tuitorial appeals to the attention of the other bishops.

[61] For the text of this treatise see infra, pp. 117–96.

Pecham's response to the complaints simply said that the bishops offend the apostolic see by wishing to deny tuition to appellants, and, further, he himself would offend the pope were he to fail to grant tuition. In any case, it was a practice long approved by law and custom. Specifically, the bishops even now can agree to proceed with the principal in the Arches and then defend their action against the appellant. More immediately, in tuitorial appeals there is not a full *cognicio cause* by the court and, hence, there can be no exceptions to witnesses. Pecham, in his response, does permit bishops to justify what they have done and even to propose a contrary or merely exclusory fact. The arbitrators, themselves much too familiar with procedure of tuitorial appeals and its long usage to object to it, focused on the issue of the sequestration of the fruits of a benefice: the judge granting tuition should not stay the sequestration but should leave the matter to the papal judge delegate who would hear the principal appeal. Also, the archbishop's court was to absolve those appealing excommunication not absolutely but only *ad cautelam*, since an excommunicate had no standing and some form of absolution was necessary to proceed with the appeal.

The two matters just described were the principal issues dealt with in April 1282, to which one other should be added. Although the complaints of the suffragan bishops made no mention of wills, the arbitrators did, and it was a matter simmering just beneath the surface. Like the other matters, this probably derived from a controversial case. This case concerned Hereford and Bishop Cantelupe's redoubtable Official, Robert le Wyse. In late 1280 the provincial court ordered the executors of the will of two canons of Hereford Cathedral to appear in the Arches on the grounds that the canons held property in more than one diocese and that, rather than having the various courts of several dioceses oversee the execution of the will, it made more sense and was more efficient if this were done by the provincial court. (It was not a question of proving the will, but merely seeing to its execution.) Le Wyse refused to have the citations issued to the executors and, fearing a penalty, he appealed to Rome. Bishops of other dioceses supported Le Wyse, and the matter was now joined. Why the question of the oversight of wills by the Court of Arches was not included in the twenty-one complaints is not known, but the arbitrators added one sentence to their statement about the bypassing of the bishops' court: bypassing that court was permitted when a testator dies leaving property in several dioceses, since the case emerging cannot conveniently be handled by a single bishop or his Official.

Almost as a postscript, it was agreed that the provincial court would sit permanently in the church of St Mary le Bow, London, and not 'ubicumque fuerit in diocesi uel provincia'.

The decisions of the arbitrators were taken on board from thence, although Archbishop Pecham did imply that he would like to keep the matter open for modifications. Nonetheless, the settlement stood.

The 1282 settlement marks a major moment in the history of the court. It clearly resolved ambiguities concerning the archbishop as metropolitan and his jurisdiction as papal legate by defining which cases each could hear. His court as metropolitan would sit only at the church of St Mary le Bow, while matters coming to him as legate would be heard wherever he was in his diocese or province. Secondly, the agreement restrained the archbishop's provincial court from hearing cases that bypassed the courts of suffragan bishops, allowing the hearing of *querele* only in restricted cases. And, third, the agreement supported the right of the provincial court to grant tuition to appellants to Rome but with some protection to the rights of bishops by permitting a mini-trial. Other disputes would occur in the long history of the medieval court, but they would be minor indeed; a point was turned in 1282.

The court, sitting at a fixed place with a professional class of legal practitioners and with its jurisdiction defined, received from Archbishop Robert Winchelsey in 1295 a comprehensive body of statutes. His purpose, he announces in the preamble, was to extirpate faults and defects in persons and things ('tam in personis quam rebus') so that pure and uncontaminated justice and fairness may flood into the stream of the province. Forty-seven sections follow.[62]

Personnel matters consume a substantial part of the statutes. Oaths are required of all the officers of the court; not only of advocates and proctors, as in Kilwardby's statute of 1273, but also of judges, examiners and clerks. Provisions are made concerning the salary of examiners, the number of advocates and proctors, the seating arrangements in the court and, at some length, the conduct expected of members of the court.[63] The statutes treat matters of procedure, especially about the appeals which can come to the court and how the court should proceed in specific types of cases. It is a rich body of statutes, which together with the Customs and the treatises now to be discussed, should be seen as completing the coming of age of the Court of Arches.

To date the Customs of the Court of Arches precisely presents problems, but they clearly predate Winchelsey statutes of 1295 and could be a product of the crisis of 1282 just described.[64] Custom had the force of law and was the best interpreter of the law ('consuetudo optima est legum interpres').[65] The *consuetudines* stand in equal place with the *statuta*, both having legal force. The matters found in the Customs of the Court of Arches are entirely procedural: how the court should proceed on tuitorial appeals, cases when the tuitorial appeal is put aside and the parties agree to proceed with the principal and also in straightforward cases of direct appeal. The number of manuscripts – at least eighteen – in which the longer version of the Customs appears gives some indication of their significance. And there were also treatises.

Three extant treatises can be dated with confidence to the decade of the 1290s: (i) *Tractatus super appellacionibus tam directis quam tuitoriis secundum consuetudinem curie Cantuariensis*, an extended if not well organized exposition of procedure in the Arches;[66] (ii) *Quia cause ad curiam Cantuariensem*, again a fairly comprehensive discussion of Arches procedure;[67] (iii) the much shorter *Modus procedendi in tuitoriis negociis*, which also treats of procedure in *querele* cases and provides useful forms.[68] Each of these treatises concerns not procedure in general but procedure in the

---

[62] For the text see infra, pp. 5–20.
[63] These provisions are elaborated in Churchill 1. chap. 10.
[64] See the introduction to the edition of the Customs infra, pp. 65–67.
[65] This canonical commonplace appeared in a letter of Pope Innocent III included in the *Liber Extra* 0 1234 (X 1.4.8), but was probably in common currency for some time. For the text of the two versions of the Customs see infra, pp. 70–84.
[66] For the text see infra, pp. 117–96.
[67] For the text, see infra, pp. 97–114.
[68] For the text see infra, pp. 85–90.

Court of Arches, and they are the works of practitioners in the Court of Arches. The first two are marked by references to actual cases of which the authors had first-hand knowledge and by citations to the learned canon and Roman law. These treatises were clearly intended for practitioners or practitioners-to-be in the Court of Arches, and in many places the texts read like lecture notes. That some form of instruction took place at the Arches by the 1290s seems evident. Archbishop Winchelsey in 1295 decreed that no advocate would be admitted unless, besides his four or five years of study of Roman and canon law, he spent at least one year at the court: 'et per unum annum ad minus in eodem consistorio steterit'.[69] In 1342 Archbishop Stratford was to extend the one-year requirement to proctors.[70] What was required at the Arches was instruction in the court's practices and procedures, and in some manner – is 'school' too strong a word? – this instruction was given at the church of St Mary le Bow.

To summarize, the thirteenth century witnessed the establishment of the provincial court of the archbishop of Canterbury by mid-century, the settlement of significant constitutional issues in the 1280s and signs of institutional maturity with the appearance of a body of statutes, written customs and treatises rich in the learned law by the end of the 1290s.

## The court in the fourteenth and fifteenth centuries

The church of St Mary le Bow, by the agreement of 1282, was meant to be the permanent *situs* of the provincial court, and so it was to remain throughout the rest of the medieval period with one notable exception. For a period from the Hilary term of 1321 to at least the autumn term of 1335 the court sat not at St Mary le Bow but at the nearby church of St Mary Aldermary, which was also in the archbishop's peculiar deanery of the Arches. The evidence is chiefly from inhibitions and related documents sent to bishops, which required the citation of parties to appear in the provincial court. Inhibitions sent to Roger Martival, bishop of Salisbury (1315–1330), on 25 and 26 July 1320 ordered the parties to appear in St Mary le Bow on the following 10 October.[71] These were the last such citations to Bow Church in Martival's register of inhibitions. A notarial instrument dated 20 March 1321 refers to the reading of a letter from the archbishop by his Official 'in ecclesia beate Marie de Aldermariecherche Londonia in pleno consistorio'.[72] From that point on all the inhibitions for the rest of Martival's pontificate – thirty-eight in number – require appearance in the church of St Mary Aldermary.[73] Not only were parties to appear there but documents were to be sent there.[74] The annals of London note that in 1326 the dean of the Arches was sitting in that same church.[75] The register of Ralph de

---

[69] See infra, p. 8.
[70] 'Nullus procurator generalis in dicta curia de cetero admittatur nisi per annum uel amplius in ipsa curia steterit pro practica, cursu causarum et eiusdem curie statutis ac consuetudinibus addiscentis' (see infra, p. 38).
[71] *Reg. Martival, Salisbury*, 4. 61, 62.
[72] ibid., 1. 199.
[73] ibid., 4. passim.
[74] ibid., 4. 78.
[75] *Chron. Edw. I & Edw. II* 1. 310.

Shrewsbury, bishop of Bath and Wells (1329–63), contains inhibitions requiring the appearance of parties in the church of St Mary Aldermary as late as 20 October 1335.[76] Also, the register of Simon de Montacute, bishop of Worcester, contains five inhibitions requiring appearance on 7 July 1335 at the same church.[77] Yet the court returned to St Mary le Bow by the Hilary term of 1337, as the register of the bishop of Worcester contains inhibitions requiring appearance on 8 April at the court in that church.[78] During this period of exile building works were almost certainly going on at the northern side of Bow Church, which would have required the transfer of the court to a site elsewhere.[79] There was, then, a period of fifteen years or so that the court did not sit at its prescribed site, yet the move was in the spirit of the 1282 agreement, which emphasized the importance of a stable location in London.[80]

The dean during the early years of the court's residence at Aldermarychurch had been an advocate in the provincial court since at least 1315. He was the Oxford-educated M. John Stratford. When he became archbishop of Canterbury in 1333, reform of the court was clearly on his agenda. The result was the issuance of statutes on 11 May 1342.[81]

Stratford is the only archbishop of Canterbury known to have conducted a personal visitation of the court, and he found it wanting:

> . . . eandem curiam personaliter uisitamus et nonnulla inuenimus in personis et modo procedendi in causis et negociis inibi uentilatis reformacione, declaracione et correccione condigna.[82]

To banish the uncertainty that can result from unwritten, customary ways of doing things, Stratford had these customs collected 'sub scriptura'. These written customs, reasonable and long approved, the archbishop ordered to be observed together with his ordinances and those of Archbishop Winchelsey.

These statutes cover much of the ground covered by Winchelsey's statutes, but they attempt to clarify ambiguities and to treat in greater detail matters alluded to briefly by Winchelsey.[83] Besides discussing the duties of the various members of the court, these statutes contain what amounts to a mini-treatise on tutorial

---

[76] *Reg. Shrewsbury, Bath and Wells*, no. 933.
[77] Roy M. Haines, ed., *Calendar of the Register of Simon de Montacute, Bishop of Worcester, 1334–1337* (Worcs. Hist. Soc., n.s., 15, 1996), no. 1051.
[78] ibid., no. 1052.
[79] From information kindly provided by Professor Derek Keene; for the history of the building see D. Keene and V. Harding, *Historical Gazetteer of London before the Great Fire*, I, *Cheapside* (Cambridge, 1987), no. 104/0.
[80] The London Chronicle reports that from the time of the murder of Bishop Stapeldon of Exeter, 15 October 1326, as a result of great disturbances in the city of London the courts of the Arches, the bishop of London and the archdeacon of London ceased for almost a year (*Chron. Edw. I and Edw. II*, 1. 321–22). This was undoubtedly an exaggeration as far as the Arches is concerned, since early in 1327 the court was issuing citations for parties to appear there in February, and so it continued (*Reg. Martival, Salisbury*, 4. nos. 151ff).
[81] For the text see infra, pp. 23–45.
[82] Infra, p. 23.
[83] For these statutes see Roy M. Haines, *Archbishop John Stratford: Political Revolutionary and Champion of the Liberties of the English Church, ca. 1275/80–1348* (Toronto, 1986), pp. 386–94.

appeals, which is expressly drawn from the customs of the court; it treats much of the same matter and in a similar way as the Customs of the Court of Arches. In addition, there is spelt out in some detail the cases to which the Official should rescribe and the procedure to be followed in direct appeals from lower jurisdictions. The examination of witnesses was an obvious concern: the statutes contain one long section about the duty of the examiners and another section about the compulsion of witnesses. Although Stratford, in his concluding statement allowed for the correcting, changing, adding to and subtracting from his statutes as well as the clarification of things dubious in them, he intended them to be major legislation for his provincial court. They stand with those of Winchelsey as the two landmark legislative programs for the Court of Arches. Other archbishops made ordinances, but they were but of detail and of specific points.

Stratford's immediate successor, Simon Islip (1349–66), had an issue of detail that concerned him. He had been an advocate in the Arches and served as Official at least from 1344 till at least 1346. His was a small issue but obviously one that rankled. While Islep was Official, Archbishop Stratford appointed Robert de Avebury as Registrar of the court, whose duty it was to keep the court's archive of all records except those in current cases, which were in the temporary keeping of the Scribe of Acts. When Islep became archbishop, the then Scribe of Acts still held records which long since should have gone into the court's archive. Islep took the occasion to issue an ordinance to correct this and to indicate the subordinate relationship of the Scribe to the Registrar.[84] The same issue was raised by Archbishops Sudbury and Courtenay.[85]

It was during Sudbury's pontificate that a particularly nasty challenge to the jurisdiction of the court occurred, the most serious challenge since Pecham's pontificate, although, this time, not on a province-wide scale. It involved a case concerning the Augustinian canon Richard Sutton, master of St Bartholomew's Hospital, Smithfield, London.[86] Sometime in 1375, if not earlier, during an episcopal visitation of St Bartholomew's Hospital the master was found to be incontinent with one of the sisters. Three commissaries (or vicars general in spirituals) of Bishop William Courteney suspended him *ab ingressu ecclesie*. They were M. John Appelby, dean of St Paul's Cathedral, Roger Holme, chancellor of St Paul's, and M. Adam Mottrom, all acting in the absence of the bishop *in remotis*.[87] Sutton appealed to the apostolic see and for protection (*pro tuicione*) to the Court of Arches. There the dean, M. Nicholas de Chaddesden, granted tuition and suspended the penalties. On 8 February 1376 the commissaries appealed this action to the pope and ordered Dean Chaddesden to appear before them to answer for what he had done; instead he excommunicated them and soon they him.[88] The lines were drawn, and in May significations were sent by both sides to

---

[84] For the text see infra, pp. 58–60.

[85] In 1378 Sudbury reaffirmed this ordinance, and, in 1397, Arundel delineated their respective duties. For these texts see infra, pp. 48–50.

[86] The principal source for what follow is London, Lambeth Palace Library, Reg. Sudbury, ff. 27ᵛ–28ʳ. See also George Holmes, *The Good Parliament* (Oxford, 1975), pp. 142–44, and E.A. Webb, *The Records of St Bartholomew's Priory and of the Church and Parish of St Bartholomew the Great, West Smithfield* (2 vols; Oxford, 1921), 1. 177.

[87] For Appelby see *BRUO* 1. 40–41; for Mottrom see *BRUC*, p. 415.

[88] For the appeal see *Ninth Report of the Royal Commission on Historical Documents* (London,

the royal chancery seeking writs for the arrest of the opponents as excommunicates.[89] Bishop Courteney's vicars in spirituals had clearly overreacted. Courteney, who had been Sudbury's competitor for Canterbury, once he had returned, seems to have become personally involved, and what had been a shouting match between two deans became an unseemly struggle between two bishops.[90] Calm voices urged the London party to submit, among these voices some of the great men of the land: John of Gaunt, duke of Lancaster, Edmund Mortimer, earl of March, Lord Percy, William Wykeham, bishop of Winchester, and Adam Houghton, bishop of St Davids. Perhaps not coincidentally, March, Percy and Houghton were members of the intercommuning committee created in the Good Parliament on 9 May 1376. And, in the event, the London party did submit. Archbishop Sudbury, until recently bishop of London, seemed to take pleasure in recounting their submission in a letter dated 15 June 1376:

> uenerabilis frater noster dominus Londoniensis episcopus magisterque . . . Iohannes Appelby, decanus Londoniensis, et magister Adam Mottrom nobis se reuerenter humiliassent.[91]

The dean of St Paul's, John Appelby, and his right arm, Adam Mottrom, appeared in person before Sudbury 'flexis ipsorum genibus'. The archbishop absolved them of their excommunications, remonstrated with them for their attack on the jurisdiction of his provincial court and annulled everything done by them in this matter. The archbishop and, indeed, his court had carried the day.

From the late fourteenth century we see an increasing number of formulary books or books of precedents being written for the use of practitioners in the ecclesiastical courts including the Court of Arches.[92] They contain examples of forms, some taken from actual cases. Formularies were not new at this time – two formulary books with considerable Arches material were put together in the years around 1300[93] – but they seem to have become more common from the second half of the fourteenth century. The earliest among these is now at Lambeth Palace Library (Ms. 221), and it is the shortest, having only eight folios (ff. 53$^r$–61$^v$). It contains a number of *suggestiones*, i.e., appeals that came to the Arches, and other forms especially contestations of suits and replies. The forms generally are dated and extend from 1358–1386.

---

1883), p. 44. For the royal licence of 17 Jan. 1376 given to Sutton to go to the papal court to defend himself see *CPR, 1374–1377*, p. 216.

[89] Appelby, according to the signification of 17 May 1376, was excommunicated 'in non parendo mandato et monicionibus et inhibicionibus nostris dum ecclesie Londoniensis prefuimus canonici sibi factis pro eo quod in diocesi Londoniensi tunc traxerat moram suam' (PRO, C 85/10/27). Chaddesden was signified on 29 May 1376 (see PRO, C 85/122/1 and A.K. McHardy, *The Church in London, 1375–1392* (London Rec. Soc., 13, 1977), no. 555).

[90] See Holmes, *Good Parliament*, p. 143.

[91] London, Lambeth Pal. Libr., Reg. Sudbury, f. 28$^r$.

[92] For this subject see Dorothy M. Owen, *The Medieval Canon Law: Teaching, Literature and Transmission* (Cambridge, 1990), chap. 3. A list of formulary books related to the Court of Arches can be found in Donahue, *Records*, pp. 88–89.

[93] London, Inner Temple Library Ms. 511/3, and Canterbury Cathedral Library Ms. D.8.

Longer formularies soon followed. Possibly connected with M. Thomas Baketon, dean of the Arches from 1382 probably until 1389,[94] is the formulary of 163 folios: London, British Library, Add. Ms. 32089. Baketon had been an advocate in the court from 1371, and many of the forms date from the 1370s and some from the 1380s, although most are undated. The largest by far is what Dr Churchill called the Rochester Precedent Book, so called because it was kept at Rochester diocesan registry until it was more recently moved to Maidstone.[95] Extending to 454 folios, this formulary book contains forms of the early fifteenth century, the latest datable form is from 1434. It is a rich collection with examples of a wide variety of forms, mostly undated, for use in the Court of Arches. Dr Churchill suggested its association with M. Richard Broun (*alias* Cordone), who was a doctor of Roman law and an advocate in the Arches in 1421.[96] M. James Cole, Jr., scribe to M. William Lyndwood, Official of the court, once owned this book.[97] Lincoln Formulary Book 23, contemporary to the Rochester book, contains much Arches material and may have been compiled by or for M. Richard de Brynkeley, long-time member of the court.[98] A formulary that once was at St Paul's Cathedral, then in the Cotton library and now at the Queen's College, Oxford (Ms. 54) has (*inter alia*) concentrations of datable instruments related to the Arches clustered particularly in the last decade or so of the fourteenth century and in the middle years of the fifteenth century. There may have been several compilers at work. For the mid-fifteenth century the forms appear to have a connection with John Derby, who was a notary public at the Court of Arches.[99]

*The court in the early Tudor period*

During the last decade of the fifteenth century the court was involved in several disputes, all concerning the extent of the jurisdiction of the archbishop's court. Archbishop (later Cardinal) John Morton (1486–1500) had particularly bitter controversies with his suffragan Richard Hill, bishop of London (1489–96).[100] On 20 October 1491, Hill as a result of his visitation of Holy Trinity Augustinian priory at Aldgate, London, issued injunctions against Prior Thomas Percy, who had suspicious relations with Joan Hodges. A year and a half later (21 May 1493) Bishop Hill, after hearing reports of Prior Percy's continued bad behaviour, found the prior guilty of simony, adultery, perjury and the inappropriate

---

[94] See infra, p. 202.
[95] Maidstone, Centre for Kentish Studies, Drb/010. See Churchill 1. 458 and passim.
[96] From a note found in an envelope inside the cover of the ms. For Broun see *BRUO* 1. 486–87.
[97] ibid., 1. 460–61.
[98] Lincoln Archive Office, Lincoln Formulary Book 23. For the suggestion of the Brynkeley connection see Owen, *Medieval Canon Law*, p. 33. For Brynkeley's association with the court see infra, pp. 202, 205, 206.
[99] ff. 300$^r$–387$^v$. For a description of this ms. see F. Donald Logan, 'The Cambridge Canon Law Faculty: Sermons and Addresses', *Medieval Ecclesiastical Studies in Honour of Dorothy M. Owen*, eds M.J. Franklin and Christopher Harper-Bill (Woodbridge, Suffolk, 1995), pp. 152–53.
[100] See Christopher Harper-Bill, 'Bishop Richard Hill and the Court of Canterbury', *Guildhall Studies in London History* 3 (1977), 1–12. More generally on Morton see idem, 'Archbishop John Morton and the Province of Canterbury', *JEH* 29 (1978) 1–21.

use of priory funds. Prior Percy, ever apparently contrite, went to the bishop's palace on 1 July and promised to obey new injunctions under pain of removal from office. Again, he relapsed and on 10 April 1494 resigned his office. So high were the feelings that the bishop himself appeared at the priory and demanded entry, but Percy and several associates barred the gate to him. Hill excommunicated Prior Percy and his associates and, at the same time, placed the priory under interdict. On 18 April the bishop had notices of the excommunication posted on the door of St Paul's Cathedral and elsewhere in London, threatening excommunication on anyone removing the notice. Not surprisingly, the prior and his associates appealed to the apostolic see and to Archbishop Morton's provincial court for tuition. Routinely, such an appeal for tuition resulted in there being sent to the bishop an inhibition, which cited him to appear in the Arches. Equally routinely, bishops receiving such citations appeared not in person but by proctor. Receiving the inhibition and citation, Hill, affronted by what he considered the intrusion of the archbishop's court in a local matter that required correction, arrested the apparitor who had brought the inhibition; Hill also had arrested the proctor of the court who represented Percy. Beyond that, on 3 September 1494, the bishop and his men broke into Holy Trinity Priory and dragged the prior out, whom Hill then imprisoned. The bishop then installed Richard Charnock as the new prior. The matter had proceeded too far with the bishop of London in public contempt of the Court of Canterbury and the archbishop's jurisdiction. In addition, he had imprisoned two officers of that court. A peacemaking party of five prominent bishops and four eminent laymen persuaded Bishop Hill to seek reconciliation. On 22 November 1494 Hill went to Lambeth Palace and there *flexibus genibus* submitted to the archbishop. Two days later his proctor appeared at the court and before the Official renounced all that had been done in contempt of the court's inhibitions. Four days later, in a scene of some drama, the intruded prior, Richard Charnock, appeared at the Court of Arches to be removed from his office in the presence of over two hundred people, including all the advocates, proctors and scribes of the court. Opposition to the court's jurisdiction had been totally vanquished, and the jurisdiction of the Court of Arches forcefully reaffirmed.

As this dispute was being resolved, another was starting: it involved Bishop Hill and concerned the right of the archbishop to prove wills in his prerogative court. The bishop in October 1494 appealed a specific case to Rome and on the following 21 February the case came before Roman judges, where a citation was secured, requiring Archbishop Morton's appearance there a hundred days after its publication in England. The publication of this citation very high on the door of St Paul's Cathedral rather than its delivery to the archbishop at Lambeth caused tempers to rise even higher. Morton appealed to Rome and in so doing complained that officers of his own provincial court had violated their oaths of loyalty to the church of Canterbury and were thus guilty of perjury: M. Edward Vaghan, M. Richard Draper and M. Richard Blodwell, advocates of his court, and Richard Spencer, scribe of the court. Draper and Blodwell had even been involved in fixing the citation to the cathedral door, and Spencer had subscribed to the citation of the archbishop.[101] What provoked this unseemly disloyalty of

---

[101] Christopher Harper-Bill, ed., *The Register of John Morton, Archbishop of Canterbury, 1486–1500*, vol. 1 (Canterbury and York Soc., 75; 1987), no. 196.

sworn members of his court is not clear. Bishop Hill died 20 February 1496, the matter not totally resolved. It was to surface again in Archbishop Warham's pontificate. Before visiting that controversy an internal matter of the court begs attention.

The ecclesiastical lawyers of the Court of Arches organized themselves into a society which became known as Doctors' Commons.[102] Visitors from the University of Cambridge are known to have breakfasted 'apud pater noster row cum doctoribus de arcubus' on 8 January 1496. They ate there a fortnight later, and again, in late 1496.[103] How long the society was in existence is not easy to determine, although there are tantalizing clues. In the first place, M. Richard Blodwell is called in the society's Subscription Book 'primus presidens'.[104] Dr Emden indicates that Blodwell was a bachelor of civil law by 1476, a bachelor *utriusque iuris* by 1484 and a doctor of civil law by 1495.[105] Blodwell is known to have been active as an advocate in the court from at least the summer of 1495.[106] Another clue is to be found in the will of M. Thomas Kent, a high-born layman, who was educated in Roman and canon law at Oxford, who lectured at Pavia and who served as a diplomat on several important missions. His will, probated 15 March 1469, bestowed a considerable library of twenty-eight manuscripts on canon and civil law to the Official, dean, examiners general, advocates and proctors of the Court of Canterbury, as if they formed a body. A *proviso* required the beneficiaries to house the manuscripts in a building near St Paul's Cathedral and, if they failed to do so, the library would go to All Souls College, Oxford.[107] There is no evidence that the collection ever went to All Souls College. When the library of Doctors' Commons was sold at auction in 1861, none of these manuscripts appeared in the sale.[108] It is known that the society's house on Paternoster Row had formerly belonged to a canon of St Paul's.[109] It is difficult to resist the conclusion that the members of the court acquired that house sometime shortly after Thomas Kent's will was probated and that in the succeeding years a society evolved, of which, in time, Richard Blodwell became first president.

The society has been called by a variety of names: in 1511 'the college of doctors and co-advocates', in 1522 'the society of doctors of the Court of Canterbury (or, of the Arches)', and in the royal charter of 1768 'The College of Doctors of Laws, Exercent in Our Ecclesiastical and Admiralty Courts'. Yet it was popularly known from at least 1532 as 'Doctors' Commons'. As the popular

---

[102] The modern history of the society is Squibb, *Doctors' Commons*; an eighteenth-century history still of use is A.C. Ducarel, 'A Summary Account of the Society of Doctors' Commons' published in *London Topographical Record* 15 (1931) 21–31.
[103] Squibb, *Doctors' Commons*, pp. 5–6.
[104] ibid., p. 121.
[105] *BRUO* 1. 203.
[106] See infra, p. 215.
[107] See *BRUO* 2. 1037–38.
[108] Squibb, *Doctors' Commons*, pp. 94–96.
[109] George Buc, using information derived from Dr Henry Harvey, master of Trinity Hall, Cambridge, who had arranged the move to Great Knightrider Street in 1568, stated that the doctors lived in Paternoster Row 'in a meger and lese commodious house . . . sometime a house for a Prebendarie residentiary of S. Paules Church' (*The Third University* (London, 1615), p. 978).

name implies this was principally a dining society.[110] Although the house on Paternoster Row had sleeping accommodations, it was the *commensa advocatorum* that was its essential feature. Rules were drawn up probably before 1511 which were devoted exclusively to dining arrangements: fees, guests, servants etc. In 1511 Erasmus was warned that he should not stay there: the members think they live elegantly but 'I think they live in a sewer pipe.'[111]

The membership originally was limited to the members of the court, the very same listed in Kent's will, but by 1505 non-practitioners were admitted as contributing members. Before long the number of contributing members far exceeded the number of lawyers working in the Arches. Among the early contributors were John Colet, dean of St Paul's, Polydore Vergil, William Grocyn and Thomas More. An analysis of a list of members of 1522 shows that there were 142 members, of whom 104 were contributing members, and they included ecclesiastical office-holders (e.g., bishops, abbots, archdeacons), king's servants (particularly diplomats), humanists and their patrons, as well as a number of men recently returned from study in Italy.[112] It is not an exaggeration to call Doctors' Commons in the early decades of the sixteenth century an 'English athenaeum', 'a society *sans pareil* in early Tudor England'.[113] By the end of the sixteenth century the society had moved to Great Knightrider Street (1568) and had restricted new membership to practitioners in the Arches (1570). Doctors' Commons became a closed, professional society. In the nineteenth century Dickens described it:

> It is a little out-of-the-way place, where they administer what is called ecclesiastical law, and play all kinds of tricks with obsolete old monsters of acts of Parliament, which three-fourths of the world know nothing about, and the other fourth supposes to have been dug up, in a fossil state, in the days of the Edwards. It's a place that has an ancient monopoly in suits about people's wills and people's marriages, and disputes among ships and boats.[114]

From 1672 the court itself had been meeting in the society's building on Great Knightrider Street, and the distinction between court and society was not apparent to the wider world. In the early sixteenth century while the society was flourishing, the court itself had other concerns.

In 1512 Warham's suffragans complained again about the archbishop's prerogative court and its proving and administering wills. To these complaints they added others about the archbishop's Court of Audience and Court of Arches.[115] They are reminiscent of the complaints made by Pecham's suffragans in 1282. In cases in lower courts when a party alleges a *querela* to the archbishop's court, that court immediately issues a citation and inhibition to the lower court *sine cause cognicione*. Also, in appeals from a local bishop the archbishop's judge at once, again *sine cause cognicione*, inhibits the judge *a quo* even in obviously frivolous cases. These same judges, it was said, routinely absolve the subjects of suffragan

---

[110] For the nomenclature see Logan, 'Doctors' Commons', p. 151.
[111] ibid., p. 152.
[112] For this analysis see ibid., pp. 151–65. Although proctors were among the early members, their number quickly declined until there were few and then none.
[113] ibid., pp. 152, 158.
[114] *David Copperfield* (New York: Penguin Books, 2000), p. 322.
[115] See Wilkins, *Concilia* 3. 656.

bishops from penalties of excommunication and suspension. Also, local bishops who act contrary to inhibitions rashly given are cited to answer to charges of contempt. Tuitorial appeals, a subject of recurring difficulty, the bishops claimed, were being admitted *sine cause cognicione* and without knowledge of whether, in fact, the appeal to the apostolic see has been admitted. The bishops, still apparently stinging from the Hill controversy and Morton's declaring advocates and proctors perjurers, complained that such actions by an archbishop could deprive them of adequate legal representation. Of these issues the most urgent and, indeed, most persistent concerned *querela* and tuitorial appeals, the former because it allowed a defendant in a lower court to avoid receiving an anticipated unfavourable judgment and the latter because it allowed the deferral of an adverse decision. While this subject was still unresolved, a greater storm was brewing.

In March 1532 the Commons issued a powerful attack on the contemporary church. Their 'Supplication', addressed to Henry VIII, complained about many aspects of ecclesiastical practice, and the Court of Arches did not escape criticism.[116] In the first place, the limiting of the number of proctors to ten and the restricting of practice in the court to these ten can cause delays and unnecessary expenses. In addition, 'Your highness should have the nomination of some convenient number of proctors always attendant upon the Courts of the Arches and Audience.' Although the bishops issued a lengthy reply to the Supplication in late April 1532, they were silent about the question of the number of practitioners in the court perhaps because it was only four years since Archbishop Warham had reaffirmed the number of advocates at ten, the number fixed by Winchelsey in 1295.[117] In addition, the Commons complained about the fees of the court:

> Also your said most humble and obedient subjects find themselves grieved with the great and excessive fees taken in the said spiritual courts, and especially in the said Courts of the Arches and Audience, where they take
> – for every citation two shillings and sixpence;
> – for every inhibition six shillings and eightpence;
> – for every proxy sixteen pence;
> – for every certificate sixteen pence;
> – for every libel three shillings and fourpence;
> – for every answer to any libel three shillings and fourpence;
> – for every act, if it be but two words, to the registrar, fourpence;
> – for every personal citation or decree three shillings and fourpence;
> – for every sentence or judgement to the judge twenty-six shillings and eightpence;
> – for every testimonial upon such sentence or judgement twenty-six shillings and eightpence;
> – for every *significavit* twelve shillings;
> – for every commission to examine witnesses twelve shillings;

---

[116] For the text of the Supplication and the rejoinder of the bishops see H. Gee and W.J. Hardy, *Documents Illustrative of English Church History* (London, 1910; reprinted 1972), pp. 51–70.
[117] See infra, pp. 60–63.
[118] Gee and Hardy, p. 148.
[119] ibid., p. 166.
[120] For the Supplication see G.R. Elton, 'The Commons' Supplication of 1532: Parliamentary Manoeuvres in the Reign of Henry VIII', *EHR* 66 (1951) 507–34, reprinted in

which is thought to be importable to be borne by your said subjects and very necessary to be reformed.[118]

This time Warham himself replied that he was surprised that such a complaint was made since he had reformed some of those matters a year ago and others within the past ten weeks:

> Some of the fees of the officers in my courts I have brought down to halves, some to the third part, and some wholly taken away and extincted.[119]

The Supplication may have been drafted as early as 1529, which might explain the somewhat dated complaint about fees. The hand of Thomas Cromwell has been seen in this attack on the church.[120]

Cromwell's hand moved legislation in the Reformation Parliament which affected the Court of Canterbury in a significant way. The statute about citations, which prohibited the citing of parties outside their own diocese, did not concern the Arches, since appeals and grievances were explicitly excluded. It was the Statute in Restraint of Appeals (early April 1533) which was a landmark in the history of the court. Professor Elton stated that 'the Act against Appeals marked a revolution',[121] and the historian of the Reformation Parliament remarked that this act was 'doubtless the most important single piece of legislation to be enacted by the Reformation Parliament'.[122] It was clearly motivated in large part by the king's Great Matter, securing a divorce (annulment) from Catherine of Aragon. By banning appeals from English ecclesiastical courts to the apostolic see, the statute allowed the king's matter to be settled in England, now with a more pliable archbishop of Canterbury, Thomas Cramner, who was consecrated 30 March 1533, days before the passage of this statute. To accomplish this aim – and there were other aims – the appellate structure, although keeping many of its external features, was essentially changed: whereas hitherto appeals could be directed to Rome at any stage in any case at any level, now that cornerstone of the appellate process was done away with. The justification in the well-known preamble is that England is an empire and that the wearer of the imperial crown should have plenary power over all his subjects including the body spiritual. The details follow.

In the first place, the statute decreed what was its central precept: all ecclesiastical cases will be settled within the kingdom:

> all causes testamentary, causes of matrimony and divorces,[123] rights of tithes, oblations and obventions . . . shall be from henceforth heard, examined, discussed,

---

G.R. Elton, *Studies in Tudor and Stuart Politics and Government* (2 vols; Cambridge, 1974), 2. 107–36; the same author's modification in 'Sir Thomas More and the Opposition to Henry VIII', *Bulletin of the Institute of Historical Research* 41 (1968), pp. 22–23, reprinted in *Studies* 1. 170; J.P. Cooper, 'The Supplication against the Ordinaries Reconsidered', *EHR* 72 (1957) 616–41; Michael Kelly, 'The Submission of the Clergy', *Transactions of the Royal Historical Soc.*, 5th ser., 15 (1965) 103ff; and Stanford E. Lehmberg, *The Reformation Parliament, 1529–1536* (Cambridge, 1970), pp. 145–47.

[121] 'The Evolution of a Reformation Statute', *EHR* 64 (1949) 196, reprinted in *Studies* 2. 105.

[122] Lehmberg, p. 175; for his general discussion of this statue see pp. 163–69, 174–76.

[123] These last two words were a late addition to the text.

clearly, finally, and definitively adjudged and determined within the king's jurisdiction and authority.[124]

Corollary to this, ecclesiastical penalties such as excommunication and interdict from outside the realm will not have force nor will any foreign instruments. The penalty of the statute of Praemunire will be incurred by those violating these precepts. Henceforth, all appeals are to be heard only in England:

> In such cases where heretofore any of the king's subjects or residents have used to pursue, provoke, or procure any appeal to the see of Rome and in all other cases of appeal . . . they may and shall from henceforth take, have and use their appeals within this realm.

The statute then decreed the order of appeal. If the case arose in the court of the archdeacon, appeal will be to the court of the bishop. Cases arising in the bishop's court and cases there by appeal from the archdeacon's court, 'within fifteen days next ensuing the judgment or sentence thereof there given, to the Archbishop of the province of Canterbury, if it be within his province'.

Curiously, the statute discusses appeals from the archdeacon of Canterbury and rules that such appeals should go to the Court of Arches or to the Court of Audience of the archbishop. Apparently this was stated so explicitly since, at least theoretically, it might seem possible to appeal from the court of the archdeacon of Canterbury to the archbishop of Canterbury as ordinary of the diocese of Canterbury (i.e., to his consistory court) and from there to the Arches or Audience. The statute here was merely ratifying what had been a longstanding practice.[125] The statute then added that appeal from the Arches or Audience was to the archbishop and had to be made within fifteen days, 'there to be definitively and finally determined'. This latter clause, as we shall see, was later changed. With the king's marriage case in mind, the statute further provided that cases involving the king could be appealed for final judgment to the upper house of convocation.

What remained was to clarify the final step in the appeal process. This was accomplished in a section of the Act of Submission of the Clergy and Restraint of Appeals (1534), whose section 4 should be seen as an amendment to the principal statute concerning appeal of the previous year.[126] Cromwell had wanted this provision inserted in the Act in Restraint of Appeals but had bowed to opposition from the clergy. This section allowed appeals to be made from the courts of the archbishops to a commission to be named by the king in individual cases, whose decision would be final. The pope was now replaced by an ad hoc royal commission, later to be referred to as the Court of Delegates, which name Stubbs found inexact and likened the delegates to papal judges delegate of an earlier age.[127] In summary, the Act in Restraint of Appeals of April 1533 and its

---

[124] 24 Henry VIII, c. 12 (*Statutes of the Realm* 3. 427–29); Gee and Hardy, pp. 187–95, provides with modern spelling and punctuation the version quoted here.
[125] See Woodcock, *Courts*, p. 13.
[126] 25 Henry VIII, c. 19 §4; Gee and Hardy, p. 199. Canon Stubbs analysed this provision in the historical appendix to the *Report of the Commissioners appointed to inquire into the Constitution and Working of the Ecclesiastical Courts* (London, 1883), p. 41.
[127] ibid., p. 46.

amendment of the following year abolished appeal to Rome and with it the practice of tuitorial appeals to Canterbury, which had protected the interest of the appellants allowing them a year in which to prosecute their appeal to Rome. The system of appeal within England as indeed the law itself and procedure of the courts remained as before, but a corner had been turned in the history of the court.

The Court of Arches continued to meet in the church of St Mary le Bow until the Great Fire of 1666, after which its sessions were held in the common hall of Doctors' Commons on Great Knightrider Street into the middle of the nineteenth century.[128] Stripped of much of its jurisdiction, particularly over defamation, testamentary and matrimonial matters, Doctors' Commons could no longer sustain itself. With the sale of its property and library the society effectively ceased to exist in 1865.[129] The Court has since then sat *inter alia loca* at Church House and in the crypt of St Mary le Bow, in which church the court had first met in the middle of the thirteenth century.

## Procedure

The Court of Arches, it is commonly said, was a court of appeal – the provincial court of appeal of the archbishop of Canterbury – and so it was, but only if the word 'appeal' is understood in a broad sense. As will soon become evident, it was more than a court hearing appeals from lower courts concerning past alleged injustices. It heard appeals in a broad sense not only from courts and not only about matters past: its jurisdiction extended to extrajudicial decisions made by lower jurisdictions as well as to future decisions expected to be made judicially or extrajudicially. Distinctions need to be made.

### Direct appeals

First, with respect to direct appeals made to the Arches. An appeal from a lower court could come to the Court of Arches only from a bishop's court. Appeals from an archdeacon's court could not be made directly to the Arches but had to be made to the court of the bishop and only then to the Arches. The appeal from the bishop's court could be either from a *gravamen* (grievance) or from a sentence. The appellant could feel aggrieved if, for example, the judge had refused to allow him to present his witnesses. He could also feel that he was about to be aggrieved, for example, by an adverse judgment, in which case his appeal would take the form of a provocation (*provocacio*). In each instance where a *gravamen* was alleged the appellant was seeking *remedium* (relief), and the court of appeal was expected to halt the proceedings and decide whether to grant *remedium*. Or the party,

---

[128] It sat temporarily, after the Great Fire, in the common hall of Exeter House in the Strand until Doctors' Commons was rebuilt in 1672. See A.C. Ducarel, 'A Summary Account of the Society of Doctors Commons' [1753], *London Topographical Society* 15 (1931) 28.

[129] For an account of the society's last days see Squibb, *Doctors' Commons*, pp. 96–97 (for the library), pp. 102–9 (for the society itself).

having received an adverse judgment in the bishop's court, could appeal that judgment with the result that the Court of Arches would suspend execution of that judgment pending appeal.

Yet an appeal could be extrajudicial, stemming from what we would consider an administrative act made by a lower authority, generally a bishop, who, for example, could have allegedly excommunicated a person unjustly or unlawfully. Or, not all that rarely, a priest who had been deprived of his benefice and its income could appeal on a number of grounds. In such cases, there was no judicial hearing before the action was taken, and the appeal (here called a *querela*) was from the administrative act. Such *querele* could suspend the effects of the act pending appeal. As in judicial appeals, *querele* could be made against future, anticipated adverse acts: for example, Titius suspects he is about to be removed from his benefice and he issues an appeal (*provocacio*), which can stop the local bishop from removing him, at least temporarily. By the agreement of 1282 *querele* from the subjects of suffragan bishops could not come immediately to the Arches, bypassing the bishop's court, except in the event of clear negligence.[130] Archbishop Winchelsey elaborated on this exception in his statutes of 1295.[131]

To summarize, there are two kinds of direct appeals:

1. judicial, occurring in relation to court proceedings, which could be
   a. from a definitive or interlocutory sentence given by the judge or
   b. from a *gravamen*, which, in turn, could be
      i. a *gravamen* already experienced or
      ii. an expected *gravamen* (*provocatio*)
2. extrajudicial, made with respect to actions outside the courts, and these could be
   a. about a past grievance or
   b. about an expected prejudicial act (*provocacio*).

Thus, the range of appeals was very broad, and appeals came to the Arches in all of these forms.

## Tuitorial appeals

Tuitorial appeals were, in reality, two appeals.[132] The appellant appealed directly to the apostolic see, and this direct appeal could be an appeal in any of the types just outlined with exceptions to be noted. The second appeal was to the Court of Arches and had nothing to do with the matter under dispute. It related pure and simple to one issue: should the court grant the appellant protection (*pro tuicione*) for one year in which to prosecute his appeal to the apostolic see. If tuition were granted, whatever was appealed was put on hold for one year. Moreover, what was significant about tuitorial appeals was that, like all appeals to the pope, they could be made at any point by any person and did not require that they proceed upward through the hierarchy of courts. Thus, an appeal could be made directly

---

[130] See supra, p. xxiv.
[131] cap. 21 (infra, pp. 11–12).
[132] For an excellent discussion of the origin and operation of tuitorial appeals see *Select Canterbury Cases*, pp. 64–72 (intro.).

to the pope from an archdeacon's court or, where an extrajudicial *gravamen* was alleged, from the subject of a suffragan, in both instances bypassing the court of the local bishop; at the same time an appeal could be made to the archbishop's court for protection. Tuitorial appeals were often part of a strategy used by an appellant who would provoke tuitorially (i.e., against an expected prejudicial action) and who, when the prejudice occurred, would then appeal post-factum tuitorially. Tuitorial appeals had the obvious attraction of postponing unwanted actions for a year, during which almost anything might happen: the opposing party might die or lose interest or intervening events might neutralize or render moot the matter under appeal.[133]

Tuitorial appeals were almost predestined for controversy. Suffragan bishops complained in 1282 that they had no access to the proceedings in the Arches: the decision to grant tuition was made without their being able to make a case against it. They complained that summary procedure in the Arches was an open invitation to frivolous appeals and could be harmful to souls as, for example, when a scandalous priest was removed from a parish only to have his removal stayed by reason of a tuitorial appeal. The compromise that emerged in 1282 allowed the appealed party to appear and oppose tuition by presenting either a contrary or an exclusory fact.[134] Archbishop Winchelsey in 1295 specified by statute that in criminal cases of privation of a benefice and declaration of the vacancy of a benefice by reason of a crime or defect 'propter periculum animarum' the appealed party could propose and prove a contrary or exclusory fact even if it touched the principal matter, which was appealed to the apostolic see. In other criminal cases appeal could only be from a final or definitive sentence.[135] Stratford's statutes of 1342 indicate that in all tuitorial appeals the appealed party must be cited to appear in the Arches and could submit there a contrary or exclusory fact.[136] These provisions served to provide the appealed party with some scope to challenge appeals which they held to be frivolous or dangerous to souls.

### *The appelacio*

Whatever the type of appeal, it began with an *appellacio*, which the appellant usually had drawn up by a notary. If the appeal concerned an expected prejudicial act, it was called a *provocacio*.[137] This instrument of appeal, addressed to the Official of the Court of Canterbury, named the appellant and the appealed parties, gave the nature of the matter (e.g., tithes, matrimony) and the general reason for the appeal (e.g., the lower court lacked jurisdiction or the party was given insufficient time to appear), and it indicated that the appeal was made within ten days of the offence. The court then had to decide whether to hear the appeal (i.e., to 'rescribe' to it). Archbishop Stratford admonished his Official to

---

[133] It was also possible that the parties could agree to have the principal matter heard in the Arches.
[134] See supra, p. xxiv.
[135] cap. 22 (infra, p. 12).
[136] cap. 2 (infra, p. 27).
[137] 'appellacio est remedium oppressorum et prouocacio ad opponendorum' (infra, p. 152).

be neither too rigid nor too easy in this matter and ordered him to rescribe only to those appeals which were drawn up by advocates or proctors of the court or by others known to be expert.[138] If, for example, a direct appeal came from a subject of a suffragan bishop and was bypassing the bishop's court, the Court of Arches would not rescribe except for *querele* where there was evident negligence. If the court found that the appeal was in the correct form and that the matter fell within its jurisdiction, it took cognition of the case (*cognicio cause*) by rescribing. Proceedings could begin.

*The subject matter of the appeal*

Simply enough, all matters falling within the jurisdiction of the ecclesiastical courts could come to the appellate court. Stubbs summarized the extent of this jurisdiction:

> Ecclesiastical jurisdiction in its widest sense covers all the ground of ecclesiastical relations, persons, properties, rights, and remedies; churches, their patronage, furniture, ritual, and revenues; clergymen in all their relations, faith and practice, dress and behaviour in church and out; the morality of the laity, their religious behaviour, their marriages, legitimacy, wills and administration of intestates; the maintenance of the doctrines of the faith by laity and clergy alike, and the examination into all contracts in which faith was pledged or alleged to be pledged, the keeping of oaths, promises, and fiduciary undertakings.[139]

Yet the question remains: which cases, in practice, tended to come into the appellate court? During the pontificate of Bishop Martival of Salisbury (1315–30) 61 cases went to the Arches and are known from inhibitions-citations inserted in the bishop's register. Of these, 47 concerned benefices, of these all but 5 were from unsuccessful presentees. The remaining cases concerned marriage, tithes, defamation, testaments, a disputed monastic election and an allegedly adulterous cleric. Also, of the 61 cases 41 came to the Court of Canterbury by direct appeal (mostly extrajudicial), only 18 by tuitorial appeal and one is uncertain. Among these 61 cases in Martival's register 5 were *querele*.[140] From the 57 inhibitions sent to Bishop Shrewsbury of Bath and Wells between 1329 and 1353 we see that at least 18 had to do with benefices, but one suspects that many of the *querele* also concerned benefices.[141] But there were also cases concerning excommunication, suspension, perjury, fornication, the imposition of violent hands on a cleric, Peter's pence and the authority of the dean of Wells and of the archdeacon of Totton. The evidence from Salisbury and Bath and Wells probably gives us a fairly representative view of what was happening more generally. It is difficult to resist the impression from the extant evidence that a very large number of the cases coming to the provincial court concerned benefices and that many of these proceeded by means of tuitorial provocation followed by an allegedly prejudicial act

---

[138] cap. 1 (infra, p. 24).
[139] *Report of the Commissioners appointed to inquire into the Constitution and Working of the Ecclesiastical Courts* (London, 1883), p. 28.
[140] See *Reg. Martival, Salisbury*, 4. passim.
[141] Although Shrewsbury was bishop until 1363, his register essentially ends in 1354. See *Reg. Shrewsbury, Bath and Wells*, passim.

(e.g., despoliation) followed by a tuitorial appeal *a gravamine*.[142] It should be added that one commentator said that it was the custom of the court not to rescribe to appeals *a gravamine* in marriage cases but that he had seen it happen.[143]

*Inhibition and citation*

Whatever the subject matter of the appeal, the Court of Arches rescribed by issuing an inhibition-citation. Addressed to the local bishop, it had a two-fold function. In the first place, after stating the case, its parties and the reason for appeal, the Official of the court inhibited the bishop and through him all and sundry that they should not attempt or cause to be attempted anything prejudicial to the appellant. Second, the Official cited the bishop, if he were the appealed party, to appear at the court in the church of St Mary le Bow on a specific juridical day. If the bishop was not the appealed party, the Official ordered him to cite the appealed party to appear – 'processurus, facturus et recepturus quod iusticia suadebit'. The cited parties were normally required to appear in the Arches on a day three or four weeks after the issuance of the inhibition-citation.[144] The bishop was required to send to the court a certificate indicating the date of receipt of this instrument and what he had done about it.

Personal appearance of the cited parties was not required. Bishops were routinely represented by proctors. Other appealed parties might have appeared in person, although we are unable to determine with what frequency. A party could have as many as six advocates and two proctors, according to Winchelsey statutes of 1295.[145] Considering that Winchelsey at the same time limited the number of advocates of the court to sixteen and proctors to ten, a rich and cunning party could try to monopolize the more able and more experienced lawyers of the court. If a party could not afford representation, the court would appoint representation *in forma pauperum*.[146] Bishops and others seem to have kept under retainer proctors and advocates. In 1343, the dean and chapter of Wells paid £2 as a year's pension to William de Worstone, advocate in the Arches.[147] In an early fifteenth-century schedule of expenses the advocate and proctor were retained at the annual fee of 2 marks and 1 mark respectively.[148]

A word must be said about the different functions of proctors and advocates. To compare them with modern solicitors and barristers is useful but tells only part of the story. The author of the treatise *Iste est modus prosequendi causas in curia Cantuarinesi* tells the proctor to be deferential to the advocate and to consult with him about strategies. He also instructs the proctor, after the witnesses have given evidence, to go to the house of the advocate to show him the attestation so that

---

[142] See R.H. Helmholz, 'Writs of Prohibition and Ecclesiastical Sanctions in the English Courts Christian', *Minnesota Law Review* 66 (1976) 1017, reprinted in his *Canon Law and the Law of England* (London, 1987), p. 85, where he notes the paucity of cases concerning benefices in the bishops' courts.
[143] In the treatise 'Quia cause ad curiam Cantuariensem' (infra, p. 100).
[144] See *Reg. Martival, Salisbury*, 4. passim.
[145] cap. 18 (infra, p. 11).
[146] cap. 14 (infra, p. 9).
[147] *Wells, Dean & Chapter*, 2. 7, 8.
[148] i.e., 13s 4d and 6s 8d respectively; Churchill 2. 203.

he can decide what to do next.[149] At an early stage, the parties would normally certify to the court the names of the proctors and advocates who would be representing them.

*Actual procedure in the Arches*

The appeal rescribed to and the appealed inhibited and cited and representation arranged, the case could proceed in the Arches. What happened next varied depending on whether the appeal was a direct appeal or a tuitorial appeal. The latter was more summary and can be described first. The parties were expected to be present at the court on the day assigned. It must first be ascertained by the court that the inhibition-citation had been received, which was done by a *certificatorium* from the bishop, which was his acknowledgement of receipt of the inhibition-citation. Even if the appealed party was absent, as long as the citation was certified, the matter proceeded to the only question to be decided: should tuition be granted? The appealed party could appose tuition by proposing a contrary or exclusory fact. A mini-trial ensued. On the first day, the appellant produced a libel, i.e., a somewhat detailed exposition of the reason for appeal. (He may simply have referred to his instrument of appeal, if the *narratio* there was considered sufficiently detailed.) The appellant proceeded to produce at least one or two witnesses.

The *factum contrarium seu exclusorium*, if proved by the appealed party, could cause the denial of tuition. A commentator who was personally familiar with practice in the Arches notes the difference. If, he says, an appellant claims that he was unjustly excommunicated because he was neither warned nor convicted and produces ten witnesses to support his assertion, the other party can present the contrary fact that the appellant had been legitimately warned and convicted, and to this end he would present several witnesses. Yet it is otherwise with respect to an exclusory fact as, for example, when it is proposed that the appellant has abandoned his appeal tacitly or expressly. In the latter instance, the number of witnesses is less important, even two against an appellant's twenty would suffice.[150] The question of tuition was resolved in three days or so – no delays being granted – and, if tuition was given, the appellant was protected for a year from that day: he remained in the state in which he was at the time of his appeal or provocation.

In a tuitorial appeal it was possible for the two parties to agree to have the principal matter definitively determined in the Court of Arches, which meant that the appellant would withdraw his appeal to the apostolic see. If this happened, a copy of the proceedings (*processus*) was sent for from the lower court, and the case was heard as a case of first instance. The judge in the Arches would resume the case where it had left off in the lower court, unless he found the proceedings there flawed and would then begin *de novo*.[151] It should be noted that, if this procedure was followed, the effect was the bypassing of the bishop's court. If the bishop was the appealed party, then he would be agreeing to the bypassing of

---

[149] Infra, p. 93 and passim.
[150] 'Tractatus super appellacionibus' (infra, p. 153).
[151] For such a case see, e.g., the dispute in 1346 concerning the church of Barrow in Suffolk (PRO, C 269/3/3).

his own court. If the appealed party was someone else, then he would be agreeing to bypassing the local court so that the principal matter could be heard in the Arches. The bishops failed to complain about this procedure during the fourteenth and fifteenth centuries, perhaps because it was infrequently used.

The procedure in direct appeals was more protracted and complex. If the appeal was from a lower court, a copy of the proceedings was sent for. The appellant was expect to appear on the assigned day either personally or by proctor, and the *certificatorium* concerning receipt of the inhibition-citation was verified. In the event of the non-appearance of the appellant on the first day the court would wait three days, after which, if he failed to appeal, the appealed party could seek to have the appeal dismissed. On the other hand, if the appealed party was absent on the assigned day, he could be adjudged contumacious and was in peril of being excommunicated and, possibly, after forty days being signified for arrest by the secular arm.[152] With both parties present, the case could continue.

The procedure in the Arches resemble closely the procedure used in the ecclesiastical courts generally. The next step called for the appellant – in practice, his proctor – to submit to the court his libel (*libellum*). This instrument laid out his case and, as with tuitorial appeal, reference could be made to the narration in the appeal itself. The proctor presented the libel to the court, and copies were made for the court and the other party. If the appellant was appealing from an unjust excommunication, this was to be stated in the first article of the libel and he was to seek absolution, since an excommunicate had no standing in the ecclesiastical courts. An absolution *ad cautelam* followed: it was given *ad cautelam* since the excommunication may have been invalid. A fresh sentence of excommunication would later be imposed if the appellant did not prevail.[153] In the not infrequent cases concerning a disputed benefice the court acted immediately depending on the nature of the case. If a bishop failed to institute a presentee or if there was a dispute between two presentees, the fruits of the benefice were give temporarily to the keeping of an *yconomus* pending the appeal. If, however, the dispute involved an incumbent whose right to the benefice had been challenged by the bishop's presentee, the incumbent was to remain in receipt of its fruits unless he was notoriously underage, overage, ill, incompetent or insane, in which case the court would appoint a custodian.[154]

These matters and related matters resolved, the appealed party was usually given two to three weeks to respond to the libel commonly by an instrument drawn up by his proctor, in which he would deny the libel. The matter was joined. In the terminology of the canonists this was the *litis contestacio*.

The production of the appellant's witnesses followed. Interrogatories were drawn up by the appellant and usually by the appealed party, and the witnesses proceeded to give their testimony before an examiner general of the court, generally at the court but on occasion at the house of the examiner.[155] The advanced age or the illness of a witness, if the presiding judge so ruled, could be reason to

---

[152] See F. Donald Logan, *Excommunication and the Secular Arm in Medieval England: A Study in Legal Procedure from the Thirteenth to the Sixteenth Century* (Toronto, 1968).
[153] ibid., pp. 118–20. Absolution *ad cautelam* was not necessary in tuitorial appeals.
[154] See the 'Customs of the Court of Arches' (infra, p. 79).
[155] See Churchill 1. 450.

take testimony from such witnesses elsewhere.[156] The number of witnesses could range from 1 to 40.[157] Unwilling witnesses could be compelled to testify. *Tractatus super appellacionibus* notes that witnesses could be compelled to testify in marriage cases where the fact is notorious, and, it adds, in civil cases but not in criminal cases they can also be forced to give testimony.[158] The parties were expected to offer compensation at least to compelled witnesses (and perhaps more generally) to cover the expense of their journey to the court.[159]

The appellant was advised by the author of *Iste est modus prosequendi causas* to choose good and trustworthy witnesses who are mature and discreet.[160] The same author tells the promoter of the case to be sure that his witnesses are well informed and that their testimonies do not disagree with one another. He adds,

> The promoter of the case should take care to present first the older and wiser of the witnesses so that from him alone the other witnesses can take their lead regarding the evidence.[161]

Our author further instructs him that on the day of the taking of their testimony he should prepare for the registrar a list of names of the witnesses in order to facilitate the registrar's imposing the oath to tell the truth. He should immediately persuade the examiner to expedite the examination and should lead the examiner to believe that he will be duly compensated for this. When the actual examination is to take place, the promoter should have his first witness present before the examiner arrives. He should then introduce this witness to the examiner, and, after he and the examiner exchange pleasantries, he should leave to procure some fine wine, spices, pears and the like for the examiner. If there is a second presentation of witnesses, one must make sure that their testimony complements the testimony of the earlier witnesses, and so also for a third presentation of witnesses.[162] When all the testimony has been taken, the author continues, the promoter should quickly compensate the examiner for his labour, if he thinks this should be done. It should be noted that, in 1295, Archbishop Winchelsey had decreed that the examiner should not be paid more than the cost of writing the depositions.[163] The distinction here is between that which the examiner could require by law and that which a party might freely give him. Testimony given, copies were made and provided to the court and to each party.

The next step was the presentation of documents supporting the appellant or

---

[156] *Select Canterbury Cases*, pp. *45–46* (intro.); Stratford statutes, cap. 6 (infra, p. 37). Stratford also forbade clerks from taking testimony in the absence of the examiner (infra, p. 36).
[157] See *Select Canterbury Cases*, pp. *45–46* (intro.). In certain tuitorial appeals at least 2 witnesses were required, although to prove that an appeal had been made one witness supported by the oath of the appellant sufficed (Stratford statutes, cap. 2; infra, p. 30).
[158] See infra, p. 191.
[159] See infra, p. 192.
[160] 'bonos uiros et fidedignos, senes et discretos' (infra, p. 91). The description that follows in this paragraph is taken from the same treatise (infra, pp. 91–93).
[161] 'Caueat promotor cause quod senior omnium testium et sapiencior primo producatur et in testimonium, ut ex eo solo ceteri omnes consequencior informacionem ualeant recipere et claram euidenciam' (infra, p. 92).
[162] The coaching of witnesses may appear to be violations of ethical behaviour.
[163] Statutes, cap. 7 (infra, p. 7).

the appealed. These muniments the party exhibited to the registrar in the presence of the judge to have copies prepared for his adversary and the court. Just as challenges to the witnesses could be made by the opposing party, so too they could be made to the documents.

A word should be said about challenges, which were called exceptions. At the beginning before the case was contested an exception could be made against the judge, *exceptio recusacionis*[164] – that he was, for example, prejudiced or related to one's adversary. It could be excepted against the adversary party that he was excommunicate, underage, insane, *infamis* or a member of the judge's household, to which examples of other exceptions could be added. The witnesses could be similarly excepted and the exception could refer to their competence, honesty or state (e.g., excommunicate). Documents, it could be excepted, were forged, altered, ambiguous or irrelevant. And so forth. The obligation then belonged to the exceptor to prove his exception.

*Writs of prohibition, cerciorari and consultation*

The appellate action could be challenged in yet another, more fundamental way: the adversary could challenge the very jurisdiction of the court over the matter at issue by suing a writ of prohibition from the royal chancery. No proof was necessary to secure the writ, which prohibited action in the church court. It was addressed either to the party who had brought the appeal or to the court itself.[165] We may never know the extent of this practice, particularly if the party suing the writ did not pursue his claim to jurisdiction in the secular court or if the church court silently dropped the case or if records have simply not survived; yet traces can be found. In one case the Official of the Court of Arches replied to chancery that he postponed acting against the prohibition for fear of incurring contempt.[166] This was not the uniform response. There can be found in the public records among miscellaneous writs a number of cases in which, apparently despite a writ of prohibition, the church court proceeded.[167] It should be noted

---

[164] William of Drogheda treats this exception at some length (*Summa aurea* (Innsbruck, 1914; reprinted 1962), pp. 372–92). About recusal of papal judges delegate see R.M. Helmholz, 'Canonists and Standards of Impartiality for Papal Judges Delegate', *Traditio* 25 (1969) 386–404, reprinted in his *Canon Law and the Law of England* (London, 1987), pp. 21–39.

[165] The pioneering work on writs of prohibition is Norma Adams, 'The Writ of Prohibition to Court Christian', *Minnesota Law Review* 20 (1936) 101–16. The classic analysis for the thirteenth century is G.B. Flahiff, 'The Writ of Prohibition to Court Christian', *Mediaeval Studies* 6 (1944) 261–313 and 7 (1945) 229–90. Richard Helmholz in two articles follows the story into the later Middle Ages from the vantage point of the records of the church courts: 'Writs of Prohibition and Ecclesiastical Sanctions', *Minnesota Law Review* 60 (1976) 1011–33 (reprinted in his *Canon Law and the Law of England* (London, 1987), pp. 77–99) and 'The Writ of Prohibition to Court Christian before 1500', *Mediaeval Studies* 43 (1981) 274–314 (in same reprint, pp. 60–76). For the use of the writ as seen from the Canterbury records for the thirteenth century see *Select Canterbury Cases*, pp. 98–103 (intro.).

[166] PRO, C 269/8/36 (dated 6 April 1397), a case of presentation to a parish church.

[167] PRO, C 269: 2/8 (1314); 3/2 (1328); 3/23 (1346); 3/25 (1346); 4/28 (1367); 7/7 (1382); 7/18 (1345, 1358); 8/10 (1391); 8/36 (1397); 9/15 (1406); 10/30 (1411); 11/15 (1435); 11/20 (1439).

that enforcement of the writ lay not with the royal chancery but with the party suing the writ. He could simply let the case continue, particularly if it were proceeding in his favour. Or he could approach chancery once again. Its usual response was to issue the writ *cerciorari*, which required the church court to reply to chancery about the party's complaint. Frequently chancery ordered the court to send the libel in the case in order to determine if the matter involved did, in fact, pertain to ecclesiastical jurisdiction. As Professor Helmholz teaches us, the libel was probably not the most reliable evidence as to jurisdiction since the libel, drawn up by the appellant, could be expected to be written in terms favourable to ecclesiastical jurisdiction. But in some cases more was required than simply the libel, e.g., the sentence or, at least in one case, the *processus* as well as letters of institution and induction of an aggrieved incumbent.[168] If the court proceeded despite a prohibition and if the affected party challenged this and the matter went to chancery and if chancery found in favour of the court, there then issued from chancery a writ of consultation, which, in effect, allowed the Court of Arches to continue.[169] In an unusual case, chancery wrote to the court on 1 February 1386 inquiring if there were ever any consultation in cases concerning the transfer of an annual pension from one church to another. The court replied that it could find only three such cases – in 1345, 1358 and 1380 – adding that there were other consultations but these were missing: 'propter dicti registri modernis temporibus non absque periculo amissionis quamplurimum munimentorum existencium in eodem frequentem mouicionem inuenire non potuimus.' Chancery was not satisfied with this reply and asked the court to examine its register again.[170] What we should remember in all this is that a writ of prohibition was merely one weapon that an appealed party could use, its ultimate effect not necessarily in his favour. In one telling remark, a chancery official wrote to the court that chancery did not wish unduly to impede the *cognicio* which pertains to the ecclesiastical forum.[171]

*Conclusion of the case*
Exceptions and prohibitions having been made, witnesses and documents having been presented, the case could proceed to its final stages. Barring the introduction of any late witnesses or documents, the advocates of the parties would make their final oral presentations to the court and await the judgment of the presiding judge.[172] When the judge saw that both parties were present, he would say (in Latin), 'If anyone wishes to allege anything further in this case, let him do so

---

[168] ibid., 10/30 (1411).
[169] Not all writs *cerciorari* involving ecclesiastical affairs concerned prohibitions, but many did.
[170] What chancery wanted to know were the following: 'que? quot? cuiusmodi cause? inter quos? quo auctoritate? quibus temporibus? qualiter? quo modo?' (ibid., 7/18). In a different matter, in 1406, chancery asked the court to examine its records with respect to its decision in 1345 concerning the validity of a marriage, and the court produced the relevant document (ibid., 9/15).
[171] ibid., 7/18 (ii).
[172] The description that follows is taken from the treatise 'Iste est modus prosequendi causas in curia Cantuariensi' (infra, pp. 96–97).

now, and, if not, let us put an end to it.'[173] The judge would then assemble all the legal experts (the dean, the examiners and advocates of the court) to assist him and to advise him about pronouncing the sentence. The proctors of each of the parties would stand by to hear the sentence. The bedel of the court prayed silence in the court. The judge removed his cap, made the sign of the cross and in a loud voice pronounced sentence. Then, according to our author, the losing party, moved by apparent anger, appealed to the court of Rome in outraged words, to which the court would pay no heed.[174] The successful party thanked the entire court for making a just decision. He then would prepare wine, bread and other delicacies for the presiding judge 'pro magno labore suo habito super processu cause'.[175] Then he would secure a written and sealed copy of the sentence. If the losing party did not prosecute his appeal at the court of Rome within one year, the other party then asked the court to assess court costs against his adversary. *Causa finita est.*

---

[173] 'Vult aliquis ulterius allegare in tali causa, statim respondebitur; quod non, set fiat finis' (infra, p. 96).
[174] Appeals can be found from the dean of the Arches to the Official in 1285 (*Reg. Pecham, Canterbury*, 1. 245) and in 1314 (J.W. Willis Bund, ed., *The Register of the Diocese of Worcester during the Vacancy of the See, usually called* sede vacante (Worcs. Hist. Soc., 8; 1897), pp. 169–73); see Winchelsey statutes of 1295, cap. 43, about the summary procedure to be followed in such appeals (infra, p. 18). See also Whittlesey's commission of 1360 (Churchill 1. 438). In addition, appeals were on occasion made from cases pending in the Arches to the archbishop's Audience; examples can be found in 1283 (*Reg. Pecham, Canterbury*, 1. 205–06), in 1285 (ibid., 2. 245), in 1296 (PRO, CP 40/76, m. 66d; CP 40/83, m. 159; references kindly provided by Paul Brand), in 1299, 1304 and 1354 (for these see Churchill 1. 495–97).
[175] infra, p. 96.

# PART ONE

# STATUTES OF THE COURT OF ARCHES

The statutes governing the practice of the Court of Arches can be divided into two groups. First, there were the statutes that were placed in what has become known as the Black Book of the Arches, which served as the official copy used by the court; these were clearly of prime importance. Secondly, there were those statutes not placed in the Black Book but issued either by the archbishop of Canterbury or by an officer of the court acting by the archbishop's commission. These two sorts of statutes are presented here separately.

I. STATUTES IN THE MEDIEVAL BLACK BOOK OF THE ARCHES
(London, Lambeth Palace Library, Arches, N.1)[1]

The Black Book of the Arches is a modern name. In the Middle Ages it was known as the *Liber statutorum* and was referred to as such by Ducarel in 1753.[2] It seems to have received the name 'Black Book' only in the nineteenth century. It is not a *black* book. The doctors who advocated in the Court of Arches in the nineteenth century also practised in the Court of Admiralty, which had as its ruling book a Black Book. These same lawyers quite likely used the term 'Black Book' to mean an authoritative text and, thus, used it to refer to the book of statutes at the Court of Arches.

As it stands now, the Black Book of the Arches, is a composite codex of 94 folios. It contains two parts which were joined together during the medieval period; other parts were added in the early modern period.

The medieval Black Book comprises ff. 29–90 in the modern foliation. The first 28 folios were added probably in the early seventeenth century; ff. 91–94 were added in the sixteenth century. It is the medieval book that concerns us here. The medieval book is itself a composite of two sections:

---

[1] For descriptions of this ms. see Churchill 2. 206–10 and Charles E. Welch, 'The Statutes of the Provincial Courts of Canterbury and York' (unpublished Ph.D. thesis, Univ. of Southampton, 1968).
[2] A.C. Ducarel, 'A Summary Account of the Society of Doctors Common' (London, Lambeth Palace Libr. Ms. 958), Appendix A. Inside the front cover of the Black Book is a scrap of paper on which is written,
> Note. This book was found amongst the Arches Records sometime since and Mr Waddilove thought it might interest the Archbishop and intended to take an opportunity of submitting it to His Grace, but no such opportunity occurred.
> E. Pitt. 1/6/99

Melanie Barber has kindly identified Mr Waddilove as Cyrus Waddilove, registrar of the Court of Arches, and E. Pitt as Edwin Pitt, clerk and record keeper of the Arches in 1899. The archbishop referred to may have been Edward White Benson (1883–96).

Section 1: ff. 29–41. This existed separately from the second section, to which it was joined in the early fifteenth century.

ff. 29$^r$–31$^v$. The heading 'Euangelium' followed by portions of a Mass lectionary and prayers.

f. 32$^{r-v}$. Empty in the Middle Ages, but oaths for the official and others were inserted in the post-medieval period.

f. 33$^r$. Statute of Archbishop Kilwardby of 1273; on the empty part of the recto and on the verso are added in a later hand the *Articuli cleri* (1316) and other texts concerning the jurisdiction of ecclesiastical courts.

f. 34$^r$. Table for reckoning the Golden Number, which should be seen as part of the calendar that follows. The verso is blank.

ff. 35$^r$–40$^v$. An early fifteenth-century calendar of the Court of Arches.

f. 41$^{r-v}$. Originally left blank, but in the fifteenth century Chichele's statute of 1423 was entered here in a contemporary hand.

Section 2: ff. 42–90. This existed separately from the preceding and has a separate foliation.

ff. 42$^r$–62$^r$. Winchelsey's statutes of 1295.

ff. 62$^r$–63$^r$. Winchelsey's statute of 1309.

ff. 63$^r$–64$^r$. Reynolds's statute of 1320.

ff. 64$^{r-v}$. Originally empty, but Arundel's statute of 1401 was inserted in a contemporary hand.

f. 65$^r$. Originally empty, but Arundel's statute of 1403 was added here in a contemporary hand.

f. 65$^v$. Empty.

ff. 66$^r$–85$^v$. Stratford's statutes of 1342.

ff. 85$^v$–86$^r$. Courtenay's statute of 1390.

f. 86$^v$. Courtenay's statute of 1391.

ff. 86$^v$–87$^r$. Arundel's statute of 14 August 1397.

f. 87$^{r-v}$. Arundel's statute of 14 October 1397.

ff. 88–90. A quire, containing *inter alia* Edward I on prohibitions, but no statutes. Although it continues the older foliation of what precedes, it must have been added after the insertions of Arundel's statutes of 1401 and 1403.

Section 1 and Section 2 existed separately and, no doubt for convenience's sake, were joined together sometime between 1403, the date of Arundel's statute, and 1423, the date of Chichele's statute, which was inserted into what had been Section 1, by the time of its insertion already joined to Section 2. This, then, was the medieval Black Book.

In the sixteenth century a further four folios were added *in fine*; they contain Parker's statutes of 1571 (ff. 91$^r$–92$^v$) as well as questions which, in 1520, Thomas Woddyngton, Official of the Court of Arches, ordered to be inserted 'in libro statutorum' (ff. 93$^v$–94$^v$). In the early seventeenth century an additional 28 folios were added at the beginning, thus completing the present codex. The codex described in 1753 by Ducarel is the Black Book as it is now.[3]

This book and the statutes contained in it had a special place in the operation

---

[3] A.C. Ducarel, 'A Summary Account of the Society of Doctors Common' (London, Lambeth Palace Libr. Ms. 958), Appendix A.

of the court. In 1309 Archbishop Winchelsey ordered that a new statute be placed with the statutes kept by the registrar of the court.[4] When, in 1390, Courtenay enjoined officers of the court to take an oath, he placed that oath 'in libro statutorum'.[5] Two years later, when he issued a statute which increased the fees that could be charged by the registrar of the court, Courtenay ordered that this new statute be inscribed with the other statutes of the court.[6] His successor, Archbishop Arundel, used similar words for two statutes issued in 1397 and, again, for a statute issued in 1401.[7] Archbishop Chichele, in 1423, described the book of statutes as containing some of the mandates of his predecessors, and ordered that a new statute be inscribed in that same book.[8] Almost a century later, Thomas Woddyngton ordered his questions about procedure be inserted in this same book.[9] This, then, was the book at hand at the court as its reference to the more important legislation affecting the court.

Twelve sets of statutes were inscribed into the book of statutes, not all of equal significance. Standing out above the others are the long, detailed, comprehensive statutes of Winchelsey (1295) and Stratford (1342). Each of the other ten concerns a single matter: Kilwardby (1273) about the oaths of advocates and proctors; Winchelsey (1309) about a point of procedure; Reynolds (1320) about sequestration of benefices; Courtenay (1390) about oaths to be taken by officers of the court; Courtenay again (1392) about registrar's fees; Arundel twice in 1397 about the respective duties of registrar and scribe of the acts; Arundel again (1401, 1403) about advocates and proctors; and Chichele (1423) also about advocates and proctors. What these twelve had in common was their contemporary insertion in the book of statutes. Other statutes concerning the court did not make their way into this book: these are listed here separately after those contained in the Black Book.

Since the Black Book is the unique, authentic book of statutes of the court, other texts of these statutes must be considered derivatives and copies, perhaps several times removed, of the statutes found in this book, and references to variant readings in those texts would serve little purpose. The text of the Black Book stands by itself as the authoritative text.

---

[4] 'inter statuta eiusdem curie registrari' (see infra, p. 21).
[5] See infra, p. 46. His statute contained the oath, and he was referring to the inclusion of the statute itself in the book of statutes.
[6] 'cum tenore ipsa inter alia eiusdem curie statuta fideliter conscribi facientes' (see infra, pp. 47–48).
[7] 'ipsa tamen inter alia eiusdem curie statuta fideliter conscribi facientes'; 'uolumus insuper et mandamus presentes nostras litteras inter alia statuta huiusmodi ad perpetuam rei memoriam fideliter conscribi'; 'ea inter alia dicte curie nostre statuta ad perpetuam rei memoriam scribi et fideliter annotari' (see infra, pp. 49, 50, 52).
[8] 'mandamus quatinus presentes litere nostre infra unum diem post publicacionem earundem in libro statutorum dicte curie conscribuntur' (see infra, p. 55).
[9] ff. 93–94.

1. STATUTE OF ROBERT KILWARDBY, ARCHBISHOP OF CANTERBURY, 6 NOVEMBER 1273 (London, Lambeth Pal., Libr., Arches, N.1, f. 33$^r$).[10] Advocates and proctors, before taking up their offices, must take an oath regarding their behaviour in the court.

Frater R., miseracione diuina, Cantuariensis archiepiscopus, tocius Anglie primas, decano de arcubus beate Marie Londonie salutem, graciam et benediccionem.

Antiquarum legum obseruanciam non sine racione ardua et equitate multiplici introductam et diucius in iudiciis obseruatam nescimus quemadmodum modernis temporibus per abusum derogant. Ad utilitatem rei pupplice et causarum decisionis abreuiacionem presencium tenore a te et ceteris nostris commissariis causas auctoritate curie nostre Cantuariensis audientibus et pertractantibus in usum reducimus, et eam districte precipimus inuiolabiter obseruari, uidelicet, ut quicumque aduocacionis officium in causis auctoritate curie nostre pertractandis uel alias[11] quocumque modo seu auctoritate cuiuscumque a uobis uentilandis et decidendis uoluerint exercere

> in primis iurent quod in aduocacionis officio fidele et diligens patrocinium suis prestabunt clientulis, in quibus eis assistunt seu assistant, et circa hoc[12] studebunt honeste et diligenter secundum quod qualitas cause et utilitas eius deposcit et commode poterunt;
> 
> secundo, quod causas iniquas et desperatas scienter non suscipient patrocinandas et, cum eas iniustas esse repererint, penitus dimittent et[13] eas derelinquent;
> 
> tercio, quod iniustas dilaciones non petent nec maliciose causas protrahent ultra quam ipsarum litium deposcit utilitas seu necessitas;
> 
> quarto, quod libertates ecclesiasticas scienter non perturbabunt seu infringent maliciose nec infringenti uel infringere uolenti assidebunt;
> 
> quinto, quod moderati erunt et non onerosi clientulis suis in sallariis petendis et recipiendis, uidelicet, ut, secundum qualitatem cause et negocii naturam ac aduocati facundiam, sallariam recipient et de quota parte litis recipienda nullo modo conueniant.

Precipimus eciam et uolumus consimile sacramentum prestari ab omnibus procuratoribus clientulorum suorum causas et negocia pertractantibus, inhibentes districte sub pena canonice districcionis ne quis aduocatus uel procurator, donec predictum prestiterit sacramentum, ad aduocacionis uel procuracionis officium a uobis ullatenus admittatur.

Data apud Lameheth die lune proxime post festum omnium sanctorum consecracionis nostre anno secundo.

---

[10] This statute was printed by Spelman, *Concilia*, p. 658, and by Wilkins, *Concilia* 2. 27 from the same source but with changes in the text.
[11] *ms.* alios.
[12] et – hoc] *add. interlin., probabiliter in noviori manu.*
[13] *scripsi.*

2. STATUTES OF ROBERT WINCHELSEY, ARCHBISHOP OF CANTERBURY, 9 NOVEMBER 1295 (London, Lambeth Pal. Libr., Arches, N.1, ff. 42$^r$–62$^r$, older foliation ff. 1$^r$–21$^r$).[14] This comprehensive set of forty-seven statutes was intended to govern the working of the court.[15] The canonist-rector M. Thomas de Rippeley glossed these statutes in the middle of the fifteenth century (Cambridge, Gonville and Caius College Ms. 588, ff. 1$^r$–12$^r$).

Robertus, permissione diuina, Cantuariensis archiepiscopus, tocius Anglie primas, ad eternam rei memoriam.

Ad uiam nostri regiminis planius ordinandam opportunum esse conspicimus ab his que nobis incumbent primitus inchoare ut, trahe desidie uel corporis ab oculis nostris eiecta, excessuum et negligenciarum festucas eiciamus uberius ab oculis subditorum et delictorum materia quam a ceteris conamur excutere a ministerialibus et locis nostre solitudinis primitus euellatur. In cuius uie excogitato progressu curie nostre Cantuariensis, ad quam pro habenda iusticia spe fiduciali recurritur, maculas et defectus tam in personis quam rebus et causarum seu negociorum processibus et corruptelis habitis circa ea extirpare proponimus, ut pura et incontaminata iusticia ac equitatis congrua mansuetudo exinde scaturiens per cetera loca prouincie habundantibus riuulis diffundatur.

Cum igitur ipsius curie fama celebris infamie nota respergi poterit et fulgor eius irradians obfuscari, nisi[16] debitus rigor iusticie inibi conseruetur, sumptuosa cupiditas et in adeundo grauida difficultas ac eciam dilaciones superflue congruis remediis amputentur que promercalem reddunt iusticiam et lites faciunt immortales, nos ad ea cautius expianda que continentur inferius deliberato consilio duximus statuenda quibus eciam uniuersa seriosius enucleata perstringimus que predecessores nostri pro reformacione tam celebris curie temporum labencium curriculis successiuis, frequentibus studiis, uariisque laboribus salubriter ordinarunt, ut ad ipsam curiam in suis necessitatibus confluentes explosis ac semotis ambagibus et obstaculis prelibatis iuxta naturam et qualitatem negociorum et causarum celerem iusticiam cum fidicua ualeant reportare.

[1] *Forma iuramenti iudicum*
A personis itaque primitus inchoantes statuimus ut tam officialis dicte curie quam decanus de arcubus, suus commissarius generalis, in inicio administracionis suscepte corporale prestent ad sancta euangelia iuramentum quod in officiis ipsis pro suis uiribus diligenter et fideliter se habebunt ac, fauoris, odii et cupidinis cuiuscumque[17] tramitibus depulsis penitus et omissis, iusticiam facient plenam et puram in singulis, quatenus humana fragilitas patitur iuxta posse. Iura uero et laudabiles ipsius curie consuetudines una cum statutis

---

[14] Printed in Spelman, *Concilia*, pp. 413–27 from an old exemplar in the Cotton library and in Wilkins, *Concilia* 2. 204–13 from British Library, Cotton Ms. Galba E.4, probably the same Galba ms. used by Spelman, and collated with Oxford, Jesus College Ms. 19 and British Library Ms. Royal 11.B.v.
[15] The division of the statutes is based on divisions in the ms., but the numbering is an editorial addition.
[16] f. 42$^v$.
[17] f. 43$^r$.

eiusdem, quatenus ad eos pertinet, obseruabunt et ab aliis ministris eiusdem curie quibuscumque diligenter et fideliter facient obseruari. Simile quoque iuramentum a commissariis ipsius officialis in sui et dicti decani absencia constitutis similiter subeatur.

[2] *Forma iuramenti examinatorum et clericorum*
Examinatores quoque ipsius consistorii de arcubus, quos duos dumtaxat, ut consuetum est, fore censemus, et clerici ad registrum et faciendas copias ac eciam ad scribendum responsiones parcium et dicta testium deputati iuramento simili, quatenus ad eos pertinet, se astringant de faciendo et exequendo, uidelicet, diligenter ac fideliter sine fauore cuiuscumque uel odio aut materia cuiuscumque inordinate cupidinis quod eorum incumbit officio et de consuetudinibus ac statutis, ut premittitur, obseruandis ac eciam de faciendo, quatenus in eis est, eadem obseruari quodque non erunt in adeundo difficiles nec in sumptibus indebite onerosi.

[3] *Forma*[18] *iuramenti aduocatorum et procuratorum*
Aduocati eciam et procuratores predicti consistorii generales iurent similiter formam scriptam ibidem, hoc addito si non contineatur in ea: quod consuetudines et statuta predicta, quatenus ad eos pertinent, obseruabunt et quod factum in iudicio non proponent nisi quod uerum et iustum, prout informabuntur a partibus, esse credunt, quodque in informacionibus recipiendis a partibus ueritatem facti ab eisdem cum omni, qua poterunt, cautela elicient, et pericula eis inde per uiam iudicii affutura, quatenus id sciunt, partibus ipsis patenter exponent, desperata negocia scienter nullatenus assumentes, sed, cum eis causas seu negocia iniusta esse constiterit, prout tenentur de iure, totaliter derelinquent.

[4] *De presencia officialis et quod se diucius non absentet*
Insuper statuendo decernimus ut officialis Cantuariensis, cuius dampnosa sepius reputatur absencia longe a ciuitate Londonie se absque causa racionabili uel legitima diucius non diuertens in rescribendo, se facilem et benignum ac eciam sine morosa protraccione petencium expeditum exhibeat et ad iustas peticiones receptas cito et sine difficultate rescribat et cicius ubi in mora periculum uiderit iminere,[19] uidelicet, in testamentariis, matrimonialibus, alimentorum et beneficiorum causis et negociis ubi de uiolenta intrusione seu spoliacione aut declaracione uacacionis ecclesie seu de prouidendo ecclesie uacanti suggeritur, in quibus mora trahit periculum corporum et eciam animarum.

[5] *De presencia officialis in consistorio*
Item quod officialis in singulis sessionibus per aliquot dies, quando opportunum esse perspexerit, suam, si possit, presenciam exhibeat personalem et appellaciones a .. decano de arcubus, suo commissario, uel alio commissario suo in ipsius et decani supradicti absencia a grauamine interiectas de plano processus

---

[18] f. 43ᵛ.
[19] f. 44ʳ.

examinans statim terminet et decidat. Si uero a diffinitiuis ipsorum sentenciis fuerit appellatum, tunc appellacionum huiusmodi merita consueta indagine dirimantur.

[6] *Quantum debet recipi pro sigillo et a clericis pro scriptura*
Item quod pro suggestionibus aut execucionibus seu aliis quibuscumque litteris sigillandis pro quibus pecunia recipi consueuit amplius quam sex denarii pro sigillo quolibet non soluantur. Et pro scriptura eorum secundum quantitatem eiusdem recipiatur pecunia, officialis uel decani arbitrio, si necesse fuerit, moderanda. Sed in originalium attestacionum scriptura decem pollices in longitudine linee continente pro duodecim lineis unus denarius. In attestacionum[20] autem huiusmodi uel processuum copiis pro uiginti quatuor lineis eiusdem longitudinis unus denarius tantum recipiatur. Que omnia in aperta et legibili littera cum congruo interlineari[21] spacio conscribantur, de qua copia statim fiat collacio per iuratos examinatores uel clericos consistorii antedicti.

[7] *De salario examinatorum*
Item examinator pro examinacione cuiuslibet testis tantum accipiat et non amplius quantum recipitur pro scriptura attestacionum originalium testis primi. Ad cuius examinatoris salarium, si pars aduersa contra quam producitur interrogatoria sua tradiderit, pro interrogatoriis eisdem contribuat quatenus examinator in uirtute sui sacramenti in assumpcione sui officii prestiti uel iudex in eius defectum duxerit moderandum. Si uero examinator pro ampliori lucro captando impertinenti uerborum confusione attestaciones conscripserit uel conscribi fecerit primi testis, cum de hoc conuictus fuerit, ab officio suo perpetuo deponatur maiori acrimonia, si res exegerit, puniendus ad arbitrium predicto consistorio presidentis.

[8] *De numero aduocatorum et procuratorum ac eciam de statu et condicionibus eorundem*
Statuimus insuper ut sexdecim aduocati et decem procuratores dumtaxat in consistorio ipso[22] iurati existent eidem consistorio totaliter intendentes. Qui nec alia consistoria postulando seu procuratoris officium exercendo sine presidentis eidem consistorio licencia speciali eis ex causa dumtaxat legitima concedenda frequentent, illis, uidelicet, horis quibus cause et negocia solent in eodem consistorio uentilari. Nec alicuius seruicio tanquam familiares specialiter astringantur. Nec eciam sacerdotes, aduocati uel procuratores, de numero predictorum, ut supra iurati, in consistorio prenotato existant. Nec presbyteri, si in eodem consistorio quandoque postulare uoluerint uel eciam procurare nisi pro seipsis aut in causis ecclesiarum suarum uel pro suis dominis quorum sunt familiares et domestici aut pro miserabilibus personis et hoc gratis sine salario et dono quocumque in predicto consistorio publice postulent uel officium procuratoris assumant. Nec quisquam in dictorum aduocatorum numero nisi qui iura ciuilia et canonica per quinquennium uel quadriennium ad minus in scholis

---

20 f. 44ᵛ.
21 interlinearis *ms. erronee*.
22 f. 45ʳ.

alicuius uniuersitatis uel municipii publice prius audierit et per unum annum ad minus in eodem consistorio steterit admittatur.[23]

[9] *De locis et sedibus aduocatorum et procuratorum*

Antiquiores[24] eciam aduocati in sedibus ex opposito iudicis collocentur, ceteris ab utroque latere, prout sunt priores uel posteriores in tempore propius et remocius, collocatis. Quod et in procuratoribus uolumus obseruari.

[10] *De pena eorum qui falsum committunt uel testes aut instrumenta subtrahunt aut corrumpunt uel occultant seu procuratoria reuocari procurant*

Decernimus eciam statuendo quod, si quis examinator, clerus, aduocatus uel procurator consistorii supradicti falsum in officio suo committat uel probaciones partis alicuius maliciose subtrahat aut impediat seu impediri procuret uel falsis instrumentis et precipue procuratoriis tempore limitatis post tempus huiusmodi uel aliter reuocatis tacite uel expresse scienter utatur aut uera instrumenta supprimat uel corrumpat seu testes subornet uel subornari aut corrumpi procuret aut falsas causas seu negocia de consuetudine scienter assumat uel falsum factum scienter proponat uel proponi faciat aut prohibiciones regias in casibus in quibus locum non habent impertrari seu exhiberi procuret seu huiusmodi prohibicionum impetractioni aut usui consenciat tacite uel expresse aut presidentibus dicte curie mandata quecumque porrigi eis preiudicatiua seu impeditiua processuum eorundem[25] falso et maliciose, quos non ambigitur, in maioris excommuni- cacionis sentenciam latam contra uiolatores seu turbatores iurium et libertatum ecclesie incidisset. Si de his uel eorum aliquo conuictus extiterit a consistorio, perpetuo suspendantur. De quibus omnibus officialis uel decanus de arcubus uigilanter inquirat quociens fuerit opportunum. Si uero de premissis conuinci non poterunt sed de hiis aut eorum aliquo fuerint publice diffamati uel certa racione suspecti, donec legitime se purgauerint, ab officio suspendantur, ad quam purgacionem prestandam si purgandi proteruia uel magnitudo delicti aut diffamacionis seu suspicionis huiusmodi id exigat, idem purgandus ad audienciam archiepiscopi Cantuariensis, qui erit pro tempore per presidentem dicti consistorii, si expediens esse uiderit, remittantur. Hoc eidem de procurantibus illicite attachiamenta per laicalem potenciam fieri de iudice uel de parte aut de procuracione huiusmodi diffamatis et suspectis precipimus obseruari. Occultantes insuper procuratoria quibus sunt usi et procurantes per maliciam ipsa procuratoria reuocari, si id cause dispendium aut aduersario preiudicium afferat,[26] statim grauiter puniantur et incorrigibiles perpetuo suspendantur. De hiis eciam uiolenta presumpcione suspecti legitime et incontinenti se purgent aut, ut premittitur, suspendantur.

[11] *Ne quis alium in officio suo subplantet*

Prohibemus eciam ne quis alium in officio aliquo supradicti consistorii insidiose subplantet. Et si de hoc conuictus extiterit, ab officio, quousque hoc emendauerit, suspendatur.

---

[23] admittantur *ms. erronee*.
[24] f. 45ᵛ.
[25] f. 46ʳ.
[26] f. 46ᵛ.

[12] *De puniendo aduocatos et procuratores garulosos*
Item iudex aduocatos et procuratores garulosos et tumultuosos ac eciam conuiciantes coherceat unoque electo negocio ceteri sileant quousque inchoatum expediatur negocium ea uice, ac eciam curialiter et modeste se habeant et proponenda proponant. Et qui contrafecerit arbitrio iudicis puniatur. Et si super hoc incorrigibilis maneat, a consistorio perpetuo suspendatur.

[13] *Quod aduocati aut procuratores se a consistorio non absentent et quod registrum suo ordine primitus expediatur*
Item quia aduocatorum et procuratorum absencia negociorum celerem expedicionem impedire et ordinem debitum perturbare registri frequencius consueuit, caueant aduocati et procuratores consistorii ne, dum causas in eo tractandas habuerint,[27] sine licencia iudicis se absentent, quin socium habeant, per quem causa possit opportune et sine morosa dilacione tractari et quod tempestiue ueniant omni die usque ad solutum iudicium, eo die sine licencia iudicis nullatenus recedentes, pena eis statim imponenda, si contrafecerint. Et si incorrigibiles super hoc fuerint, suspendantur. Registrum eciam, ne eius ordo turbetur, expediatur primitus suo die, si fieri poterit, alioquin die sequenti ordine ipsius registri modis omnibus obseruato, nisi forte instans produccio testium que sine dispendio differri non poterit huiusmodi ordinem ex equitate quandoque postulet interuerti.

[14] *Quod procuratores sine aduocatis causas non assumant et quod tam aduocati quam procuratores et ceteri ministri in causis pauperum officium suum gratis inpendant*
Item procuratores sine aduocatis causas uel negocia non assumant, nec eciam prosequantur, sed sui officii finibus sint contenti. Causas eciam pauperum iudex certis aduocatis et procuratoribus gratis suscipiendas assignet. Et tam examinatores quam clerici iurati de consistorio eisdem pauperibus officium suum caritatiue et gratis inpendant. Quas causas iudex pre[28] ceteris cicius, si fieri poterit, expedire conetur, nichil pro examinacione processuum aut sentenciarum litteris executoriis a personis huiusmodi exigendo.

[15] *De pena aduocatorum et procuratorum procurancium dilaciones friuolas*
Item aduocatus uel procurator qui per notorie falsas seu frustratorias appellaciones a grauamine uel a diffinitiuis sentenciis interiectas processus decani de arcubus uel eciam officialis curie nostre aut commissarii ipsorum cuiuscumque execucionesue sentenciarum suarum maliciose retardauerit aut retardari procurauerit impudenter, cum de hoc conuictus fuerit, locum suum amittat et ab officio postulandi seu procurandi per presidentem curie suspendatur perpetuo uel ad tempus, prout qualitas negocii et delinquentis excessus hoc exigit et requirit.

[16] *Ne ministri consistorii tabernas exerceant*
Ad hec cum, sicut profecto didicimus, in caupona seu taberna, ubi uinum intemperancie ministratur, machinaciones uarie ad subuersionem iusticie

---
[27] f. 47$^r$.
[28] f. 47$^v$.

presertim inter nonnullos procuratores consistorii nostri predicti et partes de sua iusticia dissidentes consueuerint inuenire, uolentes morbo huiusmodi qui iam[29] inualuit temperancie fracto freno remedio occurrere salutari statuimus ne de cetero aduocatus uel procurator dicti consistorii aut ceteri eiusdem consistorii ministri, cuiscumque gradus existant, publice uel occulte presertim frequenter et de consuetudine tabernarius esse presumat aut tabernas ingrediatur, nisi necessitas ipsum ad hoc urgeat, quod non creditur posse frequenter et de facili euenire. Quod si secus factum fuerit et super hoc legitime conuictus extiterit, ad arbitrium .. officialis nostri uel .. decani de arcubus acriter puniatur. Et si pertinancia sua hoc exegerit, a consistorio totaliter suspendatur. Istud eciam statutum ad concubinarios et adulteros, errones nocturnos et publica frequentantes spectacula necnon ceteros notorie criminosos extendi uolumus in futurum, ut illi quos facinora huiusmodi coinquinant et equant pena simili percellantur.

[17] *De suspectis assessoribus et aduocatis clandestine procuratis*
Quia excrescentes industrie machinose iusticiam puram et debitam frequenter impediunt et peruertunt et in eo precipue quod assessores et aduocati qui palam pro parte non postulant ad[30] quorum tanquam non suspectorum consilium in[31] interlocutoriis et sentenciis in consistorio prenotato ferendis de consuetudine curie supradicte a iudice seu presidente recurritur bona fide, per partem alterutram clandestine procurati et ad id quandoque conducti a principio forte indifferentes se simulant et finaliter iudicem ad iniusticiam faciendam solicitant et inducent, firmiter inhibemus et inhibendo statuimus ne id de cetero committatur seu eciam procuretur sub pena excommunicacionis maioris quam contrauenientes se nouerint incursuros, eo saluo quod partes uiros, sapientes, prouidos et fideles non tamen aduocatos curie uel ministros procurare ualeant ut gratis et sine aliquo, ea racione, dato primitus uel promisso quandoque assideant iudici sanum consilium iustum et fidele daturi, cum a iudice fuerint requisiti.

Aduocati uero ceterique ministri curie qui de alterutrius partis consilio aut parti alteri aduersantes qualitercumque prius extiterint uel existiunt seu eciam parti alicui iusta racione suspecti se in interlocutoriis uel sentenciis ipsis non ingerant sed recedant sub pena superius annotata. Quod eciam in uirtute sui sacramenti prestiti ab eisdem precipimus obseruari. Et si secus fecerint ac de hoc conuicti extiterint, tanquam periuri[32] et, ut premittitur, excommunicati grauiter puniantur. Et si ad id assueti extiterint, a consistorio perpetuo suspendantur.

[18] *Quot aduocatos aut procuratores una pars habere ualeat et de dando aduocatum aut procuratorem parti non habenti et precipue in causis tangentibus ministros curie*
Sepe contingit in consistorio supradicto quod pars una potencior uel in malicia excogitanda sagacior tot aduocatores aut procuratores assumit quod pars altera propter aduocatorum uel procuratorum defectum remanet indefensa seu oportuno presidio destituta. Frequenter eciam euenire didicimus quod, si causa

---

[29] f. 48r.
[30] *scripsi*.
[31] f. 48v.
[32] f. 49r

uel negocium in dicto consistorio agitatum aliquem aduocatum, procuratorem uel ministrum curie memorate contingat, pars altera aduocatum seu procuratorem pro se habere non poterit quoquo modo. Volentes igitur super hiis congruum adhibere remedium, statuimus et in posterum obseruari precipimus ut pars una sex aduocatis ad plus duobusque procuratoribus de dicto numero sit contenta aliumque uel alios nullo modo sollicitet aut sollicitari procuret, ut parti sue se applicent aut ab aduersa parte se subtrahant quoquo modo sub pena amissionis cause aut mulcte sibi, si contrarium fecerit, per iudicem indicende. In secundo uero[33] casu precipimus ut iudex aduocatos et procuratores parti non habenti statim, si hoc petatur, assignet suum huiusmodi postulacionis seu procuracionis officium pro iusto et, si necesse fuerit, per iudicem statuendo salario fideliter impensuros. Ad quod aduocati et procuratores huiusmodi, nisi euidentem ac sufficientem causam sue recusacionis statim ostenderint, per iudicem efficaciter compellantur.

[19] *Ut orginalia instrumenta partibus retradantur*
Originalia siquidem instrumenta causarum seu negociorum, uidelicet, bulle, commissiones, procuratoria, certificatoria et similia, que sunt de substanciali parte processus in consistorio supradicto exhibita, factis ex inde copiis hiis quibus sunt de iure uel consuetudine faciende et transcriptis eciam eorundem penes clericum consistorii retentis, si id uideatur expediens, parti prius instrumenta huiusmodi exhibenti illico sine difficultate reddantur in suo processu, prout ius exigit, collocanda.

[20] *Quod non rescribatur in correccionibus a denegacione articuli uel libelli*
Item in correccionibus ex mero officio faciendis ubi dumtaxat sunt reo exponenda seu edenda capitula, non a denegacione libelli uel[34] articuli sed a denegacione edicionis seu exposicionis capitulorum, ut premittitur, tantummodo rescribatur. Hoc tamen statutum ad beneficia non extendimus circa que secundum qualitatem facti est aliquanto aliter procedendum.

[21] *Quando et qualiter debeat uel quando non debeat de subditorum negligencia ad querelas rescribi*
In dicta eciam curia, ut dicitur, corruptela nouiter inoleuit, uidelicet, quod in causis et negociis coram episcopis suisue officialibus agitatis, que iudiciarium ordinem et longum quandoque processum de sui natura requirunt, suggestio dicte curie per partem alterutram, quod iudex ipse causam eandem negligenter et plus debito detinet in suspenso, mandatur eidem iudici per officialem nostre curie supradicte quod infra unum uel duos menses ad plus terminet causam ipsam; alioquin ad certum diem citet partem aduersam ut in causa eadem in curia prenotata procedat. Quo casu ex solo cursu temporis huiusmodi infra quod causa terminari aliquando non potest, iudex negligens reputatur, et per hoc causa dicitur ad dictam curiam deuoluta, non obstante si dililigencia iudicis allegetur[35] ibidem per iudicem uel per partem. Volentes igitur in causis precipue

---

[33] f. 49$^v$.
[34] f. 50$^r$.
[35] f. 50$^v$.

inchoatis iurisdiccionem unicuique obseruare, ne ad impossibile, ut prenotatur arctatus, suam iurisdiccionem amittat, statuimus ut, quando de neglicencia inferioris iudicis querelatur in causis uel negociis coram eo primitus inchoatis, per officialem Cantuariensem in forma debita rescribatur. Quo casu iudex querelatus aut eciam pars aduersa suas iustificaciones habeat quoad excusandum negligenciam antedictam, et tunc super hoc fiat ulterius quod est iustum.

[22] *Ut in correccionibus non appelletur regulariter ad tuicionem nisi a diffinitiua*
Statuimus quoque futuris temporibus obseruandum quod, si qualitercumque in correccionum negociis ubi de beneficii priuacione uel uacacionis ipsius declaracione ratione alicuius criminis uel defectus non agitur ex officio procedatur, ad curiam Cantuariensem pro tuicione nullatenus appelletur, nisi a decisione finali seu diffinitua sentencia pars duxerit appellandum. Et si de facto appellatum fuerit, per officialem Cantuariensem ad appellacionem huiusmodi minime rescribatur. Item uolumus et statuimus[36] obseruandum quando de priuacione beneficii uel ipsius uacacionis declaracione aut de illis, que testamenta uel prouisionem uacanti ecclesie faciendam seu alimenta prestanda uel intrusionem in beneficiis ecclesiasticis factam seu uiolentam rerum ecclesiasticarum spoliacionem aut inuasionem uel iurium et libertatum ecclesie lesionem respiciunt, ex officio agitur per ordinarium quemcumque uel alium a quo potest directe ad curiam Cantuariensem appellari. Cum autem in premissis casibus uel eorum aliquo licite et secundum normam presentis statuti pro tuicione fuerit appellatum, liceat parti appellate propter periculum euidens animarum factum contrarium et exclusorium proponere et probare, quamuis factum tetigerit principale.

[23] *De impetrantibus bis tuitorie uel directe super eodem grauamine*
Diligenti eciam studio in eadem curia prouideri precipimus ut bis pro eodem grauamine numero tuitorie uel bis directe uel forsan semel directe et semel ad eandem curiam tuitorie appellantes, ab ultima repellantur omnino. Et pro uariacione huiusmodi in expensis et interesse partis aduerse, si quod dampnum pendente inhibicione incurrerit, statim[37] declarandis summarie condempnetur et nichilominus pro iuris offensa canonice illico puniatur.

[24] *Ut suggerens contra partem eam citari procuret*
Item quando ad iusticiam partis proceditur et sic alius quam ipse cui scribitur est citandus, impetrantes probent in curia supradicta una cum tradicione littere citatorie suam diligenciam in procurando partem aduersam citari; alioquin is cui scribitur de contemptu nullatenus puniatur.

[25] *Ne ad grauamina generalia tuitorie de facili rescribatur*
Ad grauamina quoque generalia, uidelicet, a denegacione copie uel consignacionis instrumentorum uel actorum iudicialium, nisi expressa fiat instrumentorum aut actorum huiusmodi specificacio, nullatenus tuitorie et precipue ubi directe ad curiam Cantuariensem appellari poterat rescribatur.

---

[36] f. 51r.
[37] f. 51v.

[26] *Qualiter examinatores habere se debeant in posicionibus audiendis et testibus examinandis*
Examinatores quoque dicti consistorii diligenter obseruent ut ad posiciones et interrogaciones claras et sufficientes responsiones a partibus in aduocatorum ac procuratorum, ubi partes principales respondent, absencia faciendas, si possint, eliciant: ad quas posiciones et interrogaciones non in scriptis sed partes ipse respondeant uiua[38] uoce. Et in examinacionibus testium singula que ad ueritatem quoad partem utramque eliciendam iurare poterunt de circumstanciis quibuscumque et de sciencie causa in singulis uigilanter interrogent et exquirant ac de interrogatoriis pertinentibus, quantum est possible, solum querant, et testes eo ordine quo producuntur pro suis uiribus in examinando expediant sine mora. Nec aliquos clericos ad scribendum responsiones parcium aut testium deposiciones recipiat clericus consistorii memorati, nisi quos estimet suo periculo ad id idoneos et fideles. Qui dicta testium fideliter scribant eaque ante publicacionem ipsorum[39] nec uerbo nec facto uel nutu aut signo reuelent aut detegant seu in noticiam alicuius deuenire faciant aut permittant, de quibus omnibus ut supra statuimus ante omnia iuramentum.

[27] *De protocollo a clerico registri primitus faciendo*
Faciat eciam clericus registri in quo acta iudicialia conscribuntur diebus singulis in cedula primitus, prout factum conceperit, protocollum, et si sit in eo aliqua extra communem cursum dubietas, id in registro non inserat quousque iudex hoc corrigat et reformet. Hoc eciam partibus, si uoluerit,[40] ostendatur.

[28] *De*[41] *modo procedendi in contemptibus tam contra suffraganeos quam ceteros*
Item statuimus ut in contemptibus dicte curie puniendis iudex statim ex officio una citacione uel monicione premissa, iuratis de ueritate dicenda partibus, per interrogaciones et responsiones ad eas, si possit, eliciat ueritatem aut statim probaciones admittat. Et si quis aduocatorum aut procuratorum contra aliquod istorum se sine causa iusta et euidenti opposuerit, ab officio, quousque super hoc emendatus extiterit, suspendatur. Circa uero dicti consistorii contemptores cum multiplex sit contemptus, uidelicet, in non parendo mandatis, in impediendo quominus ad mandatarium tempore competenti perueniant, in uituperis factis partibus uel nunciis mandatoris, et in faciendo directe contra mandata, statuimus ut, probacione, ut moris est, summarie habita de contemptu et contemptore personaliter, si sit inferior episcopo, statim super hoc ad iudicium euocato ac de ueritate dicenda per eundem prestito iuramento factisque sibi interrogacionibus et responsionibus subsecutis ad eas, si per confessionem suam aut probaciones coram eo illico ministrandas conuictus[42] extiterit aut eciam in purgacione legitime sibi indicta defecerit, parti per hoc lese ad suum interesse et dampna ac eciam ad sumptus promocionis ipsius officii taxandos seu taxanda per partem eandem iuranda protinus condempnetur, et nichilominus pro delusione iuris et iudicis seu curie antedicte mulctetur. Eaque statim per sequestra

---

[38] f. 52r.
[39] *ms.* ipsarum.
[40] *ms.* uoluerint.
[41] f. 52v.
[42] f. 53r.

bonorum ecclesiasticorum, si ea contemptor habeat, seu, si necesse fuerit, per interdicti, suspensionis et excommunicacionis sentencias execucioni mandentur aut, si contemptor ad premissa soluendo non fuerit, pena sibi canonica iuxta qualitatem excessus per iudicem imponatur.

De episcopo uero pro contemptu citando uolumus ut per procuratorem ad id sufficentem in curia prenotata compareat et iuramento a procuratore eodem in animam domini sui, ut supra, prestito habitisque, ut premittitur. per eundem ad interrogata responsis, conuictus ut pretangitur dampna, interesse et sumptus parti persoluat ut supra.

De offensa uero iuris et iudicis seu curie antedicte, quoad id punienda, post pronunciacionem in dicto consistorio super hoc factam ob episcopalis reuerenciam dignitatis archiepiscopo Cantuariensi, qui pro tempore fuerit, ipsa pene seu mulcte inposicio seu taxacio reseruetur.

Et[43] dicte curie presidens contemptores quoscumque conuictos iurare faciat sub certa pena quod dictam curiam scienter de cetero non offendent. Si uero de contemptu uocatus super hoc innocens detegatur, pars huiusmodi fatigacionem procurans ad arbitrium presidentis, si manifestam inuenerit in taliter promouente calmniam, puniatur, precipientes et in uirtute obediencie iniungentes omnibus et singulis tam episcopis quam ceteris nostre diocesane uel metropolitice iurisdiccioni subiectis ut ad dictam curiam appellare uolentes uel mandata curie exhibere ad eos accedere sine impedimento permittant ipsosque audiant pacienter et mandata ipsius curie eis directa accessu libero concesso portantibus deuote suscipiant et eis reuerenter pareant, ut tenentur, nullumque impedimentum aut obstaculum interponi seu fieri, quatenus in eis est, paciantur, quin premissa fiant libere sine mora, et hoc eciam efficaciter familiaribus suis quos gubernare, instruere et castigare tenentur iniungant. Et si scienter contrafactum fuerit, cum de hoc sufficenter constiterit, ipsi quibus mandata diriguntur[44] huiusmodi, eo ipso contemptores dicte curie reputentur.

[29] *De mittendo ad personas egregias uel alias et de tempore hoc petendi*

Statuimus quoque ut, si ad personas egregias aut testes senes uel ualetudinarios pro recipiendo testimonio sit mittendum, illud in prima uel secunda produccione ante terciam omnino fieri postuletur. Quod si usque ad terciam produccionem maliciose, quod eo ipso presumitur, omissum fuerit, uolens ulterius ad producendum ipsos admitti, nullatenus audiatur, nisi fidem fecerit corporali prestito iuramento quod de nouo ad ipsius peruenit noticiam, testium huiusmodi testimonium in causa sua seu negocio utile esse uel necessarium aut eos senes et ualetudinarios extitisse, solempnitate iuris que in quarta produccione requiritur in suis casibus nichilominus obseruata.

[30] *De tempore proponendi iustificaciones et modo probandi easdem*[45]

Statuimus insuper ut, si quando iustificacionem directe contrariam intencioni uel repplicaciionem directe contrariam excepcioni aut dupplicacionem replicacioni seu deinceps proponi contigerit, hoc statim fiat quoad

---

[43] f. 53ᵛ.
[44] f. 54ʳ.
[45] See p. 21 infra for Winchelsey's 1309 reference to this statute.

iustificacionem post[46] litis contestacionem et post excepciones uel repplicaciones et deinceps, quarum probaciones de iure concurrere debent, propositas aut saltem infra triduum a tempore proposicionis et admissionis canonice earundem, ut sic probaciones concurrere ualeant super eis.

[31] *Ne aduocatus uel procurator in causis testificet in eisdem*
Ad hec procurator qui in principali causa seu negocio occupauit et aduocatus qui publice postulauit et de hoc statim constare poterit in tuitoriis negociis testes nullatenus admittantur. Et si procurator in tuitorio constitutus aliqualiter occupauerit, postea non substituat ut in eodem testimonium perhibeat, sicut aliquando fieri assueuit.

[32] *De tempore contestandi et iustificandi contestacionem*
Statuimus insuper et inuiolabiliter uolumus futuris temporibus obseruari in omnibus causis et negociis in quibus litis contestacio requiritur, que ad curiam Cantuariensem quomodolibet deuoluuntur et in consistorio predicto de arcubus uentilantur, quod die data ad precise et peremptorie contestandum eadem die plene contestetur, et si litem contestans, sicut fieri consueuit, iustificare uoluerit factum suum adiciendo,[47] uidelicet, aut eciam declarando seu quicquam aliud proponendo, quod iuxta contestacionem adici aut declarari de iure uel dicti consistorii consuetudine poterit uel proponi illud incontinenti post contestacionem faciat ipso die. Alioquin uolens postea dicte diei soluto iudicio iustificare, ut premittitur, nullatenus audiatur sed salua sit sibi materia, quatenus sapit, excepciones peremptorias per uiam peremptoriarum in progressu litis suo tempore proponenda. Et statim iuxta qualitatem et naturam cause seu negocii de calmpnia seu de ueritate dicenda iuretur hinc inde. Nec detur dilacio ad iurandum, nisi euidens causa hoc suadeat, quod iudicis presidentis soli committimus arbitrio, sicut hactenus passim, fere[48] et sine delectu[49] causarum et negociorum nouimus in prefato consistorio minus prouide obseruatum.

[33] *De querelis super excommunicacione iniusta*
Querelis eciam de iniusta excommunicacione suggestis in quibus per superiorem absolucio petitur ad absolucionem impendendam non aliter procedatur nisi excommunicatoris negligencia super hoc, quatenus iura exigunt, detegatur, et tunc suas excusaciones ante absolucionem per dictam curiam[50] impendendam habeat querelatus, dum tamen excusaciones suas incontinenti probare legitime sit paratus.

[34] *De appellacionibus tuitoriis a grauamine partis et modo probandi easdem*
In appellacionibus quoque tuitoriis a grauamine partis, prout est consuetum, suggestis, quando de possessione uel quasi rerum spiritualium agitur uel spiritualibus annexorum in quibus nimium est periculosa possessio uiciosa, ne

---

46 f. 54ᵛ.
47 f. 55ʳ.
48 *ms.* fore.
49 *ms.* deletu.
50 f. 55ᵛ.

taliter appellantes uiciosum ingressum per summarias probaciones continuent uel procurent, statuimus ut testes appellantis tam de possessione de qua suggerit quam de ipsius qualitate, uidelicet, utrum iusta fuerit uel iniusta necnon de causa sciencie et aliis circumstanciis sufficienter et singillatim in singulis requirantur. Et pars appellata pro possessione sua uel contra possessionem appellantis in facto contrario seu exclusorio legitimas defensiones uolens proponere audiatur ad tuicionis beneficium excludendum, quamuis sic propositum factum tetigerit principale. Et qui pocior in possessione legitima – uidelicet, non clandestina, precaria uel uiolenta – per probaciones idoneas inuentus extiterit optineat per decretum, prouiso modis omnibus ut[51] per uiam reuocacionis grauaminum aut aliis excogitatis industriis uiciosus non continuetur nec constituatur possessor nec canonice possidens expellatur. Et taliter suggerens si succumbat, ad omne interesse partis aduerse ea racione illico condempnetur. Et nichilominus sic intrusus seu sibi uiolentam possessionem usurpans penas de intrusis seu de huiusmodi uiolenta possessione statutas sustineat sibi per competentem iudicem infligendas.

[35] *De tuitoriis contra episcopos et eorum officiales suggestis et iustificacionibus super hiis proponendis ac modo probandi easdem*

In appellacionibus eciam tuitoriis quibuscumque ab episcopis uel eorum officialibus a quibus ad curiam Cantuariensem directe poterat appellari salubriter duximus statuendum ut iustificaciones eorundem episcoporum suorumue officialium, eciamsi principale contingat, ad tuicionis dumtaxat effectum impediendum, ut superius tangitur, admittantur. Et nec in tuicionum articulis nec in contrariis aut exclusoriis factis seu iustificacionibus quibuscumque admittantur testes notorie excommunicati, infames uel periuri, dum tamen impedimenta huiusmodi[52] die produccionis partis appellantis in ipso negocio proponantur et eadem die uel in crastino indubitatis probacionibus detegantur. Testes eciam in ipsis tuitoriis a quacumque parte producti de causa sciencie singillatim in singulis et de circumstanciis magis idoneis diligencius requirantur quam hactenus extitit obseruatum, et hoc presertim ubi agitur de restitucione rerum corporalium uel incorporalium facienda. Et in euentu reuocacionis grauaminum probata dumtaxat specialiter et non generaliter reuocentur, ita quod reuocacionis execucio tuicionis limites non excedat. Qui limites sunt ut in statum debitum reducatur appellans et tueatur in eo per tempus debitum, ne in rebus capiatur interim aut persona.

[36] *De absolucione ad cautelam*

Item absolucio ad cautelam uel ante omnia, que in eadem curia ad solam suggestionem inpeditur, non nisi summaria probacione prehabita que de iure requiritur inpendatur.

[37] *Quando sit pro processu mittendum et quando non*

Item in causis ad dictam curiam per appellacionem uel consensum parcium aut alio modo legitimo deuolutis pronunciato pro iurisdiccione curie antedicte, si

---

[51] f. 56r.
[52] f. 56v.

pars utraque totum processum super hoc prius[53] habitum sigillo iudicis a quo sic appellabatur in promptu habeat sigillatum, pro processu eodem ad iudicem mittere non oportet. De quo, an ita sit, partes eedem, si necesse fuerit, in uirtute iuramenti prestiti requirantur et ueritatem agnoscere teneantur. Sed, collacione processus huiusmodi hinc inde habita, negocium ipsum seu causa ipsa, quam cicius fieri poterit, in statu debito resumatur. Alioquin si propter defectum processsus huiusmodi ad primum iudicem sit mittendum, eodem processu transmisso. Si pars alterutra processum eundem, ut supra, sigillatum exhibeat, statim fiat exinde collacio. Et facta copia eius quod defuit de processu eodem, causa seu negocium resumatur, ut supra. Si a grauamine fuerit appellatum aut eciam principaliter querelatum uel si a diffinitiua sentencia sic appellatum extiterat, tunc, facta collacione huiusmodi, tempus idoneum ad proponendum iniquitates processus et sentencie parti appelanti, ut moris est, assignetur, pretermissis penitus dilacionum ambagibus que circa processus sic transmissos dari solebant in consistorio pronotato. Nec pars aliqua, nisi in forma predicta, processus sic transmissi copiam redimere compellatur.

[38] *De[54] continuando processum processui uel nouiter inchoando*
In causis eciam et negociis quibuscumque ad curiam Cantuariensem per consensum parcium uel alio modo legitimo deuolutis et precipue in fauorabilibus antedictis, liceat parti originaliter actrici, ad arbitrium tamen iudicis presidentis, primum continuare seu iustificare processum uel causam seu negocium ipsum in curia Cantuarinesi sine partis aduerse quoad pristinam fatigacionem dispendio nouiter inchoare, subductis processibus prius habitis in eadem.

[39] *Si pars utraque ab eodem appellet, que pars alteri preferatur?*
Item si quando in eadem causa a facto iudicis per utramque partem pro tuicione fuerit appellatum et per appellacionem huiusmodi ac de consensu parcium principale negocium ad curiam Cantuariensem, sicut consueuit fieri, fuerit deuolutum iuxta formam suggestionis illius, introducatur causa qui in curia Cantuariensi super appellacione huiusmodi primitus inpetrauit.

[40] *Ut dimissus iterato super eodem uel alio grauamine prius illato, suggerens repellatur*
Preterea si quando partem appellatam in tuitoriis negociis ab examine curie Cantuariensi dimitti[55] contigerit, quia pars appellans quod intenderat non probauit aut quia non prosequebatur, ut debuit, appellacionem tuitoriam quam suggessit, super eisdem grauaminibus uel aliis eidem tunc aut prius illatis per taliter suggerentem ut super illis nouiter inpetret tacitis et omissis, cessante legitimo inpedimento, de nouo suggerens nullatenus audiatur, nisi prius refusis expensis quas pars appellata pretextu prime appellacionis frustratorie summaria probacione docuerit se fecisse. Idem uero uolumus in omnibus obseruari, si a diffinitua sentencia tuitorie fuerit appellatum.

---

[53] f. 57[r].
[54] f. 57[v].
[55] f. 58[r].

[41] *De eo qui appellacionem directam in qua sibi datur tuicio non prosequitur infra tempus*
Item si pars appelans cui tuicionis beneficium est concessum infra tempora fatalia directam appellacionem suam, cessante legitimo inpedimento, prout de iure tenetur, non fuerit prosecuta, in eadem causa iterum pro tuicione appellans auctoritate curie Cantuariensis minime tueatur, nisi a diffinitiua sentencia duxerit appellandum.

[42] *De eodem*
Item si pars appellans cui tuicionis beneficium est concessum, ut prius, suam appellacionem directam non fuerit prosecuta, iudex appellatus post anni lapsum in causa[56] principali procedat intrepide ac si numquam fuisset in causa seu negocio huiusmodi appellatum, non expectata a curia Cantuariensi ulterius licencia procedendi, nisi ex causa infra annum appellacionis prosequende auctoritate dicte curie tuicionis beneficium fuerit prorogatum et de hoc iudici appellato legitimis constiterit documentis et nisi forte infra annum huiusmodi auctoritate sedis apostolice fuerit inhibitum per iudices in causa appellacionis directe a dicta sede in forma debita inpetratos.

[43] *Qualiter sit in appellacionibus a decano uel alio commissario ad officialem interpositis procedendum*
In appellacionibus quoque a diffinitiua sentencia per .. decanum de arcubus lata officiali curie Cantuariensis suggestis, per .. officialem, sicut in ceteris similibus, rescribatur. Sed, dato in causa ipsa libello, procedatur in ea de plano, omnibus dilacionibus, quatenus est possibie, amputatis usque ad finalem decisionem eiusdem, precipue cum processus causarum ipsarum in ipsa curia sit paratus. Et qui inuentus fuerit frustratorie taliter appellasse grauius quam ceteri ab aliis appellantes propter elusionem ipsius curie puniatur.

[44] *De*[57] *missis in ecclesia de arcubus in principio et in fine terminorum in ministrorum curie supradicte presencia solempniter celebrandis et ut iidem ministri intersint exequiis et misse pro defunctis ipsius curie tempore sepulture*
Ut autem in ecclesiastice nocionis exordiis diuine clemencie postulato presidio piisque postmodum actibus subsecutis progressus salubrior habeatur, premissis adiciendo statuimus ut in cuiuslibet termini prime sessionis inicio missa de sancto spiritu in ecclesia beate Marie de arcubus Londonie solempniter celebretur, cui ministri singuli curie memorate in ciuitate predicta uel eius suburbio tunc presentes intersint, nisi legitime fuerint impediti. Quodque defuncto in eadem ciuitate uel eius suburbio quocumque curie supradicte ministro, uidelicet, iudice, aduocato aut examinatore uel procuratore uel clerico de superius numeratis ipsique curie per iuramentum, ut prenotatur, astrictis, in primis exequiis pro defuncto eodem solmpniter faciendis et in missa solempni die seputlture eiusdem omnes supradicti ministri, ut supra, presentes, cessante, ut premittitur, inpedimento, intersint. Ac eciam in fine ultime sessionis cuiuslibet termini missa pro defunctis curie superius in ministrorum ipsius presencia, prout superius tangitur, cum commode fieri poterit, solempniter decantetur.[58]

[56] f. 58ᵛ.
[57] f. 59ʳ.
[58] f. 59ᵛ.

[45] *Ne iudices aut ceteri curie supradicte ministri dona uel exennia contra iuris prohibicionem recipiant aut que scandalum generent quoquo modo*

Licet quoque remedia ad nostre curie Cantuariensis regimen oportunum, ut supra prouisa, in magna parte sufficere uideantur, iudicum tamen ac ceterorum ipsius curie ministrorum inordinata cupiditas, si subesset, debitam exhibicionem iusticie sub quesitis coloribus, prout est uisum hactenus, sepius impediret, ut igitur in excogitatis ad premissa remediis caucius ac suffsicencius finaliter concludamus. Statuendo decerminus et inuiolabiliter obseruari precipimus in futurum ut iudcies seu ministri quicumque curie supradicte a donariis quibsucucmque seu exenniis ad munerum qualitatem iusta presumpcione trahendis siue a partibus in eadem curia litigantibus seu proponentibus litigare uel pro eisdem partibus aut earum nomine ab aliis offerendis sub debito iuramento[59] ministrorum eorumdem se prorsus abstineant, exceptis dumtaxat donariis uel exenniis que nec iuris prohibicionem offendant nec scandalum generent quoquo modo.

[46] *De consuetudinibus obseruandis una cum statutis predictis et de pena non seruancium ipsa statuta*

Laudabiles[60] uero consuetudines curie supradicte, que premissis statutis non obuiant, inuiolabiliter obseruentur. Nam eas cum iuribus et statutis eisdem tam a constitucionibus predecessorum nostrorum elicitis quam ex causis legitimis nouiter adinuentis ad regimen dicti consistorii futuris temporibus sufficere credimus, saluis tamen addicionibus, correccionibus et interpretacionibus ac declaracionibus dubiorum, si que in premissis emerserint, per nos aut successores nostros in posterum, quociens opus fuerit, faciendis. Que omnia, ut in suis articulis inconcusse seruentur, singulis iudicibus, examinatoribus, aduocatis, procuratoribus et clericis curie supradicte tam existentibus in presenti quam eciam loco ipsorum uel eorum cuiuslibet subrogandis, quatenus ad eos diuisim uel communiter pertinent, in uirtute prestiti seu prestandi ab eisdem, ut premittitur, iuramenti sub quo dictas consuetudines et statuta includimus per decretum, firmiter et inuiolabiliter obseruentur et, ne ignorancia statutorum ipsorum a ministris eisdem in posterum pretendatur, precipimus ac eis iniungimus[61] ut iidem ministri omnes et singuli qui tempore publicacionis presencium de consistorio memorato consistunt infra mensem post publicacionem eandem, ceteri uero loco ministrorum ipsorum futuris temporibus subrogandi infra quindenam post suum susceptum officium statutorum presencium copiam sibi fieri faciant seu procurent, et ea tam sedule tanquam studiose respiciant ac sepius repetendo reuoluant ut sufficienter in eis, exclusis ambiguis, sint instructi. Quociens autem decursis temporum predictorum curriculis a ministris eisdem uel eorum aliquo statuta predicta seu eorum aliquod scienter omitti aut uiolari contigerit, nisi infra octo dierum spacium postmodum id competenter correxerint, contemptores ac uiolatores eosdem, cum conuicti fuerint, tanquam periuros perpetua concomittetur infamia, cinguloque

---

[59] *ms.* iuramenti.
[60] f. 60ʳ.
[61] f. 60ᵛ.

milicie suorum officiorum priuati spem consimilis promocionis amittant suisque beneficiis ecclesiasticis, si que habuerint, tanquam periuri priuentur per iudicem competentem.

[47] *Terminacio*[62] *et finalis conclusio statutorum*

Fulgeat igitur et clarescat latius ex premissis tam celebris curie merito commendanda iusticia, et iudices nostre iurisdiccioni metropolitane subiecti suam iurisdiccionem in nullo contaminatam aut usurpatam agnoscant. Et tam ipsi quam ceteri prodita iuris remedia a dicta curia, quatenus ad eam pertinet, hauriant affluenter. Dum ab eadem eiusque ministris cupidinis inordinate rubigine et cuiuscumque difficultatis indebite seu fauoris aut odii metuenda malicia eliminatis penitus et depulsis ac sufficientibus et expeditiuis remediis quoad singula in curia prenotata tractanda prouisis, nichil offensiuum in ea reperient, sed pocius uiam ingredi poterunt ordinatam ad iusticiam opportunam et celerem consequendam. Has uero constituciones futuris temporibus semel ad minus in anno in consistorio supradicto, uidelicet, in prime uel secunde sessionis inicio anni eiusdem palam precimus recitari.

Has[62a] uero constituciones in ecclesia beate Marie de arcubus Londonie quinto idus Nouembris, anno domini millesimo ducentesimo nonagesimo quinto, consecracionis nostre secundo, coram clero et populo, presentibus ibidem magistris Willelmo de Sardina, tunc officiali nostro, Henrico de Nassyngtone, decano ecclesie de arcubus supradicte, ipsius officialis in consistorio loci eiusdem commissario generali, et ceteris curie prenotate ministris, uidelicet, examinatoribus, aduocatis, procuratoribus et clericis de curia ipsa iuratis, Radulpho de Baudack, decanus sancti Pauli Londonie,[63] Ricardo de Graueshend Londoniensis, Radulpho de Mallyngg Middelsexie et Egidio Fyllol Colecestrie in Londoniensi ecclesia archdiaconis, Johanne de Wengham precentore, Radulpho de Iuyngho, cancellario eiusdem Londoniensis ecclesie, et alia discretorum et popularium multitudine copiosa, proposito[64] per nos primitus uerbo dei, per magistrum Thomam cruciferarium nostrum statuta ipsa legentem sollempniter fecimus publicari, ut extunc in forma que premittitur robur firmitatis optineant et ea fideliter ac inconcusse seruantes omnipotentis dei et nostram benediccionem una cum gracia et uberiori cumulo meritorum futuris temporibus consequantur. Fiantque participes suffragiorum ac beneficiorum omnium que in nostra Cantuariensi ecclesia ac eciam ceteris piis locis nostre iurisdiccionis metropolitice fient in posterum quandocumque, prestante domino nostro Ihesu Christo et sua genetrice uirgine gloriosa ac beato Thoma martire. Amen.

---

[62] f. 61r.
[62a] f. 61v.
[63] *ms.* Londoniarum.
[64] f. 62r.

3. STATUTE OF ROBERT WINCHELSEY, ARCHBISHOP OF CANTERBURY, 16 JUNE 1309 (London, Lambeth Pal. Libr., Arches, N.1, ff. 62$^r$–63$^r$).[65] Winchelsey clarifies a provision of the 1295 statutes regarding procedure.

Robertus, permissione diuina, Cantuariensis archiepiscopus, tocius Anglie primas, dilectis filiis . . officiali curie Cantuariensi et . . decano ecclesie beate Marie de arcubus Londonie, eiusdem . . officialis commissario generali, salutem, graciam et benediccionem.

Vestra nos olim[66] duxit discrecio consulendos an statutum quod in eadem curia meminimus edidisse, quo cauetur

> ut, si quando iustificacionem directe contrariam intencioni uel replicacionem directe contrariam excepcioni aut duplicacionem replicacioni seu deinceps proponi contigerit, statim hoc fiat quoad iustificacionem post litis contestacionem et post excepciones uel replicaciones et deinceps, quarum probaciones de iure concurrere debent, propositas aut saltem infra triduum a tempore proposicionis et admissionis canonice earundem, ut sic probaciones concurrere ualeant super eis[67]

in causis et negociis extra eandem curiam inchoatis, in quibus usque ad litis contestacionem et ulterius est processum, sibi locum ualeat uendicare. Consultacioni uestre, prout alias fecimus, respondemus quod, cum propter concursum probacionum hinc et inde, ut sic delacionum materia amputetur, statutum ediderimus supradictum et in litibus ac negociis extra eandem curiam inchoatis, in quibus usque ad litis contestacionem et ultra citra tamen publicacionem testium est processum, si in ipsis idem statutum minime seruaretur, possent eedem lites et negocia contra nostram intencionem nimium protelari propter similitudinem et ydemptitatem expressam, prelibatum nostrum statutum de uniuersis litibus[68] et negociis ad eandem curiam deuolutis, in quibus citra publicacionem testium in principali negocio est processum, post resumpcionem negocii principalis intelligendum fore et seruandum. Cum idem iudicium de similibus sit habendum, auctoritate metropolitica declaramus responsiones nostras ad quascumque consultaciones super hoc antea uobis factas totaliter reuocantes, mandantes declaracionem et interpretacionem eandem et quicquid secundum eam est in eadem curia in quibuslibet negociis hactenus attemptatum futuris temporibus firmiter obseruari et sub isto tenore uel alio ad perpetuam rei memoriam inter statuta eiusdem curie registrari.

Datum apud Wrotham xui kalendas Iulii, anno domini millesimo trecentesimo nono, consecracionis nostre quintodecimo.

---

[65] Printed in Spelman, *Concilia*, p. 435, where it is incorrectly dated, and in Wilkins, *Concilia* 2. 303–4.
[66] f. 62$^v$.
[67] Winchelsey's Statutes of 1295, c. 30 (supra, p. 14).
[68] f. 63$^r$.

4. STATUTE OF WALTER REYNOLDS, ARCHBISHOP OF CANTERBURY, 30 JULY 1320 (London, Lambeth Pal. Libr., Arches, N.1, ff. 63ʳ–64ʳ).[69] Officers of the court are forbidden to sequester the fruits of benefices, title to which is under dispute in the court.

Walterus, permissione diuina, Cantuariensis archiepiscopus, tocius Anglie primas, dilectis in Christo filiis, officiali nostro[70] curie Cantuariensis ac decano ecclesie beate Marie de arcubus Londonie salutem graciam et benediccionem.

Licet iamdudum curiam nostram Cantuariensem uisitantes nonnulla correccione digna inuenerimus in eadem, a tempore tamen uisitacionis eiusdem arduis et ineuitabilibus ecclesie ac regni Anglie negociis continue prepediti,[71] correccioni eorundem intendere non ualuimus nec ualemus, ut optamus, in presenti occupacione eadem, ut antea, sic detenti. Verum frequentibus post predictam nostram uisitacionem conquerencium clamoribus excitati fructuum sequestraciones que in beneficiis ecclesiasticis, de quibus in ipsa curia agitur inter partes, in casibus quibus contra iurium prohibicionem et iura litigancium temere attemptantur, dum fructus beneficii, de quo contenditur inter partes, articulis super defectibus in aliqua parte ipsius beneficii repertis seu dilapidacione fructuum porrecto et aliqualiter probato, fructus et prouentus ipsius beneficii sequestrantur, curie predicte presidentibus totaliter applicandi et per officium curie custodes taliter deputantur eisdem, quod possessor beneficii reus quidem contra quem agitur manus ad ipsos apponere non audebit. Ex quo nunnunquam contingit et contigit quampluries temporibus retroactis quod reus non habens unde litis onera agnosceret uel pro se alimentum reciperet omnium rerum suarum destitutus auxilio, causam suam licet iustissimam deserere et beneficium suum in quo uita sua consistit amittere taliter est compulsus ac in cleri obprobrium miserabiliter postmodum mendicare. Que quidem tam erronea quam[72] iuris equitati contraria tollerare ulterius non ualentes, sequestraciones omnimodas per uos uel alterum uestrum aut uestros comissarios seu comissarium in ipsa curia, nisi in casibus in iure expressis uel alias euidenter licitis, de cetero fieri prohibemus. Et cum imineat sequestracio taliter ut predicitur facienda, sic eam precipimus interponi ut curie presidentibus in nullo unquam casu applicentur, sed parti euincenti aut ei cui debentur de iure integre reseruentur, salua porcione parti ree pro litis sumptibus et alimonia[73] legitime assigandis ex decreto, non obstante contraria consuetudine que in ipsa curia hactenus dicitur obseruata, quam tanquam iuri contrariam pocius reputamus corruptelam, sicut de iure debebit merito reputari. Protestamur insuper quod oportunitate captata, quam cicius poterimus, tam super hiis quam ceteris in eadem uisitacione compertis pro debita correccione eorundem diligenti studio uacari intendimus et ea ad laudem dei et honorem curie nostre predicte deum solum pre oculis habentes, prout[74] iustum fuerit, reformari.

---

[69] Printed in Spelman, *Concilia*, p. 487, and Wilkins, *Concilia* 2. 497–98 from a Cotton ms.
[70] nostre *rectius*?
[71] f. 63ᵛ.
[72] *ms.* tanquam.
[73] *ms.* alimonie.
[74] f. 64ʳ.

Hoc autem nostrum mandatum in curia nostra antedicta in presencia, uidelicet, aduocatorum, procuratorum et ceterorum ministrorum curie per uos uel alterum uestrum uolumus quamtocius publicari. De die uero recepcionis presencium et quid feceritis in premissis nos infra quindecim dies a tempore recepcionis presencium numerandos curetis reddere cerciores uel certificet unus uestrum per uestras patentes literas harum seriem continentes.

Datum apud Lamheth iii kalendas Augusti anno domini m° ccc^{mo} xx^{mo}.

5. STATUTES OF JOHN STRATFORD, ARCHBISHOP OF CANTERBURY, 11 MAY 1342 (London, Lambeth Pal. Libr., Arches, N.1, ff. 66^r–85^v).[75] This set of eighteen statutes was intended, with Wichelsey's of 1295, to establish how the court should function.[76] M. Thomas de Rippeley, the canonist-rector, glossed these statutes in the middle of the fifteenth century (Cambridge, Gonville and Caius College Ms. 588, ff. 12^r–28^v).

Iohannes, permissione diuina, Cantuariensis archiepiscopus, tocius Anglie primas et apostolice sedis legatus, dilectis filiis nostre curie Cantuariensis presidentibus et ministris omnibusque nostre Cantuariensis prouincie subditis infrascripta ad certitudinem presencium et memoriam futurorum.

Cum ad Cantuariensis curie nostre sinum, uelud ad matris ubera refecta[77] dulcedine, ipsius Cantuariensis prouincie subditi confluant sub spe iusticiam consequendi, pro dicte curie nomine laudabili et honoribus conseruandis, ut spem hiuismodi speratus sequatur effectus, ex iniuncto nobis officii debito partes nostras tenemur impendere, ne nostris temporibus scandali paciatur iniuriam aut antique sue laudis eclipsim subeat aliqualem.

Sane cum eadem nostra curia in ecclesia beate Marie de arcubus Londonie ab omni inferiorum ordinariorum iurisdiccione exempta et nostre immediate iurisdiccioni subiecta propter loci commoditatem et subditorum utilitatem tamquam in loco insigni, habili et securo, ubi potest haberi copia peritorum, ac propter alias iustas causas teneri consueuerit ab antiquo, ad ipsam curiam dirigentes intuitum mentis nostre ac optantes ut ipsa nostre uisitacionis ministerio circa corrigenda in ea cultu iusticie illustretur, eandem curiam personaliter uisitauimus et nonnulla inuenimus in personis et modo procedendi in causis et negociis inibi uentilatis reformacione, declaracione et correccione condigna.

Cum itaque scripti iuris sanccione quantumcumque perpenso digesta consilio ex humane[78] uarietate nature uix adeo certe clareque poterit determinando, statuendo et ordinando quicquam decidi, quin frequenter ex causis emergentibus et machinacionibus solicitis et peruersis in dubitacionem scrupulosam et

---

[75] Printed in Spelman, *Concilia*, pp. 550–71. and in Wilkins, *Concilia* 2. 681–95 from another source. For a discussion of these statutes see R.M. Haines, *Archbishop Stratford: Political Revolutionary and Champion of the Liberties of the English Church, c. 1275/80–1348* (Toronto, 1986), pp. 386–94.
[76] The division of the statutes used here follows divisions in the ms.; the numbers have been added by the editor.
[77] *ms.* refecto.
[78] *ms.* humana.

altercacionem ambiguam deducatur, multoque forcius illa que hominum commendantur labili dumtaxat memorie sine scriptis[79] iuxta naturam humanam, que semper edere nouas formas deproperat, sint incerta, consuetudinum dicte curie utplurimum incertarum et ab hoc iudicia uacillare quandoque cogencium incertitudinem tollere et ipsas, quarum usus longeuus eidem curie sicut et ceteris uniuersis est necessarius, aliquando ad perpetuam rei memoriam recolligere duximus sub scriptura. Quas tamquam racionabiles et approbatas eciam ab antiquo in causis et negociis tractandis in ipsa curia sub nomine consuetudinum ipsarum, non obstante scriptura, et sub infrascriptis titulis collocatas una cum quibusdam nostris ordinacionibus et statutis ac bone memorie Roberti predecessoris nostri,[80] quatenus inferius expressatis non obuiant, decernimus in perpetuum obseruandas, licet eedem consuetudines aliter non probentur.

Alias autem quascumque in nostra curia prohibemus admitti uel pro consuedtudinibus reputari eciam ad assercionem quamcumque dicte curie presidentis, nisi, cum eas tamquam racionabiles, approbatos et prescriptas in ipsa curia forsitan ab alterutra parcium allegari contigerit, per allegantem huiusmodi statim in forma iuris probentur uel saltem infra triduum si negentur, statuentes quod pars in huiusmodi probacione deficiens parti alteri ob hoc lese in expensis et interesse illico condempnetur ac per presidentem dicte nostre curie cuius in hac parte iurisdiccionem turbauerat grauiter puniatur. In quibuscumque autem casibus non contentis in dictis consuetudinibus, ordinacionibus uel statutis iura scripta et sanctorum patrum constitucionibus prouisa remedia firmiter precipimus obseruari.

[1] *De rescriptis curie Cantuariensis*

Inter[81] personas agitur dicte curie nostram a capite racionem edentes, statuimus, ut . . officialis noster ita se habeat ut non sit nimis rigidus nec remissus in hiis que ad suum officium spectare noscuntur nec ita facilem se exhibeat rescribendo, quod delegatorum sedis apostolice, ordinariorum seu aliorum quorumcumque iudicum inferiorum potestatem per sua rescripta ligare presumat nisi in casibus a iure uel consuetudine laudabili prescripta permissis. Et quia multi notarii, promotores ac alii negociorum experienciam non habentes, peticiones et suggestiones concipere et formare nituntur in quibus ex ignorancia concipientis inepte non suggeritur uerum factum set talia que postmodum probari non possunt, statuimus ut . . officialis noster ad peticiones uel suggestiones non rescribat nisi per aduocatum aut procuratorem aliquem dicte curie in concipiendis peticionibus et suggestionibus circumspectum aut alium cuius sit nota pericia peticio seu suggestio sit concepta. De concepcione ciuismodi uiua uoce uel sigillo concipientis affixo peticionis seu suggestionis cedule fiat fides. Quod omnino seruetur si officialis dicte curie sit in loco uel prope locum ubi aduocatorum uel procuratorum eiusdem curie copia faciliter possit haberi. Alioquin idem officialis et sui clerici peticiones et suggestiones concipiant prout appellacioni uel querele uiderint conuenire. In rescriptis uero huiusmodi dictus officialis illis quibus eadem diriguntur iniungat per ipsa quod

---

[79] f. 66$^v$.
[80] Statutes of Archbishop Winchelsey of 1295 (supra, pp. 5–20).
[81] f. 67$^r$.

de die recepcionis eorum ac de die citacionis modo et forma ipsius et utrum ad personam uel aliter citacio facta fuit certificent dicte curie presidenti,[82] quod maxime in tuitoriis negociis obseruetur ut possit ex certificatorio apparere[83] utrum citatus a die citacionis tempus sufficiens habeat ad prouidendum sibi de defensionibus legitimis, si quas habeat, et probacionibus earundem.

In rescribendo eciam nostre curie officialis obseruet, ut solet, quod, si quis contra episcopum ecclesie Cantuariensis suffraganeum accionem realem uel personalem intendando ciuiliter uoluerit experiri, idem officialis, cum de iure communi in causa huiusmodi iudex ordinarius et immediatus existat, nulla eciam facta mencione de deuolucione quacumque, poterit facere huiusmodi suffraganeum per uiam querele simplicis coram ipso officiali uel suo commissario ad iudicium euocari parti contra suffraganeum hiuusmodi litigare uolenti de iusticia responsurum. In aliis uero causis et negociis ipsos tangentibus uel subditores eorundem, siue directe uel tuitorie, in iudicio uel extra iudicium appelletur, idem officialis iuxta antiquam consuetudinem absque cause cognicione cum inhibicione consueta rescribat, presertim cum ipsi suffraganei quociens a suis inferioribus appellatur ad ipsos consuetudine utantur eadem. Et officialis dicte curie nostre ante cognicionem huiusmodi a tempore cuius contrarii memoria hominum non existit inhibere solebant, ne aliquid attemptetur quominus appellantes, suas appellaciones prosequendi liberam habeant facultatem. Quamuis rescripta nostre curie Cantuariensis et alia mandata eiusdem nedum illis qui suggeruntur grauamina intulisse set eciam aliis personis quas pars impetrans uoluerit racionabiliter nominare, eciamsi persone huiusmodi curie Cantuariensi non fuerint immediate subiecte, possint exequenda de antiqua consuetudine dicte[84] curie destinari, mandatarii tamen dicte curie mandata huiusmodi exequi non tenentur, nisi de exequendo primo et postmodum de certificando debitis temporibus congrue requirantur et expense necessarie quas ipsos occasione huiusmodi execucionis facere oportebit efficaciter offerantur eisdem. Super quibus requisicione, oblacione et recusacione execucionis in casu mandati nullatenus executi, comtemptum non exequentis mandatum huiusmodi promouens fidem de cetero facere teneatur per duos testes aut publicum uel auctenticum instrumentum aut saltem per unum testem et suum de credulitate proprium iuramentum antequam uocacio huiusmodi mandatariorum super contemptu et inobediencia decernatur. Ad oblacionem tamen huiusmodi expensarum eos artari nolumus qui manifesta paupertate premunitur quibus tam per mandatarios nostre curie quam ipsius curie quoscumque ministros gratis deseruiri uolumus in eorum officiis intuitu caritatis.

Non solum ad appellaciones a suffraganeis Cantuariensis prouincie et . . officialibus generalibus et peculiaribus set eciam a commissariis generalibus, correctoribus, sequestratoribus eorundem et aliis, quocumque nomine nuncupantur, generaliter deputatis ad curiam nostram Cantuariensem eciam directe interpositas, officialis nostre curie, quociens ab eo extitit hoc petitum, de antiqua nostre curie consuetudine rescribere consueuit. Quam consuetudinem

---

[82] *ms.* presidentem.
[83] f. 67$^v$.
[84] f. 68$^r$.

optentam hactenus obseruari debere imposterum declaramus. Idem in querelis propter negligenciam omnium predictorum in iusticia exhibenda dicto .. officiali prolatis decernimus obseruandum. Si a delegatis uel executoribus auctoritate apostolica deputatis, quibus examinacio testium in partibus infra certum terminum facienda[85] aut execucio tercie sentencie uel prime que in auctoritatem rei transiit iudicate uel sequestracio fructuum iuxta formam constitucionis bone memorie Clementis pape quinte edite[86] in hac parte eadem auctoritate committitur, ad curiam nostram Cantuariensem tuitorie contigerit appellari, officialis noster ad appellacionem huiusmodi non rescribat. Quod si per ueri suppressionem uel falis suggestionem de facto rescripserit in aliquo casuum premissorum, procedant nihilominus iudices uel executores taliter deputati secundum apostolicarum continenciam literarum, inhibicione uel rescripto dicte curie non obstante. Officialis eciam nostre curie, literis ipsis uisis, non differat suum reuocare rescriptum, nisi excepcione maioris excommunicacionis in Romana curia non discusse et ipsius denunciacione notoria parti optinenti huiusmodi literas apostolicas opposita et ipsius probacione sufficienti oblata ob excepcionis et oblacionis huiusmodi non admissionem tuitorie ac legitime ad ipsam nostram curiam contigerit appellari uel nisi iudices aut executores huiusmodi notorie modum excedere suggeratur aut quid faciant uel non faciant, cuius occasione de iure liceat appellare.

Officialis noster de antiquo more nostre curie ad prouocaciones et appellaciones a spoliacione seu molestacione possessionis beneficii ecclesiastici, decimarum seu aliorum iurium spiritualium que possideri non possunt sine canonico titulo rescribere non debebit, nisi suggerens titulum canonicum iuris communis uel spiritualium alleget et specificet loca de quibus huiusmodi iura seu decime proueniunt et se spoliatum suggerit uel turbatum.

Si ex pluribus grauaminibus, quorum quodlibet cum appellacione correspondente probatum deberet sufficiens reputari, ad curiam nostram[87] directe uel tuitorie contigerit appellari, officialis eiusdem curie ad omnia simul suggesta rescripto unico rescribere more solito teneatur, ut partes a laboribus releuet ac expensis et ut omnia grauamina parti appellanti illata et probata in euentum probacionis huiusmodi, prout iustum fuerit, reuocentur. Ad effectum tamen deuolucionis seu tuicionis habende sufficit unum grauamen suggestum sufficiens et probatum, nisi per factum contrarium uel exclusorium probatum seu alias legitime excludatur.

Ad elidendum iniquorum fallacias quorum cauillacionibus et uersuciis cause matrimoniales seu diuorcii per appellaciones tuitorias aliquando indebite differuntur, statuimus ut .. officialis noster ad appellaciones tuitorias in dictis causis a diffinitiua sentencia interiectas rescribat dumtaxat. Ad appellacionem uero tuitoriam a grauamine in ipsis pretensis[88] seu in correccionis negocio interpositam iuxta statutum dicti predecessoris nostri[89] nullatenus rescribatur. Ad

---

[85] f. 68ᵛ.
[86] Clem 2.6.1 (*Corpus Iuris Canonici*, eds. E. Richter and E. Friedberg (Leipzig, 1879), 2. 1146).
[87] f. 69ʳ.
[88] *ms.* pretenso.
[89] Winchelsey's Statutes of 1295, cc. 22, 25 (supra, pp. 12, 12–13).

quam, si ueritate tacita sit rescriptum et in nostra curia postmodum appareat correccionis negocium aut causam matrimonii seu diuorcii extitisse nullatenus diffinitam, pars appellata mox ab examine dicte curie dimittatur. Ad hec, si executor per presidentem eiusdem curie ad exequendum ipsius decreta seu sentencias deputatus modum in exequendo excesserit seu parti grauamen intulerit, propter que de iure liceat appellare, officialis noster ad appellacionem huiusmodi rescribere teneatur.

[2] *De consuetudinibus et statutis in tuitoriis negociis obseruandis*

Licet de tuicionibus eciam nostre curie Cantuariensis, per quas prouocantes[90] et appellantes ad sedem apostolicam, ne capiantur in rebus uel personis, quamdiu eisdem competit prouocaciones et appellaciones suas prosequendi facultas, in statu quo tempore prouocacionum et appellacionum huiusmodi extiterunt protegi debeant ac tueri et eisdem interim illata grauamina consueuerant reuocari, iura canonica faciant mencionem ac doctores iuris canonici scripserint de eisdem, de modo tamen procedendi in ipsis tuicionibus, per quas non paratur nisi comodum uel incomodum temporale, parum expresse cautum reperitur in iure. Quapropter ut ad laudabiles consuetudines in nostra Cantuariensi curia a tempore et per tempus cuius contrarii memoria hominum non existit in huiusmodi tuicionibus introducendis, prosequendis, defendendis et expediendis hactenus obseruatas securus habeatur recursus, ipsas cum premissis duximus exprimendas, declarandas et eciam approbandas et sub nomine consuetudinum ipsarum, non obstante scriptura, prout continetur superius, nuncupandas et eciam obseruandas.

In primis igitur consueuit et debet imposterum obseruari quod tuitorium negocium debeat in nostra curia taliter introduci quod uerisimiliter terminari ualeat infra annum, nullo impedimento legitimo contingente, et quod lapso anno a die tuicionis concesse auctoritate dicte curie efficaciter execute pars appellata a dicta curia dimittatur omnino, nisi legitimum impedimentum occurrerit appellacionis prosecucionem differens ultra annum uel concessa tuicio fuerit ex causa legitima interim prorogata. Item quod nequeat tuitorium negocium introduci, nisi per certificatorium sufficiens liqueat euidenter partem appellatam personaliter uel aliis modis quibus poterit, ut infra scribitur, tempore competenti fuisse citatam. Adeo[91] quod uerisimile sit ipsam partem appellatam potuisse ante introduccionem negocii sibi de defensionibus per uiam facti contrarii seu exclusorii, si quas habuerit legitimas, ac de probacionibus prouidere. In quo casu pars appellans in partis appellate presencia primo die contento in rescripto super appellacione huiusmodi tuitoria curie nostre suggesta uel in ipsius partis appellate contumacia[92] tercio die postea introducere negocium tuitorium suum potest. Et in ipsius introduccione parti appellate presenti aut contumaciter absenti, pars appellans nostre curie presidenti dabit articulum, quo poterit narrare et dicere se uelle uti narratis in suggestione in ea parte a dicta curia impetrata loco narracionis articuli seu libelli cum adieccione quod petit secundum modum et consuetudinem dicte curie se tuendum fore pronunciari et tueri cum effectu, ac

---

[90] f. 69ᵛ.
[91] f. 70ʳ.
[92] *ms.* contumaciam.

omnia et singula grauamina sibi post et contra suas prouocacionem et appellacionem in ea parte suggestas seu earum alteram, et hoc cum de prouocacione suggeritur, alioquin dicatur post et contra appellacionem in ea parte suggestam qualitercumque illata et in sui preiudicium temere attemptata reuocari, cassari et irritari seu cassa, nulla et irrita pronunciari ac fieri ulterius quod est iustum.

Si tamen aduersus appellantem, dum super appellacione sua tuitoria fuerat in impetrando uel post quicquam attemptetur indebite, oportebit ipsa in articulo petere specialiter reuocari, deducendo nominatim et specifice singula in articulo, que dum in impetrando fuerat pars appellans post et contra appellacionem suggestam seu eciam post inhibicionem nostre curie super appellacione eadem impetratam fuerint attemptata, et hoc poterit in articulo dicere seu proponere, prout ueritas se habebit. Quo articulo sic proposito, pars appellans statim omnes[93] testes in nostra curia tenetur producere quos uoluerit super eo, nec postea aliquos producere poterit, nisi hoc sibi competat partis beneficio appellate factum contrarium uel exclusorium in crastino uel saltem proximo die iuridico subsequenti post introduccionem huiusmodi proponentis et testes super hoc in ipsa curia producentis. Quo die poterit pars appellans, si uoluerit, producere plures testes. Et in produccione testium in huiusmodi negociis productorum poterit pars alterutra, que pro iure suo proposuit, petere quod testes huiusmodi sint communes. Quibus si postquam examinati fuerint pro parte ipsos producente, diucius morari petantur, ut examinacionem subeant pro parte, ut sint communes, petente, tenetur eadem pars hoc petens expensas pro ipsorum mora presidentis arbitrio ministrare. Set si pars appellata ad probandum contrarium factum uel exclusorium producat die sibi, ut premittitur, competente tantummodo instrumenta, pars appellans illo die nullos testes super sua appellacione producet. Appellans uero tuitorie post diem quo suum proponit articulum aut eciam appellatus post diem quo factum contrarium aut exclusorium proponet testes producere non solebat, nisi appellanti beneficio appellati plus in hac parte competat, ut est dictum. Nec disputari solet articulus huiusmodi appellantis tuitorie uel factum contrarium aut exclusorium appellati nisi demum publicatis probacionibus super ipsis. Ad hec, si pars appellata diligenter quesita citacione personali minime apprehensa in curia nostra comparens fateatur se secundum formam suggestionis ab eadem curia impetrate esse citatam et ad effectum dimissionis a dicta curia obtinende preconizari partem faciat appelantem, appellans uero dicat se non teneri negocium[94] suum tuitorium tunc introducere pro eo quod apparet per certificatorium ipsum[95] partem appellatam sufficenter, ut predicitur, non esse citatam nec potuit diuinare quod ipsa pars appellata ultro se ingereret ad idem negocium defendendum. In hoc casu audiri solet appellans, ut ad introducendum utrique parti alius terminus competens assignetur.

Quod si in termino contento in suggestione per partem appellantem a dicta curia impetrata nullo modo compareat pars appellans, pars uero appellata comparens se fateatur secundum formam suggestionis huiusmodi personaliter

---

[93] f. 70ᵛ.
[94] f. 71ʳ.
[95] *ms.* ipsam.

esse citatam, si hoc doceat per certificatorium uel aliam scripturam autenticam seu copiam suggestionis exhibeat atque iuret se ad dictum terminum secundum formam ipsius personaliter esse uocatam, tunc partem appellantem per triduum preconizari procuret ad effectum dimissionis habende, que est concedenda petenti, nisi pars appellans aliquo die ipsius tridui negocium introducat et testes seu probaciones producat, sicut superius est expressum. Quod si pars appellata, ut premittitur, iurare noluerit, sub pena finalis dimissionis a curia antedicta ad alium competentem terminum pars appellans uocabitur, si sit absens, et, si sit presens, ei ad introducendum negocium suum tuitorium terminus competens per iudicem assigari debebit. In quo termino si pars appellans tuitorie suam appellacionem in curia nullatenus prosequatur, tunc pars appellata de more antiquo nostre curie dimittetur ab ea, parte appellante in expensis in nostra curia minime condempnata, quia in tuitoriis non fit in ipsa curia condempnacio expensarum secundum antiquum morem curie antedicte. Tamen in casu quo eadem pars appellans super eisdem grauaminibus uel aliis secundo impetrat et[96] prosequi nititur iterato, repelli poterit, nisi refundat dictas expensas, sicut in statutis dicti predecesoris nostri super hoc editis continetur,[97] uel pars appellata pro ipsis recuperandis expensis accionem instituat coram iudice competenti. Si uero partem appellatam per certificatorium appareat diligenter quesitam et personali citacione fuisse nullatenus apprehensam tempore, ut premittitur, competenti, pars appellans citacionem aliam et inhibicionem solitam, si prius inhibitum non fuerit, a decano ecclesie beate Marie de arcubus Londonie, dicti . . officialis in eius absencia commissario generali, uel alio dicte curie presidente de antiquo more ipsius poterit impetrare, modis quibus fieri poterit ad competentem terminum faciendum. In quo poterit negocium introducere ac probare et pars appellata defensiones et probaciones suas habere, sicut quando pars appellata citacione apprehenditur personali uel contumaciter abest, ut superius est expressum.

Ad hec quia tuitorie appellantes sua negocia tuitoria protelari seu differri per excogitata diffugia aliquociens cupientes, cum in huiusmodi negociis tuitoriis in dicta curia produxerint suos testes, ipsos examinari celeriter non procurant set malicioce id facere pretermittunt, ut sub colore pendentis examinacionis nondum finite terminum ad exhibendum instrumenta de more dicte curie diffusiorem ualeant optinere, unde negocia tuitoria que breui manu expediri deberent et solent per maliciam huiusmodi indebite protelantur, obseruari in dicta curia consueuit et de cetero obseruetur quod, si pars appellans tuitorie uelit uti tantummodo instrumentis, ea debeat primo die quo negocium introducitur exhibere, nullas probaciones alias postea productura. Si uero eodem die testes dumtaxat producat, nisi duos ad minus ex ipsis examinari procuret, postea uolens alio die producere instrumenta, nullatenus[98] audiatur. Et idem in factis contrariis et exclusoriis uolumus obseruari.

In tuitoriis negociis tam pars appellans quam appellata testes producens ipsos cum omni diligencia in curia nostra Cantuariensi et non alibi celeriter examinari procuret, examinacioneque completa, exhbeat, si uoluerit, instrumenta. Et

---

[96] f. 71$^v$.
[97] Winchelsey's Statutes of 1295, c. 40 (supra, p. 17).
[98] f. 72$^r$.

extunc publicacio statim fiat, que nec differatur nec detur dilacio pro instrumentis uel literis exhibendis, nisi euidens impedimentum partis iuramento probatum aut causa racionablilis ad dilacionem concedendam moueat presidentem. In quo casu breuis dilacio presidentis arbitrio concedatur. Facta uero publicacione et expectato tempore arbitrario pro copiis redimendis de diebus indies in ipso tuitorio negocio procedatur et cicius quo fieri poterit tuicionis beneficium concedatur uel pars appellata ab examine dicte curie dimittatur. In tuitoriis eciam negociis indifferenter consueuerunt sine excepcione testes admitti, partibus et eorum procuratoribus seu aduocatis et quibusdam aliis in statutis dicti predecessoris nostri contentis[99] dumtaxat exceptis, contra quos in eorum produccione uel postea eodem die ante solutum iudicium sufficere uolumus excipere et probare, prout in statutis continetur eisdem, nec excepciones alie de antiquo more dicte curie proponi poterunt contra testes. Si tamen omissa excepcione huiusmodi ex processu appareat ipsos fuisse primitus per dicta statuta uel eorum aliquod repellendos eorum testimonium subducatur omnino, super quo examinatores testes examinando diligenter inquirant.

Quia partes principales omni iure a testimonio in causis propriis eciam ab inicio repelluntur, quedam excogitata malicia in nostra curia nouiter inoleuit, uidelicet, quod pars appellans tuitorie contra spoliantes[100] uel molestantes pretensos seu alio modo grauantes, non solum eos set quamplures alios per quos factum contrarium uel exclusorium suspicatur posse probari, suggerendo nostre curie facit partes ut omnes ab inicio a testimonio perhibendo super huiusmodi factis contrariis uel exclusoriis repellantur. Vnde statuimus quod quilibet eorum ad testimonium admitti ualeat, quorum pendeat testimonium ex euentu, ut, si ex probacionibus appareat ipsos spoliatores, molestatores seu spoliacionis uel molestacionis aut suggesti grauaminis participes extitisse, ipsorum testimonium repellatur; alioquin ualeat sic receptum. Et idem in notariis obseruetur, si contra eos modo consimili impetretur.

Item de consuetudine in tuitoriis negociis obseruatur quod, si contra plures rescriptum fuerit impetratum, contra eos est solummodo tuicio concedenda, contra quos grauamina sunt probata. Et ceteris contra quos nichil probatum fuerit dimissio concedatur. Item si partem appellatam suggeritur et probetur appellacioni interposite ad sedem apostolicam et pro tuicione nostram curiam detulisse, eo ipso tuebitur pars appellans et omnia grauamina per ipsam partem in appellacione cui est delatum contenta et suggesta, eciam non probata, specialiter reuocari debebunt.

Item licet duos testes ad probandum grauamen suggestum in tuitoriis requirantur, ad minus ad probandum tamen appellacionem legitime interiectam cum iuramento partis appellantis sufficit unus testis. Item si, parte tuitorie appellante et grauamina curie nostre suggesta probante, consenciat pars appellata de procedendo in eadem curia in causa seu negocio principali et pars appellans consenciat in id idem, omnia grauamina post et contra prouocacionem ac appellacionem illata et suggesta, quatenus probata et non exclusa legitime fuerint, reuocentur.[101] Et extunc in eadem curia in principali negocio procedetur,

---

[99] Winchelsey's Statutes of 1295, c. 8 (supra, pp. 7–8).
[100] f. 72$^v$.
[101] f. 73$^r$.

prout in dicta curia a tempore et per tempus cuius contrarii memoria hominum non existit fieri consueuit. Concessa uero tuicione, solent suggesta grauamina reuocari, quatenus in genere uel in specie sunt probata, licet ut procedatur in nostra curia in causa seu negocio principali per partem appellatam minime sit consensum. Set si consenciat appellatus quod in principali in nostra curia procedatur et a grauaminibus iudicialibus tuitorie appelletur, illa grauamna reuocari solent dumtaxat. De quibus per processus cause principalis transmissionem ad nostram curiam poterit apparere, necnon et suggesta illata grauamina de quibus ope excepcionis falsi uel de diminuto processu transmisso docuerit pars appellans.

Item in tuitoriis obseruatur quod nulla grauamina precedencia rescriptum impetratum a nostra curia reuocentur, nisi ea que specialiter sunt suggesta et sibi imputet impetrans qui omnia que tunc scire potuit non suggessit. Illa uero que, dum pars appellans in impetrando fuerat uel postmodum in prosequendo, apparuerint attemptata et in articulo, de quo supra fit mencio, deducta fuerint specialiter et probata debent, licet suggesta non fuerint, reuocari.

Item in tuitoriis ubi aliquis suggerit se post prouocacionem legitimam pensione uel decimis spoliatum et propter hoc fore ad nostram curiam tuitorie appellatum et contra spoliantem negocium tuicionis in dicta nostra curia introducit, si, negocio pendente huiusmodi tuitorio, superueniat autumpnus uel solucionis terminus faciende ac ipse primo spolians suam spoliacionem continuet sicut prius, pars appellans, optenta postmodum tuicione, proponere potest articulum et petere reuocari omnia per partem appellatam attemptata, huiusmodi negocio[102] in nostra curia indeciso pendente. Parte tamen appellata uocata ad uidendum probacionem articuli in hac parte porrecti, quo probato, reuocacionem probatorum habebit. Item fiet, si de procedendo in nostra curia in principali causa uel negocio sit consensum. Que eciam obseruantur, si aliqua attemptentur post tuicionem concessam in preiudicium appellantis, tuicionis effectu pendente.

Effectus autem tuicionis concesse est per annum integrum duraturus a die concessionis eiusdem. Quo anno finito et tempore tuicionis ex causa legitima nullatenus interim prorogato aut si pars infra dictum annum tuicionis execucionem non pecierit, tam pars quam iudex a quibus extitit appellatum libere possunt exequi et facere quod est suum, ac si ab eis appellacio tuitoria interposita non fuisset, eciam super hoc presidentis nostre curie littera non obtenta. Si tamen a presidente eodem de lapsu anni huiusmodi testimonialis seu dimissionis littera sit petita, debet presidens huiusmodi litteram concedere ueritati testimonium perhibentem. Si uero durante tuicionis effectu notoria apostolice sedis uacacio uel alia causa racionabilis proponatur et per partem appellantem uocatis euocandis dato super hoc articulo probetur coram dicte curie presidente, prorogari solet iuxta arbitirium presidentis tuicionis effectus, sedis apostolice uacacione seu alio impedimento probato durante. Nec in hoc casu aliqua dimissionis littera concedatur set de prorogacione est littera pocius concedenda. Ad hec, ne de cetero hesitetur, quid uirtute appellacionis tuitorie, cum procurator partis appellate consentit tractari et finiri in nostra curia, negocium principale debeat reuocari, est antique consuetudini inherendum, qua

---

[102] f. 73ᵛ.

fuit solitum obseruari. Quod si ante publicacionem probacionum in tuitoriis negociis idem procurator id postulet, eciam si[103] mandatum sufficiens ad hoc non habeat et procurator partis appellantis ydoneus in hac parte uelit, ad[104] ipsum omnia suggesta et articulata grauamina reuocentur, speciali mandato partis appellate nullatenus expectato. Et si die dato eidem parti ad ueniendum in nostra curia cum sufficienti mandato ad tractandum et finiendum ibidem negocium principale cum huiusmodi mandato non ueniat, tunc parti appellanti tuicionis beneficium simpliciter concedatur. Si uero post probacionum exhibicionem et publicacionem earum de procedendo in principali simpliciter in nostra curia consenciat appellatus, tunc grauamina suggesta, illata, articulata et probata, sufficienter non exclusa, solent tantummodo reuocari. Et si appellatus consenciendo limitet sic consensum, ut sui uirtute consensus nil penitus reuocetur, et suggeratur fuisse legitime prouocatum, grauamina post et contra prouocacionem ac appellacionem seu alteram earumdem suggesta, illata, probata et legitime non exclusa reuocari debebunt. Attemptatum eciam post et contra appellacionem predictam aut dum in impetrando pars erat, si de illo articuletur specialiter et probetur, per modum attemptati poterit reuocari. Potest eciam pars appellata consentire de procedendo in principali semper ante tuicionis litteram consignatam. In huiusmodi uero tuitoriis negociis absolucionis peticio ab excommunicacionis, suspensionis uel interdicti sentenciis ad cautelam seu ante omnia locum optinere minime consueuit, quamuis in appellacionibus directis in forma iuris absolucio huiusmodi peti possit.

Quamquam eciam extraiudicialiter appellans repelli possit a prosecucione appellacionis sue per excommunicacionis obiectum, tamen appellacionem[105] tuitoriam prosequendo per excommunicacionem a tuicionis beneficio nullatenus repelletur, cum contra obiectum huiusmodi defendere nequeat se appellans propter antiquam consuetudinem dicte curie que non permittit appellantem contra obiectum huiusmodi replicare nisi de excommunicacione auctoritate sedis apostolice uel nostre curie promulgata, de qua per litteras apostolicas aut presidentis eidem curie seu sufficiens certificatorium ad easdem aut publicum seu auctenticum instrumentum actaue curie predicte statim constare poterit, sit exceptum. Si tamen per litteras dictarum sedis aut curie uel certificatorium ad easdem sigillo auctentico consignatum uel per acta nostre curie seu publicum uel auctenticum instrumentum possit appellans infra triduum postea de sua absolucione uel dicte sentencie reuocacione euidenter docere, dictus non obstabit obiectus, nec in hoc casu alia proposicione absolucionis huiusmodi opus erit. De excepcione renunciacionis appellacionis, circa quam consueuerunt multa falsitatis pericula frequentari, uolumus de cetero obseruari quod appellantem tuitorie obiectus huiusmodi non repellat, nisi de ipsa per confessionem constiterit appellantis emissam in curia coram dicte curie presidente.

Quia sepius in nostra curia suggerenti de beneficio ecclesiastico spoliatum et ob hoc ad ipsam curiam tuitorie appellanti, resignacio huiusmodi beneficii obicitur in eadem, ut a tuicionis beneficio taliter suggerens excludatur, et littere sub nomine ordinariorum et instrumenta que uidentur prima facie publica,

---

[103] f. 74ʳ.
[104] *ms.* id.
[105] f. 74ᵛ.

quamuis falso fuerint fabricata, in dicta nostra curia exhibentur ad huiusmodi resignacionem probandam, statuimus quod, cum contra talia exhibita in tuitoriis negociis pars appellans suas plenas defensiones nequeat[106] optinere, obstante, ut predicitur, consuetudine curie supradicte, ut uitentur pericula que occasione premissorum pluries contigerunt, obiectu resignacionis huiusmodi a tuicionis effectu nullatenus repellatur, nisi de resignacione huiusmodi per confessionem partis appellantis emissam in iure coram dicte curie presidente seu per litteras episcoporum in quorum diocesibus beneficia huiusmodi fuerunt et non aliorum, quas litteras eorundem episcoporum fuisse sufficienter constiterit, appareat euidenter.

In appellacionibus eciam mere extraiudicialibus tuitorie uel directe ad dictam curiam interiectis non nisi in casibus expressis in iure est notificacio parti uel iudici necessario facienda. Statutum dicti predecessoris nostri[107] editum in hac parte apercius declarando, Statuimus quod, si in beneficialibus aut spiritualibus uel annexis eisdem ad nostram curiam contigerit tuitorie appellari, pars appellata pro possessione sua uel contra possessionem appellantis in facto contrario seu exclusorio defensiones legitimas possit proponere ad tuicionis beneficium excludendum, quamuis sic propositum factum tetigerit principale, et quod siue defectus tituli, beneficii uel alterius rei aut iuris spiritualis, cuius restitucio petitur, ex defectu probacionum partis appellantis appareat siue ex propositis et probatis per partem appellantem aut eciam appellatam tuicionis beneficium denegetur omnino, ne uiciosa possessio per summarias probaciones in tuitorio continuetur aut[108] recuperetur aut uiciosus constituatur possessor uel canonice possidens expellantur.

Ad hec si in tuitorio negocio aliquis cuius interest se petat admitti ad defensionem negocii et sui iuris proposicionem, ipsum decernimus admittendum, ut, si in termino quo possit pars appellata factum contrarium[109] seu exclusorium proponere articulum sui interesse et simul cum eodem factum contrarium seu exclusorium sufficiens et pertinens eodem die proponat et probet, pars appellans a tuicionis beneficio excludatur. Preterea si dicte curie suggeratur aliquem per se, alium uel alios, ipso mandante, approbante seu nomine suo factum ratum habente, alterum post et contra prouocacionem legitimam decimis uel rebus aliis spoliasse et propterea fore ad nostram curiam directe uel tuitorie appellatum ac facta spoliacio sit probata, licet factum partis appellate aut mandatum uel rati habicio ipsius specialiter non probetur, appareat tamen per probaciones quod per familiares partis appellate uel alios suos complices res de quarum possessione agitur sunt abducte et in orreis partis appellate propriis locatis uel accomodatis eidem aut quouismodo spectantibus ad eundem reposite aut receptate uel in usus suos conuerse, huiusmodi probacio ad effectum tuicionis et restitucionis habende debet sufficens reputari. Ex premissis uero uehemens habetur presumpcio quod pars appellata spoliacionem suggestam ratam habuit et acceptam et quod ex rebus spoliatis locuplecior est effecta.

Quia sepe contingit testes iuratos in tuitoriis negociis ante ipsorum

---

[106] f. 75ʳ.
[107] Winchelsey's statutes of 1295, c. 34 (supra, pp. 15–16).
[108] *scripsi*.
[109] f. 75ᵛ.

examinacionem recedere et propter hoc eorum compulsio pro examinacione petitur subeunda, sicque[110] negocia predicta que celeritatem desiderant nequiter differuntur, statuimus quod quociens testes in tuitoriis negociis producuntur, in quibus ultra numerum quadragenarium super uno articulo testes producere alterutri parcium non licebit, dum iurant coram iudice, moneantur per ipsum quod, donec examinentur, a ciuitate uel uilla in qua curia Cantuariensis residet sine presidentis licencia non recedant. Et si sic moniti non examinati[111] contumaciter se absentent, preconizentur publice; qui non comparentes contumaces reputentur et excommunicacionis sentencia innodentur. In quorum absolucione caucius requiratur per quem uel quos, ut recederent, fuerant procurati; et qui culpabilis repertus fuerit in hac parte per presidentem dicte curie grauiter puniatur. Quod si absque culpa uel neglicencia producentis testes non examinati recesserint sic iurati, facta fide per partis producentis proprium iuramentum quod requisiuit eosdem usque ad examinacionem effectualem eorum in dicto loco morari et quod pro mora ipsorum eis optulit sufficientes expensas, dabitur sibi una citacio pro huiusmodi testibus compellendis, licet ab inicio ante iuramentum eorum non fuisset de consuetudine nostre curie. Et si presentes essent in ea, talis compulsio concedenda. In negociis uero tuitoriis, quia est summarie procedendum in illis, de dicte curie more antiquo nulli parcium dilacio dabitur ad dicendum in testes uel instrumenta in huiusmodi negociis tuitoriis exhibita uel producta; in examinacione tamen negocii apparebit quanta sit fides instrumentis uel testibus adhibenda.

[3] *De dilacionibus*

In pertractandis causis communibus in quibus est ordo iudiciarius obseruandus, nostre curie presidentes post terminum ad deliberandum datum, qui est statutus a iure, dilaciones curent taliter moderari quod ad proponendum dilatorias et alia que sunt modici preiudicii terminum ultra octo dies iuridicos absque causa racionabili non concedant, sicut ad peticionem procuratorum dilaciones querencium[112] multociens fieri consueuit. In aliis uero causis et negociis in quibus secundum constituciones felicis recordacionis Clementis pape quinti dudum editas 'simpliciter et de plano ac sine strepitu et figura'[113] iudicii fuerit procedendum[114] que statuuntur in ipsis diligenti studio obseruentur.

[4] *De postulando*

Circa statum aduocatorum nostre curie decernimus obseruandum quod, ut illi qui in uniuersitatibus uel studiis generalibus audiendo iura canonica et ciuilia didicerint ad docendum eadem in huiusmodi uniuersitatibus et studiis generalibus excitentur et ad postulandum in curia nostra apciores existant, nullus in curia nostra in aduocatum admittatur eiusdem, nisi doctor uel bacularius fuerit in iure canonico uel ciuili et per unum annum in ipsa curia steterit ipsius consuetudines et practicam addiscendo. Quod si plures habiles fuerint, qui ut ad

---

[110] *ms.* sic que.
[111] f. 76$^r$.
[112] *ms.* querenti.
[113] Clem.2.1.2.
[114] f. 76$^v$.

statum aduocacionis in nostra curia admittantur, insistant, illi ceteris preferantur qui in uniuersitate uel studio generali statum doctoratus in iure ciuili uel canonico meruerunt habere uel decretales ordinaria hora legerant per duos annos ad minus. Si uero plures doctores, ut recipiantur in aduocatos, insistant nec uacet in curia nisi tantummodo unus locus, ille ceteris preferatur quem labor prolixior et stipendia meliora cum fama celebri fecerant anteire. Et idem in pluribus baculariis similiter expectantibus uolumus obseruari, adicientes quod quilibet aduocatorum alterum honore cupiat preuenire, nec sint clamosi nec eciam garulosi, cum id eorum non deceat honestatem. Set cum causa cuius aliqui eorum patroni fuerint ex ordine registri uel eleccionne iudicis agi ceperit et tractari, surgant illi qui petentis partem sustinent et per ordinem a iuniore ad seniorem cum maturitate, qua decet, sine superfluis recitacionibus sua patrocinia prebeant moderate. Quibus expletis, aduocati partis aduerse simili maturitate et ordine se defendant et alterius partis allegaciones impugnent uel respondeant ad easdem, cessantibus omnibus interrupcionibus et opprobriis hinc[115] et inde.

Statuto dicti predecessoris nostri sub rubrica *De numero aduocatorum* quod incipit 'Statuimus'[116] necnon et illo[117] sub rubrica *Quod aduocati et procuratores consistorii* quod incipit 'Item qui aduocatorum etc.'[118] adicimus declarando quod aduocati nostre curie, siue secum sociorum habeant in causis siue non, dum cause tranctantur in dicta curia, nullatenus se absentent ab ipsa sine presidentis nostre curie petita licencia et optenta ex causa legitima per ipsum presidentem primitus approbanda. Freqentacio uero aliarum curiarum aut consistoriorum uel iudiciorum tempore consistorii dicte curie ipsis nullatenus permittantur.

Aduocatis et procuratoribus nostre curie sub debito iuramenti per eos prestiti[119] in eadem precipimus et mandamus quod in admissione negociorum et causarum ac informacionibus super hiis recipiendis a partibus ueritatem facti negociorum et causarum merita cum diligenti cautela eliciant et inquirant, nec cause seu negocii prosecucionem aut defensionem assumant, nisi quam sciuerint aut uerisimiliter crediderint esse iustam; pericula eciam clientulorum eis exponant, sicut in statutis dicti predecessoris nostri plenius continetur.[120]

Si quis aduocatus uel procurator nostre curie beneficium ecclesiasticum curatum adeptus ipsum per annum tenuerit, siue ordinetur siue non ad presbiteratus ordinem infra illum, si ordinem requirat huiusmodi, hoc ipso quod tamdiu illud possederit nostre curie locum suum amittat, nisi bona fide et absque sui fraude sibi lis aliqua super beneficio huiusmodi interim moueatur. De qua si suspectus fuerit, super hoc se teneatur purgare arbitrio nostre curie presidentis. Quod si non fecerit, penam predictam incurrat cum ceteris penis statutis in iure.

[5] *De informacionibus et allegacionibus aduocatorum*

Circa[121] aduocatos nostre curie presidens hoc obseruet, quod in antiquis legibus et canonibus est statutum cum declaracione sequenti, uidelicet, quod, ubi

---

[115] f. 77r.
[116] See Winchelsey's statutes of 1295, c. 8 (supra, pp. 7–8).
[117] *ms.* ipsi.
[118] Winchelsey's statutes of 1295, c. 13 (supra, p. 9).
[119] *ms.* presti.
[120] Winchelsey's statutes of 1295, c. 3 (supra, p. 6).
[121] f. 77v.

iminet iuris informacio in causis in nostra curia uentilatis ante diffinitiuam sentenciam uel interlocutoriam proferendam seu articuli dubitabilis disputacio facienda, idem presidens det partibus ad allegandum terminum competentem et precipiat procuratoribus parcium et clericis registri nostri quod infra eundem terminum eidem presidenti deferant acta cause ita quod ipse iudex in facto interim se informet, ne possit per aduocatos decipi falsum factum forsitan recitantes. Et si sit articulus arduus, primo, si uelit, factum recitet ipse iudex cum suplementis et detraccionibus aduocatorum. Si iudex quicquam omiserit uel superfluum dixerit recitando quod possit per acta docere, ex quo facto iudex puncta eliciat in quibus uis questionis consistit, ad que dumtaxat aduocatos audiat allegantes. In quibus allegacionibus hunc ordinem uolumus obseruari, quod aduocatus partis actricis uel alterius qui sibi fieri quicquam petit, primo habeat tempus suum iuxta negocii qualitatem ad plene allegandum omnia que prodesse crediderit parti sue absque interrupcione iudicis siue partis. Postmodum uero parti dicenti hoc fieri non debere tempus congruum tribuatur pro parte sua similiter allegandi. Nec quaerat iudex uanam gloriam ut a populo sapiens uideatur per suas allegaciones interrumpere aduocatos, set habeat tempus suum, prout uiderit expedire, in quo dicat motiua sua, si uelit, et, ubi[122] raciones aduocatorum mouent uel non mouent, ostendat eisdem supplendo eciam, si que necessaria uel utilia in iure consistencia et ad causam pertinencia omiserint forsitan aduocati. Procacem uero et uerbosum aduocatum puniat pena iuris et ex certa sciencia fallentem in facto puniat[123] eundem per tres dies iuridicos uel plures, prout expedire uidebitur, suspendendo ab officio postulandi, ad penam aliam nichilominus processurus, si hoc exigat proteruia aduocati. Procuratores eciam nostre curie culpabiles in premissis puniat, prout culpa exigit eorundem.

[6] *De officio examinatorum curie Cantuariensis*
Cum in examinacionibus testium maius uertatur periculum et icirco circa eas caucius sit agendum, statuimus quod examinatores nostre curie statutum dicti predecessoris nostri,[124] quantum ad eos pertinet, diligenter obseruent et personaliter examinent non perfunctorie set cum diligenti studio et cautela. Nec de suis clericis sic confidant quod eos permittant in eorum absencia scribere dicta testis et postmodum in testis presencia quod scripserunt legere coram ipsis, sicut pluries audiuimus esse factum. In quibus scripturis plura per clericum forsitan inseruntur quam umquam sensui uel intellectui testium occurrebant. Et super articulis dumtaxat ad quorum probacionem producuntutr testes et de causis sciencie ac super interrogatoriis pertinentibus, que sicut articulos de uerbo ad uerbum cum responsione testis ad ea in ipsis attestacionbius et iuxta articulum, quem respiciunt, et non in fine tocius attestacionis inseri uolumus et mandamus, plenarie requirantur, et non super aliis impertinentibus, ut fiat ad onus parcium maior numerus linearum secundum quem dicti examinatores salarium suum a partibus capiunt, sicut in statuto dicti predecessoris nostri plenius continetur.[125]

---

[122] *ms.* ibi.
[123] f. 78ʳ.
[124] Winchelsey's statutes of 1295, c. 26 (supra, p. 13).
[125] Winchelsey's statutes of 1295, c. 7 (supra, p. 7).

Licet examinatoribus, quibus audiendi deposiciones testium receptorum et eorum dicta scribendi nudum ministerium est commissum, non sit a iure concessum quod ipsi possint dicta testium concordare, quia tamen ad officium examinandi testes quoscumque in curia nostra productos uiri fidedigni iurisperiti in cursu causarum experti specialiter eliguntur,[126] qui[127] ad idem officium exercendum fideliter sunt iurati, et in nostra curia nomen examinatorum non ex nudo ministerio, set ex officio sunt sortiti ipsique, de antiquo more nostre curie in absencia officialis nostri et decani ecclesie beate Marie de arcubus Londonie, eiusdem officialis commissarii, sunt dicte curie presidentes et iudices, de consuetudine ipsius curie hactenus est optentum quod dicte curie examinatores, postquam deposicionem plene scripserint uel scribi fecerint primi testis, ut scripture uitetur dispendium et expediatur eo cicius populus ad nostram curiam confluens et parcium parcatur expensis, possint dicta aliorum sequencium testium concordare et in quibus cum primo teste sequentes concordant uel discrepant specialiter assignare. Pro securitate tamen maiori et ne in aliis curiis seu iudiciis super hoc dubium oriatur, statuimus quod ad sic concordandum dicta testium ab . . officiali nostre curie dicti examinatores commissionem habeant specialem, quam penes registrum dicte curie uolumus remanere, ut possit inter acta conscribi, quociens processus in curia nostra habiti fuerint in formam publicam redigendi uel ad alia iudicia transmittendi uel ex causa alia opus erit.

Item statuimus quod, quando propter senectutem uel ualetudinem testium aut de consensu parcium uel aliam iustam causam fuerit pro examinacione testium ad loca extra nostram curiam missio facienda, non sit in uoluntate partis contra quam conceditur missio utrum ad id examinator nostre curie uel alius destinetur, cum plerumque sumptus examinatoris mittendi quantitatem seu ualorem tocius litis excedant, set presidentis arbitrio committatur utrum curie examinatorem transmittat uel, consideracione habita ad personas et causas, alteri persone illarum parcium ydonee et non suspecte ipsorum testium recepcionem[128] et examinacionem in debita iuris forma committat. Quod si examinatorem curie ad partes pro testium admissione et examinacione facienda destinari contingat, singulis diebus tam eundo quam stando et redeundo pro suis, clerici sui scribentis et necessariorm familiarium suorum expensis septem solidis sterlingorum contentus existat, parti tamen missionem procuranti opcione seruata, an in huiusmodi pecunie quantitate seu in aliis necessariis ipsum examinatorem et suam familiam supradictam uoluerit procurare.

Quia examinatores nostre curie propter occupaciones presidencium seorsum partes ad posiciones et interrogatoria multociens audiunt respondere et responsiones scribi faciunt coram ipsis, statuimus quod examinatores huiusmodi, uirtute commissionis eis in hac parte faciende et officii eorundem, partes et procuratores sub pena iuris monere ualeant et artare posicionibus et interrogatoriis respondere. Et statim post huiusmodi responsiones factas et scriptas pars respondens compareat coram presidente et notario registri nostre curie, ac in presencia examinatoris et partis aduerse ipsi registrario tradat easdem et fateatur responsiones huiusmodi per se factas de sua consciencia

---

[126] ms. def. sed in aliis mss. ex Wilkins, Concilia 2. 689.
[127] f. 78$^v$.
[128] f. 79$^r$.

processisse, ut possit idem registrarius, notarius publicus super hiis, si opus fuerit, facere publica documenta. Et iidem examinatores nostre curie ad consignandum quecumque ad eorum officia spectancia de cetero sigilla optineant suis officiis deputata, quibus omnia supradicta consignent et non sub suis propriis et priuatis sigillis, sicut fuit hactenus consuetum.

Statuimus eciam quod clerici ipsorum examinatorum qui responsiones parcium ad posiciones et interrogatoria ac testium dicta scribunt per nostri dicte curie registri clericum principalem officiali nostro primitus nominatum nobis per officialis ipsius litteras presententur, et per nos eiusdem curie fiant[129] notarii publici et scribe iurati ad scribendum fideliter et faciendum omnia et singula pertinencia ad officia eorundem et alia que per presidentes dicte curie committentur eisdem. Et quod super hiis omnibus et singulis coram eis actis, dum in nostra curia et officio huiusmodi steterint, possint facere publica et forensia instrumenta et signis suis propriis consignare. Quodque de hiis que in foro curie nostre geruntur fides adhibeatur eisdem, nec ipsi clerici ex premissis elacionis occasionem assumant quominus in copiis et aliis quibuscumque scribendis ac faciendis in officiis eorundem principali clerico registri nostri, cui astringuntur uinculo iuramenti et cuius sumptibus sustentantur, intendant et obediant reuerenter. Quod si ipsius iudicio uel arbitrio id non fecerint, idem clericus nostri registri eos amoueat et alios loco ipsorum officiali nostro nominet nobis, ut premittitur, presentandos, quociens sibi uidebitur expedire. Et extunc ipsis prioribus clericis, sicut personis publicis super nouis factis emergentibus, post amocionem eorum fidem nolumus adhiberi, set sint hoc ipso respectu futurorum persone priuate.

[7] *De procuratoribus curie Cantuariensis*

De statu procuratorum curie nostre quorum officium magis in practica quam iuris speculacione consistit ad statutum dicti predecessoris nostri[130] adicimus infrascripta, uidelicet, quod nullus procurator generalis in dicta curia de cetero admittatur nisi per annum uel amplius in ipsa curia steterit pro practica, cursu causarum et eiusdem curie statutis ac consuetudinibus addiscendis. Et quod ille qui bacularius fuerit in iure canonico uel ciuili ad officium procuratoris in nostra curia aliis eundem statum non habentibus preferatur. Procuratores autem dicte curie in eadem nullam causam uel negocium introducant quousque de mandato suo iudici, parti aduerse ac clerico nostri registri[131] fecerint plenam fidem. Et si mandatum exhibeant speciale pro negocio introducto, originale ipsius penes registrum uolumus remanere et utrique parti copiam fieri de eodem signo registrarii consignatam, sumptibus partis copiam huiusmodi habere uolentis. Quod si mandatum fuerit generale, tunc illud exhibens det nostre curie registrario ipsius mandati copiam, antequam originale procuratorium exhibenti reddatur eidem; que eciam per ipsum registrarium omnibus quorum interest fiat expensis petentis, quociens opus erit. Idem uolumus obseruari de libellis, iustificacionibus, excepcionibus et ceteris proposicionibus, instrumentis et actis que per procuratores in dicta curia iudicialiter proponuntur uel eciam

---

[129] f. 79ᵛ.
[130] Winchelsey's statutes of 1295, c. 14 (supra, p. 9).
[131] f. 80ʳ.

exhibentur, uidelicet, quod una copia integra penes custodem nostri registri remaneat, ut possit clericus registri nostri de omnibus conscribere plena acta tam in publico quam priuato et copiam similiter facere omnibus quorum interest, quociens fuerit oportunum. Statuimus eciam quod procuratores nostre curie singulis diebus quibus cause seu negocia ipsis commissa tractantur in ea registrum causarum et negociorum acta continens teneantur inspicere diligenter. Quod eis ostendi precipimus libere intuendum, ut, si dicti scriptura registri cum decretis presidencium eiusdem curie forsitan non concordet, ad ipsorum procuratorum instanciam proximo die iuridico subsequenti, precepto dicte curie presidentis, debite corrigatur.

[8] *De registrariis curie Cantuariensis*
Quia clerici nostre curie, qui, sicut et ceteri curie ipsius ministri, in causis pauperum laborem suum gratis impendere sunt astricti, in copiis faciendis pauperibus in nostra curia litigantibus se difficiles reddiderunt, adeo quod aduocati et procuratores ipsorum pauperum non poterant, ut deberent, de ipsorum iuribus informari nec iudicem informare, statuimus quod in causa, ubi diues et pauper simul litigant, copia tam diuiti redimenti[132] quam gratis pauperi, quam cicius commode fieri poterit, simul fiat. Ubi uero utraque pars pauper existit, copia celeriter sine difficultate liberetur utrique.

Item statuimus quod clerici dicti registri de cetero faciant plena acta, in quibus compariciones et modum earum ac parcium et procuratorum nomina ac ea que fiunt in iudicio, quatenus poterunt, plene scribant. Et premissa sic redigantur in actis quod utraque pars possit ea uidere et habere suis sumptibus sub manu publica uel priuata. Nec utantur clerici ipsi reciprocis uerbis in actis cum ablatiuorum absolutorum uel gerundinorum multitudine scrupulosa, ne, dum nimia breuitate uti nitunur, gestorum taceant ueritatem. Et nec in prima persona sub nomine iudicis, nisi quando recitantur eius uerba, set in tercia persona in actis redigant uerum factum.

In introducendis causis directarum appellacionum consueuit in nostra curia obseruari quod, si pars appellans primo die ad quem partem appellatam citari ad nostram curiam fecerat comparere contempnat, parte appellata legitime comparente et partem appellantem preconizari in nostra curia per triduum procurante, ut suum negocium introducat, et si hoc non fecerit tercio die postea, presidens nostre curie ipso die decernere consueuit ipsam partem appellantem sub pena finalis remissionis fore ad nostram curiam uocandam. In quo termino pars appellans suum negocium introducere potuit et parti appellate presenti dare libellum uel absenti in citatorio edere, ex decreto nostre curie presidentis, et ad contestandum ipsam partem appellatam facere ad dictam curiam euocari. Sicque appellantis prima contumacia qui appellacioneum suam prosequi debuit diligenter non solebat puniri, ex qua impunitate contingit;[133] quod uix aliquis appellacionem directam prosequitur, quousque per partem appellatam sub pena finalis remissionis ex decreto presidentis nostre curie sit uocata non absque partis appellate laboribus et expensis. Nos igitur iniquitatem huiusmodi, quantum possumus, amputantes, statuimus de cetero obseruari quod pars

---

[132] f. 80ᵛ.
[133] f. 81ʳ.

appellans sic uocata, deinide comparens, causam appellacionis sue nullatenus introducat, donec expensas per partem appellatam factas occasione premissa nostre curie presidentis arbitrio moderandas parti appellate tunc presenti et petenti refundat, nisi posset de legitimo impedimento docere, quare non potuit causam suam introducere primo die.

In appellacionibus uero a grauaminibus .. decani ecclesie beate Marie de arbubus Londonie .. officialis nostri commissarii uel aliorum comissariorum eiusdem curie interiectis ad ipsum coram officiali introducendis eodem, statutum dicti predecessoris nostri[134] uolumus obseruari hoc adhibito moderamine, quod, si contingat officialem nostrum eodem die quo ab ipso .. decano uel alio officialis nostri commissario appellatum fuerit, ut prefertur, suam presenciam in nostra curia exhibere non ipso eodem die, set in alio proximo quo idem officialis suam presenciam exhibuerit in curia antedicta, appellans causam appellacionis huiusmodi coram ipso introducere teneatur.

In prosequendis directis appellacionibus in nostra curia uolumus obseruari quod, si pars appellans in libello suo plura grauamina ex rescripto elicita introducat, pars appellata teneatur ad omnia contestari, nec audietur uolens ad effectum deuolucionis unum fateri exile grauamen et appellacionem correspondentem eidem et partem appellantem a reuocacione excludere ceterorum, nisi pars appellata consenciat. Quod, pronunciacione facta pro iurisdiccione nostre curie, cetera suggesta grauamina reuocentur, quatenus ex processu suo tempore postea ad eandem curiam transmittendo uel aliis probacionibus legitimis poterunt apparere; alioquin admittatur[135] ad cetera negata probanda et super eis iusticiam consequendum.

Cum processus iudicis a cuius grauamine uel interlocutorio suggeritur appellatum ex solis actis habitis coram ipso et non ex nouis probacionbus imposterum faciendis iustificari debeat et eciam impugnari, non sufficit parti per procuratorem a sibi illato grauamine appellanti in appellacionis causa probare se appellantis procuratorem tempore illati grauaminis extitisse, sicut fieri consueuit, nisi eciam probet quod iudici a quo se asserit appellasse fecerit de suo procuratorio plenam fidem. Quod non solum in directis appellacionibus sed eciam in tuitoriis, si a iudiciali grauamine appelletur, uolumus obseruari.

[9] *De appellacionibus a non admissione ad beneficium ecclesiasticum*

In causis appellacionum a non admissione ad beneficium ecclesiasticum a suffraganeis uel aliis interiectarum ad curiam supradictam ubi constat beneficium de quo agitur de iure et facto uacare, deputetur yconomus per nostre curie presidentem ita quod onus beneficii supportetur et eidem seruiatur laudabiliter in diuinis. Ubi uero contra aliquem proceditur beneficio ecclesiastico incumbentem, sequestraciones omnimodas per nostram curiam fieri prohibemus, nisi in casibus a iure permissis. In quibus per ipsam curiam sic sequestra precipimus interponi, ut de fructibus sequestratis nichil presidentibus nostre curie applicetur, set de eisdem parti incumbenti pro sumptibus litis et alimonie congrua porcio assignetur dicti arbitrio presidentis, et per custodem huiusmodi sequestri congrue ministretur eidem, et quod residuum fuerit uincenti

---

[134] Winchelsey's statutes of 1295, c. 43 (supra, p. 18).
[135] f. 81ᵛ.

in causa uel ei cui de iure debebitur integre reseruetur. Nec ad beneficium ecclesiasticum per presidentem nostre curie aliquis admittatur nisi talis existat cui nichil obuiat de canonicis institutis et qui presidentis examinacionem subeat personalem; alioquin sit huiusmodi institucio[136] nulla et irrita ipso iure, nisi persona instituenda sacre theologie seu iuris canonici uel ciuilis professor fuerit quos a personali examinacione uolumus excusari.[137] In eisdem eciam et aliis causis principalibus quibuscumque post iuramentum de calumpnia prestitum ad ponendum et articulandum simul unus terminus competens assignetur, et, quamcicius comode fieri poterit, de eorum pertinencia et impertinencia disputetur et pronuncietur per nostre curie presidentem, qui articuli et posiciones fuerint pertinentes et impertinentes reiciat ac pertinentes admittat, ut sic ad solas pertinentes partes sub pena iuris respondere legitime moneantur et super negatis tantum, si oporteat, probaciones alie admittantur. Idem uolumus obseruari in excepcionibus et aliis proposicionibus quibuscumque que plenam cause cognicionem requirunt. Nec uolumus de cetero tales .excepciones uel proposiciones sub forma consueta, uidelicet, ut eatenus ualeant quatenus probate de iure ualere debent uel consimili, set simpliciter admitti uel reici, ne fortasse post multos labores et sumptus factos inutiles propter earum ineptitudinem sic proposita cum eorum probacionibus finaliter repellantur. De consensu tam utriusque partis sub dicta forma consueta huiusmodi excepciones et proposiciones admitti ipsorum periculo equanimiter tolleramus. In articulis uero summariis, in quibus proposito articulo et admisso illum statim oportet eodem die probare, aliud obseruetur, uidelicet, quod articulus 'quatenus de iure et cetera' illico cum probacionibus admittatur periculo prononentis, ut, si postmodum ineptus appareat, cum suis probacionibus simul cadat. Decreta siquidem quecumque in nostra curia palam et publice proferantur et mox per registratorem eiusdem curie clare et fideliter registrentur.

[10] *De testibus et eorum compulsionibus*

Si quis in causis seu negociis producat testem cuius subornacio seu[138] falsitas apparuerit, dominum litis, negocii uel instancie, cuius constat esse testem huiusmodi, aut cause seu negocii promotorem, si in ea parte suspectus fuerit, ad dictam curiam decernimus euocandum. Et si de falsitate uel subornacione huiusmodi de consciencia sua facta sibi obicienda canonice nequeat se purgare, personarum et causarum attentis qualitatibus presidentis arbitrio puniatur acerbe et testimonium non ualeat talis testis nec ipse extunc in testem in ipsa curia admittatur.

Statuimus pretere quod quandocumque in dicta curia reperitur aliquem notarium publicum instrumentum falsum fecisse, nomen et cognomen ipsius scribatur in curie nostre registro et, qualiter sit conuictus, cuius instrumentis extunc adhibeatur penitus nulla fides, set signum eius dampnatum in aliquo loco dicte curie patenti et eminenti ponatur. Nomen eciam testis necnon promotoris quorum falsitas deprehenditur ad ipsorum perpetuam repulsam in registro scribatur eodem. Si excommunicacionis excepcio in dicta curia proposita fuerit

---

[136] f. 82ʳ.
[137] seu iuris – excusari *add. marginal. in eodem manu.*
[138] f. 82ᵛ.

contra testem, statuimus quod ipsa non reputetur probata, nisi per litteras denunciantis uel illius cuius auctoritate denunciacio facta fuit seu publicum instrumentum.

Quia circa compulsiones testium non possumus omnibus maliciis obuiare, fraudes quas possumus excludere cupientes, statuimus quod tres tantummodo concedantur citaciones pro testibus compellendis iuxta arbitrium presidentis, quarum ultima sub pena amissionis ipsorum testium concedatur, ita tamen quod pars petens compulsiones easdem in singulis peticionibus huiusmodi teneatur iurare quod ad citaciones concessas faciendas omnem diligenciam quam potuit et debuit adhibebat. Quod si iidem testes fuerint citacione aliqua personaliter[139] apprehensi, per censuras ecclesiasticas et aggrauaciones earum ad perhibendum testimonium compellantur, ne pars uolens eos producere que diligenciam sufficientem exhibuit suis probacionibus necessariis defraudetur.

Ad hec statuimus quod solis laicis testibus sine[140] aliis adminiculis in nostra curia non credatur super hiis que scripturam de iuris necessitate requirunt, nec eis seu aliis eciam litteratis credatur super legitimitate et sufficiencia excepcionum et aliarum proposicionum que suggeruntur in forma iuris concepte,[141] nisi de legitimitate et sufficiencia huiusmodi aliter doceatur.

[11] *De processu continuando processui uel nouiter inchoando*

Statutum dicti predecessoris nostri de continuando processum processui uel nouiter inchoando[142] locum uolumus optinere quando in causa seu negocio cuius processus transmittitur non est lis contestata, de camlumpniaue iuratum aut ad probacionum recepcionem processum. Quod si contestatum fuerit uel iuratum seu ad probacionum recepcionem processum, in ipsis communia iura seruentur parsque renuncians processui in expensis legitimis condempnetur, antequam in causa uel negocio ulterius procedatur.

[12] *De querelis*

Quando de neglicencia inferiorum iudicum immediate subiectorum Cantuariensi curie querelatur, iudices uel partes querelate ad probandum excusaciones aliquas non artentur, nisi pars querelans de tradicione querele et requisicione congrua de iusticia facienda, quodque pars querelans parata fuit iusticiam recipere coram ipsis de quorum negligencia querelatur, fidem faciat per duos testes aut publicum seu auctenticum instrumentum uel per unum testem ad minus cum proprio iuramento, nisi per certificatorias litteras iudicis querelati[143] uel alias poterit apparere eum suam iurisdiccionem a se abdicasse uel in presidentem nostre curie transtulisse.

[13] *De processibus ad curiam Cantuariensem transmittendis*

Si in appellacionum uel querelarum causis pro iurisdiccione nostre curie pronunciari contingat et pro processu coram inferiori[144] iudice habito fuerit

---

[139] f. 83ʳ.
[140] *ms.* siue.
[141] concepta *rectius*?
[142] Winchelsey statutes of 1295, c. 38 (supra, p. 17).
[143] f. 83ᵛ.
[144] *ms.* inferiore.

transmittendum, pars cuius interest negocium maturari ipsum arbitrio presidentis ad nostram curiam transmitti procuret suis laboribus et expensis, nisi ipsam manifesta paupertas ab expensis excuset, in quo eciam casu non excusabitur a diligencia et labore procurandi et faciendi huiusmodi processum ad curiam eandem transmitti.

[14] *De absolucione ante omnia et aliis summariis articulis*

Quandocumque articulus absolucionis ante omnia uel alius articulus summarius qui non habet certum proposicionis terminum, nisi iuxta proponentis arbitrium, in nostra curia est porrectus, licet pars proponens ad probandum eundem debeat statim probaciones paratas habere, parti tamen contra quam proponitur et que sibi de hoc prouidere non potuit, statuimus aliquem terminum competentem pro suis defensionibus proponendis pariter et probandis presidentis arbitrio concedendum, nisi terminus ad probandum statuatur a iure. In articulo uero absolucionis ante omnia ad probandum prolacionem excommunicacionis sentencie sufficit proponenti probare denunciacionem iudicis uel alterius ipsius auctoritate factam, qui suggeritur excommunicacionis sentenciam protulisse, cum huiusmodi sentencie proferantur multociens in occulto, et fiat earum publicacio in aperto nec presumatur iudicem sentenciam quam non protulit publicare. Et si proponens articulum absolucionis ante omnia testes producat et in probacione excommunicacionis deficiat,[145] testes super eodem et ad eundem effectum non possit producere iterato, poterit tamen[146] postea litteras et instrumenta producere, in quorum produccione subornacio non timetur, ad effectum huiusmodi absolucionis habende.

[15] *De contemptoribus curie Cantuariensis*

Contemptores nostre curie non solum illos existere declaramus qui in statuto dicti predecessoris nostri super hoc editi numerantur[147] set eciam omnes illos qui scienter et maliciose impediunt quoscumque in nostra curia litigantes uel seruientes eisdem, quominus in ipsa curia seu extra eam libere possint prosequi uel defendere sua iura. Idem decernimus de hiis qui huiusmodi litigantibus aut personis eisdem necessariis illicitas minas inferre uel terrores aut metum incutere non formidant. Contemptores eciam nostre curie post factas consuetas informaciones summarias super contemptu et inobediencia responsuros uolumus taliter euocari quod possint citra uacaciones uel prolixas ferias expediri. Et ut maturius illud fiat, in littera citacionis huiusmodi contemptus materia exprimatur et primo die comparicionis citati examinatoribus eiusdem curie interrogatoria ipsum contemptum tangencia liberentur. Et sic respondeant ad eadem, quod possint in crastino uno modo uel alio, si per eos non steterit, liberari. Contemptores uero per probaciones illico ministrandas reputamus esse conuictos, si per confessiones proprias uel per certificatorium seu alias litteras sigillis suis propriis consignatas ipsos appareat contemptum eis impositum commisisse. Alioquin detur terminus promotori contemptus ad conuincendum eosdem de periurio et contemptu. Et si recepto ad hoc termino promotor dicat in

---

[145] ms. defeciat.
[146] f. 84ʳ.
[147] Winchelsey's statutes of 1295, c. 28 (supra, pp. 13–14).

illo uel aliter tunc appareat se nolle conuincere contemptorem uel libellare noluerit contra eum, extunc eo ipso presumatur in promocione contemptus manifestam calumpniam commisisse, ut pena contenta in[148] statuto dicti predecessoris nostri illico puniatur.[149]

[16] *De concordancia statutorum antiquorum*
Ut ambiguitatis nodose scrupulum amputemus, dicti predecessoris nostri statuta, quorum unum incipit 'Diligenti'[150] et aliud 'Preterea',[151] que ad inuicem contraria dicuntur a multis, ad sanum intellectum reducere cupientes, dictum statutum 'Diligenti' sic debere intelligi declaramus: cum secundo impetrans suggestionem suam primam in nostra curia nullatenus introducit, nec appellans remittitur neque appellatus dimittitur ab eadem, ut talis primo et deinde secundo impetrans tuitorie super eisdem prius suggestis tuitorie uel directe repellatur omnino ac condempnetur ulterius, prout in statuto ipso dinoscitur contineri. Statutum uero 'Preterea' intelligitur, quando ante secundam impetracionem pars appellata a suggestione prima iudicialiter optinuit se dimitti aut quia pars appellans tuitorie instans iudicialiter non probauit suggesta uel, postquam instanciam iudicialem incepit prosequi, sic dimisit, quod pars appellata a nostra curia optinuit se dimitti, ut secundo impetrans super eisdem quibus primitus impetrauit admittatur cum expensarum refusione legitime facienda, quia in casu statuti 'Diligenti' presumitur maior dolus, et ideo est acerbius merito puniendus.

[17] *De decano ecclesie beate Marie de arcubus Londonie*
Volentes ut processus in causis et negociis in dicta curia nostra tractandis de cetero faciendi indubitatam habeant firmitatem, statuimus quod officialis dicte curie, qui pro tempore fuerit, teneatur decanum ecclesie beate Marie de arcubus Londonie suum constituere in ipsius absencia commissarium generalem. Qui habita commissione huiusmodi dicti officialis in ipsius absencia generalis commissarius[152] nuncupetur, et sub denominacione predicta concipiantur omnia acta in ipsa curia habita coram eo sicque se nominet in scribendo. Officialis insuper dicte curie omnia decreta que occurrerint proferenda, dum in ipsa curia pro tribunali sedens fuerit, interponat et acta coram eo, dum illuc sedet, faciat sub nomine suo concipi atque scribi.

[18] *De sigillis decanorum ruralium*
Quamquam felicis recordacions Oto, apostolice sedis legatus in Anglia, sigilla decanorum ruralium uideatur inter cetera sigilla auctentica numerare et illa auctentica reputare,[153] nos tamen ipsius legati statutum non intelligimus adeo extendendum quod in nostra curia litteris aut sigillis ipsorum decanorum super contractibus, renunciaciobus, actis iudicialibus seu aliis quibuscumque actis et gestis ad eorum officium non pertinentibus, fides debeat adhiberi. In

---

[148] f. 84$^v$.
[149] Winchelsey's statutes of 1295, c. 28 (supra, pp. 13–14).
[150] Winchelsey's statutes of 1295, c. 23 (supra, p. 12).
[151] Winchelsey's statutes of 1295, c. 40 (supra, p. 17).
[152] f. 85$^r$.
[153] Legatine constitution of Otto (1237), c. 28 (Powicke and Cheney, 2.2. 257).

certificatoriis tamen citacionum, execucionum[154] et aliorum mandatorum a superioribus suis ordinariis uel delegatis commissorum, eisdem litteris ipsorum decanorum sigillo officii decanatus huiusmodi consignatis, iuxta mentem statuti predicti fidem uolumus adhibi.

Quia, si prouisa remedia non seruentur aut in eis desit debite execucionis effectus, nullum comodum consueuerunt afferre, ut tanti nostri laboris assidui subsequantur fructus uberes et sperati, statuimus et mandamus quod presidentes, aduocati, procuratores et ceteri ministri nostre curie ad eorum officia in ipsa curia nunc admissi, antequam excerceant officia eorundem, corporale prestent ad sancta dei euangelia iuramentum quod predicta nostra statuta ac nostras ordinaciones et consuetudines memoratas dictique nostri predecessoris, quatenus suprascriptis non obstant et pertinent ad singulos eorundem, fideliter obseruabunt, hoc addito in ipsorum presidencium iuramento, quod ipsi premissa ab aliis ministris dicte curie quibuscumque diligenter et fideliter facient obseruari. A presidentibus[155] insuper et ministris dicte curie quibuscumque in eadem de cetero ad eorum officia admittendis in ipsorum admissione precipimus prestari simile iuramentum, quatenus contingit quemlibet eorundem.

Hec igitur ad utilitatem communem tocius nostre Cantuariensis prouincie et honorem nostre curie antedicte, superfluis et incertis ipsius consuetudinibus resecatis, multorum consilio peritorum necessario sic duximus corrigenda, ordinanda, statuenda et sub hac breuitate prouidimus redigenda, que una cúm ordinacionibus et statutis dicti predecessoris nostri, quatenus premissis non obuiant, ut prefertur, per presidentes nostre curie et ministros ac ceteros quoscumque nobis subditos in ipsa curia uolumus et precipimus futuris temporibus obseruari. Nobis autem et successoribus nostris potestatem specialiter reseruamus premissa corrigendi, mutandi, addendi ac detrahendi eisdem et ipsa omnia ac si qua oriantur dubia ex premissis interpretandi et declarandi, prout nobis ac successoribus nostris uidebitur expedire. In quorum testimonium sigillum nostrum fecimus hiis apponi.

Datum apud Lamheth quinto idus Maii, anno domini millesimo trecentresimo quadragesimo secundo et nostre translacionis nono.


6. STATUTE OF WILLIAM COURTENAY, ARCHBISHOP OF CANTERBURY, 22 JUNE 1390 (London, Lambeth Pal. Libr., Arches, N.1, ff. 85^v–86^r).[156] A sworn oath is required of all ministers of the court.

Willelmus, permissione diuina, Cantuariensis archiepiscopus, tocius Anglie primas et apostolice sedis legatus, dilectis in Christo filiis, officiali curie nostre Cantuariensis et decano nostre ecclesie beate Marie de arcubus Londonie salutem, graciam et benediccionem.

Cum non liceat a capite membra discedere set deceat assistere et firmiter inherere cumque ecclesia nostra Cantuariensis inter ceteras sui gemmas sua

---

[154] *ms.* execucionem.
[155] f. 85^v.
[156] Printed in Spelman, *Concilia*, pp. 638–39, and in Wilkins, *Concilia* 3. 212 from another source.

Cantuariensis curia decoretur consilioque ministrorum eiusdem prefulgeat multum claro, ut per ipsam curiam et ministros eiusdem dicte ecclesie iura et libertates forcius et uberius conseruentur illesa, pro ipsius enim ecclesie nomine laudabili[157] et honoribus conseruandis ex iniuncto nobis officii debito tenemur impendere partes nostras, ne nostris temporibus dicta ecclesia, sponsa nostra, scandali paciatur iniuriam aut antique sue laudis eclipsim subeat aliqualem. Verentes illud sapiencie dictum 'Inimici hominis domestici eius',[158] attendentes eos in quos libertas est collata, tunc ingratitudinis uicio laborare, cum beneficii sui inmemores antidoti obligacionem dirumpunt, uobis communiter et diuisim comittimus et mandamus quatenus uniuersos et singulos dicte curie nostre examinatores, aduocatos, procuratores, registratores et clericos iuratos ac alios dicte curie nostre ministros quocumque nomine censeantur moneatis legitime et peremptorie, quos nos eciam tenore presencium sic monemus, quod infra triduum post monicionem uestram uel alterius uestrum coram uobis iuramentum ad sancta dei euangelia prestent et quilibet eorum prestet corporale iuxta formam inferius descriptam. Futuros insuper examinatortes, aduocatos, procuratores, registrarios, scribas, notarios ceterosque ministros nostre curie supradicte ad prestandum huiusmodi iuramentum tempore prefeccionis, admissionis et recepcionis eorum artari ac formam dicti iuramenti in libro statutorum uolumus comprehendi. Nos uero omnes et singulos monicionibus uestris, quin uerius nostris huiusmodi non parentes suis mora et culpa in hac parte precedentibus, ab eorum officiis[159] huiusmodi exnunc prout extunc et extunc prout exnunc suspendimus in hiis scriptis ipsosque[160] suspensos per uos denunciari et a dicte curie cuiuscumque officii exercicio amoueri uolumus et mandamus. Forma uero iuramenti, de quo supra fit mentio, sequitur in hec uerba:

> In dei nomine, Amen. Ego N. iuro ad hec sancta dei euangelia quod nunquam ad impugnacionem, diminucionem et lesionem iuris, libertatis et priuilegii Cantuariensis ecclesie postulabo, nec ius, libertatem uel priuilegium eiusdem ecclesie quoquomodo impugnabo impugnariue procurabo aut impugnanti uel huiusmodi impugnacionem procuranti prescribo consilium, auxilium uel fauorem, sed omnia iura et priuilegia et omnes libertates ipsius ecclesie semper manutenebo pro posse me. Sic me deus adiuuet et hec sancta dei euangelia.

Datum in manerio nostro de Croidon xxiii° die Iunii, anno domini millesimo CCC<sup>mo</sup>nonagesimo et nostre translacionis nono.

---

[157] f. 86<sup>r</sup>.
[158] Micah 7: 6; Matthew 10: 36.
[159] *ms.* officii.
[160] sic *add. interlin. recentiori manu.*

7. STATUTE OF WILLIAM COURTENAY, ARCHBISHOP OF CANTERBURY, 12 MARCH 1392 (London, Lambeth Pal. Libr., Arches, N.1, f. 86ᵛ).[161] The fees to be received by the registrar of the court can be increased.

Willelmus, permissione diuina, Cantuariensis archiepiscopus, tocius Anglie primas[162] et apostolice sedis legatus, dilectis in Christo filiis, officiali curie nostre Cantuariensi et decano ecclesie beate Marie de arcubus Londonie, eius commissario generali, salutem, graciam et benediccionem.

Quia sepius in futurorum euentibus adeo humani decipitur incertitudo iudicii, ut quod probabili coniectura profuturum credidit subsequens experiencia nociuum ostendit, non debet reprehensibile iudicari, si quod sanxitum olim fuit ex sanioris inspeccione iudicii consulcius ordinetur. Sane licet in quodam felicis recordationis Roberti quondam Cantuariensis archiepiscopi, predecessoris nostri, dudum edito statuto[163] ueraciter cognoscamus inter cetera contineri quod pro duodecim orginalium attestacionum in dicta curia testium productorum scribendis lineis decem policum longitudinem habituris et ceterorum in ipsa curia exhibitorum siue processuum copiis pro uiginti quatuor lineis eiusdem longitudinis unum liceat denarium tantum capi, ex graui tamen dilecti filii magistri Iohannis Lynton,[164] dicte nostre curie registarii principalis, querela et aliorum quamplurium fidedignorum testimoniis liquido informamur quod ipse idem registrarius onera siquidem quamplura et grandia prefatas, uidelicet, lineas, ut premittitur, conscribendo et registra dicte curie salua sub tutela custodiendo et reparando ac certos clericos tam uictu quam uestitu inueniendo et sustentando sibi dicti officii sui pretextu antiquitus imposita ad que supportanda nulli preterquam denarii prefatarum linearum scriptura, ut prefertur, sunt assignati prouentus, tum propter hospicii ad premissa necessario conducendi redditum et eciam membranas temporibus modernis plus solito cariores, tum propter causarum et negociorum multo minus quam pridem uentilaciones nimio absque dispendio nequit ulterius subire, nisi cum ipso registrario aliquid fauoris et gracie celerius imperciamur. Quare premissis per nos debite consideratis et quod tantus in dictorum exhibitorum siue processuum quantus in prefatarum[165] originalium attestacionum scriptura labor exercetur, uolentes propterea equitatem in omnibus obseruari et prefato dispendio congruum remedium adhiberi, presertim cum nouis morbis noua conuenit antidota[166] preparari et secundum uarietatem temporum statuta expedit uariari, prefato registrario, ut eciam pro quibuslibet huiusmodi exhibitorum siue processuum duodecim lineis decem pollices in longitudine, ut prefertur, continentibus unum denarium licite capere ualeat, prefato dicti nostri predecessoris non obstante statuto, prout possumus, contra id dispensando plenam concedimus et tribuimus facultatem. Que omnia per uos in dicta nostra curia debite publicari uolumus et mandamus presencium cum tenore

---

[161] Printed in Spelman, *Concilia*, p. 639, and in Wilkins, *Concilia* 3. 217–18 from another source.
[162] *ms. repet.* primas.
[163] Winchelsey's statutes of 1295, c. 6 (supra, p. 7).
[164] He served as registrar from 1 July 1384 until his death, probably in 1388 (see infra, p. 207).
[165] *ms.* prefatorum.
[166] *ms.* antitoda.

ipsa inter alia eiusdem curie statuta fideliter conscribi facientes. In cuius rei testimonium sigillum nostrum presentibus duximus apponendum.

Datum in manerio nostro de Slyndon duodecimo die mensis Marcii, anno domini millesimo CCC^mo nonogesimo primo et nostre translacionis undecimo.

8. STATUTE OF THOMAS ARUNDEL, ARCHBISHOP OF CANTERBURY, 14 AUGUST 1397 (London, Lambeth Pal. Libr., Arches, N.1, ff. 86^v–87^r).[167] The scribe of acts should only have the records of the court temporarily and then should hand them over to the registrar.

Thomas, permissione diuina, Cantuariensis archiepiscopus, tocius Anglie primas et apostolice sedis legatus, discreto uiro magistro Iohanni Barnet,[168] officiali curie nostre Cantuariensis, salutem, graciam et benediccionem.

Cum dilectus in Christo filius magister Iohannes Lynton, clericus registrorum dicte curie nostre ac omnium munimentorum et aliorum quorumcumque ad huiusmodi registrorum custodiam pertinencium custos, dicteque curie registrarius principalis prefectus sit ac constitutus et more solito deputatus quodque custodia omnium registrorum, exhibitorum, sentenciarum et aliorum quorumcumque actorum, causarum et negociorum in dicta curia uentulatorum ad eundem custodem et principalem registrarium pertineat, de antiqua ipsius curie nostre consuetudine pertinuit et debeat pertinere, quidam tamen magister Iohannes Slole,[169] in dicta curia actorum scriba, nunnulla registra dicte curie, uidelicet, actorum, causarum et negociorum per diffinituas sentencias pronunciacionesque finales decisorum ac eciam ipsas diffinituas sentencias, registrum insuper causarum et negociorum indecisorum[170] in dicta curia pendencium[171] pro tempore quo dicta curia minime sedere dictumque magistrum Iohannem Slole a ciuitate Londonie absentare contigerit, quorum registorum ac eciam sentenciarum diffinitiuarum custodia ad eundem Iohannem, custodem et registrarium principalem, uigore officii sui predicti dinoscitur pertinere, dicto magistro Iohanni Lynton, custodi et registrario, liberare seu facere liberari per ipsum congrue requisitus, ut accepimus, non curauit nec curat eciam in presenti. Quocirca uobis iniungimus et mandamus quatenus ipsum magistrum Iohannem Slole moneatis et efficaciter inducatis et iniungatis eidem quod huiusmodi registra, uidelicet, actorum, causarum et negociorum per diffinitiuas sentencias seu pronunciaciones finales decisorum ipsasque diffinituas sentencias penes ipsum existencia indilate dicto magistro Iohanni Lynton, custodi et registrario principali predicto, liberet seu faciat liberari; registrumque causarum et negociorum indecisorum in dicta curia pendencium pro tempore quo dicta curia minime sedere et dictum magistrum

---

[167] Printed in Spelman, *Concilia*, pp. 656–67, and in Wilkins, *Concilia* 3. 233 from another source.
[168] Official of the court from 25 June 1376 probably until his death, by 9 November 1407 (see infra, p. 199). For his biography see *BRUO* 1. 113–14.
[169] Known also as Stokie. The dates of his tenure as scribe are not known (see infra, p. 208).
[170] f. 87^r.
[171] *ms.* predencium.

Iohannem Slole absentare contigerit singulis huiusmodi uicibus de cetero in custodia dicti magistri Iohannis Lynton, custodis et registrarii predicti, dimittat, per ipsum magistrum Iohannem Lynton prefato magistro Iohanni Slole in redditu suo ad ciuitatem Londonie, quatenus oportebit, pro huiusmodi causis pendentibus et prosequendis sine difficultate qualibet retradendum. Que omnia per uos in dicta curia nostra debite publicari uolumus et mandamus presencium cum tenore, ipsa tamen inter alia eiusdem curie statuta fideliter conscribi facientes. In cuius rei testimonium sigillum nostrum presentibus duximus apponendum.

Datum in manerio nostro de Lamheth xix kalendas Septembris, anno domini millesimo CCC<sup>mo</sup> nonogesimo septimo et nostre translacionis anno primo.

9. STATUTE OF THOMAS ARUNDEL, ARCHBISHOP OF CANTERBURY, 14 OCTOBER 1397 (London, Lambeth Pal. Libr., Arches, N.1, f. 87<sup>r–v</sup>).[172] The scribe of acts must hand over documents to the registrar in a timely fashion.

Thomas, permissione diuina, Cantuariensis archiepiscopus, tocius Anglie primas et apostolice sedis legatus, dilecto filio magistro Iohanni Barnet,[173] curie nostre Cantuariensis officiali, salutem, graciam et benediccionem.

Pridem sufficienter informati cognouimus et scimus fore uerum quod in dicta nostra curia de ipsius laudabili consuetudine duo registrarii fuerunt antiquitus et sunt in presenti, quorum unus registrarius principalis ac quorumcumque registrorum eiusdem custos, aliusque actorum scriba et registrarius uocari consueuerunt et hodie uocantur, quodque de ipsius curie statutis et consuetudine ab olim usitatis et legitime prescriptis ad dicti principalis registrarii officium certificatoria, procuratoria, libellos, excepciones, iustificaciones, replicaciones, dupplicaciones, dicta et attestaciones testium, instrumenta, litteras et alia proposita et munimenta quecumque in prefata curia exhibita necnon, postquam cause et negocia in ipsa curia terminantur, acta in uno magno libro membrane simul in mundum conscripta ac sentencias diffinitiuas latas custodire ipsaque transumere et exemplari, quociens fuerit oportunum, ac copias eorundem partibus hoc petentibus tradere et liberare solum et insolidum ac ad prefatum actorum scribam acta iudicialia singulis diebus in una cedula, prout factum concepit, in prothocollum in scriptis redigere et in crastino acta huiusmodi partibus libere intuenda ostendere ac, pendentibus causis et negociis huiusmodi in dicta curia indecisis,[174] ipsorum actorum copias partibus[175] ipsas petentibus facere dinoscuntur notorie pertinere. Quidam tamen magister Iohannes Slole,[176] iam dicte curie actorum scriba nuper deputatus, premissorum uerisimiliter non ignarus, id quod sibi ex officio suo huiusmodi non competit, nimium presumptuose usurpare satagens, eo ex colore duntaxat quod nondum diu propter multitudinem actorum in eo uno et eodem die fiendorum uisum fuerit

---

[172] Printed in Spelman, *Concilia*, pp. 657–58, and in Wilkins, *Concilia* 3. 233–34 from another source.
[173] See n. 168 supra.
[174] *ms.* indecisu.
[175] f. 87<sup>v</sup>.
[176] See n. 169 supra.

obseruari quod huiusmodi principalis registrarius ex liberalitate duntaxat et non ex debito quedam certificatoria et procuratoria, ut prefertur, exhibita ipsum scribam secum habere permisit, ut per ipsorum inspeccionem parcium nomina et cognomina ac causarum et negociorum descripciones in actis huiusmodi clarius et quiecius caperet et conficeret, eidem principali registrario eodem die uel saltem in crastino in principio sessionis dicte curie absque dilacione ulteriori fideliter et integraliter retradenda, nonnulla certificatoria et procuratoria huiusmodi que penes se, ut prefertur, habuit nedum per dictum tempus ex liberalitate, ut predicitur, permissum, set aliquando per tres, aliquando per quatuor, quinque aut sex dies, et aliquando per mensem ac aliquando per annum et annos contra uoluntatem expressam dicti principalis registrarii secum detinuit et occultauit, ut sic de medio tempore copias eorundem partibus ipsis indigentibus facere et salarium exinde sibi applicare ualeat, sicuti ante hec tempora sepius fecit, et temere presumpsit in ipsius principalis registrarii preiudicium ualde graue.

Volentes igitur huiusmodi facto pernicioso sic temere presumpto, prout officio nostro incumbit, resistere et, ne id ulterius perpetretur, in quantum possumus, apponere manus nostras, uobis comittimus et firmiter iniungendo mandamus quatinus, uisis presentibus, indilate dicto magistro Iohani Slole, actorum scribe, auctoritate nostra inhibeatis, cui eciam tenore presencium et nos inhibemus, ne ipse unquam de cetero certificatorium uel procuratorium aliquod, quod ex liberalitate huiusmodi principalis registrarii penes se, ut prefertur, habere contigat, ultra tempus prime sessionis dicte curie habicionem huiusmodi proximum et immediate sequens penes eum aut in eius custodia quouismodo detineat aut occultet, nec interim ipsorum copias alicui scribat uel scribi faciat aut tradat, set ipsa modo et tempore, de quibus predicitur, dicto principali registrario indilate et integre fideliter liberet et retradat. Volumus insuper et mandamus presentes nostras litteras inter alia statuta huiusmodi ad perpetuam rei memoriam fideliter conscribi. In cuius rei testimonium sigillum nostrum presentibus duximus appondendum.

Datum in manerio nostro de Lamheth ii⁰ idus Octobris, anno domini millesimo CCC$^{mo}$ nonogesimo septimo et nostre translacionis anno secundo.

10. STATUTE OF THOMAS ARUNDEL, ARCHBISHOP OF CANTERBURY, 28 JUNE 1401 (London, Lambeth Pal. Libr., Arches, N.1, f. 64$^{r-v}$).[177] Only advocates and proctors of the court have standing in the court, and they may not practice in inferior courts.

Thomas, permissione diuina, Cantuariensis archiepiscopus, tocius Anglie primas et apostolice sedis legatus, in Christo filiis, officiali curie nostre Cantuariensis ac decano ecclesie beate Marie de arcubus Londonie ceterisque dicte curie ministris, nostris commissariis deputatis et impostrum deputandis quibuscumque, salutem, graciam et benediccionem.

Exigit officii nostri debitum ut inter ministros in locis nostre iurisdiccionis

---

[177] Printed in Spelman, *Concilia*, pp. 659–60, and in Wilkins, *Concilia* 3. 263–64 from another source.

degentes scandali submouere materiam solicite studeamus, presertim in illis ubi pro iusticia habenda cunctis nostre prouincie Cantuariensis subditis, quociens fuerit oportunum, solebat communis recursus haberi, ne ibidem propter maculas aut defectus aliquarum personarum turbacionis et discordie occasio tribui uideatur. Sane nuper frequentibus ex querelis ad nostrum peruenit auditum quod, licet dicte curie nostre Cantuariensis aduocati et procuratores tantis et talibus antiquitus fuissent et hodie sint fulciti priuilegiis ac prerogatiue honore, quod preter ipsos nullus alius extraneus admitti debeat uel permitti ad postulandum seu procurandum in aliquibus causis aut negociis in ipsa curia quouismodo uentilatis, nec uos officialis antedictus de prefate curie statutis ad parcium suggestiones rescribere deberetis nisi ad illas duntaxat que concepte fuerint et formate ac uobis tradite uel transmisse per aliquem dicte curie aduocatum seu procuratorem uel saltem in ipsorum absencia eiusdem curie ministrum alium iuratum ad hec abilem et ydoneum. Quod olim intelligimus emanasse et processisse, ut per huiusmodi ministrorum industrias qui pre aliis extraneis dicte curie statuta et consuetudines, prout ad hoc iuramenti uinculo astringuntur, melius sunt experti et gnari, eorundem partes ibi litigantes a dampnis et iniuriis, que et quas per extraneorum premissorum sufficientem scienciam non habencium hactenus prothdolor senciebant, caucius conseruentur, uos tamen modernis temporibus in causis et negociis per nos uobis specialiter commissis, quas et que ab hinc de cetero et imperpetuum ad instar causarum et negociorum dicte curie delatorum infra eandem curiam et non alibi tractari uolumus et mandamus, prout semper nostre fuit intencionis, quoscumque extraneos premissa[178] exercere uolentes indifferenter admittere, ac uos, prefate officialis, ad parcium suggestiones per alios quam ipsius curie ministros, personas utique aliquando ualde suspectas et prodigas fame sue, conceptas, formatas, uobisque traditas uel transmissas rescribere sepius presumpsistis contra dicte curie nostre honorem ac ministrorum eiusdem commodum temere et iniuste.

Nos igitur in hac parte, prout nostro incumbit officio, remedium adhibere uolentes, uobis firmiter iniungendo mandamus quatinus nunquam de cetero a tempore presentacionis uel notificacionis presencium uobis factarum in aliquibus causis uel negociis que uobis coniunctim seu diuisim hactenus commisimus uel impostrum duxerimus committenda, aliquos extraneos set solomodo dicte curie ministros, prout superius exprimitur, ad premissa uel eorum aliqua admittatis. Nec uos officialis ad aliquas parcium suggestiones rescribatis nisi dumtaxat ad illas que per eosdem ministros modo, quo predicitur, concepte fuerint et formate ac uobis tradite seu transmisse.

Ceterum quia iuxta sapientis dictum 'Nulli quantumlibet exercitate persone uno tempore duarum rerum sunt committenda officia',[179] nam sicut uarietas membrorum per diuersa officia et robur corpus seruat et pulcritudinem representat, ita uarietas personarum per diuersa nichilhominus constituta officia fortitudinem locorum et uenustatem sancte dei ecclesie manifestat. Decens ac debitum esse conspicimus et honestum, ut nullus dicte curie nostre minister eidem curie et alteri eidem inferiori simul et semel alicuius officii exercicio

---

[178] f. 64ᵛ.
[179] Gratian D. 89, c. 1 (*Corp. Iur. Can.* 1. 311).

speciali titulo pactoue aut iuramenti uinculo mancipetur, ne per eosdem eiusdem nostre curie[180] iudicibus inferioribus, presertim illis a quorum factis ad ipsam nostram curiam querelatum fuerit seu appellatum, prout uerisimilter presumi ualeat, contingat reuelari. Vobis, domino officiali sepefato, committimus et mandamus firmiter iniungentes quatinus omnes et singulos dicte curie nostre ministros cuicumque alteri curie inferiori, ut predictum est, mancipatos nostra auctoritate legitime moneatis quod officia sua quecumque, quibus usi sunt in eisdem curiis inferioribus, infra octo dierum spacium a tempore notificacionis presencium eis factis proximo et immediate sequencium re et uerbo penitus dimittant; ipsis nunquam ulterius, quamdiu steterint in aliquo officio dicte curie nostre, usuri sub pena perpetue amocionis ipsorum a suis officiis que habent in ipsa nostra curia. Qua pena lapsis dictis octo diebus percelli ipso facto uolumus et mandamus quoslibet rebelles in hoc casu.

Que omnia et singula ordinamus et statuimus perpetuis temporibus inuiolabiliter obseruari ac ea inter alia dicte curie nostre statuta ad perpetuam rei memoriam scribi et fideliter annotari.

Datum in manerio nostro de Lambheth sub sigillo nostro iiii$^{to}$ kalendas Iulii, anno domini millesimo CCCC$^{mo}$ primo et nostre translacionis anno quinto.

11. STATUTE OF THOMAS ARUNDEL, ARCHBISHOP OF CANTERBURY, 5 MARCH 1403 (London, Lambeth Pal., Libr., Arches, N.1, f. 65$^r$).[181] Proctors should not presume to act independently of advocates.

Thomas, permissione diuina, Cantuariensis archiepiscopus, tocius Anglie primas et apostolice sedis legatus, dilecto in Christo filio magistro Iohanni Barnet,[182] officiali nostre curie Cantuariensis, salutem, graciam et benediccionem.

Ad nostrum iam pridem peruenit auditum quod, licet in quodam iurato statuto[183] curie nostre Cantuariensis inter cetera caueatur expresse quod in ipsa curia prelibata procuratores admissi nullas causas nec ulla negocia ipsi nostre curie delata recipiant quoquo modo nec ipsa sine alicuius aduocati consilio aliquatinus iuribus prosequantur, nonnulli tamen procuratores in dicta nostra curia persistentes negocia uaria atque causas accipiunt ipsaque frequenter citra alicuius aduocati suffragium ac eciam aliquando inconsultis parcium aduocatis quadam collusionis industria usque ad sentencie calculum per se ipsos clanculo prosequantur. Unde cause multorum ibidem in desperacione sepe decidunt et labuntur quod curie nostre fame, que dudum multa celebritate fulgebat, detrahit plurimum et honori ac procuratoribus antedictis periurium irrogat manifestum. Pensantes igitur hec premissa, uobis precipimus ac firmiter iniungendo mandamus quatinus omnes et singulos procuratores huiusmodi publice moneatis ac eciam inducatis quod sub pena perpetue remocionis a curia cum nota infamie talia de cetero committere non presumant sed iuxta exigenciam et effectum

---

[180] *add. marginal.* arcana.
[181] Printed in Spelman, *Concilia*, p. 661, and in Wilkins, *Concilia* 3. 273–74 from another source.
[182] See note 168 supra.
[183] Winchelsey's statutes of 1295, c. 14 (supra, p. 9).

statuti predicti suo, uidelicet, procurandi officio solummodo sint contenti. Profecto ridiculosum ac perniciosum exemplo uidetur existens statutum huiusmodi tam racionabili et consulta maturitate digestum tante temeritatis audacia paruipendi et necligi ymmopocius uiolari. Compendiosa igitur narracione concludimus quod in causis agitatis ad presens seu eciam agitandis in curia sine alicuius aduocati publica peticione aliquod iudiciale decretum, prout statutum predictum desiderat et exposcit, de cetero nullatinus interponatis. Reuera nisi statuta summa uigilia condita tueantur, ab aliquo ipsa condere et creare frustratorium existeret atque uanum. Vestra igitur discrecionis industria circa ista ac circa procuratorum habitus resumendos qui a multis eorum frequenter a curia exulant hiis diebus ac pro sopienda cotidiana commocione rixarum publice facta per eos nec non circa alia ipsius nostre curie exequenda statuti ulterius in aliquo non dormiret. Sed ipsa que male sunt hactenus usitata, de quibus ad presens uolumus subicere, studeatis uiribus quibus potestis in melius reformare. Deceret siquidem iudicantem, a quo nichil preter iusticiam pululuaret, ac ministros singulos circa eum ut in suis actibus obseruarent puritatem omnimodam, ab hiis abstinere propensius per que possit aliis exempli pernicies generari. Studeant igitur et insudent ministri predicti, qui statuta nostra contemnunt pariter et illudunt, a suis gestibus abusiuis se taliter cohercere decetero ut, cum uenerimus curiam uisitare predictam, pro excessibus eorum preteritis circa eos perpendant et senciant micius nos acturos.

Datum in manerio nostro de Lambheth quinto die mensis marcii, anno domini millesimo CCCC$^{mo}$ secundo et nostre translacionis anno septimo.

12. STATUTE OF HENRY CHICHELE, ARCHBISHOP OF CANTERBURY, 16 OCTOBER 1423 (London, Lambeth Pal. Libr., Arches, N.1, f. 41$^{r-v}$).[184] Advocates and proctors should not absent themselves from the Arches while they have business pending there; nor should they attend other courts.

Henricus, permissione diuina, Cantuariensis archiepiscopus, tocius Anglie primas et apostolice sedis legatus dilectis in Christo filiis, officiali curie nostre Cantuariensis et decano ecclesie beate Marie de arcubus Londonie, dicti officialis nostri commissario, ac alteri dicte curie presidenti cuicumque salutem, graciam et benediccionem.

Cum inter cetera nostre curie predicte statuta primo per recolende memorie Robertum,[185] deinde per Iohannem,[186] olim Cantuarienses archiepiscopos predecessores nostros, ad dei laudem ac dicte nostre honorem et exaltacionem ac ministrorum eiusdem regimen et iusticie direccionem edita et solempniter publicata et per uos singulosque alios dicte curie ministros quatenus statuta ipsa uos et eos concernunt in principio admissionis uestre et eorum cuiuslibet iurata salubriter, fuerit et sit antiquitus ordinatum quod aduocati et procuratores eiusdem curie, dum causas in ea tractandas habuerint, siue secum socios habeant

---

[184] Printed in Spelman, *Concilia*, pp. 685–87, and in Wilkins, *Concilia* 3. 427–28 from another source.
[185] Winchelsey's statutes of 1295 (supra, pp. 5–20).
[186] Stratford's statutes of 1342 (supra, pp. 23–45).

in causis siue non, dum cause huiusmodi tractantur in dicta curia, nullatinus se absentent ab ipsa sine presidentis dicte curie petita licencia et obtenta ex causa legitima per ipsum presidentem primitus approbanda, et quod frequentacio aliarum curiarum aut consistoriorum uel iudiciorum tempore consistorii dicte curie ipsis nullatinus permittatur, cumque insuper tam super his non seruatur quam aliis contra statuta dicte curie et laudabiles consuetudines eiusdem exorbitantibus reformandis per nonnullos Cantuariensis ecclesie archiepiscopos predecessores nostros uaria mandata officialibus et presidentibus dicte curie nostre directa emanarunt quorum aliqua in libro statutorum curie predicte ad perpetuam rei memoriam sunt conscripta, et presertim super habitibus procuratorum dicte curie tempore consistorii eiusdem, ut honestati conuenit, induendis et deportandis ac super decretis iudicialibus per alium quam dicte curie aduocatum priuatim aut publice non petendis aliisque obseruandis, prout et sicut in mandatis ipsis ad que nos referimus plenius continetur, nos considerantes et plene intelligentes quod nonnulli aduocatorum et presertim procuratorum curie nostre predicte statutis predictis, licet per ipsos iuratis, ac aliis mandatis, de quibus prefertur, se, conformare hactenus non curarunt sed pocius eis parere et obedire non sine animarum suarum periculis neglexerunt, uolentes propterea non tantum eiusdem curie honore sed ne propter non seruacionem premissorum parcium ad dictam curiam confluencium cause protelentur aut iusticia depereat debita consideracione prospicere et ut dictorum aduocatorum, procuratorum ac aliorum ministrorum eiusdem curie neglectibus et insolenciis huiusmodi cicius occurratur, uobis communiter et diuisim firmiter iniungendo mandamus quatinus omnes et singulos dicte curie nostre aduocatos et procuratores in uim iuramentorum suorum per publicacionem harum literarum nostrarum coram eis in plena curia faciendam et alias, ut honestati congruit, moneatis quos eciam nos tenore presencium sic[187] monemus quatinus de cetero, dum causas in ipsa curia tractandas habuerint, siue secum socios habeant in causis ipsis siue non, temporibus et horis dum cause tractari debeant in curia predicta, nullatinus se absentent ab ipsa sine ipsius curie presidentis licencia petita et obtenta ac, ut premittitur, approbata. Et quod ad ipsam cessante impedimento racioniabili per dicte curie presidentem approbando tempestiue ueniant ante solutum iudicium sine licencia, ut prefertur, minime recessuri. Quodque aduocati et procuratores predicti ac ceteri ministri eiusdem curie temporibus, quibus ipsam curiam teneri contigerit, aliis curiis, consistoriis uel iudiciis nullo modo intendant sub pena amissionis status quem aduocatus seu procurator aut alius minister quiscumque ipsius curie in eadem habuerit. Quam post publicacionem presencium, si tercio in aliquo premissorum culpabilis inuentus et pronunciatus sit, ipsum incidere decernimus ipso facto.

Pro prima uero offensa in premissis et circa ea ipsum delinquentem per mensem, pro secunda uero per tres menses a statu quem in dicta curia habuerit exnunc prout extunc et extunc prout exnunc suspendimus in hiis scriptis. Moneatis insuper, ut prefertur, procuratores quoscumque curie nostre predicte quod diebus et horis, quibus consistorium in ipsa teneri contigerit, locum ipsum consistorialem tabardo et capicio induti cum manicis togarum conuenientibus

---

[187] f. 41ᵛ.

ingrediantur et aliter locum ipsum ingredi non presumant nec aliquod decretum iudiciale per ipsius consistorii presidentem fieri seu interponi petant aut procurent, nisi prius super hoc per aliquem aduocatum dicte curie tunc presentem publice id petatur. In quibus duobus casibus et eorum altero procuratorem quemcumque prefate curie post monicionem huiusmodi eis factam et has literas nostras publicatas in curia predicta huic ordinacioni et decreto nostris contrauenientem, tociens quociens in ipsorum aliquo culpabilis inuentus et pronuciatus fuerit, penam duodecim denariorum custodi registrorum actorum scribe et bedello curie predicte, ut infra scribitur, soluendorum incurrere uolumus ipso facto, decernentes quod de dictis duodecim denariis sex denarios registrorum custodi, tres denarios actorum scribe et tres denarios bedello prefate curie sic contraueniens soluere teneatur. Ante quorum duodecim denariorum absque remissione aliqua solucionem plenariam procuratori huiusmodi cuicumque in hiis que ad officium suum spectant omnis audiencia penitus denegetur et ab officio procurandi in curia predicta uigore huius decreti nostri absque pronunciacione alia interim sit suspensus. Et ne presens ordinacionis nostre decretum racione ignorancie in obliuionem transeat et a memoria recedat, uolumus et uobis firmiter iniungendo mandamus quatinus presentes litere nostre infra unum diem post publicacionem earundem in libro statutorum dicte curie conscribuntur, statuentes quod heedem sic conscripte in inicio cuiuslibet termini statim post misse de sancto spiritu decantacionem de cetero perpetuis futuris temporibus in plena curia publice et intelligibiliter perlegantur ad quas per se uel per clericum suum tunc perlegendas custodem registrorum dicte curie qui nunc est iuramento astringi quemcumque alium qui pro tempore erit sub sacramento ad hec in sua admissione prestando uolumus et decernimus alligari. In cuius rei testimonium sigillum nostrum presentibus est appensum.

Datum in manerio nostre de Mortelake xui die mensis Octobris, anno domini millesimo CCCCxxiii° et nostre translacionis anno decimo.

## II. Statutes not in the Medieval Black Book of the Arches

Found elsewhere than in the Black Book in its medieval form are other regulations concerning the Court of Arches, issued either by the archbishop himself or by officers of the court acting by the authority of the archbishop. Five such regulations are presented here: (1) the ordinance of 1280 issued by the official of the court, (2) Archbishop Winchelsey's ruling of 1303, recited in a memorandum of the dean of Arches, about the reckoning of time given to a tuitorial appellant, (3) the official's ordinance of 1312 about details of documents alleging exceptions of crime, (4) Archbishop Islip's statute of 1351 as confirmed by Archbishop Sudbury in 1378, about the registrar and the scribe of acts, a statute known from its insertion in the Black Book not contemporaneously but in the early seventeenth century, and (5) Archbishop's Warham's statute of 1528 regarding the number of proctors.

1. Statute issued by the Official of the Court of Arches to members of the court, 4 May 1280, on various issues concerning advocates and proctors as well as some issues of procedure (Oxford, Bodl. Libr., Ashmole Ms. 1146,

ff. 110$^v$–111$^r$).[188] Echoes of this ordinance can be found in Winchelsey's statutes of 1295.

Officialis curie Cantuariensis discreto uiro decano de arcubus Londonie, commissario nostro, ac uenerabili cetui aduocatorum et procuratorum eiusdem curie salutem in domino sempiternam.

[1] Cesset interrupcio. Procurator uerba non faciat nisi requisitus ut statu suo debito sit contentus. Iudicialiter acta in publicum non reuocet. Nec neget se habere diem cum habeat. Sua sedilia teneat unusquisque. Garulosus audiencia prohibetur. Presidentibus deferatur undique.[189]

[2] Si procurator et aduocatus non uenerint tempestiue actore absente, reus instans ab instancia iudicii, si potest, absoluatur, uel ipsa die audiencia denegetur absenti, si iudex informetur in facto procedens ad actum reo preiudicialem. Si absit ut dilatorie, proposite non presente reiciantur seu pro non propositis habeantur, nisi absencia legitime ualeat excusari; decreto interposito partes acta sua faciant aut ut, si inuicem concordent, mutuo tradant. Et si discordent, huiusmodi acta iustificet in principio audiencie sue. Que, si pars alterutra facere detractauerit, alterius instantis acta, si uerba sint, in pena contumacie consignentur; decretum in presencia parcium registretur.[190]

[3] Rixantibus silencium imponatur aduocatis, priusquam sentencietur.[191]

[4] Responsiones et raciones suas in scriptis redigere studeant, et eas hinc inde iudici tradent ut informetur.

[5] Nullus truffator appellacionibus aut dilacionibus utatur aut aduersario deludat aut[192] uexet indebite laboribus et expensis. Qui contra fecerit, officio suo in curia Cantuariensi perpetuo suspendatur.[193]

[6] Assessor, dum partes sunt in allegando, iudicis animum non perturbet quacumque suasione uel ingenio declinet uel auertat quoquomodo; motiua parcium concipiat exquisite.[194]

[7] In tuitoriis nullum factum contrarium seu aliud quicquam contingens dumtaxat negocium principale quousque[195] de procedendo in principali consensu fuerit proponatur, sed reuocacio re integra uel appellatores, ab appellacionibus recessus, tractus uel expressus.

[8] Antique et laudabiles consuetudines curie Cantuariensis dudum per decanos in curia de arcubus[196] obseruande; merito inhibentes inhibemus ne quicquam de cetero pro sigillo decani de arcubus Londonie per quemquam soluatur uel recipiatur eciam a quocumque.

---

[188] For a description of this ms. see William H. Black, *A Descriptive, Analytical, and Critical Catalogue of the Manuscripts Bequeathed unto the University of Oxford by Elias Ashmole* (Oxford, 1845), cols 994–1000. The numbering is added here by the editor.
[189] Cf. Winchelsey's statutes of 1295, c. 12 (supra, p. 9).
[190] Cf. Winchelsey's statutes of 1295, c. 13 (supra, p. 9).
[191] Cf. *ibid.*, c. 12.
[192] *ms. add.* uex.
[193] Cf. Winchelsey's statutes of 1295, c. 15 (supra, p. 9).
[194] Cf. *ibid.*, c. 17 (supra, p. 10).
[195] *ms. add.* quousque.
[196] f. 111$^r$.

Datum in pleno consistorio curie de arcubus Londonie die sabbati post festum inuencionis sancti crucis anno domini millesimo duocentesimo octogesimo.

2. MEMORANDUM OF WALTER DE THORPE, DEAN OF THE ARCHES, 27 JULY 1303, quoting in full a letter to him from Archbishop Winchelsey of 25 July 1303, which ruled that the year during which a tuitorial appellant must prosecute his appeal should be reckoned not from the time of the appeal but from the time that tuition was granted in the Arches (Oxford, Christ Church Ms. 112, ff. 47$^v$–48$^v$).[197]

Memorandum quod nos W. de Thorpe, decanus ecclesie beate Marie de archubus Londonie predicte sexto kalendas Augusti, anno domini millesimo trecentesimo tercio, pro tribunali sedentes, literas uenerabilis patris domini nostri domini Roberti, dei gracia, Cantuariensis archiepiscopi, tocius Anglie primatis, recepimus sub eo qui sequitur tenore:

> Robertus, permissione diuina, Cantuariensis archiepiscopus, tocius Angle primas, dilecto filio decano nostro de archubus Londonie salutem,[197a] graciam et benediccionem.
> 
> Super excessu quorundam execucionum in tuitorio negocio conta rectorem ecclesie de Yoxhale pro priore et conuentu de Tuttebyre per uos, ut dicebat, factarum per partem dicti rectoris nobis querela prolata et huiusmodi negocio coram nobis et nostris sepe reuoluto, rimato et dismisso, pars dicti rectoris allegauit quod dicte execuciones per uos debent iniuriose tanquam contra consuetudinem curie nostre tuitorie ad dictam curiam appellantibus ad prosequendum appellacionem suam annus a tempore appellacionis interposite, prout in iure est statutum, dumtaxat sit indultus ultra quem execuciones facte per partem appellantem non ualebunt. Vos tamen post huiusmodi annum completum dictas execuciones pro parte fecistis appellante, uerum asserente parte aduersa post annum non a tempore appellacionis sed a tempore tuicionis concesse debet computari.
> 
> Nos super dictam consuetudinem antiquos et modernos, qui dicte curie nouere consuetudines, super hoc consuluimus et examinari fecimus diligenter, et demum comperto quod iuxta consuetudinem predictam annus appellacionis prosequende in casu prenotato a tempore tuicionis concesse et non a tempore appellacionis interposite est et erit computandus, quodque dicte execuciones infra annum a tempore concesse numerandum facte fuerant.
> 
> Nos huiusmodi consuetudinem approbantes, pronunciando decerminus et decernentes pronunciamus annum a tempore tuicionis concesse et non a tempore appellacionis interposite debeat currere iuxta consuetudinem prenotatam, dictasque execuciones debitas et legitimas fuisse et esse, tanquam infra annum huiusmodi factas secundum consuetudinem de qua superius continetur. Propter quod ipsas partes a nostro examine dimisimus per decretum

---

[197] For a description of this ms. see G.W. Kitchin, ed., *Catalogus Codicum MSS. Qui in Bibliotheca Aedis Christi apud Oxonieneis Adversantur* (Oxford, 1867), pp. 46–47. Printed in Spelman, *Concilia*, pp. 457–58. The specific case was between John Russel, rector of Yoxall, Staffs., and the prior and convent of the alien priory of Tutbury, Staffs. On 13 January 1303 the archbishop had ordered the dean of the Arches to revoke the tuition granted to Tutbury Priory on the basis that the priory had failed to pursue its appeal within the required time and, thus, had lost tuition (*Reg. Winchelsey, Canterbury* 1. 447–48). The prior at the time was quite probably Walter le Mouner (see D.M. Smith and V.C.M. London, *Heads of Religious Houses*, vol. 2, *1216–1377* (Cambridge, 2001), p. 203).
[197a] f. 48$^r$.

Quocirca uobis mandamus quod, non obstante aliqua reuocacone uel inhibicione per nos factis in hac parte, quod uestrum est faciatis inter partes memoratas, prout in talibus fieri consueuit.

Datum[198] apud Stybenhith octauo kalendas Augusti anno domini millesimo trecentesimo tercio, consecracionis nostre nono.

3. DIRECTIVE OF THE OFFICIAL OF THE COURT OF ARCHES, either Master John de Ros or Master Roger de Rothwell, concerning the content of exceptions which allege crimes, 31 May 1312 (Cambridge, St John's College, Ms. E.3, f. 17$^v$).[198a]

Pridie kalendas Iunii anno domini millesimo trecentesimo duodecimo, indiccione decima, dominus officialis in consistorio de arcubus pro tribunali sedens decreuit et statuit de assensu et uoluntate omnium existencium in dicta curia, absente tunc decano de arcubus, quod ab illo die quibusque libellis, iustificacionibus, excepcionibus et replicacionibus et aliis proposicionibus de excommunicacione, homicidio siue concubinatu facientibus mencionem ad repellendum testes uel partes de cetero proponendas expresse fiat mencio in eisdem de certis anno, mense, die perpetrati; alioquin proposicio huiusmodi non ualet ipso facto. Et hoc idem decreuit obseruari in quibuscumque excepcionibus criminum, nec admittitur declaracio.

4. LETTER OF SIMON SUDBURY, ARCHBISHOP OF CANTERBURY, 29 AUGUST 1378, reaffirming a letter of Simon Islip, archbishop of Canterbury, 23 February 1351, which delineates the duties of the registrar and the scribe of acts of the court (London, Lambeth Palace Libr., Black Book of the Arches, ff. 5$^r$–6$^v$, an early seventeenth-century addition).[199]

Simon, permissione diuina, Cantuariensis archiepiscopus, tocius Anglie primas et metropolitanus et apostolice sedis legatus, dilecto filio officiali curie nostre Canatuariensis salutem, graciam et benediccionem.
Literas felicis memorie domini Simonis de Islepe, dudum Cantuariensis archiepiscopi, predecessoris nostri, recepimus in hec uerba:

> Simon, permissione diuina, Cantuariensis archiepiscopus, tocius Anglie primas et apostolice sedis legatus, discreto uiro magistro Iohannis Leich, officiali curie nostre Cantuariensis, salutem, graciam et benediccionem.
> Licet recolende memorie dominus Iohannes, dei gracia, Cantuariensis

---

[198] f. 48$^v$.
[198a] Ros is recorded as official in an entry in Drokensford's register under the date 18 April 1312 (*Calendar of the Register of John de Drokensford, Bishop of Bath and Wells (A.D. 1309–1320)* (Somerset Rec. Soc., 1887), p. 50), but Rothwell was acting as official on 11 October 1312 (Cambridge, Trinity College ms. B.16.39, f. 55$^r$).
[199] Issued shortly after his accession as archbishop. Simon Islep, former official of the court, here orders the scribe of acts (Master Henry Bagworth) to turn over to the registrar certain documents; see Churchill 1. 455. This order was not entered in Islep's register. Printed in Spelman, *Concilia*, pp. 595–97, 'ex veteri exemplari in bibliotheca Cotton', and Wilkins, *Concilia* 3. 15–16, copying from Spelman, p. 455.

archiepiscopus, predecessor noster,[200] Robertum de Aueburye clericum, custodem registrorum dicte curie et omnium munimentorum ac aliorum quorumcumque ad huiusmodi registrorum custodiam pertinentium,[201] prefecisset,[202] constituisset ac eciam deputasset sibique officium huiusmodi custodie commisisset et eciam contulisset sibi perpetuo possidendum, prout in literis eiusdem predecessoris nostri ipsius sigillo authenticio munitis super his dicto Roberto uidimus contineri, que quidem registra, ipsorum registrorum omnium custodiam, nos tunc in officio officialitatis dicte curie constituti de mandato dicti predecessoris nostri iuxta effectum dictarum literarum eidem Roberto fecimus integre liberari. Magister tamen Henricus de Bagnorth clericus,[203] in dicta curia actorum scriba, quedam registra dicte curie, uidelicet, actorum, causarum et negociorum per diffinitiuas sentencias pronunciacionesque finales decisarum et decisorum ac eciam ipsas diffinitiuas sentencias, registrum insuper eorundem et negociorum indecisarum et indecisorum in dicta curia pendencium, pro tempore quo dicta curia minime sedere dictumque magistrum Henricum a ciuitate London absentare contigerit, quorum registrorum ac eciam sentenciarum diffinitiuarum custodia ad eundem Robertum uirtute et robore[204] officii sui predicti dinoscitur pertinere, dicto Roberto liberare seu facere liberari per ipsum congrue requisitus, ut accepimus, non curauit nec curat eciam in presenti.

Quocirca uobis iniungimus et mandamus quatenus dictum Henricum moneatis et iniungatis eidem quod huiusmodi registra, uidelicet, actorum, causarum et negociorum per diffinitiuas sentencias et pronunciaciones finales decisarum et decisorum ipsasque diffinitiuas sentencias penes ipsum existentes immediate dicto Roberto liberet seu faciat liberari registrumque causarum et negociorum indecisarum et indecisorum in dicta curia pendencium, pro tempore quo dicta curia minime sedere et dictum magistrum Henricum absentare contigerit, singulis huiusmodi diebus de cetero in custodia dicti Roberti duntaxat per ipsum Robertum prefato magistro Henrico in redditu suo ad ciuitatem London quantus oportebat pro huiusmodi causis pendentibus et prosequutis sine difficultate qualibet retradendis.

Ad hec iniungimus et mandamus quod, quocies super attestacionibus testium in dicta curia productorum et producendorum responsionibusque parcium ad[205] posiciones et interrogatoria publica instrumenta fieri opus erit, clerici examinatorum dicte curie in officiis suis notarii publici et scribe iurati, qui attestaciones et responsiones huiusmodi coram eis factas scripserunt, instrumenta super hiis conficiant et propriis suis signis consignent, prout in statuto per predecessorem nostrum predictum in hac parte edito, quod incipit 'Statuimus eciam quod clerici ipsorum examinatorum qui responsiones parcium etc.'[206] scripserint. Et si dicti clerici ab officiis suis quam ex causa racionabili amoti fuerint uel alias impediti quominus per ipsos ut primo fieri poterunt publica instrumenta, tunc custos registri dicte curie, qui pro tempore fuerit, ad quem huiusmodi attestacionum et responsionum custodia racione officii sui dinoscitur pertinere et qui ipsas attestaciones ab examinatore dicte curie sigillatas suo perpetuo custodiendas, super hiis modo quo poterit meliori, quociens fuerit opportunum, publica conficiant instrumenta.

Cupientes eciam subditos nostre prouincie publica instrumenta super actis

---

[200] John Stratford, archbishop of Canterbury, 1333–1348.
[201] For Avebury (or Avesbury) see infra, p. 207. He is known also as a chronicler during the reign of Edward III; for a summary of what is known of his life see Antonia Gransden, *Historical Writing in England* (2 vols; London, 1974–1982), 2. 67–68.
[202] f. 5ᵛ.
[203] See infra, p. 208; also, see Churchill 1. 455.
[204] et robore ms. add. interlin.
[205] f. 6ʳ.
[206] Stratford's statutes (1342), c. 6, Statuimus eciam (supra, p. 38).

huiusmodi in causis et negociis in dicta curia uentilatis et uentilandis ac super libellis, iustificacionibus, excepcionibus et ceteris propositis instrumentis et actis que per procuratores dicte curie in huiusmodi causis et negociis iudicialiter proponuntur uel eciam exhibentur habere, uolentes ab expensis et laboribus in ea parte, quantum racionabiliter possumus, releuare statutisque dicte curie per dictum predecessorem nostrum in hac parte editis quorum unum[207] incipit 'De statutis procuratorum dicte curie',[208] aliud incipit[209] 'Item statuimus quod clerici dicti registri etc.',[210] ad quorum obseruacionem prefatus custos registri et actorum scriba astringuntur uinculo iuramenti cum infrascripta declaracione firmiter facere obseruare inter ipsosque custodem registri et actorum scribam quod suum est cuique tribuendo equalitatem seruare, uobis iniungimus et mandamus quatenus moneatis eosdem quod, cum processus ad curiam Romanam uel alia loca sub manu publica sunt super actis dicte curie ac propositis et exhibitis, ut primum in eadem de cetero non fuerit faciendus, processum huiusmodi iuxta registrum dicte curie pro iusto et consueto salario ab ipsorum quolibet, quantus officium cuiuslibet ipsorum concernit, uidelicet,[211] a custode registri pro quantitate propositorum et exhibitorum et ab actorum scriba pro quantitate actorum proporcionabiliter capiendo conscribant seu faciant per alium fideliter, ut moris est, conscribi, ne pars uolens sub manu publica talem habere processum, copias eiusdem prius redimere ac deinde iuxta illas processus huiusmodi in formam publicam redigi procurare sicque per circuitum laboribus et expensis se uexare inutiliter compellatur, sicut aliquociens, ut accepimus, fieri consueuit. Et ut premissa a dictis custode registri et actorum scriba inuiolabiliter futuris temporibus obseruentur, uolumus et mandamus quod coram uobis quilibet ipsorum corporale prestet ad sancta dei euangelia iuramentum quod premissa omnia et singula, quatenus ad ipsum attinet, fideliter obseruabit et eciam obseruari faciet et permittet.

Data apud Lambeth septimo kalendas Marcii, anno domini millesimo trecentesimo quinquagesimo et consecracionis nostre secundo.

Vobis tenore presencium firmiter iniungimus et mandamus quatenus omnia et singula in literis dicti predecessoris nostri contenta, superius descripta, tanquam iusta et racionabilia et pro utilitate subditorum nostre Cantuariensis prouincie inuenta, per custodem registri nostre curie predicte et actorum scribam faciatis eciam per iuramenti prestacionem inuiolabiliter obseruari.

Data Otford' quarto kalendarum Septembris, anno domini millesimo trecentesimo uicesimo octauo et nostre translacionis anno quarto.


5. STATUTE OF ARCHBISHOP WARHAM OF 1528 limiting the number of proctors in the Court of Arches to ten, the number decreed by Winchelsey's statute of 1295.[212] Curiously, this statute of Warham does not appear in the Black Book, although he explicity ordered that it be inserted there ('in libro statutorum'), nor does it appear in Warham's register. Both Spelman (2. 727–729) and Wilkins (3. 710–711) derive their texts from a Cotton ms. which perished in the 1731 fire, which consumed much of that library. The earliest copy which has been found is in London, Lambeth Palace Library, Ms. 1748, ff. 74$^r$–77$^r$, a copy of statutes of

---

[207] ms. uim.
[208] Stratford' statutes (1342), c. 7 (supra, pp. 38–39).
[209] De statutis – incipit add. interlin.
[210] Stratford's statutes (1342), c. 8 (supra, pp. 39–40).
[211] f. 6$^v$.
[212] For the Winchelsey statute (no. 8) see supra, pp. 7–8.

the Court of Arches compiled by Daniel Dun in 1590, and is reproduced here.[213] The limiting of the number of proctors in the Arches was complained about in the 1532 Supplication of the Commons.[214] Warham's attempt to bind his successors to the provisions of this statute failed since Archbishop Whitgift later increased the number of proctors to twenty-eight.[215]

Willielmus, permissione diuina, Cantuariensis archiepiscopus, tocius Anglie primas etc., dilectis in Christo filiis officiali curie nostre Cantuariensis et decano beate Marie de archubus Londonie, ipsius officialis commissario, ac dicte curie presidenti, necnon procuratoribus et ceteris eiusdem ministris tam presentibus quam futuris quibuscumque, quos infrascripta tangunt seu tangere poterunt quomodolibet in futurum, salutem, graciam et benediccionem ac fidem indubiam presentibus adhiberi.

Cum non sit minus pium atque laudabilie lapsa reficere[216] quam noua condere, cura et solicitudine pastorali animaduertere et prouidere tenemur, ne que olim a sanctis patribus ecclesie nostre Christi Cantuariensis, archiepiscopis predecessoribus nostris, pie et sancte tam pro honore et celebri fama dicte curie nostre Cantuariensis quibus antiquitus prae ceteris fulgere dinoscitur quam pro conseruacione ministrorum eiusdem statuta, ordinata et fundata fuerunt sub nobis labantur nostrisue temporibus deficiant aut pereant. Nuper siquidem nobis porrecta communis uestra supplicacio et peticio continebant quod, cum inter cetera dicte curie nostre Cantuariensis statuta certus et determinatus procuratorum numerus, ut puta ad decem tantum, expresse diffiniatur et determinetur, ut hii quo essent numero pauciores eo maioris fierent in uulgo estimacionis et tanto maiori nobis et eidem curie nostre essent laudi et honori quanto minoribus feodis, salariis seu stipendiis causas exercere cogerentur. Atque eciam ut sibi cum suis clericis et ministris commodius degerent et suos clientes sine rapinis et immodicis exaccionibus benignius et liberalius tractarent, ipsorum procuratorum usque adeo nunc creuerit multitido statutumque de numero eorundem ita excesserit ut omnia pene in contarium uergant et pessum eant et, ut primitus pauci erant dicte curie nostre[217] honore et decori, nunc excessiua multitudo fiat oneri et dedecori, ut tunc sicut graues inter graues et estimabantur nunc autem longe minoris reputacionis a plebe fiant ut tunc modice stipendiis cum clericis suis honeste uictitabant causasque exercebant nunc uero sine clericis immodica uix ad uitam sufficiant uix a rapinis abstinetes, tunc commode nunc incommode immo fere[218] misere uiuant aliaque multa mala contingant quorum cathologum dolenter profecto ex uestris literis supplicatoriis perlegimus ac aliunde fidedignorum relacione abunde percepimus.

Nos igitur Willielmus Warham, archiepiscopus et primas antedictus, premissa attente pensantes ac occulate considerantes ad quem reformacio statutorum

---

[213] For a description of this ms. see E.G.W. Bill, *A Catalogue of Manuscripts in Lambeth Palace Library, MSS. 1222–1860* (Oxford, 1972), pp. 235–36.
[214] See H. Gee and W.J. Hardy, *Documents Illustrative of English Church History* (London, 1910), pp. 146–7.
[215] See Churchill 1. 451, n. 2.
[216] f. 74$^v$.
[217] f. 75$^r$.
[218] *Wilkins adds here*: ratione multitudinis.

predecessorum nostrorum predictorum necnon conseruatio, confirmacio et stabilicio eorundem pricipalius dinoscitur pertinere uestris supplicacionibus inclinati et grato annuentes assensu ac non solum nostro et dicte curie nostre Cantuariensis honori, uerum eciam uestris ac ipsius quieti consulere uolentes ac malis et incommodis predictis pro compacientis affectu, necnon statuta ipsius curie nostre conseruare et manutenere utilitatique[219] aut uerius necessitati ministrorum eiusdem prospicere et prouidere paterna beneuolencia affectantes, prout ex officii nostri debito astringimur et tenemur statutum felicis recordacionis Roberti de Winchelsye, olim Cantuariensis archiepiscopi, predecessoris nostri, sic incipiens, 'Statuimus insuper ut sexdecem aduocati et decem procuratores duntaxat' etc.[220] Cuius tenorem quatenus expedit pro hic inserto haberi uolumus pro nobis et futuris successoribus nostris Cantuariensibus archiepiscopis in quantum idem statutum dictos procuratores et huiusmodi eorum numerum concernit, eciam ex mero motu et certa sciencia nostris presencium tenore reintegramus, ratificamus, approbamus, confirmamus, corroboramus et pro perpetuo consolidamus ac stabilimus perenniter obseruandum atque perpetuis futuris temporibus inuioliabiliter obseruari uolumus et mandamus.

Volumus insuper ac ex mero motu et certa sciencia nostris, ut supra, ordinamus atque pro nobis et futuris successoribus nostris Cantuariensibus archiepiscopis perpetuo statuendo et stabiliendo mandamus quatenus de cetero nullus prorsus in numerum procuratorum prefate curie nostre Cantuariensis per nos aut successores nostros huiusmodi seu officialem decanumue aut alium eiusdem curie[221] presidentem quemcumque pro tempore existentem nominetur, admittatur aut recipiatur seu procuratoris officium in eadem exercere quouismodo permittatur, donec et quousque numerus prefatorum procuratorum in multitudine numerosa iam existencium sub et infra numerum decenalem statuti predicti decreuerit et peruenerit. Tum demum numerus ipsius statuti – hoc est decem – nullatenus excedatur, eciam si in contrarium a nobis aut dictis successoribus nostris Cantuariensibus archiepsicopis uobis in mandatis haberi seu alias indulgeri uel dispensari contigerit, quibusuis clausulis, dispensacionibus, priuilegiis seu indultis presencium derogatoriis aut derogatoriarum derogatoriis ceterisque in contrarium facientibus non obstantibus nec in futurum ualituris quibuscumque, eciamsi de huiusmodi statuti reintegracione, ratificacione, confirmaccione et corroboracione seu de presenti ordinacione nostra huiusmodi de uerbo ad uerbum specialis specifica expressa et indiuidua fit mentio.

Decernentes quod in contrarium fieri contingerit ex nunc prout extunc et ex tunc prout ex nunc irritum et inane uiribusque et effectu iuris et facti carere prout tenore presencium sic decernimus, uolentes preterea ac uobis officiali, decano et presidenti huiusmodi[222] iam presenti et cuicumque futuro firmiter iniungendo, mandamus quatenus uos proximo sessione in dicta curia nostra Cantuariensi presentacionem et intimacionem presencium uobis factas, immediate sequentes

---

[219] f. 75$^v$.
[220] Statute 8 (supra, pp. 7–8).
[221] f. 76$^r$.
[222] f. 76$^v$.

has nostrarum[223] reintegracionum, confirmacionum, corroboracionum, approbacionum, consolidacionum et ordinacionum et aliorum premissorum literas inter alia statuta et ordinaciones ipsius curie nostre Cantuariensis in libro statutorum eiusdem inactitari, registrari, commemorari et conscribi ac pro statutis haberi, reputari et debite obseruari uestro decreto iudiciali et solemni ibidem publice decernatis, easque de cetero semel in anno perpetuis futuris temporibus in plena curia, ne memorie hominum labilitati subiacerent, publice et intelligibiliter perlegi et publicari debite faciatis, perpetue firmitatis robur ibidem obtenturas. Ut autem premissa omnia et singula per nos, ut premittitur superius, gesta et facta perpetue firmitatis robur perenniter obtineant nec super illis ulla dubietatis seu ambiguitatis ualeat questio suboriri, nos Willielmus archiepiscopus et primas antedictus has nostras presentes literas nostri pontificalis sigilli iussimus et fecimus appensione et munimine[224] communiri.

Data in manerio nostro de Otford sexto die mensis Marcii anno domini secundum cursum et computacionem ecclesie anglicane millesimo quingentesimo uicesimo septimo et nostre translacionis anno uicesimo quinto.

---

[223] *Wilkins reads* nostras.
[224] *ms. interlin.* numine.

PART TWO

THE CUSTOMS OF THE COURT OF ARCHES

Two versions of the Customs of the court exist: a fuller one, which may be considered the Customs properly speaking, and another, a shorter, later version. Called, in Latin, variously *Consuetudines curie de arcubus* and *Consuetudines curie Cantuariensis*, they will be referred to here simply as the 'Customs of the Court of Arches'.

The two governing elements for procedure in the Court of Arches were the Statutes as found principally in the Black Book, already described above (pp. 1–3), and the Customs of the Court of Arches. They were complementary and each of equal canonical value. The Customs were not inferior to the Statutes but were on a par with them.[1] A long-held principle of canon law held that custom not only had the force of law but was the best interpreter of law: 'consuetudo optima est legum interpres'.[2] In a shorthand way, customs can be said to be unwritten laws. That the Customs of the Court of Arches were written down gave them a definite, clear expression, and the fact of their having been written down did not alter their being customs. Three of the surviving manuscripts of the Customs specifically call them 'consuetudines non scripte'.[3] They, then, should be read in parallel to the texts of the statutes. In fact, Winchelsey in his comprehensive statutes of 1295 (c. 46) recognized that customs existed and that these should be inviolably observed together with his statutes.[4]

The when and why of the original writing down of the longer, earlier version of the Customs require attention. We may never know precisely the exact date when the Customs were written down, but there are indications that allow a narrowing of the period during which this happened. We should perhaps begin with 1311. On 18 July of that year, the archbishop of York, William Greenfield, issued statutes for his court of York ('in curia nostra Eborum'). Among these statutes are several which deal with tuitorial appeals.[5] These were drawn from the Customs of the Court of Arches with but minor variations and with applications to the courts at York. To draw the line more closely, we should look at Canterbury Cathedral Library, Ms. D8, which contains the earliest extant Customs and can be dated to 1302 x 1307, which places them to at least the first decade of the fourteenth century. Yet it is possible to trace the Customs to still an earlier date. The scribe of this same Canterbury manuscript made a useful interpolation. At

---

[1] A marginal gloss at the beginning of the text in Oxford, Queen's College Ms. 54 (f. 392$^v$) recognized this: 'De consuetudinibus seruandis una cum statutis'.
[2] X 1.4.8 (*Corp. Iur. Can.* 2. 40). It became a commonplace among canonists.
[3] Oxford, Ashmole Ms. 1146, f. 111$^v$; Oxford Queen's College Ms. 54, f. 392$^v$; and London, British Library, Royal Ms. 10.D.x, f. 39$^{va}$.
[4] supra, p. 19.
[5] Wilkins, *Concilia* 2. 409–13; those concerning tuitorial appeals are on pp. 412–13. They also appear in Henry Spelman, ed., *Concilia, Decreta, Leges, Constitutiones in re Ecclesiarum Orbis Britannici* (London, 1664), pp. 470–72.

the point in the text (f. 68ʳ) where the question is discussed who should be considered the appellant and who the appealed when both parties have appealed, the scribe added that this question has now been determined by statute, viz., the one who appealed first: 'quod nunc determinatur per statutum, scilicet, qui primo impetrauit'. The statute in question is contained in the statutes for the court issued by Robert Winchelsey, archbishop of Canterbury, on 9 November 1295.[6] In these same statutes the archbishop states that 'the laudable customs of this court which are not in opposition to these statutes should be inviolably observed, for we deem that sufficient for the regimen of our consistory in future times are the customs and statutes of the court.'[7] Thus, 1295 can be a firm date for the *terminus ad quem*, and the Customs must clearly have been written down before then. Would it be possible to find a point before 1295 when they were most likely produced?

Some clues suggest that the customs might have been written down in the early 1280s in connection with the dispute between Archbishop Pecham and his suffragans over the metropolitan's right of visitation and, for our purpose, over the hearing of appeals by his courts. As early as January 1281 Pecham wrote to his official that, at Canterbury, he would research in the archives concerning tuitorial appeals and that, 'if we are not otherwise supported, our right of custom will prevail.'[8] To the complaints of his suffragans regarding certain practices of the Court of Arches (April 1282)[9] Pecham replied to several of the complaints (nos. 6–8) that the practices were justified by custom.[10] Moreover, the five arbitrators of this dispute, three of whom were former officials of the Court of Arches, were said to be knowledgeable about the practices and customs of the court, which was particularly important since Pecham's predecessor, Robert Kilwardby had taken his register to Italy.[11] The need to commit the customs of the court to written form may have followed from the need to justify practices challenged by the suffragans for which there was no justification in written law. The Customs, then, can be dated with assurance to at least 1295 and possibly to the early 1280s.

The dating of the shorter form of the Customs, which appears in two manuscripts, is another matter. The manuscript at Cambridge (St John's College, Ms. E.3), can be dated to post-1342, since it contains the statutes of Archbishop Stratford for the Court of Arches (11 May 1342). The manuscript at Oxford (Bodleian Library, Ashmole Ms. 1146) can be dated to 1369 x 1371. Stratford in the *proemium* to his statutes said that he had 'decided to collect in writing from time to time – to preserve their memory – those customs whose long usage is nec-

---

[6] Winchelsey's statutes (1295), c. 39 (supra, p. 17).
[7] 'Laudabiles uero consuetudines curie supradicte, que premissis statutis non obuiant, inuiolabiliter obseruentur. Nam eas cum iuribus et statutis eisdem tam a constitucionibus predecessorum nostrorum elicitis quam ex causis legitimis nouiter adinuentitis ad regimen dicti consistorii futuris temporibus sufficere credimus' (ibid., c. 46; supra, p. 19).
[8] 'etiam si alias non essemus muniti ius nostrum consuetudinarium prevalere' (*Reg. Epp. Jo. Peckham* 1. 72).
[9] For this dispute see supra, pp. xxii–xxv.
[10] For the texts see Powicke and Cheney 2.2. 926.
[11] 'in consuetudinibus et iuribus Cantuariensis ecclesie longi temporis experientia eruditis' (*ibid.*, p. 932).

essary to this court as well as to all other courts'.[12] These reasonable usages, approved by ancient usage, he went on to say, he used together with ordinances and statutes of his own to form the statutes of 1342. His long statute on tuitorial appeals (c. 2), he admitted, was based largely on custom, since the law is fairly silent about this form of appeal. At the conclusion of these statutes, Stratford said that he had cut away superfluous and uncertain customs.[13] It is possible that the short form of the Customs represents the collection which Stratford collected at that time in preparation for his statutes.

*Edition*[14]

Both versions of the Customs of the Court of Arches are presented here, first the fuller version, the Customs strictly speaking, and then the shorter version. The first survives in as many as eighteen manuscripts. Twelve of these are in the extant manuscripts of the *Summa summarum* of William of Pagula; only one of these is used in this edition: London, British Library, Royal Ms. 10.D.x.[15] Also, the *Omne bonum* of a certain James (BL, Royal Ms. 6.E.vi), used the *Summa summarum* as one of its sources and copied the Customs of the Court of Arches from it and, thus, will not be used here since it is clearly a copy.[16] In addition, of the two copies at Trinity College, Cambridge, the text of the Customs in one (B.16.34) is clearly a copy of the other (B.16.39), and the latter is used here. Thus, this edition of the Customs is based on five manuscripts.

C = Canterbury Cathedral Library, Ms. D8, ff. 67$^v$–68$^v$[17]
This codex can be dated from 1302 x 1307. It contains two distinct books, which were brought together after the index (ff. 1r–4r) was made. The first part is ff. 1–106 and the second part ff. 107–219. The first part has two items about the Court of Arches: (1) what the text calls 'Consuetudines curie Cantuariensis et obseruancie que experimento communiter seruata fuisse noscuntur' and (2) what the text calls 'Tractus [sic] super appellacionibus tam directis quam tuitoriis secundum consuetudinem curie Cantuariensis'. In fact, the first is a long treatise in the usual style with references to the classical canon and civil law texts whereas the second is a series of customs. The so-called 'Tractus' appears in other mss. (L, O, Q) under the heading 'Consuetudines'. It seems quite clear that the scribe simply transposed the titles. This is the earliest surviving copy of the Customs of the Court of Arches.

[12] 'ipsas [consuetudines], quarum usus longeuus eidem curie sicut et ceteris uniuersis est necessarius, aliquando ad perpetuam rei memoriam recolligere duximus sub scriptura' (supra, p. 24).
[13] 'superfluis et incertis ipsius consuetudinibus resecatis' (infra, p. 45).
[14] This edition, *mutatis mutandis*, follows the general principles provided by Stephan Kuttner for the editing of canonical texts in 'Notes on the Presentation of Texts and Apparatus in Editing Works of the Decretists and Decretalists', *Traditio* 15 (1959) 452–64.
[15] See L.E. Boyle, 'The *Oculus Sacerdotis* and some other works of William of Pagula', *Transactions of the Royal Historical Society*, 5th ser., 5 (1955) 81–110. The late Fr. Boyle in private communication recommended the use of the Royal ms.
[16] On f. 18$^{vb}$ James gives a list of his sources, which includes the *Summa summarum*.
[17] See N.R. Ker, *Medieval Manuscripts in British Libraries* (4 vols; 1969–92), 2. 278–79.

*Inc.*: Quando appellatur ad curiam Cantuariensem hanc serua regulam in tuitoriis. Si pars appellans habeat literam certificatoriam suggestionis . . .

*Desinit*: . . . uel sequestrum interpositum post impetratam suggestionem et occasione suggestorum.

L = London, British Library, Royal Ms. 10.D.x, ff. 39$^{va}$–40$^{rb}$[18]

A late fourteenth-century manuscript which once belonged to Reading Abbey, it contains the *Summa summarum* of William of Pagula, which is a collection of canonical and theological material, which was compiled between 1319 and 1322, as well as two tracts concerning the Lollards. The Customs of the Court of Arches fall within the title De consuetudine (bk 1, tit. 21).

*Inc.*: Que sunt consuetudines et obseruancie non scripte apud archus Londonie in appellacionibus tuitoriis? Dic quod pars appellans habens certificacionem suggestionis . . .

*Desinit*: . . . nisi grauamina post appellacionem illata. Hec sumpta sunt ex consuetudinibus de archubus Londonie.

O = Oxford, Bodleian Library, Ashmole Ms. 1146, ff. 111$^v$–115$^v$[19]

Called the *Liber Cicestrensis* because of its evident connection with the diocese of Chichester, this manuscript can be dated from internal evidence to 1369 x 1371, during the pontificate of the scholar-bishop William Rede (1369–85) and was compiled at his request.[20] Of the original 229 folios only 125 survive in this volume. They contain a calendar which indicates the court days of the Court of Arches (ff. 1$^v$–7$^r$), some statutes of the Court of Arches (ff. 101$^r$–111$^v$, 117$^r$–124$^v$) and the Customs of the Court of Arches (ff. 111$^v$–115$^v$, where it ends imperfectly, f. 116 having been torn out).

*Inc.*: Consuetudines et observancie non scripte apud curiam de arcubus Londonie diucius observate. De modo procedendi in tuitoriis. In tuitoriis si pars appellans habeat literam certificatoriam suggestionis . . .

Desinit: . . . Et si appellatum sit iniudicialibus, mittetur pro

Q = Oxford, The Queen's College, Ms. 54, ff. 392$^v$–393$^r$, 405$^r$–406$^v$[21]

This large codex, compiled in the mid or late 1480s, is a *mixtum gatherum* of canon-law material, including many forms of instruments used in ecclesiastical courts. It contains a procedural treatise on the Court of Arches (ff. 32$^r$–35$^v$),[22] a number of statutes and related material pertaining to the court (ff. 388–410$^v$) and the Customs of the Court of Arches. The Customs appear in two, separated parts:

---

[18] See G.F. Warner and J.P. Gilson, eds, *British Musuem, Catalogue of Western Manuscripts in the Old Royal and King's Collections* (3 vols; London, 1921), 1. 332–33.

[19] See William H. Black, *A Descriptive, Analytical, and Critical Catalogue of the Manuscripts Bequeathed unto the University of Oxford by Elias Ashmole* (Oxford, 1845), cols 994–1000.

[20] ff. 1$^v$–7$^v$ are a calendar of the Court of Arches, which has other entries unrelated to the court, some made at the same time as the calendar and others added later. The first hand entered the entry concerning the consecration of Bishop Rede (2 September 1369) as well as his birthday (11 December). The same hand, but using a different ink, entered the death of Pope Urban V (19 December 1370). For William Rede see *BRUO* 3. 1556–60.

[21] For a description of this ms. see F. Donald Logan, 'The Cambridge Canon Law Faculty: Sermons and Addresses', *Medieval Ecclesiastical Studies in Honour of Dorothy M. Owen*, eds M.J. Franklin and Christopher Harper-Bill (Woodbridge, Suffolk, 1995), pp. 151–64.

[22] See infra, pp. 90–97.

1. ff. 392ᵛ–393ʳ. *Inc.*: Consuetudines non scripte in arcubus Londonie. In primis si pars appellans habeat literam . . .
   *Desinit*: . . . et deinde procedetur ordinata distancia inter partes.
2. ff. 405ʳ–406ᵛ. *Inc.*: Nota modum procedendi quando appellatur a iudice procedente ex officio. Si uero appellatum sit a iudice . . .
   *Desinit*: . . . ante omnia in causa appellacionis procedetur in eadem per uiam articuli reformatur.

T = Cambridge, Trinity College Ms. B.16.39, ff. 45ʳ–54ᵛ[23]
In addition to the Customs of the Court of Arches this fifteenth-century manuscript contains *inter alia* statutes of the court (ff. 5ʳ–43ᵛ) and an unglossed copy of Lyndwood's, *Provinciale* (ff. 61ʳ–139ᵛ).
*Inc.*: Si pars appellans habeat literas certificatorias . . .
*Desinit*: . . . procedatur in causa appellacionis per uiam articuli reformetur.

The aim of this edition is to produce not the Ur text but an historical text, one which was actually in use and not the original whose integrity may have been lost in the first copying. To that end, Ms. O, a good, reliable text, has been chosen as the basic text. It has the advantage of being a coherent rendering of the Customs, with few obvious errors and those scribal rather than canonical. Also, it has both the long and short versions, although the latter has an order different from J and ends incompletely, since the following folio (f. 116) has been removed. Respect must be shown to C, our oldest manuscript, which is seriously corrupted in places. L seems to be closest to O, and Q and T bear some relationship to one another.

The readings from O are favoured except (a) where there is an obvious error or (b) when all or almost all the other manuscripts have a clearly better reading. In the latter case, the reading of O is noted in the critical apparatus. Throughout, significant variant readings of C, L, Q and T are noted. These include changes in the meaning or in the nuance of the text. Other variants are passed over silently.

The edition of the abbreviated form of the Customs is based on two surviving manuscripts.

O = Oxford, Bodleian Library, Ashmole Ms. 1146, ff. 111ᵛ–114ᵛ, described above.

J = Cambridge, St John's College Ms. E.13, ff. 15ʳ–16ᵛ[24]
This carefully written manuscript, probably from the second half of the fourteenth century, contains *inter alia* statutes of the Court of Arches (Winchelsey, 1295 and 1309, and Stratford, 1342) and the legatine constitutions of Otto (1237) and Ottobuono (1268) as well as the short version of the Customs of the Court of Arches, which is under the heading 'Incipit modus introducendi negocium in tuitoriis'.

These two manuscripts follow different orderings of the material. J has an order which corresponds to the fuller version of the Customs. The rubrics used here for

---

[23] See M.R. James, *The Western Manuscripts in the Library of Trinity College, Cambridge* (3 vols; 1900–01), 1, 536–7.
[24] See M.R. James, *A Descriptive Catalogue of the Manuscripts in the Library of St John's College, Cambridge* (Cambridge, 1913), no. 106.

that version indicate a three-fold division (which we might number 1, 2 and 3). J, in the abbreviated form, follows this ordering, whereas O inverts the order to 2, 1 and 3, but O has the advantage of being the best available manuscript for both versions; also it is longer *in fine* than J. Thus, O is used here as the basic manuscript for the abbreviated Customs. Significant variants of J are indicated in the *apparatus criticus*.

## 1. CUSTOMS OF THE COURT OF CANTERBURY[25]

*Consuetudines*[26] *et obseruancie non scripte apud curiam de arcubus Londonie diucius obseruate*[27]

*De modo procedendi in tuitoriis*[28]

In tuitoriis[29] si pars appellans habeat literam certificatoriam suggestionis, tunc, siue pars appellata sit absens siue presens, potest statim[30] primo die negocium introduci et testes produci.[31] Si uero pars appellans sit absens et appareat certificatoriam, parte appellata[32] presente, pars appellata presens dimitti non potest[33] citra tercium[34] diem a tempore quo primo fuit lecta iudicialiter suggestio[35] in iudicio. Si uero certificatorium[36] non appareat, probata[37] tradicione facta illi cui directa est suggestio et, congrua requisicione de certificando similiter probata summarie, uocabitur executor super contemptu personaliter et fiat iterato citacio[38] secundum formam suggestionis et dirigatur illi cui prius dirigebatur uel alii pro uolultate iudicis seu partis appellantis.[39] Et non potest negocium introduci donec appareat partes[40] habere diem ex forma certificatorii, nisi pars appellata fateatur se citatam iuxta formam originalis[41] suggestionis. Si uero non appareat certificatorium sed tantummodo[42] copia

---

[25] C = f. 67ᵛ, L = f. 39ᵛᵃ, O = f. 111ᵛ, Q = f. 392ᵛ, T = f. 45ʳ.
[26] curie Cantuariensis *add. C.*
[27] *rub. om. T*; non – obseruate] que experimento communiter seruata [*sic*] fuisse noscuntur *C*; diucius obseruate] in appellacionibus tuitoriis *L, om. Q.*
[28] De – tuitoriis] Quando appellatur ad curiam Canturariensem hanc serua regulam in tuitoriis *C, om. LQT.*
[29] In tuitoriis] *om. CT,* In primis *Q*, Dic quod *L.*
[30] potest statim *om. C, L*; statim *om. Q.*
[31] producere *CT*; testes produci *om. Q.*
[32] appellante *C.*
[33] parte – potest] presente alias presente parte appellante uel iurat se esse citatam etc. (ut supra §Si uero et §Sequenter) parte appellata non potest fieri dimissio *Q*
[34] talem *C.*
[35] certificatorium *T.*
[36] certificacio in iudicio *Q*
[37] pars appellata presens dimitti – probata *om. C.*
[38] certificacio *C.*
[39] seu – appellantis *om. L.*
[40] partem *T.*
[41] principalis *T.*
[42] certificatorium sed tantummodo *om. L.*

suggestionis sub sigillo autentico uel alias probato tenore et pars appellans non compareat,[43] pars appellata presens sit[44] tercio die dimittetur ut supra.[45]

Item[46] in tuitoriis[47] pars principalis[48] suggerens nunquam potest esse testis[49] nec procurator qui occupat in tuitoriis. Omnes alii possunt nec[50] repelluntur criminosi nec excommunicati[51] nec procuratores nec aduocati qui fuerunt in causa principali uel[52] appellacionis. Item[53] nec refrenatur numerus testium in tuitoriis.[54] Item eodem die quo introducitur tuitorium fiet produccio[55] et non ulterius, nisi factum contrarium uel exclusorium per partem appellatam in crastino proponatur et super[56] facto contrario eodem crastino producatur. Item mos gerendus est parti appellanti ut eodem crastino possit producere plures testes,[57] si uoluerit,[58] super suggestione.

Item in tuitoriis nulle dande sunt dilaciones, sed cum continuacione et prorogacione[59] dierum procedetur nisi de consensu parcium negocium pendeat in eodem statu sub spe pacis[60] usque ad certum diem.

Item in tuitoriis non fiat commissio[61] extra ecclesiam de arcubus[62] nec alibi tractetur licet in aliquo[63] casu contrarium fieret.[64]

Item in tuitoriis non est appellandum nec admittitur appellacio nec rescribitur.[65]

Item si sit erratum in tuitoriis per iudicem cognoscendo,[66] decernendo seu

---

[43] et *add. Q.*
[44] presens sit] est presens *C*; sit *om. LT.*
[45] ut supra *om. L.*
[46] *om. L.*
[47] in tuitoriis *om. CQT.*
[48] appellans *CT.*
[49] in tuitoriis *add. CQ*; in tuitorio negocio *add. T.*
[50] *Q* = f. 393ʳ.
[51] nisi notorie *add. et correct. T.*
[52] nunc uero per statuta debent repelli *add. C.*
[53] nec repelluntur criminosi – Item *om. L.*
[54] hodie restringuntur ad numerum quadragenarum *add. marginal. glossa Q.*
[55] introduccio *L.*
[56] *Q* = f. 45ᵛ.
[57] *om. Q.*
[58] si uoluerit] *om. C*, scilicet appellans *L.*
[59] et prorogacione *om. Q.*
[60] *om. O.*
[61] fiat commissio] fiet missio *O.*
[62] Londonie *add. O.*
[63] alia *C.*
[64] licet – fieret *om. L.*
[65] et, si contrarium fiat ex certa sciencia, revocetur *add. L*; licet Iohannes [dominus I. *Q*, I. *O*]Cantuariensis archiepiscopus contrarium fecerit [fecerat *O*] in tuitorio [in tuitorio *om. Q*] inter dominum I. [ *om. T*] episcopum Wygorniensem [Wyntoniensem *T*] et priorem de Leycestria, sed statim factum suum ex certa sciencia [tanquam *add. QT*] circumuentus reuocauit *add. OQT.*
[66] committendo *O.*

exequendo, ad supplicacionem partis grauate potest negocium reuolui et relaxari.[67]

Item probata uoce appellacionis et eius causa per duos testes uel per unum sufficienter deponentem una cum iuramento procuratoris partis appellantis, concedatur[68] tuicio nisi excludatur per factum contrarium uel exclusorium probatum.

Et tunc si tale factum[69] omnibus grauaminibus et appellacionibus suggestis obuiet[70] et excludat,[71] denegetur[72] tuicio. Si uero aliquibus obuiet tale factum et aliquibus non, tunc, concessa tuicione, non[73] reuocantur[74] grauamina attemptata[75] nisi quatenus illud factum contrarium obuiat et excludit[76] et sic talia exclusa per factum[77] contrarium[78] non reuocentur uirtute tuicionis concesse.[79]

Item nota quod si qua sunt attemptata post impetratam suggestionem, possunt inseri in articulo in tuitorio porrecto et tanquam attemptata specialiter reuocari[80] si probentur. Et nota quod, postquam iudex pronunciauerit in tuitorio concedendo uel denegando, functus est officio suo quoad cognoscendum, nisi sit erratum (ut supradicitur),[81] sed solum sibi superest iurisdiccio ad exequendum.

Item in tuitoriis nunquam est locus peticioni absolucionis sicut[82] in causis directarum appellacionum.

Item concessa tuicione reuocabuntur grauamina attemptata post appellacionem et prouocacionem quatenus sunt probata in genere et in specie.[83] Sed stabunt grauamina propter que fuit appellatum nisi in duobus casibus: scilicet, quando processit[84] prouocacio uel appellacio legitime probata et quando concessum est de procedendo in principali per partes hinc inde uel saltem per partem appellantem[85] habentem sufficens mandatum ad hoc.

Effectus tuicionis erit ut, durante tempore ad prosequendam appellacionem

---

[67] et sic fuit de negocio A et N *add. Q*. Et sic fuit in negocio de Durham et Norwico *add. margin. O*; et sic fuit in negocio Amary Northepederum *add. T*.
[68] *O* = f. 112ʳ.
[69] et – factum] Item quando factum contrarium proponitur, si quidem tale sit quod. *C*; contrarium obuiet *add. T*.
[70] *om. T*.
[71] ea excludet *L*, ea excludit *QT*.
[72] nisi excludatur – denegetur *interlin. T*.
[73] *om. Q*.
[74] non recocantur *om. L*.
[75] reuocentur *C*.
[76] et excludit *om. T*.
[77] factum contrarium obuiat – exclusa per factum *om. (homoeotel.) C*.
[78] uel exclusorium *add. C*
[79] Item caue quia in facto contrario oportet quod testes numero excedant testes appellantes sed in exclusorio aduersus sexaginta eciam duo sufficient. Hec uera nisi testes in facto contrario quid probent affirmatiue cum testes appellantis deponant negatiue, tunc nouem in affirmatiuis numero statur pauciori. *add. C*.
[80] reuo – [f. 46ʳ] – cari debet *T*.
[81] nisi – supradicitur] ubi exercetur *L*.
[82] sed *L*; est *add. C*.
[83] *L* = f. 39ᵛᵇ.
[84] in – processit] processus *L*.
[85] appellatam *OT, sed T add. interlin*. uel ab eo.

appellantibus indulto,[86] tueatur appellans in eo statu quo fuit tempore appellacionis interposite seu prouocacionis[87] ita quod nichil attemptetur circa[88] personas uel res circa[89] quas uersatur appellacio pendente tuicionis effectu. Et sicut non currit tempus uacacionis sedis[90] romane quantum ad prosequendas appellaciones, sic nec currit tempus nec effectus tuicionis illo tempore.

Item lapso tempore appellacionis[91] prosequende de iure[92] et parte appellante in curia romana appellacionem non prosequente nec impetrante infra tempus, pars appellata seu eciam iudex a quo fuit appellatum non potest procedere contra appellantem tanquam non prosequentem suam appellacionem, nisi prius habeat citacionem a curia Cantuariensi ad[93] citandum ipsam partem appellantem quod ueniat in curia Cantuariensi[94] propositura[95] quare non debeat pars appellata dimitti quia, si non obtenta dimissione procedat, contemnit curiam.

*Modus procedendi quando omisso tuitorio concessum est procedi in principali.* [96]

Item habito concessu hinc inde per partes ad procedendum in principali et, renunciato omni appellacionis articulo, pronunciabitur pro iurisdiccione curie[97] et transmittetur pro processu iudicis a quo est appellatum siue sit ordinarius siue delegatus, exemptus uel non exemptus, quia ancillatur etc.[98] Quo transmisso, habebit pars diem ad dicendum contra processum huiusmodi transmissum et sentenciam.[99]

Et si sit appellatum a diffinitiua, confirmabitur uel infirmabitur sentencia, prout de iure fuerit faciendum.

Si uero sit appellatum a grauamine iudicis, tunc, auditis propositis[100] contra processum, resumetur processus in eo statu quo fuit appellatum[101] et procedetur ulterius in causa, prout de iure fuerit procedendum, continuato et processui[102]

---

86 appellacionem – indulto] appellacionem appellacionibus indultis *L*, appellaciones appellantibus indultum *Q*, appellaciones appellatoribus indulto *T*.
87 seu prouocacionis *om. C*.
88 contra *T*.
89 contra *T*.
90 curie *Q*.
91 *om. QT*.
92 de iure *om. L*.
93 *T* = f. 46ᵛ.
94 ad citandum – Cantuarinesi *om. et homoeotel. Q*.
95 proponitur *T*.
96 rub. om. *CLQT*.
97 Cantuariensis *add. QT*.
98 exemptus – ancillatur etc. *om. CT*.
99 et sentenciam *om CL*; siue sit ordinarius – et sentenciam *om*. Et *homoeotel. Q*.
100 *O* = f. 112ᵛ.
101 id est, in utlima parte processus ante grauaminis illacionem propter quod fuit appellatum *add. O*.
102 processui *O*.

ceteris[103] grauaminibus cum[104] suggestione et articulis probatis[105] habitis pro reuocatis.[106]

Si[107] uero appelletur a grauamine partis, tunc estmabit iudex quis potest esse uel[108] debeat de iure iuxta naturam negocii et suggestionis possessor et quis petitor, et hoc si questio sit realis. Si uero questio sit personalis, quis actor et quis reus.[109] Et secundum hoc decernet iudex an[110] dandus est libellus et deinde inter partes ordinata instancia[111] procedetur.

Si[112] uero appellatum sit a quocumque iudice procedente ex officio et consenciatur etc.,[113] tunc, habita distinccione qua prius aut appellatur a grauamine aut a sentencia diffinitiua et sic[114] confirmabitur uel infirmabitur sentencia uel resumetur processus ut supra, uel, si sit negocium inchoandum de nouo, dabitur articulus ex officio ad promocionem iudicis[115] a quo fuit appellatum uel partis ad cuius promocionem processum fuit coram primo iudice et sequitur condempnacio expensarum[116] sicut in aliis negociis et causis, licet in hiis que sunt officii meri hoc non fuit regulariter[117] uisum,[118] quod fieret condempnacio expensarum et precipue[119] in correccionibus. Dato[120] igitur articulo ex officio[121] ad promocionem partis appellantis, dabitur dies reo[122] ad respondendum articulo. Quo die adueniente, si aliqua sint proposita, fiet discuscio super illis tantum[123] uel dabitur dies alius pro uoluntate iudicis ad faciendum super propositis quod ius dictabit. Quod si proposita non obstent, dabitur dies ad contestandum. Quo[124] die adueniente, facta contestacione negatiue, dabitur dies parti promotrici ad peremptorie proponendum et primo producendum, deinde ad secundo producendum, tercio ad tercio producendum et ulterius ad quarto producendum, facta prius sollempnitate iuris, scilicet, iurato a parte producente quod prius nec ipse nec aduocati sui didicerunt testificata nec

---

[103] ceteris] cetera *QT*.
[104] tamen *QT*.
[105] probaturis *C*.
[106] et hec reuocacio dicitur sanacio *add. O*.
[107] *C* = f. 68$^r$.
[108] et *LQ*.
[109] quod nunc determinatur per statutum, scilicet, qui primo impetrauit *add. C* [*vide supra*, p. 17].
[110] cui *L*.
[111] *om. L*, distancia *Q*.
[112] *ante* Si *add ut rubr. Q*, f. 405$^r$: Nota modum procedendi quando appellatur a iudice procedente ex officio.
[113] ut supra *L*.
[114] et sic *om. CQT*.
[115] *T* = f. 47$^r$.
[116] dispensarum *L*.
[117] rariter *L*.
[118] scilicet *add. O*.
[119] et precipue] maxime *L*.
[120] *ante* Dato *C. add ut rubr.*: Forma procedendi in principali.
[121] ex officio *om. Q*.
[122] *om. Q*.
[123] super – tantum *om. LQ*.
[124] primo *Q*.

perscrutati sunt illa nec ea subtraxerunt nec per dolum aut maliciam illa[125] petunt, sed quia quos desiderat de nouo producere[126] prius habere nequunt eos[127] habere non potuit.[128] Et nota quod in prima, secunda et tercia dilacione[129] potest peti compulsio testium, in quarta uero non.[130] Facta produccione, dies detur ad publicandum; interim testes examinantur. Facta publicacione, si attestaciones sint prolixe,[131] dabitur dies ad redimendum copiam,[132] alioquin ad dicendum contra testes et dicta pro termino peremptorio.[133] Quo die adueniente, si que sint proposita, fiet super hiis quod ius dictabit. Quod si alique excepciones consistentes in facto sint admisse, dabitur dies[134] proponenti eas ad peremptorie probandum. Quo die adueniente, si producantur testes uel instrumenta, dabitur dies ad publicandum. Facta publicacione, dabitur dies ad redimendum copiam si[135] sint prolixe, alioquin ad dicendum contra.[136] Quo die adueniente, si aliqua sint probata,[137] dabitur dies ut prius ad faciendum super[138] propositis. Quod si alique excepciones in facto contrario[139] consistentes[140] sint admisse, dabitur dies proponenti ad peremptorie probandum.[141] Vltra quam reprobacionem testium neutra pars audiatur[142] contra testes aliquid proponendo[143] et dabitur dies ad proponendum omnia in facto consistencia. Quo die si alique premptorie proponantur,[144] fiet super hiis ut in aliis quod ius dictabit. Quod si aliqua talis sit admissa, dabitur dies ad probandum et habende sunt dilaciones, ut in aliis excepcionibus prius, et tunc concludatur[145] et detur dies ad sentenciandum. Post quem terminum nichil potest[146] proponi, nisi sit excepcio excommunicacionis[147] uel excepcio falsi uel[148] similis, et tunc iurabitur de malicia.[149] Alioquin non admittetur, quia forte prius illam defensionem[150] sibi sciuit[151] competere et eam

---

[125] illam *ms. Q.*
[126] nec – producere *om. CLOT.*
[127] *om. T.*
[128] scilicet – potuit *om. C*; etc. *add. O.*
[129] produccione *C*; produccionis testium *add. O.*
[130] uero non] ut supra dicitur *Q.*
[131] si – prolixe *om. L.*
[132] attestacionum *add. L*, actorum *add. T.*
[133] testes – peremptorio *om. Q.*
[134] *O* = f. 113ʳ.
[135] attestaciones *add. C.*
[136] *om. T.*
[137] proposita *Q.*
[138] *T* = f. 47ᵛ.
[139] *om. C.*
[140] contrario consistentes *om. QT*; ut exemplo quia uerberauit clericum uel similes *add. O.*
[141] Quod die adueniente, si producantur testes – probandum *om. et, homoeotel. L.*
[142] *om. CLT.*
[143] propositurus *Q.*
[144] *L* = f. 40ʳᵃ.
[145] in causa *add. LQ.*
[146] debet *T.*
[147] excepcio excommunicacionis] exclusio excepcionis *CT.*
[148] uel – – uel] et falsi *O.*
[149] super ea etc. *add. L.*
[150] forte – defensionem] presumitur quod illam excepcionem *L.*
[151] prius – sciuit *om. CT*; illam – sciuit *om. Q.*

maliciose distulit[152] proponere uel non potest[153] eam[154] probare sed causa differendi maliciose proponit.[155]

*Modus procedendi in directis appellacionum causis*[156]

In[157] causis appellacionum directis[158] nota quod a[159] subditis suffraganeorum non est appellandum directe ad curiam Cantuariensem omisso suffraganeo[160] uel eius officiali,[161] sed, si rescribatur ad talem appellacionem,[162] ualebit nisi excipiatur. Item a delegato pape uel eius commissario numquam potest appellari directe[163] ad curiam Cantuariensem et, si rescribatur ad talem appellacionem per errorem,[164] non ualet. Item in causis[165] appellacionum directis quandoque introducitur ipsum principale simul cum appellacione et simul cognoscitur de eisdem et pronunciatur, uidelicet, quando appellatur ab episcopo per aliquem presentatum quia non admisit eum ad ecclesiam ad quam est presentatus.[166]

In[167] causis uero appellacionum directis a grauamine iudicis[168] ante sentenciam[169] is ordo seruatur. Si per certificatorium appareat partes habere diem et pars appellans non compareat, expectata per triduum, iterato citetur prosecutura et, si tunc non compareat, citetur iterum[170] sub pena finalis remissionis. Quod si in secunda[171] uel tercia dilacione[172] non compareat, remittetur pars appellata, altera[173] condempnanda[174] in expensis. Si uero certificatorium[175] non appareat sed copia suggestionis tantum sub sigillo autentico, idem ordo seruatur. Si uero[176] certificatorium appareat et pars

---

[152] eam *add CQT.*
[153] potuit *C,* poterat *Q.*
[154] competere – eam] competiit sibi illa defensio et *CQT.*
[155] potest – proponit] probare potuit nec curauit *L*; causa – proponit] ut litem maliciose deferret eam proposuit *C,* ut maliciose differret negocium [causam *T*] proposuit eam tunc [*om. Q*] *QT.*
[156] *Modus – causis] solum in O, sed* Et que sunt consuetudines apud archus *in L.*
[157] *Ante* In causis *C scripsit amplum additamentum pro notariis.*
[158] In – directis *om. QT.*
[159] *directis – quod]* ad curiam Cantuariensem directe hoc seruatur *C.*
[160] omisso suffraganeo] a suffraganei *Q.*
[161] *om. O.*
[162] pro curia Cantuariensi *add. C*; per dictam curiam *add. Q*; per curiam Cantuariensem *add. T.*
[163] sed tuitorie *add. O.*
[164] per errorem *om. Q.*
[165] Item in causis] In causis autem *O.*
[166] secus [*C*= f. 68ᵛ] tamen in aliis regulariter *add. C.*
[167] *ante* In *Q add. ut rubr.:* Nota [f. 405ᵛ] modum procedendi in causis appellacionum directis a grauamine.
[168] *om. C.*
[169] ante sentenciam *om. L.*
[170] *om. LQ.*
[171] in secunda] secunda die *Q.*
[172] *om. Q.*
[173] parte alia sibi *C*; remittetur – altera] remittitur parti appellate *Q.*
[174] altera condempnanda] et condempnabitur *T.*
[175] curie *add. Q.*
[176] autem *O.*

appellata non compareat,[177] edatur in citatorio et citetur iterato pars appellata ad alium diem. Quo die adueniente, dabitur dies ad proponendum omnes excepciones dilatorias et, si proposita[178] non obstant, ad contestandum; quo die fiat contestacio et, si pars uelit iustificare, iustificet infra triduum a tempore admissionis[179] iustificacionis uel excepcionis et concurrant probaciones hinc inde. Facta autem contestactione, dabitur dies ad peremptorie ponendum et primo producendum. Quo die adueniente, dabitur dies ad peremptorie producendum. Vltra quem diem non audietur uolens producere, nisi sint senes, ualetudinarii, generosi, similiter et compellendi.[180] Tunc repellitur quandoque talia[181] petens in ultima dilacione, si prius eos potuisset habuisse uel compulisse.[182] Facta igitur produccione, datur dies ad publicandum attestaciones.[183] Quo die[184] adueniente, fiet publicacio, et, si sint attestaciones[185] magne et instrumenta exhibita, dabitur dies ad redimendum copiam et deinde alius dies ad dicendum contra testes et eorum dicta[186] et instrumenta exhibita, si que sint pro termino peremptorio, ultra quem non auditur pars uolens quicquam dicere seu[187] proponere. Si uero attestaciones sint parue, datur unica dilacio tantum ad redimendum copiam attestacionum[188] et dicendum et proponendum quicquid[189] etc.[190] Quod si aliquid proponatur contra testes et dicta aut instrumenta sique sint admittantur excepciones, et dabitur tantum una dilacio ad probandum ex quarum probacione apparebit utrum prime attestaciones eneruentur[191] uel non, et tunc dabitur dies ad audiendum sentenciam seu[192] pronunciacionem in causa appellacionis. Quo die adueniente, feretur sentencia pro parte appellata et pars appellans remittatur et condempnetur in expensis, si non liqueat de causa pro appellante. Alioquin, si liqueat de causa pro appellante, pronunciabitur pro appellacione et eius causa seu causis et pro iurisdiccione curie[193] et transmittetur pro processu. Quo transmisso, dabitur dies parti aduerse ad dicendum quicquid uoluerit contra huiusmodi processum et ex tunc ad resumendum processum in eo statu quo de iure[194] debet resumi.[195] Quo resumpto, procedetur ordine iudiciario sicut in causis principalibus.

[177] scilicet *add. T.*
[178] excepciones *add. O.*
[179] *om. Q.*
[180] similiter – compellendi] similiter sunt compellendi *O*, indignitate constituti *Q.*
[181] talis *O.*
[182] eos – compulisse] eos potuisset uel compulisse *O*, potuit ipsos et compulisse *C*, petiuisset habuisse potuit et produxisse *Q.*
[183] *om. CL.*
[184] *O* = f. 113ᵛ.
[185] *om. T.*
[186] et – dicta] *om. O.*
[187] dicere seu *om. C.*
[188] eorundum *L*, actorum *T, om. Q.*
[189] et dicendum – quicquid] contra testes *C.*
[190] quicquid etc.] contra testes et instrumenta *Q.*
[191] enumerentur *L*, enumerantur *T.*
[192] et *O.*
[193] Cantuariensis *add. Q.*
[194] de iure *om. L.*
[195] etc. *C, om. CT.*

Si[196] uero appellatur a sentencia excommunicacionis iniusta et super ea impetretur suggestio, tunc statim iuxta libellum primo die proponatur statim articulus in quo appellans pars excommunicata a sentencia excommunicacionis[197] hiuismodi de qua suggeritur in libello ante omnia in forma iuris per iudicem appellacionis absolui[198] se petat.[199] Et detur dies partibus super libello ad deliberandum et[200] super articulo disputetur de die[201] in diem et semper[202] impendatur absolucio sine difficultate prestita caucione iuratoria nisi opponatur[203] manifesta offensa.[204] Qua admissa et probata, legitime non absoluatur sed ulterius in causa procedatur sicut in alia cedula plenius continetur.[205] Si uero sentencia excommunicactionis[206] feratur post appellacionem legitimam et hoc suggeratur uel post impetratam suggestionem,[207] tunc in articulo huiusmodi petatur ante omnia absolucio impendi ad cautelam et statim impendatur, nisi diceretur quod ad eum ad quem appellatur sicut suggeritur non posset appellari, quia forte omisso medio uel a delegato[208] pape[209] ad ordinarium, et hoc si huiusmodi error exprimatur in suggestione. Item iudex ad quem appellatur immediate habet[210] huiusmodi absolucionem impendere. Secus si mediate, uerbi gracia, appellatur ab officiali archidiaconi ad officialem episcopi[211] directe datoque libello coram eo in causa appellacionis, si contingit ab eodem officiali episcopi ob aliquid grauamen (puta, a denegacione actorum uel copie instrumentorum uel similem) ad metropolitanum iterum directe appellari priusquam a sentencia excommunicacionis predicta per officialem episcopi[212] lata prius appellans absoluatur. Licet de omnibus premissis fiat mencio[213] in suggestione a curia metropolitana impetrata, non tamen potest metropolitanus uel eius officialis dictum excommunicatum[214] absoluere nisi prius cognito de proxima appellacione ad ipsum interposita, quia de appellacione ab officiali archidiaconi ad officialem episcopi non potest prius cognoscere,[215]

---

[196] *ante* Si *Q add. ut rubr.*: Nota modum procedendi quando appellatur a sentencia excommunicacionis iniusta.
[197] maioris *add. O.*
[198] *Q* = f. 406ʳ.
[199] debet *T.*
[200] *om. L.*
[201] *add.* et *O.*
[202] *om. L,* super hoc *Q.*
[203] proponatur *Q*
[204] incontinenti *add. C.*
[205] in alia – continetur] supradictum est *C, om. L,* aliis productis plenius apparet *Q*, *add.* et apparet *T.*
[206] *om. CLQ.*
[207] *L* = f. 40ʳᵇ.
[208] a delegato] ad delegatum *L,* subdelegato *T.*
[209] *om. CQT.*
[210] potest *L.*
[211] ob aliquid *add. O.*
[212] archiepiscopi *O.*
[213] *O* = f. 114ʳ.
[214] *add.* statim *O.*
[215] nisi cognoscatur prius de appellacione ad eum ab officiali episcopi *add. T.*

cum in illa adhuc non est iudex uerus nec presumptus eo quod, non[216] probata causa appellacionis secunde, remittuntur partes ad examen officialis episcopi a quo fuit appellatum.[217]

Item si ab iuniusto[218] sequestro appelletur, potest peti simul iuxta libellum sequestrum relaxari.[219] Sed in omnibus talibus attendendum est quod in suggestione fiat mencio de huiusmodi excommunicacione et sequestro ad hoc quod procedat[220] peticio absolucionis uel relaxacionis huiusmodi. Alias, si non fiat mencio in suggestione,[221] non procedat peticio absolucionis uel relaxacionis,[222] nisi dicatur excommunicacio lata uel sequestrum interpositum post impetratam suggestionem uel[223] occasione suggestorum.[224] Si[225] inter episcopum et presentatum ad ecclesiam uacantem de iure et de facto pendeat appellacionis causa uel[226] querele, similiter inter duos presentatos de iure suo contendentes,[227] dandus est yconomus[228] ad fructus lite pendente conseruandos auctoritate curie[229] ex officio uel ad peticionem alicuius partis fructus sequestrentur. Et hec fient per uiam articuli iuxta libellum. Si uero inter incumbentem et episcopum uel inter presentatum et incumbentem[230] causa pendeat super aliqua ecclesia non uacante, cessat omnis yconomi deputacio[231] et sequestracio, nisi incumbens sit notorie minor uel senex uel ualetudinarius uel penitus impotens[232] uel non compos mentis, in quibus casibus datur tutor uel curator per iudicem saltem ad litem uel ad fructus conseruandos.

In causa restitucionis et[233] appellacionis inter uirum et uxorem si omnia bona communia penes alterum remaneant et alter coniugum[234] nichil habeat unde alatur et causam prosequatur,[235] petendi sunt sumptus et expense litis et alimonie per modum articuli iuxta libellum ut in aliis que sibi adiudicentur pro modo facultatum pendente lite. Et idem seruetur si aliquis beneficiatus spolietur beneficio suo et causa pendeat inter religiosum[236] et suum abbatem uel priorem

---

[216] *om. Q.*
[217] eo quod – appellatum *om. CL.*
[218] incerto *T.*
[219] in articulo *add. C,* nec memini me uidisse excommunicacionem et relaxacionem petitam impediri *add. Q,* nec memini me uidisse per aliquod factum excommunicacionis relaxacionem petitam impediri. *add. T.*
[220] excommunicacione – procedat] excepcione uel sequestro uel *L.*
[221] huiusmodi – suggestione *om. L.*
[222] absolucionis uel – relaxacionis *om. C*; huiusmodi – relaxacionis *om. QT.*
[223] et *CT,* om. *L.*
[224] *hic terminat C*; Nec memini me uidisse per aliquam excomnicacionem relaxacionem sequestri impediri *add. O, sed uide* n. 219 *supra.*
[225] Sed *O.*
[226] *om. L.*
[227] si ecclesia ut prius uacet *add. QT.*
[228] *hic O add. in marg.* quando datur yconomus auctoritate curie Cantuariensis.
[229] Cantuariensis *add. T.*
[230] episcopum – incumbentem] ipsum ultimo presentatum *Q.*
[231] dacio *QT.*
[232] impeditus *O.*
[233] seu *Q.*
[234] coniuguntur *O.*
[235] et *add. O.*
[236] se *OT.*

in causa ecclesie²³⁷ et in similibus. Item si aliqua attemptentur in preiudicium alicuius partis²³⁸ circa rem litigiosam lite pendente super ea, in quacumque parte litis fuerit, per iudicem reformentur,²³⁹ si a parte per articulum petatur in forma iuris, et summarie²⁴⁰ probetur. Item si appelletur a sentencia diffinitiua condempnatoria²⁴¹ et post appellacionem aliqua²⁴² in preiudicium appellantis contingit attemptari circa rem de qua agitur statim ante omnia in causa appellacionis priusquam procedatur in ea per uiam articuli reformentur²⁴³ uirtute consensus simplicis de procedendo in principali, reuocatur grauamen propter quod erat appellatum sicut si directa esset appellacio a grauamine et grauamen esset probatum; secus est si concedatur tuicio, quia tunc non reuocantur nisi²⁴⁴ grauamina post appellacionem illata.²⁴⁵

## 2. THE SHORTER VERSION OF THE CUSTOMS OF THE COURT of ARCHES²⁴⁶

### *Modus procedendi in causis principalibus*

In negocio et causa principali citata parte et comparente die ad quem citatur, petendus²⁴⁷ est libellus a parte rea decernendus et porrigendus ab actore²⁴⁸ et dabitur dies ad deliberandum super eodem. Quo die siue proponantur alique excepciones dilatorie siue non, dabitur dies ad proponendum omnes dilatorias. Quo die si fuerint proposite alique, dabitur dies ad faciendum²⁴⁹ super illis. Quo die cum fuerit disputatum super illis, admittende admittantur et cassabuntur cassande, et dabitur dies ad contestandum nisi aliqua de predictis excepcionibus sit talis que impediat litis contestacionem et consistat²⁵⁰ in facto, et tunc dies proponenti eam dabitur ad precise probandum eandem et postmodum ad publicandum et ad cetera faciendum que in hoc articulo²⁵¹ requiruntur.²⁵² In die dato ad contestandum, facta contestacione, potest pars rea, si uelit, iustificare factum suum iuxta contestacionem uel factum contrarium proponere. Que si fuerint admissa, iurabitur hinc inde eodem die²⁵³ de calumnia uel de ueritate

---

²³⁷ inter – ecclesie *om. L*; et cetera *add. OL*.
²³⁸ alicuius partis *om. O*.
²³⁹ per – reformentur] si per iudicem refrenetur *T*.
²⁴⁰ in – summarie] et similiter *Q*.
²⁴¹ comdempnatiua *Q* [f. 406ᵛ].
²⁴² aliqua] uel inter sentenciam et appellacionem *add. QT*.
²⁴³ et cetera *add. T*; *hic terminant OQT*.
²⁴⁴ ubi *L*, *sed* nisi *rectius in* London, British Library, Harl. Ms. 5014, f. 37ʳᵃ.
²⁴⁵ uirtute – illata *solum in L, quibus additur* Hec sumpta sunt ex consuetudinibus de archubus Londonie.
²⁴⁶ *J* = f. 15ᵛ (*in medio textus*), *O* = f. 114ʳ.
²⁴⁷ *O* = f. 114ᵛ.
²⁴⁸ *Modus . . . actore om. J, qui sequitur infra p. 83 post* tunc dabitur libellus de nouo in curia ista [Cantuariensi *O*].
²⁴⁹ hoc est, ad disputandum *add. J*.
²⁵⁰ et consistat *om. J*.
²⁵¹ in hoc articulo] circa illam (f. 16ʳ) instanciam *J*.
²⁵² requiritur *O*.
²⁵³ eodem die *om. J*.

dicenda et dabitur hinc inde dies ad ponendum et primo producendum. Quod si non fuerit admissa iustificacio uel factum,[254] tunc dabitur parti actrici idem dies ad idem faciendum. Quo die siue producantur testes siue non, siue tradantur posiciones siue non, dabitur dies ad precise ponendum[255] et secundo producendum. Quo die si tradantur posiciones et producantur testes, tradentur[256] articuli super quibus testes examinantur ita quod pars contra quam trandantur possit conficiere interrogatoria et dabitur dies ad tercio producendum et quod iterum respondeatur posicionibus omnibus sic traditis. Quo die siue producantur siue non, dabitur dies ad publicandum, nisi aliqua pecierit compulcionem aliquorum testium uel quartam produccionem cum solempnitate iuris, quia tunc sic petens habebit diem ad producendum compulsos uel alios loco quarte produccionis. Quo die dabitur dies ut supra ad publicandum.[257] Quo die ante ipsam publicacionem si sint alique instrumenta exhibenda exhibeantur et, facta publicacione, dabitur dies ad faciendum super attestacionibus quod ius dictabit, hoc est, ad redimendum copiam earundem. Quo die dabitur dies ad dicendum contra testes et eorum dicta pro termino peremptorio. Quo die si sint proposite excepciones, dabitur dies ad faciendum super illis, hoc est, ad disputandum super illis.[258] Quo die habita disputacione admittentur admittende et reiciende reicientur. Quod si alique fuerint admisse que consistunt in facto, dabitur dies ad peremptorie probandum easdem. Quo[259] die si producantur testes uel exhibeantur instrumenta, dabitur dies ad publicandum et interim ad faciendum et dicendum ut supra et sic ter potest fieri ut notatur per iura. Quibus sic actis[260] dabitur dies ad proponendum in facto consistencia. Quo die si aliquid proponatur quod consistat in facto, dabitur dies ad proposite peremptorie probandum. Quo die si producantur testes, dabitur dies ad publicandum.[261] Quo die facta publicacione dabitur dies ad dicendum et potest utraque pars habere tantum duas reprobaciones testium. Facta autem publicacione in ultima reprobacione testium[262] uel, si nichil sit propositum in termino dato ad proponendum omnia in facto consistencia,[263] concludetur in causa et dabitur dies ad audiendum sentenciam diffinitiuam. Post quem terminum nichil potest proponi nisi sit excepcio excommunicacionis uel excepcio falsi et similis; tunc iurabitur de malicia. Alioquin non admittetur quia forte sibi compeciit illa defensio et maliciose illam distulit proponere et non potuit eam sed ut maliciose deferret eam proponit.[264]

---

[254] uel factum *om. J.*
[255] et ad articulandum *add. J.*
[256] posiciones . . . tradentur *om. J.*
[257] et quod iterum respondeatur posicionibus sub pena iuris *add. J.*
[258] hoc . . . illis *om.et homoeotel. O.*
[259] *O* = f. 115$^r$.
[260] antiquo *O.*
[261] Quo die . . . publicandum *repet. O, et hic O incip.* f. 115$^r$.
[262] Quo die si producantur testes . . . reprobacione testium] et dicendum ut supra. Quibus sic peractis *J.*
[263] dato . . . consistencia *om. J.*
[264] Post quem . . . eam proponit *om. O.*

### Modus[265] et consuetudo procedendi in causis tuitoriis [266]

In negociis tuitoriis primo introducitur negocium, hoc est, legitur litera certificatoria cuiuscumque iudicis cui dirigebatur suggestio. Et cum constiterit de uocacione partis appellate, traduntur articuli, siue compareat siue non,[267] et producuntur testes super suggestione et articulo, si articulus excedat suggestionem; ut puta, aliqua sunt attemptata post suggestionis impetracionem. Tunc super illis attemptatis articuletur, tunc ultra suggesta.[268] Alioquin super suggestis tantum et in crastino appellata pars, si uelit, proponet factum contrarium seu exclusorium et producet super hoc testes suos; quibus una cum aliis admissis, iuratis et examinatis fiet publicacio hinc inde. Et cum fuerit disputatum super attestacionibus, qui melius probauerit optinebit tuicionem uel dimissionem: scilicet, pars appellans habebit tuicionem, nisi pars appellata uelit procedere in principali et ad procedendum habeat mandatum sufficiens in eo. Alioquin dabitur dies nisi habenti huiusmodi mandatum ad ueniendum cum eodem. Et si in die pars appellans sic uenerit, habebit optatum ut dictum est; alioquin pars appellata habebit dimissionem. Et similiter cum pars appellata melius probauerit suum factum contrarium, habebit super huius dimissionem.

### [Modus procedendi in principali omisso tuitorio ][269]

Si uero fuerit hinc inde consensus de procedendo in principali, pronunciabitur pro iurisdiccione curie Cantuariensis et decernetur mittendum fore pro processu cause principalis et mittetur pro eo ad iudicem a quo extitit appellatum si sit ibi processus et, cum missus fuerit, processus publicabitur nisi[270] pars sciat dicere aliqud quare non debeat fieri publicacio eiusdem. Et facta publicacione, si processus appareat magnus, dabitur dies ad faciendum super eodem quod ius dictabit, hoc est, ad redimendum copiam eiusdem hinc inde et ulterius alius dies pro termino peremptorio ad dicendum contra processum et sentenciam et quicquid dicere uelit contra omnia si fuit appellatum a sentencia diffinitiua, sed, si a grauamine, tunc contra processum.[271] Si processus sit paruus, datur[272] tantum unus dies ad redimendum copiam et[273] ad dicendum.[274] Et si in illo die[275] proposite sint plures excepciones contra processum, dabitur dies ad faciendum super eisdem quod ius dictabit, hoc est, ad disputandum super illis. Si uero non sint plures excepciones proposite, expedientur in continenti et habita disputacione super excepcionibus uel decernet fore incipiendum de nouo uel

---

[265] *J* = f. 15ʳ.
[266] *Modus – tuitoriis*] Incipit modus introducendi negocium in tuitoriis *J*.
[267] sed expectabitur ad terium diem *add. J.*
[268] Tunc – suggesta *om. J.*
[269] Modus – tuitorio] *scripsi.*
[270] adversa *add. J.*
[271] et ulterius alius – processum *om. J.*
[272] *J* = f. 15ᵛ.
[273] ad redimendum copiam et *om. J.*
[274] contra processum parti ree originaliter quicquid dicere seu proponere uelit contra omnia pro termino peremptorio et similis prefixio fiet super magno processu post diem habitum ad faciendum ut supra *add. J.*
[275] termino peremptorio *add J.*

mittendum pro pleniori processu uel[276] dabitur dies ad resumendum processum in eo statu in quo de iure debeat resumi, hoc est, in illa[277] parte processus ultima ante grauaminis illacionem[278] propter quod fuit appellatum et quicquid est habitum post processum cassabitur. Ipso processu sic resumpto, procedetur ulterius iuxta cursum causarum prout inferius dicetur. Si non sit processus habitus coram iudice appellato, ut puta, quia[279] fuit appellatum ab aliquo grauamine[280] extraiudiciali, tunc dabitur libellus de nouo in curia Cantuariensi et dabitur dies ad deliberandum super eodem et postmodum ad proponendum omnes dilatorias et ultra procedetur iuxta cursum causarum ut inferius dicetur.

### Qualiter[281] procedetur in directis appellacionibus

In negociis directarum appellacionum primo introducto negocio si per certificatorium appareat partes habere diem et pars appellans non compareat expectata per triduum, citabitur ad certum diem prosecutura appellacionem suam. Et si non ueniat, citabitur iterum sub eadem forma. Secundo die si compareat, condempnabitur parti appellate in expensis antequam audiatur. Si non compareat, citetur iterum sub pena finalis remissionis. (Sed hodie statim cum fuerit expectata per triduum, citatur sub pena finalis remissionis.)[282] Quo die si non compareat, remittetur pars appellata, alter condempnanda in expensis. Si uero certificatorium non apparet sed copia suggestionis sub auctentico sigillo, idem ordo seruatur.

Si uero certificatorium appareat et pars appellata non compareat, edatur citatorium et citetur pars ad diem alium ad contestandum et tunc preclusæ sunt sibi excepciones dilatorie. Quo die si compareat, contestabitur litem. Si non compareat, habebitur pro contestata et dabitur dies ad peremptorie ponendum et primo producendum. Si uero quando certificatorium apparet pars appellata comparet, offeratur sibi libellus et iuxta libellum articulus super attemptatis uel aliis super quibus est articulandum. Super quo articulo procedetur de die in diem, et super libello dabitur dies ad proponendum omnes dilatorias, et, si proposite, non subsistant ad contestandum. Quo die si alique dilatorie proponantur, super illis fiet de die ad diem. Et si non obstent, ipsis reiectis, si pars compareat, contestabitur litem; si non compareat, habebitur pro contestata. Si uero non obstant et consistent in facto, dabitur dies ad peremptorie probandum. Quo die si non fuerint probate, ipsis reiectis tanquam non probatis, si appellata pars sit presens, contestabitur; si non sit presens, habebitur lis pro contestata. Et si sit appellatum a grauamine, potest pars appellata in contestacione iustificare factum suum uel iudicis a quo est appellatum uel factum contrarium proponere, sed in appellacione a diffinitua non sic. Si uero oblato

---

[276] uel decernet – processu uel *om. homoeoteleut. J.*
[277] in illa] missa *O.*
[278] *O* = f. 115ᵛ.
[279] non *add. J.*
[280] iudiciali sed *add. J.*
[281] *hic usque ad finem solum in O.*
[282] Sed hodie statim cum fuerit expectata per triduum, citatur sub pena finalis remissionis *O inser. in textu erronee*

libello fiat litis contestacio affirmatiue ad narrata, uidelicet, in appellacione a grauamine confiteatur fuisse sentenciatum et appellatum et in appellacione a diffinitiua confiteatur[283] uocem appellacionis et causam uel causas, pronunciabitur pro iurisdiccione curie. Et si appellatum sit in iudicialibius, mittetur pro . . . .[284]

---

[283] *hic O repet.* fuisse sentenciatum et appellatum et in appellacione a diffinitiua confiteatur.
[284] *hic finit imperfecte O.*

PART THREE

TREATISES ON PROCEDURE IN THE COURT
OF ARCHES

A number of treatises were written with specific reference to the Court of Arches, some academic, others more practical. In both cases they represent the work of lawyers who were personally familiar with the practices of the court and their number underlines the significance of the court. Although the general canon law and jurisprudence about procedure and, specifically, about appellate procedure would have been well known to practitioners in the court – they were all required to have studied law at university – these treatises do provide us with a view of the workings in the Arches, where, in part, custom served to define practice. Five such treatises are presented here.

The treatise *Modus procedendi in tuitoriis negociis* is a guide to correct forms that should be used in proceedings in the court. It bears some resemblance to the Customs of the Court of Arches. Unlike any other treatise on this subject, *Iste est modus proseguendi causa in curia Cantuariensi* addresses practical issues involved in presenting cases in the court. The treatise on calumnies in the court, *Hic calumpniatur processus curie Cantuariensis*, lists practices of which the author disapproves.

Two of the treatises – *Quia cause ad curiam Canturariensem* and *Tractatus super appellacionibuss tam directis quam tuitoriis secundum consuetudinem curie Cantuariensis* – were clearly meant for instruction for practitioners in the court, handbooks, as it were, for advocates working in the Court of Arches. The authors describe cases and practices that they have seen in the court and also give frequent references to the classical canon and Roman law as well as to jurists on points of appellate procedure. The latter of these two treatises can be traced to what appear to be lecture notes; the two suggest that there was a 'school' for advocacy in this court and that it existed at least by the turn from the thirteenth into the fourteenth century.

For few, if any, other provincial courts in Western Europe does there exist such a rich body of surviving literature about internal procedure.


1. MODUS PROCEDENDI IN TUITORIIS NEGOCIIS[1]

This treatise is found in London, Inner Temple Library, Petyt Ms. 511/3, f. 178$^{r-v}$, a composite manuscript containing elements, inserted at different times, dating from the late1270s to 1323.[2] This folio is an insert and longer and nar-

---

[1] Untitled, but by convention it can be known by its opening words.
[2] For a description of this manuscript see J. Conway Davies, ed., *Catalogue of Manuscripts in the Library of the Inner Temple* (London, 1972), pp. 210–15.

rower than other parts of this manuscript, measuring about 18¾ in. x 6½ in. It contains brief comments about appellate procedure in the Court of Arches with examples of forms that could be used in appeals. It bears some relationship to the shorter version of the 'Customs of the Court of Arches'. It probably dates from the turn of the thirteenth into the fourteenth century.

*Modus procedendi in tuitoriis negociis talis est*

In primis, in introduccione negocii legatur certificatorium suggestionis a curia impetrata. Et cum constiterit de uocacione partis appellate siue pars illa uenerit siue non, porigatur articulus in iudicio et producantur testes. Quibus admissis, iuratis et examinatis petatur pupplicacio eorundem, et legantur tunc huiusmodi attestaciones coram iudice. Et si constiterit suggesta esse probata, petatur tuicio, quod sine obstaculo concedi debet, nisi factum exclusorium a parte aduersa debito modo propositum et probatum obsistat.

Si uero ille cui dirigitur suggestio dicte curie non citat partem appellatam, prout sibi demandatur, oportet probare tradicionem consimilis suggestionis per duos testes primo die. Quo probato arguatur contemptus non certificantis, et quod procuretur uocacio personalis super contemptu ad certum diem, ad quam pars appellata uocari debeat processura in ipso negocio iuxta effectum suggestionis alias impetrate.

*Forma uero articuli in huiusmodi tuicionis negocio porigendi talis est*

Coram uobis, domino officiali curie Cantuariensi, seu uestro quocumque commissario articulando dicit et proponit procurator G de T nomine procuratorio pro eodem contra D de tali loco et contra quemlibet ipsius procuratorem legitimum seu defensorem quod uult uti contentis in suggestione dicti domini sui a prefata curia in hac parte impetrata loco narracionis cum hac adieccione peticionis, quod petit, probatis in hac parte probandis, ipsum dominum suum secundum modum et consuetudinem dicte curie tuendum fore pronunciari et tueri necnon omnia singula grauamina eidem domino suo post suos prouocaciones et appellaciones de quibus in hac parte suggeritur et earum quamlibet quoquomodo illata in genere et precipue ac specialiter talia grauamina, si que fuerint suggesta, quorum est necessaria specialis reuocacio, reuocari, cassari, irritati uiribusque penitus carere debere pronunciari eundemque dominum suum in statum debitum reduci et reductum tueri defendi sibique iuxta modum et consuetudinem dicte curie in premisssi iusticiam exhiberi.

Ad hec si pars appellata compareat et uelit factum contrarium seu exclusorium proponere, admitti debeat ad hoc ipso eodem die, si uoluerit, uel saltem secundo die post introduccionem tuitorii negocii.

*Modus eciam conficiendi factum contrarium seu exclusorium inter ceteros modos, prout ex suggestis materia elici poterit, talis est*

In dei nomine. Amen. Coram uobis, domine officialis curie Cantuariensis, seu uestro quocumque commissario ego procurator talis contra religiosos tales et contra quemlibet legitime pro eisdem interuenientem necnon contra suggestionem suam tuitorie a curia memorata impetratam – que sic incipit '.. Officialis curie Cantuariensis discreto uiro .. officiali de tali loco salutem in omnium saluatore. Sua nobis procurator talium religiosum etc.' et sic terminatur 'Datum apud T ii kal. Decembris anno domini etc.' – ac eciam contra articulum ex ea elicitum, formam, uim et effectum eorundem factum contrarium et exclusorium proponendo dico quod idem dominus meus tempore suo nomine ecclesie predicte et predecessores sui a tempore, cuius memoria non extitit, fuerint in possessione uel quasi iure percipiendi decimas maiores prouenientes de feodo dominorum de Eltham de uillata seu hameleto de Modingham[3] et non predicti religiosi, ut mendaciter suggerunt. Idem rector possesionem suam et predecessorum suorum non predictis decimis continuans huiusmodi decimarum spoliator dici non poterit nec debet ac eciam iidem religiosi utpote in nullo grauati frustratores appellantes debent reputari. Ad hec dico eciam quod iidem religiosi post suas prouocaciones et appellaciones si quas interposuerint quod cum diffiteor predictum dominum meum quibusdam decimis de dominio seu feudo prouenientes memorato spoliarunt ac spoliari mandarunt aut spoliacionem nomine suo factam ratam habuerunt pariter et acceptam prouocacionibus et appellacionibus si quas interposuerint quod non fateor minime deferentes et per consequens beneficio appellacionis se reddentes indignos propter que et eorum quodlibet tuicionis beneficium non est eis religiosis concedendum, set pocius denegandum, quod peto fieri cum effectu necnon ulterius fieri et statui, quod de iure et consuetudine curie Cantuariensis fuerit faciendum et statuendum premissa propono diuisim seu coniunctim prout domino suo uidebitur expedire iuris beneficio in omnibus mihi saluo remanente.

Quo proposito saltem proximo die litis post introduccionem tuitorii negocii producantur testes maiori numero testium productorum a parte appellante et concurrant probaciones hinc inde, ut fiat simul publicacio et subsequenter disputacio tam super attestacionibus partis appellantis quam eciam attestacionibus partis appellate habitis super facto predicto, et tunc quis melius probauerit uictoriam consequitur. Item si pars appellans in tuitorio negocio non compareat, expectabitur per triduum, et, si tunc non uenerit, concedetur dimissio parti appellate presenti et ipsam petenti. Et si pars appellans compareat et prosequatur suum tuitorium negocium et pars appellata uelit consentire procedere in principali, nisi pars appellans similiter consenciet, licet optime sua suggesta probet, denegabitur sibi tuicio et per consequens concedetur dimissio parti appellate.[4]

In causis directarum appellacionum si constet de uocacione partis appellate et pars ipsa compareat, porigatur sibi libellus et detur dies ad deliberandum et subsequenter ad proponens omnes et tunc ad contestandum et ad iurandum et ad ceteras solempnitates faciendum, prout in causa principali fuerit procedendum. Si uero pars appellata citata non compareat, uocabitur iterato, ut detur sibi in citatorio si subsequenter contrahat contumaciam. Lite non contestata, ad testium recepcionem est procedendum et sic deinceps ad quemlibet actum uel que ad pronunciacionem pene contumacie partis appellate ad hoc citate et non comparentis est procedendum. Si pars appellans non compareat primo die et pars appellata compareat, uocabitur pars appellans ad alium diem suam appellacionis causam prosequitura. Et si non compareat ad diem sic citata, uocabitur iterato ad suam appellacionis causam cum effectu prosequendam sub pena finalis remissionis ad iudicem a quo se appellasse suggessit et expensis legitimis ea occasione factis contempnata uel condempnanda. Item si appelletur directe ad curiam a grauamine, formandus est libellus iuxta effectum sic:

Coram uobis, domine iudex, dico et in iure propono ego procurator talis contra talem et contra quemcumque legitime interuenientem pro eodem ac contra omnes et

---

[3] Eltham is about three miles south of Woolwich and Mottingham about one mile south of Eltham, both then in Kent and Canterbury diocese.

[4] Et pars appellata uelit – dimissio parti appellate *underlined*.

singulos, qui parti dicti domini mei se in forma iuris dixerint in hac parte opponendum,[5] quod, cum idem magister Thomas dominus meus ad prebendam de tali loco uacantem et ad presentacionem talem spectantem tempore competenti dicto patri loci diocesis canonice fuisset presentatus ac metuens sibi ex dicti prioris et aliorum comminacionibus necnon ex causis probabilibus et coniecturis uerisimilibus in futurum posse preiudicium generari nec idem pater quicumque huiusmodi presentacionis eius uim seu effectum statueret, ordinaret seu fieri faceret, curie Cantuariensi tunc prouocasset petens instanter se ad dictam prebendam in forma iuris admitti et in possessione eiusdem cum suis iuribus et pertinenciis induci in eadem et inductum tueri necnon stallum in choro et locum in capitulo et cetera que canonicis ecclesie Lichfeldensis debentur, prout iustum fuerit, sibi assignari. Dictus tamen pater[6] eundem magistrum Thomam dominum meum, licet nichil eidem de canonicis obstaret institutis, ad dictam prebendam admittere et super premissis audire recusauit minus iuste seu non curauit sepius et humiliter requisitus. Vnde dictus magister Thomas, dominus meus, senciens se ex hoc per dictum dominum patrem indebite pregrauari, ad[7] sedem Cantuariensem legitime appellauit se et omnes sibi adherentes necnon et ipsam prebendam quatenus statum ipsius presentati contingit proteccione sedis[8] predicte supponendo. Quare peto ego dictus procurator nomine procuratorio pro dicto domino meo, probatis hiis que dicto domino meo aut michi eius nomine in hac parte sufficere possint et debent pro dictis prouocacione et appellacione et earum causis seu causa, pro[9] curie Cantuariensis iurisdiccione pronunciari et quicquid post eas aut earum aliquam est in dicti domini mei preiudicium attemptatum non tenere discerni et in statum debitum reuocari ipsumque magistrum Thomam dominum meum ad dictam prebendam de T[10] in ecclesia Lichfeldensi admittendum et in ipsius corporalem possessionem cum suis iuribus et pertinenciis inducendum seu sustinendum esse in eadem per uos, domine iudex, sentencialiter et diffinitiue declarari et mota prius ab eadem prebenda quolibet illicito detentore necnon ipsum dominum meum auctoritate dicte curie Cantuariensis ad ipsam prebendam seu canonicatum admitti.

Si a sentencia diffinitiua appelletur, formandus est libellus sub hac forma:

Coram uobis, domine iudex, dicit et in iure proponit procurator talis de tali loco contra talem de tali loco et contra quamcumque personam pro eadem legitime interuenientem quod, cum dicta Christina prefatum T coram discreto uiro fratre Ricardo de Cliue,[11] commissario[12] Cantuariensi, traxisset in causam et petendo dictum M sibi in uirum adiudicari secundum commissarium in dicta causa, minus iuste procedens, sentenciam diffinitiuam tulit unquam eundemThomam eidem mulieri in uirum adiudicando. Unde pars dicti Thome, senciens se ex hoc indebite pregrauari, a

---

[5] proponendum *ms. set corr. in eodem aut alteri manu.*
[6] procurator *ms. set corr. in eodem aut alteri manu.*
[7] *scripsi.*
[8] sedem *ms. set corr. in eodem aut alteri manu.*
[9] ac *ms. set cor. in eodem aut alteri manu.*
[10] There were prebendaries of Tatchbrook and Tervin in Lichfield Cathedral.
[11] For Clive see Joan Greatrex, *Biographical Register of the English Priories of the Province of Canterbury, c. 1066 to 1540* (Oxford, 1997), pp. 125–26, and Charles Donahue, Jr., 'The Monastic Judge: Social Practice, Formal Rule, and the Medieval Canon Law of Incest', *Studia Gratiana* 27 (1996) 59–69. He was professed as a monk of Christ Church, Canterbury, in 1286 and died in 1326.
[12] f. 178$^v$.

dicta sentencia diffinitiua tanquam ab iniqua curie Cantuariensi legitime appellauit. Quare petit idem procurator nomine procuratiorio ut supra probatis seu quacumque uia iuris declaratis seu detectis hiis uel eorum aliquo que uel quod sibi sufficiant uel sufficiat in hac parte pro appellacione dicti domini sui et eius causa necnon pro iurisdiccione curie Cantuariensis per uos, domine iudex, sentencialiter et diffinitiue pronunciari et, detectis dicte sentencie iniquitatibus, ipsam sentenciam infirmari, cassari, irritari, irritam atque nullam esse pronunciari uiribusque carere decerni et in omnibus sibi iusticiam exhiberi. Hoc dicit et petit diuisim seu coniunctim iuris beneficio sibi saluo addendi etc.

In causa querele taliter est procedendum. Quando pars querelata est citata quod compareat certo die precise et peremptorie ostensura et probatura racionabile si quid pro se habuerit seu canonicum quare id quod per curiam Cantuariensem demandatur fieri seu exequi in penam negligencie id nullatenus facientis seu exequentis per curiam Cantuariensem fieri non debeat seu expidire et in termino peremptorio proponat, uideantur proposita. Si talia sint ita efficacia quorum pretextu cause non poterit ad curiam deuolui, fiat remissio parcium ad iudicem a quo deponitur querela. Si uero nullum canonicum in termino a parte querelata fuerit propositum, tunc precludetur uia parti querelate de cetero quicquam in hac parte taliter proponendi seu ostendendi. Et tunc pronunciabitur pro iurisdiccione curie, et subsequenter porigatur a parte querelante articulus sub hac forma:

In dei nomine. Amen. Cum dominus R de tali loco ad ecclesiam de O uacantem Norwicensis diocesis per uerum eiusdem ecclesie patronum domino Norwicensi episocopo fuerit canonice presentatus inquisicioque iuxta presentacionem huiusmodi in pleno loci capitulo ad mandatum eiusdem patris rite facta sufficienter pro ipso faceret presentato dominusque episcopus Norwicensis supradictus pretextu opposicionis Philippi de Scales possessioni ecclesie supradicte contra iusticiam incumbentis ad ipsiusque procuracionem et instanciam, cum notorium est ipsum infra annum a tempore sibi de facto commissi regiminis nunc se fecisse in sacerdocium promoueri, prout ipsius ecclesie consuetudo requirebat, eundemque tam tempore assecucionis ecclesie predicte quam ad huc in presenti minorem octodecim annorum fuisse et esse sicque etatis defectum notorie paciendo presentatum predictum R ad ipsam ecclesiam admittere rectoremque in eadem instituere recusauerit minus iuste seu plus debito distulerit tam per eundem presentatum sepius et humiliter requisitus quam auctoritate curie Cantuariensis sufficienter monitus atque iusiuratus sitque negocium presentacionis et admissionis huiusmodi ad curiam Cantuariensem legitime deuolutum, peto ego procurator presentati predicti in huiusmodi negocio iuxta uim, formam et effectum rescripti pro ipso presentato a curia Cantuariensi impetrata per presidentem curie supradicte procedi ipsumque dominum meum ad ecclesiam antedictam amoto ab eadem prefato Philippo quatinus eidem de facto incumbit et quolibet illicito detentore ipsum[13] dominum meum Ricardum admitti rectoremque in eadem institui ulteriusque in hac parte fieri, quod est iustum, presertim cum ex parte episcopi memorati aut Philippi predicti in termino peremptorio ipsis per Cantuariensem curiam assignato nichil canonicum propositum ei fuerat seu ostensum quare premissa minime si debeant ut petuntur. Hec propono et peto ego procurator predictus coniunctim et diuisim uestrum, domine officialis curie sede uacancte seu cuiuscumque alterius ipsi commissarii presidentis, officium implorando paratum me

---

[13] *add. interlin.*

procuratorio nomine offerens in hac parte facere quod incumbit, iuris beneficio in omnibus semper saluo.

Quo porrecto et ipsius copia parti aduerse facta, pars ipsa habebit diem ad respondendum eidem. Quod si tunc non respondeat si agatur de beneficio optinendo, procedendum est, lite non contestata, ad testium recepcionem et ulterius ad finalem decisionem cum continuacione et prorogacione dierum, prout ipsius cause qualitas et natura exigit seu requirit.

## 2. ISTE EST MODUS PROSEQUENDI CAUSAS IN CURIA CANTUARIENSI

This treatise is found in Oxford, The Queen's College Ms. 54, ff. 32$^r$–35$^v$. This manuscript, compiled in the mid-1480s, is a *mixtum gatherum* of mostly canon law material, datable from the fourteenth and fifteenth centuries: forms, treatises, legislation and other material pertaining chiefly to the ecclesiastical courts, much of it to the Court of Arches.[1] This procedural treatise describes the practical way in which lawyers in the Court of Arches should proceed. It could be called 'A Lawyer's Guide to the Arches', since uniquely it deals with how lawyers should act in this court. Unlike any other known procedural treatise concerning the English church courts, this treatise advises the lawyer how to approach officers of the court, how and in what order to present witnesses, how to secure official documents, how to react to sentences – the description of the judge pronouncing sentence is particularly graphic – which fees are to be paid by way of expenses and which by way of gratuities (such as wine and seasonal delicacies) should be given to members of the court. The author particularly delineates with much practical detail the role of the proctor. This treatise was almost certainly written by a lawyer with considerable experience in the Arches. Appended to the treatise (not included here) is a brief formulary, which contains excerpts of forms that could be used under various contingencies. Brackets [ ] indicate editor's addition.

It is difficult to date this treatise save to say that it was written before the mid-1480s, the date of the manuscript. The statute which is cited as fixing the fees for proctors at 6s 8d and advocates at 13s 4d respectively has not been identified, but an early fifteenth-century schedule of expenses allowed a proctor 1 mark (13s 4d) and an advocate 20s for one case for one year.[2]

*Iste est modus prosequendi causas in curia Cantuariensi utrum causa sit per uiam appellacionis directe ibidem introducenda aut per uiam querele*
Primo pars appellans et actrix uisa appellacionis sue forma. Aduocatus habet proferre et petere introduccionem cause ut in eadem curia tractetur, uentiletur et debito fine terminetur. Et postquam sit introducta, considerandum est et

---

[1] For a description of this ms. see F. Donald Logan, 'The Cambridge Canon Law Faculty: Sermons and Addresses', *Medieval Ecclesiastical Studies in Honour of Dorothy M. Owen*, eds M.J. Franklin and Christopher Harper-Bill (Woodbridge, Suffolk, 1995), pp. 152–53. About the version of the *consuetudines* of the Court of Arches contained in this ms. see supra, pp. 38–39.
[2] Churchill, 2. 204.

petendum qui sunt procuratores parcium et ipsi ostendent potestatem sufficientem procedendi in litem a clientibus suis destinatam.

Postquam constat curie de potestate procuratorum occupari uolencium in causa, tunc dandus est a presidenti curie terminus parti libellare uolenti ad octos dies. Et tunc bene cauendum est quod aduocatus in factura libelli clare consulatur et informatur quod non superflue ponat de materia in libello, uidelicet, plus quam bene et sufficienter probare intendit nec diminute retrahat quod postea in detrimentum cedat; tamen potestatem reseruat procurator de addendo uel minuendo cum protestacione usque ad certum terminum litis.

Accepto uero libello a parte aduersa, eadem pars petit diem ad deliberandum super libello et dabitur ei terminus per iudicem presidentem forte ad sessionem, id est, per spacium trium septimanarum uel saltem ad quindenam secundum arbitrium iudicis. Completoque termino predicto, tunc comparet iudicialiter procurator partis aduerse et exhibet factum contrarium in omnibus repugnans libello partis principalis et actricis.

Recepto quoque tercia parte eiusdem facti contrarii a procuratore partis actricis et super hoc plene deliberato cum consilio aduocatorum, statim petendus est terminus ad protestandum litem per partem actricem, ita tamen quod sciet se satis esse securam de et super probacione libelli sui. Set forte pars aduersa per ambages, cauillaciones et cautelas non uult consentire litis contestacioni quousque fuerit plenius informata et tali modo intendit procelare causam et prorogare in quantum potest, set tunc procurator partis actricis pro uiribus suis uisitare domino presidenti quod detur ei terminus ad precise contestandum, et hoc euacuare non potest pars aduersa ullo modo.

Datoque ei termino a presidente ad precise contestandum utrique parti hincinde, eodemque termino effluxo, ambo procuratores procedant coram presidente ad litem contestandum. Eademque contestata et iuratata de calumpnia hincinde, statim petat aduocatus partis actricis diem ad primo producendum testes in causa. Et dominus presidens ex discrecione sua dabit utrique parti certum diem ad primo producendum. Tamen bene caueat promotor cause de testibus producendis et quod [producat] bonos uiros et fidedignos, senes et discretos qui sciunt deponere super materia libelli deducti et super quolibet articulo in eodem contento et saltem de uisu et sciencia seu noticia omnium contentorum in libello.

Prouideat caute promotor cause principalis quod sciat eos, scilicet, testes suos producendos, bene informare quoad actum de quo agitur et uentilatur in curia predicta et quod habeat ex eisdem testibus fidem de dicendo effectualiter et concordanter super interrogatoriis et quod non uacillent in dictis suis plus aut minus augendo uel minuendo nisi solomodo ad interrogata pure et simpliciter respondendo et summarie. Caueat promotor cause quod senior omnium testium et sapiencior primo producatur et in testimonium, ut ex eo solo ceteri omnes consequentes informacionem ualeant recipere et claram euidenciam.

Cum autem produccionis dies aduenerit, habeat procurator nomina testium in aliqua cedula inserta et faciat eos sigillatim preconizari[3] coram registrario dicte curie, qui eos onerabit iuramento corporali ad dicendum ueritatem in

---

[3] preconizati *ms.*

causa pro qua ibidem producantur. Iuramento quoque eorum prestito, statim prosequendum est domino examinatori, ut ipse causam acceleret per examinacionem suam, quam cicius comode poterit, effectualiter inducendo eum quod distincte et aperte procedat in examinacione sua sub spe remuneracionis debite.

Postea uero quando examinator limitauerit tempus et locum examinandi, prouideat promotor[4] quod habeat testes suos ibidem paratos expectandos aduentum examinatoris. Et postquam aduenerit, preparet idem promotor primum testem ad examinacionem proferendo eum eidem domino examinatori et, postquam se adinuicem copulauerit in uerbis, statim uadat promotor querendo de meliori uino aut speciebus aut de piris et huiusmodi secundum quod tempus anni exquisierit.

Facta autem examinacione prime produccionis testium, statim in secundo die postea[5] fiat ad secundum producendum per aduocatum in causa, et dominus presidens adiudicabit partibus secunde produccionis diem. Tunc solerter insidiandum est de aliis testibus prioribus dissimilibus set tamen in omnibus cum eis concordantibus quoad effectum materie in libello contente. Et si forte aliquis testis qui est necessarius cause uelit se elongare ab examinacione huiusmodi odio malicie aut fauore uel timore domini, statim petatur litera a domino presidente compulsoria ad cogendum eum uenire censuris ecclesiasticis et aliis suasionibus a iure editis et intitulatis. Et sicut fecit promotor in prima produccione et examinacione, sic faciat in illa secunda et semper diligenter elaborat super concordancia omnium testium in quantum potest.

Isto termino tercie produccionis testium petito et obtento per decretum domini presidentis, coadiuuet promotor omnes tot quot potest de ualencioribus personis et honestioribus quas nouit posse ualere in huiusmodi negocio, quia post istam produccionem non ualebit ulterius locus petendi aliquam produccionem testium, quia, licet peteretur, tamen non concederetur ullo modo. Et ideo cauendum est quod omnes testes in ista produccione sint utiles et effectuales, bene instructi et informati. Et si promotor principalis uideat aliquem testem ex parte aduersa productum qui scit deponere de uero facto cause pro parte sua, statim requirat dominum presidentem per procuratorem suum ut ille uocetur et fiat communis testis affirmando quod ipse est bene necessarius in causa pro parte sua, licet producatur e contrario. Et postquam sint examinati omnes testes, tam ex una parte quam ex alia, sicut facit in prima et secunda produccione sic faciet in hac ultima sua produccione semper fauens domino examinatori in omnibus placens.

Hiis omnibus rite peractis et effluxis omnibus terminis productoriis, acceleret promotor ad satisfaciendum examinatori pro attestacionibus suis pro reuuardo laboris sui, si hoc uideat et senciat esse faciendum. Et postquam satisfecerit competenter, urgeat examinatorem ut producat attestaciones in curia ad publicandum. Tunc petat aduocatus cause a domino presidente publicacionem attestacionum utriusque partis, et iudex decernet publicacionem fieri. Tunc

---

[4] f. 32$^v$.
[5] post *ms.*

laborandum est et insistendum registrario curie ut celeriter rescribi facias illas attestaciones, ut aduocatus posset super eos deliberare.

Rescriptis quoque attestacionibus et redemptis, statim uadat promotor cum procuratore suo ad hospicium aduocati et ei demonstret illas attestaciones rogando eum ut superuideat eas, si placeat aut non. Se[6] in hoc facto non potest promotor esse tenax quin expendat largiter in uino et aliis nouis fructibus secundum quod tempus anni exuisierit. Si autem aduocatus diligenciam suam adhibuerit insuper uidendo attestaciones et cognouerit quod testes sue partis plene et sufficienter deposuerunt super contentis in libello et quod testes partis aduerse nichil probauerint super contrario facto quod non poterit obuiare, tunc bene stat negocium. Si autem sciat quod testes sue partis in aliquibus uacillauerint et non ad plenum deposuerint quoad effectum materie, tunc instare debet aduocatus super repeticionem certorum testium prius productorum per quos causa poterit melius formari ad expedicionem sentencie ferende pro parte sua.

Si[7] autem aduocatus uiderit per attestaciones partis aduerse quod cause partis sue poterit nocere, tunc habet petere terminum ad dicendum contra testes partis aduerse et eorum dicta, et presidens adiudicabit ei terminum competentem secundum decretum suum forte ad cessionem uel quindenam ad minus, et in illo termino debet prouidere de quadam proposicione porrigendorum domino presidenti in qua oportet contineri certos defectus in personis testium productis pro parte aduersa, uidelicet, si sint conducti prece uel precio seu saltem gracia, odio uel fauore ueritatem tacendo et falsum procurando in coloracionem[8] anime.

Postquam huiusmodi uero proposicio siue excepcio secundum arbitrium iudicis presidentis admissa fuerit et recepta, tunc petendus est terminus ad proponendum omnia in facto consistencia. Et iudex prefiget certum terminum secundum interrogacionem aduocati, infra quem terminum prouideat bene et caute promotor de omnibus munimentiis suis quod plane preparentur. Et cauendum est que munimenta possunt prodesse et obesse concernencia effectum huiusmodi cause.

Cum autem ille terminus aduenerit, tradat promotor procuratori suo munimenta sua ad exhibendum registrario coram presidente cum protestacione de utendo eisdem, et petat copias et exhbitoria pro parte aduersa et caute prouideat quod non plura nec alia munimenta producat uel exhibeat, quin concernunt et tangunt materiam in libello deductam, quia non ualeret et eciam computent cum registrario quot et qualia munimenta sibi ministret in exhibicionem et quot sunt sigillata et quot non.

Postea elaborandum est registrario pro copiis tam suorum munimentorum quam partis aduerse, et cum eas redimerit et penes eum, statim uadat cum eisdem ad aduocatum suum, ut ipse eadem superuideat et eisdem deliberat pro loco et tempore ad hoc oportunis.

Si autem aduocatus uiderit quod pars aduersa aliqua munimenta produxerit de quorum effectu in contrario facto non fit mencio, tunc habet ipse aduocatus

---

[6] *rectius* Sed?
[7] f. 33ʳ.
[8] icloracionem *ms*.

replicare super hec et excipere contra producta et exhibita per partem aduersam et debet petere a presidente quod concludatur in causa. Tunc procurator partis aduerse non uult consentire quod concludatur set ad prorogandum negocium dicat se habere alia munimenta exhibenda, licet non habeat, quia tunc constat tam aduocato[9] quam procuratori partis aduerse quod causa est in eadem parte desperata. Et tunc instandum est domino presidenti fortiter quod detur procuratori illius partis aduerse terminus peremptorie et precisus ad proponendum omnia in facto consistencia sub pena carencie.

Illo termino iam adueniente, instet diligenter procurator partis principalis quod pars aduersa producat, si que[10] habeat, munimenta uel aliter petat concludi in causa. Tunc enim ex malicia procuratoris ad maiorem prorogacionem cause contra partem principalem dicit se nolle ulterius occupare in causa, quia iam dimittit tanquam desperatam aduersam ad dicendum causam quare non debet concludi in causa. Habitaque huiusmodi litera efficaciter, citetur illa pars ad certos diem et locum competentem in ipsa litera citatoria. Et si pars citata sit iuxta omnem uim, formam et effectum mandati presidentis, tunc certificet ille qui huiusmodi mandatum receperit exequendum, perlecto quoque certificatorio in curia predicta palam et publice. Tunc preconizetur pars aduersa ad interessendum conclusioni et, si ueniat uel non, concludendum est in causa.

Et postquam processum sit quod conclusum sit in causa, statim petendum est coram ipso principali, uidelicet, parte aduersa, ad audiendum sentenciam ad libitum iudicis presidentis.[11] Si autem principalis non[12] comparuerit in conclusione cause, tamen in eius contumacia conclusit sic in causa; tunc petenda est litera citatoria ad compellendum eum uenire ad audiendum sentenciam. Quo quidem citatorio et certificatorio oblato et perlecto, licet pars illa ueniat uel non ueniat, procedendum est ad sentenciam diffinitiuam. Set promotor partis actricis debet instare aduocato suo quod uelit effectuose cum omni diligencia super actis cause deliberare et adeo cicius quam poterit dominum presidentem clare et plane informare, uel ipse iudex poterit per suam informacionem lucide ad prolacionem sentencie procedere. Et omni tenacitate propulsa, oportet promotorem in isto promoto negocio esse curialem tam aduocato suo quam actorum scribe quod ipse scriba faciat sentenciam secundum omnia dicta in tota lite exhibita.

Cum autem aduocatus plenarie sit deliberatus super informacione sua, tunc eat promotor ad dominum presidentem coram quo pendet causa huiusmodi implorando eum ut ex sua gracia speciali uelit illo die interesse curie ad audiendum informacionem aduocati sui in illa causa de qua agitur coram eo asserendo et affirmando se multa aduersa in huiusmodi prosecucione sustinuisse, et allegat promotor aliquas obiurgaciones uel huiusmodi a domino suo sibi illatas pro longa expectacione finis eius litis. Et tunc iudex considerans eius instanciam concedet ei certum diem ad interessendum curie ad audiendum informacionem aduocati sui.

---

[9] aduocata *ms.*
[10] qua *ms.*
[11] presidente *ms.*
[12] f. 33ᵛ.

Adueniente quoque illo die et aduocatus suam informacionem dabit. Intendat promotor diligenter allegacionibus suis uel saltem, si non intelligat dicta aduocati, stet prope alium aduocatum qui non est cum parte sua neque cum parte alia et ipso allegante extraneus aduocatus loquitur pacifice et silenter confortando eum in allegacione sua et forte laudando iura allegata pro parte principali. Et si promotor congnoscat per uerba aduocati quod ius habet commune pro eo, tunc imitatur promotor, quantum potest, quod aduocatus super illo prouento firmiter se teneat, quia tunc bene stat negocium absque dubio.

Finitisque quoque allegacionibus aduocati pro parte principali et iudice in ea parte bene informato, tunc aduocatus partis aduerse petat alium diem ad informandum diem parte sua aduersa, quia forte dicet quod non est plene adhuc deliberatus super processu habito in lite et promittet se super uisurum et deliberaturum ad proximum diem aduentus domini presidentis, et iudex in hac contentatur.

Postea uero in tercio uel quarto die sequente iudex ueniet ad curiam ad audiendum eum et informacionem partis aduerse, et tunc ille allegabit quicquid parti sue placere poterit, licet minus iuste. Et si forte assumat sibi aliquem prouentum grauem, superfundit intencionem suam illum punctum; tunc aduocatus principalis habet iterare et super eo fortiter replicare et, in quantum potest, adnichilare semper affirmando se habere ius commune pro parte sua, quia hac tollet quecumque argumenta licet premaxima. Auditoque dicto aduocato et finitis altercacionibus hincinde, tunc iudex uult petere processum plenarium super quo ipse intendit clarius seipsum informare.

Cum autem iudex penes se habuerit totum processum ad superuidendum et ex eo deliberandum, tunc habet promotor diligenter instare de diebus in dies et de tempore in tempus, omni deposita erubescencia, ad instigandum iudicem super prolacionem sentencie diffinitiue et quod faciet finem in causa. Tunc iudex nimia instancia promotoris excitatus limitabit ei diem ad curie ueniendum et mouere aduocatos de meliori et pleniori informacione et finali. Et cum uenerit, ipse iudex tanget de materia cause et fundabit se ad destruendum omnia argumenta utriusque partis ut meliorem et clariorem habeat ab eis informacionem. Et forte nec una pars nec[13] alia pars incedit ulterius allegare in causa, set committunt iudici causam de faciendo iusticiam.

Tunc iudex precipiet actorum scribe quod preparet sentenciam ad prolacionem secundum effectum exhibitorum, actorum, allegatorum et deinceps clare probatorum pro parte petentis sentenciam pronunicari et declarari. Et secure ibidem scriba elaborabit celerime ad componendum sentenciam sub spe mercedis sibi allocande, quia, si promotor uelit habere simpliciter sigillatam sigillo domini iudicis, tunc non sit eidem scribe nisi dimidiam marcam soluendum; si uelit habere inde secundum formam instrumenti, tunc soluet uiginti solidos cum curialitate uini interim in eo expediendo, ut absque scripulo sentencia in forma redigatur.

---

[13] f. 34ʳ.

Cum autem compleuerit idem scriba quod sua interest in ea parte, tunc accedat promotor ad iudicem orando et obsecrando in domino quod faciet finem in tali causa que diu pendebat coram eo. Tunc iudex sic precibus et instancia promotoris, quia indies fatigatus et quia erubescencia attonitus, concedit promotori certum diem et finalem ad sentenciandum. Tunc non habet promotor aliud ad faciendum nisi expectare aduentum iudicis et diem profixum etc.

Die quoque adueniente, prouideat promotor quod aduocatus et procurator sint presentes in curia et similiter aduocatus et procurator partis aduerse. Cum autem iudex uiderit ambas partes ibidem esse presentes, tunc dicet audiente tota curia, 'Vult aliquis ulterius allegare in tali causa, statim respondebitur; quod non, set fiat finis.' Et tunc iudex conuocat alios dominos legisperitos sibi assistere et testimonium perhibere super prolacione huiusmodi sentencie per eum inibi tunc ferende pro parte cuius est attribuenda similiter, et procuratores utriusque partis ibidem astabunt presentes audituri uoluntatem iudicis.

Factoque silencio per bidellum curie, dominus iudex nudato capite et signo sancte crucis impresso isto modo incipiet plena uoce: 'In dei nomine. Amen.' etc. Prolataque sentencia et delarata pro parte pricipali actricis, statim pars aduersa in iram commota appellat ad curiam Romanam uerbis contumeliosis, de quibus nichil est curandum. Tunc habet promotor regraciari totam curiam de iusticia, scilicet, adiudicata.

Post hec autem promotor preparet de uino et de pane aut aliquo alio quod sit delicatum et faciat presentari domini presidenti pro magno labore suo habito super processu cause. Et statim festinet ad actorum scribam super scriptura sentencie late, et cum fuerit declarata scripta ad modum instrumenti, appendat et liqueum sericum ad instrumentum, in quo affigetur sigillum domini iudicis. Pro qua sentencia soluet actorum scribe uiginti solidos et domino iudici pro apposicione sigilli sui sexdecim denarios.

Hiis peractis et debito fine terminatis, desistat pars que habet sentenciam pro parte sua ab omni execucione quousque annus sit reuolutus plene a tempore sentencie late et appellacionis interposite, quia tunc uidebatur si pars aduersa aliquid egerit in prosequendo appellacionem suam per curiam Romanam, quia cito constabit parti principali si aliquid ibi per deuolucionem actum uel tractatum.

Finito autem anno a tempore appellacionis, petendum est per partem principalem condempnacionem expensarium in huiusmodi causa per arbitrium iudicis adiudicandarum. Tunc petet iudex si annus sit expletus a tempore sentencie late, et hoc probabit per datum sentencie quod annus est plenarie completus. Tunc debet adiudicare diem parti aduerse ad interessendum condempnacioni expensarum. Et si forte procurator suus in causa non uult occupare in huiusmodi facto, tunc citanda est eadem pars personaliter et peremptorie ad comparendum et audiendum condempnacionem expensarum.

Cum autem ille dies aduenerit, caueat bene promotor de expensis suis quas fecerit in[14] causa, super quibus licite potest iurare in animam domini sui. Et si pars rea uenerit per se personaliter uel per procuratorem suum ad diem

---

[14] f. 34ᵛ.

limitatum per iudicem, tunc instet promotor pro condempnacione declaranda. Et dominus iudex adiudicabit consideratus primitus considerandus et omnibus circumstanciis utriusque partis et meritis, ex deliberacione bone consciencie adiudicabit expensas parti eciam actrici secundum quod ei melius uidebatur expedire etc.

Et post hec omnia prosequatur condempnacio censurorum etc. Et de huiusmodi censuris non cesset promotor quin eas faciat promulgari et de diebus in dies fulminari temporibus et locis quibus sibi melius uidebitur expedire et parti aduerse nocere uiis et modis usque ad satisfaccionem ultimi quadrantis, quia in hac causa non ualebit appellacio. Et est sciendum quod in quolibet termino, dummodo huiusmodi causa agitatur usque ad conclusionem, procurator cause percipiat ex statuto curie sex solidos, octo denarios, et quilibet aduocatus usque ad prolacionem sentencie tredecim solidos, quarto denarios. Acta et inactitata in eadem causa que concernunt officiis registrarii et actorum scribe etc.


3. QUIA CAUSE AD CURIAM CANTUARIENSEM[1]

The treatise is found in Oxford, Corpus Christi College Ms. 72, ff. 68$^r$–71$^v$. This manuscript quite probably had a Worcester connection, since it contains the synodal statutes of Bishop Walter Reynolds as well as two letters of Bishop Richard Clifford (7 April 1404). The manuscript probably dates from the second quarter of the fifteenth century, Lyndwood's *Provinciale* (1430) being the latest datable item. Much procedural material is contained here, including the procedure followed in Rome as well as that used in the Arches.[2]

The treatise probably dates from the 1290s. The latest canonical references are to five decrees of Pope Innocent IV promulgated at the First Council of Lyons, 1245. Twenty-two canonical decrees of that council were subsequently collected and had a life of their own as *extravagantes* before they were included in the *Liber sextus* of Pope Boniface VIII in 1298. While it is possible that the author cites these five decrees from the *Liber sextus*, this seems unlikely since he cites no other texts from the *Liber sextus*; he probably used the collection of *extravangtes*. This would provide us with 1298 as the *terminus ad quem*. Moreover, the author refers to several cases in the Arches, and these provide clues, more elusive than one would like, to the date of the composition of the treatise. The reference to the appeal regarding the parish of Colsterworth in Lincolnshire (below, p. 101) probably has to do with the appeals made in 1291.[3] Also, although less certainly, John Sutton (below, p. 103) may have been the same John Sutton, proctor in the

---

[1] A post-medieval hand has given the title *Directio de tractatione causarum in curia Cantuariensi*.
[2] For a description see H.O. Coxe, *Catalogus Codicum MSS. Qui in Collegiis Aulisque Oxoniensibus Hodie Asservantur* (2 vols; Oxford, 1852), vol. 2, Corpus Christi College, pp. 25–26.
[3] See Rosalind M.T. Hill, ed., *The Rolls and Register of Oliver Sutton, 1280–1299* (Lincoln Record Society, 39; 1948), i. lxxxi, 86–92.

appeal in the Arches (1293–1294) by Thomas de Sutton concerning the prebend of Thame in Lincoln Cathedral.[4] The author discusses the case between Master William de Montford (d. 1294) and the abbot of [St Mary's] York (below, p. 105).[5] W. Burdet (below, p. 101) may be the William Burdet who appears in the patent rolls in 1299 and 1301 and in the close rolls in 1305 and 1306.[6] The treatise, then, can be dated fairly reliably to the 1290s, since there are no explicit references to the *Liber sextus* of 1298 and since such a date is consistent with what we know about the cases to which the author refers.

The treatise itself has a clearly academic nature. It contains references to traditional canon and civil law texts as well as to the commentary of Innocent IV. Also, it has a personal flavour: the author frequently speaks in the first person and mentions cases with which he was personally familiar, which suggests that they were lecture notes.

Quia cause ad curiam Cantuariensem uariis ex causis deuoluntur et in eadem curia uentilantur ac eciam deciduntur, bene dico 'deuoluntur': quandoque per uiam directe appellacionis, quandoque per uiam tuitorie appellacionis consensu parcium ut ibi procedatur legitime obsecuto, quandoque eciam per uiam tutele propter negligenciam subditorum. Secundo de premissis et eorum dilacionibus per ordinem uideamus ac eciam de effectibus eorundem.

Et primo de appellacione directa et eius effectu est uidendum. Et quia quandoque appellatur a grauamine et quandoque a diffinitiua, et quandoque a grauamine iudiciali et quandoque a grauamine extraiudiciali et quandoque a grauamine partis et quandoque a grauamine iudicis. Et tunc quia quandoque fiunt execuciones post appellaciones legitime interpositas, que per uiam attemptatorum habent reuocari. Et quia quandoque fiunt prefixiones et quandoque dilaciones cum fuerint ad sedem apostolicam appellatum. Et quandoque causa est in curia eo ipso quod ad curiam Romanam appellatur. Vnde de hiis et eorum effectibus est tractandum.

Et est sciendum quod, cum appellatur a grauamine iudicis et in iudicio, caueat sibi appellans ut causa sit racionabilis ob quam appellare intendit, ne postea condempnatus in expensis uel saltim condempnandus priori iudici remittatur (ut extra, de appellacionibus, c. ut debitus honor).[7] Si autem causa sit racionabilis ob quam appellare intendit, appellet legitime coram testibus et in presencia iudicis, si ipsius copiam habere poterit. Alioquin protestetur de notificando et notificet infra decem dies, si ipsum habere poterit, et appellet in scriptis (ut extra, de probacionibus, quoniam contra)[8] et petat apostolos cum instancia (ut ff., de libello dimissoriis, l. unica),[9] et possunt concedi appellacioni

---

[4] See *Select Canterbury Cases*, pp. 567–611.
[5] For de Montfort, an influential cleric, pluralist and dean of St Paul's Cathedral, London, 1285–94, see *BRUO* 2. 1297–98, and infra, p. 156n.
[6] *CPR, 1296–1302*, pp. 282, 436–7; *CCR, 1302–07*, pp. 301, 425.
[7] X 2.28.59.
[8] X 2.19.11.
[9] Dig. 49.6.1.

infra triginta dies, prout intelligunt doctores in legibus aliis, et est casus legis (C., de appellacionibus, 1. iudicibus).[10] Caueat similiter ne post appellacionem legitime interpositam sue appellacioni renunciet tacite uel expresse, quod, si fecerit, amittet effectum sue appellacionis (ut C., de re iudicata, ad solucionem)[11] et excluderetur per uiam iustificacionis et contestacionum uel per uiam excepcionis peremptorie. Item caueat ut deferat proprie appellacioni, ne cadat ab effectu eiusdem (ut extra, de rescriptis, c. ex parte;[12] et extra, de appellacionibus, c. an sit deferendum;[13] et de eleccionibus, bone memorie maguntinensi).[14]

Cum autem fuerit appellatum ob certum grauamen et a curia Cantuariensi impetratum et inhibitum et pars appellata citata fuerit ante curiam Cantuariensem, ubi fuerit processum ad instanciam partis, aut pars appellata compareret aut non. Si compareat, et edat sibi iuxta formam suggestionis et fiat mencio in suggestione, si poterit, de attemptatis post appellacionem et de excommunicacione lata post appellacionem. Si autem non potuit diuinare quia, dum fuit in impetrando, talia fecerat, tunc faciat de hiis mencionem in libello et iuxta libellum porigat articulum, quo petet attemptata reuocare et de eo discuscietur antequam in dicta causa appellacionis procedatur, et hoc uerum quando[15] a diffinitiua appellatur, set quando ab interlocutoria an possit fieri queratur (extra, de iureiurando, ueniens,[16] cum sua glossa;[17] et de excepcionibus, dilectorum[18] ubi iure tractat). Item cum iuxta libellum in causa appellacionis porigitur articulus in quo petitur absolucio in forma iuris ante omnia, puta quando fuit excommunicatus ante appellacionem,[19] est talis absolucio temporalis tantum ad cursum cause. Vnde bene pronuncietur appellatum absolui finaliter, si male retradetur in primam sentenciam. Quandoque petitur absolucio ad cautelam ubi fuit error intollerabilis in sentencia ubi fuit excommunicatus post appellacionem, et tunc porigatur articulus iuxta libellum, ut prius, et dabitur dilacio super libello. Procedetur de die in diem et non obstat istis temporalibus absolucionibus nisi excipiatur de[20] manifesta offensa de iterato[21] (extra, de uerborum significacione, c. ex parte;[22] de sentencia excommunicacionis, c. solet, per Innocencium)[23] et de absolucione in forma iuris ante omnia (ut causa. per tuas, de sentencia excommunicacionis).[24]

---

[10] Cod. 7.62.24.
[11] Cod. 7.52.5.
[12] X 1.3.12.
[13] X 2.28.42.
[14] X 1.6.23.
[15] quando *ms. add.*
[16] X 2.24.16.
[17] *Glos. Ord.* s.v. presciuisset.
[18] X 2.25.10.
[19] ante appellacionem *add. interlin.*
[20] excipiatur de *add. interlin.*
[21] it' *ms.*
[22] X 5.40.23.
[23] A decree of Pope Innocent IV at the First Council of Lyons, 1245 (printed in *Liber sextus* 5.11.2). Innocent commented at length on this decree (Inn. IV, *Apparatus*, ff. 213ᵛ–214ᵛ).
[24] X 5.39.40.

Item quandoque petitur relaxacio sequestri per interposita in casu non permisso per uiam articuli. Item quandoque petitur ut ponatur yconomus (extra, de officio ordinarii, c. cum uos)[25] et antequam ulterius procedatur. De forma libelli articulorum predictorum et de forma excepcionis uideamus. Forma libelli talis est etc.[26]

Caue. In prouocacione potest quis prouocare ad sedem apostolicam et curiam Cantuariensem pro tuicione uel directe ad curiam Cantuariensem, prout duxerit eligendum. Set illato grauamine non poterit sic appellare, cum certo modo debet appellare et certo modo debent concedi appellacioni, quod non posset si sibi in uolucro appellaretur.

Istud est optentum de consuetudine curie Cantuariensis quod numquam rescribit officialis eiusdem curie in causa matrimoniali ubi appellatur a grauamine. Si autem a diffinitiua, bene rescribit. Contrarium tamen uidi, ubi dixit officialis aut appellat actor originaliter a grauamine aut reus primo casu bene rescribitur, set non. Et hoc tenuit officialis consistorium autem et illud uerius. Et est racio quia non est ueresimile ipse uelit querere subterfugia set negocium maturare.[27]

Redio ad predicta, et dixi dilacionem dandam esse parti appellate ad deliberandum super libello porrecto in causa appellacionis. Qua die potest unam proponere excepcionem nullam et habebit diem ad proponendum omnes excepciones dilatorias (extra, de excepcionibus, pastoralis).[28]

Et si aliquam habeat preiudicialem seu fori declinatoriam ullam,[29] primo proponat protestando se nolle per proposita seu proponenda protestata seu protestanda aliquo modo procedere ab eadem ac eciam petendo, ut de eadem discuciatur. Et bene dico de protestacione facienda, ne per proposicionem uel protestacionem excepcionum aliarum a preiudiciali uideatur fore recessum, quoniam protestacio quandoque saluat (ius ff., de pigneraticia accione, l. gaius, ibi de hoc).[30] Bene discuciendum est super illa; si uendicet,[31] locum excepcio bene quidem. Si non, discucietur super aliis propositis et interloquetur super eisdem.

Quandoque tamen datur dilacio ad plenius disputandum et ad contestandum. Si proposita, non obsistant si causa ardua fuerit, quoniam ubi magis est

---

[25] X 1.31.4.
[26] *hic add. quasi marginal.*:
  Forma.
  – Libelli in causa appellacionis a grauamine
  – Articuli ubi petitur absolucio in forma iuris
  – Articuli ubi petitur absolucio ad cautelam
  – Excepcionis offense manifeste et qualiter causantur
  – Articuli ubi petitur dare yconomus
  – Articuli ubi petit se admittit qui sua interest
  – Articuli ubi petit alimenta sibi decerni
  – Articuli ubi petit sequestrum relaxari
[27] secus in reo *add. margin.*; f. 68ᵛ.
[28] X 2.25.4.
[29] nullam *ms. set corr.*
[30] Dig.13.7.10 or 12, but neither pertains to this issue.
[31] si *ms. add.*

periculum etc. (ff., ad carboniano, l. §si quis),[32] set nunquam in causa appellacionis habeat locum illa (decretalis, de excepcionibus, c. pastoralis),[33] ut aliquas dilatorias possit pars appellata proponere et[34] aliquas protestare et ea que de nouo emergunt uel ad noticiam peruenerunt proponere post terminum. Et certe aliquas proponere et aliquas protestare iam protestandi negocii non potest, cum in causa appellacionis, ubi agitur de iudicis iniquitate celerius est procedendum quam in causa principali et cum solempnitate minori. Que de nouo tunc peruenerint, equum est ut post terminum proponantur. Discucione facta super dilatoriis, statim contestabitur, nec habebit diem ad contestandum regulariter in causa appellacionis postquam excepciones dilatorie contrassabantur cuius officium late patet (ff., de iurisdiccione omnium iudicum, l. i).[35] Bene dico 'in causa appellacionis' statim esse contestandum set quando[36] datur dilacio modica ad redigendum contestacionem in scriptis et ad iusificandum, si hoc petatur. Et tunc iurabitur super utroque tam super libello quam iustificacione, quia, facta litis contestacione, iurandum est de calumpnia (C., de iureiurando calumpniam, l. ii).[37] Quandoque eciam uidi set ualde raro, quia facta litis contestacione oretenus in causa appellacionis dabatur plena dilacio sessionis ad redigendum in scriptis contestacionem et ad iustificandum et ad iurandum. Caue quia quandoque admittitur iustificacio quatenus iustificat factum illius iudicis a quo appellatur, nec peremptorie alie proponuntur in ea, set suo tempore proponuntur, ut in causa W. Burdet,[38] et quandoque uidi contrarium, et quandoque admittitur quatenus est declaratiua contestacionis et quatenus est declaratoria eatenus reicienda, ut fuit in iustificacione supra.

Set ubi contra testes et eorum dicta datur dilacio, an ponere possum? Et racio dictat quod sic et plures dilaciones ad producendum. Et hoc non uidi plures concedi nec est concedendum (arg. extra, de prolacionibus, licet),[39] quamuis ex causa forte concedi posset. Set an possit repplicare contra iustificacionem? Credo quod sic infra triduum a tempore iustificacionis admisse, ut fuit in cause Hugonis contra episcopum Lincolniensem pro ecclesia de Coltesworth.[40]

Facta contestacione una cum iustificacione iuratoque super utroque dabitur ad peremptorium ponendum super utroque et ad probandum simpliciter et ad producendum primo, deinde ad secundo producendum. Set an habebunt tercio

---

[32] Dig.37.10.1 (?).
[33] X 2.25.4.
[34] *scripsi*.
[35] Dig. 2.1.1.
[36] set quando = nisi.
[37] Cod. 1.58.2.
[38] A William Burdet appears in the patent rolls in 1299 (*CPR, 1296–1302*, p. 282) and in the close rolls in 1305 and 1306 (*CCR, 1302–07*, pp. 301, 425).
[39] X 2.19.9.
[40] Colsterworth in the riding of Kesteven in southern Lincolnshire. In the early 1290s there was a dispute between the bishop of Lincoln and the archbishop of Canterbury, who tried to appoint a custodian for the parish of Colsterworth. On 9 April 1291 the bishop of Lincoln appealed to the pope and his appeal was supported by an appeal from the dean and chapter of Lincoln Cathedral two days later (see Rosalind M.T. Hill, ed., *The Rolls and Register of Oliver Sutton, 1280–1299* (Lincoln Record Society, 39; 1948), 1. lxxxi, 86–92).

dilacionem ad producendum et quarto cum solempnitate, que requiritur ad quartam produccionem (de qua tractatur de testibus, c. cum ultra terciam).[41] Et certe quandoque[42] datur dilacio ad tercio producendum et quandoque denegatur in causa appellacionis, prout curie est uolibilis. Tamen semel uidi quod habuit pars appellans dilacionem ad tercio producendum et in illo tercio peciit compulsionem testium quorumdam et fuit sibi obiectum quod fuit in causa appellacionis nec debuit de consuetudine habere nisi duas dilaciones ad producendum; unde cum tercia dilacio fuit obrepticia, sibi prodesse non deberet et per consequens nec ipsa compulsio concedi sibi deberet, cum fuerit pars illius produccionis, quoniam, si petatur compulsio in prima produccione, est pars prime, si secunda est, pars secunde, et sic deinceps unde non habet certum situm set uaga est ad instar separacionis bonorum possessionis, que certum situm non habet (inst., de loco possessionibus, §septima).[43]

Habitis produccionibus dabitur partibus dilacio ad publicandum. Publicacione facta, dabitur dilacio ad dicendum inter[44] testes et eorum dicta et ad interim redimendum copiam attestacionum. Deinde dabitur dilacio ad peremptorie dicendum contra testes et testificata et eorum dicta ultra quam dilacionem proponendo contra testes et eorum dicta partes non audiantur, cum tale peremptorium eas excludat (arg. extra, de excepcionibus, pastoralis;[45] ubi in tractatu ff. de excusacionibus, l. scire oportet, c. scire).[46] In termino ergo peremptorio proponat quicquid habet contra testes et eorum dicta. Si autem excepciones in termino proponuntur, datur dilacio ad faciendum super propositis quod iuris fuerit. Illo autem die adueniente disputabitur super eisdem. Et si admissibilia fuerint admittantur. Si non sint admissibilia quia forte peccant in materia uel in forma, reicientur per decretum. Si autem admittatur, dabitur dilacio ad probandum excepciones admissas, et regulariter[47] non habent partes nisi unam dilacionem ad probandum huiusmodi excepciones admissas contra testes et eorum dicta, et erit illa dilacio peremptoria.

Ymmo quandoque datur dilacio ad peremptorie ponendum et producendum, et postea datur dilacio ad peremptorie producendum. Et si habebit talem dilacionem, in principali causa resumenda. Set an datur dilacio ad ponendum super hiuiusmodi excepcione? Et certe non. Vidi talem dilacionem concedi, nec est concedendum generaliter; secundum quosdam ymmo huiusmodi dilaciones quandoque restringuntur, ubi tenetur de malicia (arg. extra, de probacionibus, c. licet).[48]

Habita dilacione ad probandum huiusmodi excepciones, dabitur dilacio ad publicandum. Factaque publicacione, dabitur dilacio[49] ad faciendum super huiusmodi attestacionibus, quod iuris fuerit, et ad redimendum copiam interim et ad ulterius faciendum quod iustum est in causa. Quo die adueniente,

---

[41] X 2.20.55.
[42] quando *ms.*
[43] Inst. 3.9.8.
[44] contra *rectius*.
[45] X 2.25.4.
[46] Dig. 27.1.13.8.
[47] hoc uerum in excepcionibus propositis contra intencionem partis *add. margin.*
[48] Dig 2.19.9.
[49] f. 69r.

concludetur in causa appellacionis, nisi aliquod canonicum obstet, ubi contra testes restringitur dilacio.[50] Nec habebit terminum ad proponendum omnia in facto consistencia, cum primo habuit terminum peremptorium ad dicendum in testes et eorum dicta. Et hoc est uerum ubi a grauamine appellatur. Tamen semel uidi concedere dilacionem ad proponendum omnia in facto consistencia, ubi fuit appellatum a grauamine set non habuit plenam dilacionem set modicam, puta, trium dierum, ut erat factum in causa Iohannis de Sotton.[51]

Conclusio in causa: dabitur dilacio ad sentenciandum in causa appellacionis. Quo die adueniente et interim examinato processu, iudex pronunciabit in causa appellacionis, pensatis pensandis, ponderatis ponderandis. Si non fuerit appellacio et eius causa lite probata, remittet partes ad iudicis prioris examen, partem friuole appellantem in expensis moderatis condempnando (ut in c, ut debitus honor)[52] uel, si uoluerit, remittet ipsum priori iudici in expensis condempnandum legitimis.[53] Si autem inuenerit probatum uel de intencione fuerit confessatum, reuocabit grauamina sub hac forma etc. Si autem inuenerit predicta rite esse probata, pronunciabit pro uoce appellacionis et eius causa et pro iurisdiccionie curie Canturariensis et transmittet pro processu habito coram iudice a quo fuerat sumptibus actoris orginaliter transmissoque processu clauso sub signo iudicis a quo fuerat appellatum. Eodemque puplicato an dare debeat dilacio prima et secunda peremptoria ad dicendum contra processum transmissum uel non debeant huiusmodi dilaciones ad dicendum contra transmissum processum queritur? Conclusio: et certe uidetur satis esset dicendum de iure huiusmodi dilaciones dari non debeant, cum appellacio a grauamine facta tantummodo respiciat ipsum grauamen (ut notat Innocencius, de re iudicata, c. quoniam ad consultacionem),[54] unde huiusmodi appellacio tantum ipsum grauamen respicit quod fuerat causa appellacionis. Vnde ut uidetur, sanato illo grauamine, quod iam probatum est, pro causa appellacionis resumet in illo puncto ipsam causam principalem et sic procedet in principali. Vnde ueritate inspecta uel non, finita est causa appellacionis et uentilatur iam ipsum principale coram iudice tamen appellacionis.

Et si queratur an locum habeat requisicio? Dic quod sic, ut tractatur in materia (l. per hanc C., de tempore reparacionibus appellacionum).[55] Et sic intelligo quod dicit Innocencius (extra, de mutuis peticionibus, l. i),[56] ubi dicit coram iudice appellacionis non habet locum requisicio; uerum est durante causa appellacionis. Alii dicunt quod transmisso processu eodemque publicato dabitur dilacio ad dicendum contra processum transmissum.

Et proponentur iniquitates per partem appellantem. Et si proponantur[57]

---

50 ubi – dilacio *add. marginal. in eodem manu*.
51 Sutton was not an uncommon name. It is possible that the author was referring to the case of Thomas de Sutton, an appellant in an appeal in 1293–94 concerning the prebend of Thame in Lincoln Cathedral. He was represented by the proctor John de Sutton (*Select Canterbury Cases*, pp. 567–611).
52 X 2.28.59.
53 forma remissionis etc. *add. forte in eadem manu marginal*.
54 Inn. IV, *Apparatus*, ad X 2.27.15, f. 118$^r$.
55 Cod. 7.63.4.
56 X 2.4.1.
57 proponatur *ms*.

aliqua contra processum transmissum uel ipsam transmissionem quod plene non transmisserit uel sit processus fabricatus, bene licet. Si autem proponantur aliqua super quo fuerat grauatus et ab illis non[58] fuerit appellatum, sibi imputet qui ab illo non appellauit, nec uenient in reuolucionem, nisi sint aliqua que propter sui errorem uel propter iudiciarium ordinem non seruatum redderent[59] processum nullum; tunc licitum esset ea proponere. Et iudex ante resumpcionem ea coriget et eciam resumet ubi de iure fuerit resumendum. Resumpcione facta sanatisque grauaminibus, iudex appellacionis ad quem ipsum negocium principale deuoluitur procedet in principali, quatenus de curie consuetudine fuerit procedendum.[60]

Post transmissionem factam danda sit dilacio ad publicandum uel statim in die quo transmittitur debeat publicari. Et an dabitur dilacio ad dicendum contra processum transmissum? Et sic: possit redarguere totum retro processum, si fuerit redarguendus, ne procedatur super debili fundamento et sic totum sit in casu ruine, quod esset iniquum ad primum. Dic quod statim publicabitur et dabitur dilacio ad faciendum super processu quod ius dictabit, quoniam alia dilacio ad peremptorie dicendum etc. Et quia quandoque in causa appellacionis dum ipsa causa pendet, quandoque post eam finitam, cum deuenitur ad ipsum principale, uenit tercia persona petens se admitti ad defencionem cause. Docto tamen primo summario per proprium sacramentum, quia sua interest, bene admittetur, et debet admitti in eo statu cause ubi fuit admissus. Nec dabit libellum, si fuerit ex parte agentis admissus, nec dabitur ei libellus si fuerit ex parte rei. Fateor tamen quod copiam libelli dati ipsi reo habebit et potest assistere causas et probaciones ministrare, cum sua intersit et sua eciam interest ne colludatur (de sentencia et re iudicata, c. cum super controuersia, ubi Innocentius notat;[61] ff., de inofficioso testamento, l. si suspecta;[62] de testibus, c. ueniens).[63] Bene dico debet admitti ueniens in quacumque parte litis docto quod sua interest et petet se admitti per uiam articuli, cuius tenor talis est infra.

Quid si pars appellata compareat, parte appellante non comparente, tunc pars appellata, si de sua citacione docere poterit, faciat citare partem suam appellacionem prosequi iure et postea sub pena dimissionis finalis. An in causa appellacionis a grauamine appelletur non propositum proponi posset uel non probatum probare queritur? Et uidetur quod non, cum appellacio talis tantummodo ipsum grauamen respiciat et non retro processum sicut appellacio a diffinitiua; et sic locuntur iura (ut uidetur c. fraternitatis;[64] et l. per hanc);[65] nec potest cognoscere nisi de causa propter quam est appellatum (de appellacionibus,

---

[58] non *ms. repet.*
[59] redderetur *ms.*
[60] Et quia quandoque in causa appellacionis dum ipsa causa pendet *ms. del.*
[61] Innocent IV commented at considerable length on this decree (Inn. IV, *Apparatus*, ad X 2.27.17, ff. 118ᵛ–119ᵛ).
[62] Dig. 5.2.29.
[63] X 2.20.10.
[64] X 2.20.17.
[65] Cod. 7.63.4.

c. dilecto filio, secundum Innocencium[66] et facit extra, de appellacionibus, c. cum causam,[67] ubi set nunquam).[68]

Dictum est in premissis ubi appellatur a grauamine et pars appellata comparet legitime et causam suam defendit. Modo dicendum est: non comparet parte appellante comparente in termino et legitime ostendente partem appellatam uocatam esse, quamuis iudex posset punire ipsum corporaliter suspendendo uel excommunicando propter suam contumaciam. Tamen curia Cantuariensis tenet ex consuetudine quod edatur sibi in citatorio, ut sic in causa procedatur et cedat sibi illud tempus ad deliberandum. Si postea compareat in alia dilacione, procedatur in causa et proponat excepcionem dilatoriam saltim unam, et habebit terminum ad proponendum omnes dilatorias, secundum quosdam. Alii dicunt quod in primo termino postquam fuerit absenti editum debet – et hoc multociens uidi[69] omnes excepciones suas proponere, nec ultra audietur si uelit ipsas proponere, ut asserunt. Si autem contumax fuerit in illo termino, quidam dicunt quod uocabitur iterato ad proponendum omnes excepciones suas dilatorias et, si proposita non obsistant, ad contestandum in causa appellacionis. Alii dicunt ipsum statim fore uocandum litem contestaturum et iuraturum in causa. Si compareat, bene quidem faciat illud quod dies desiderat. Si non compareat, uocabitur uisurum produccionem testium cum causa appellacionis. Vbi tantum agitur de iniquitate iudicis, tantum priuilegiata est ut lite non contestata procedi potest in eadem (C., temporibus reparacionbus appellacionum, l. cum anterioribus, §illud).[70]

Caue tamen quia bene procedetur lite non contestata in causa appellacionis, set, cum ipsum principale resumptum fuerit, non procedetur in ipso principali lite non contestata. Vnde si ante contestacionem fuerit appellatum, resumpto principali in eo loco, oportet quod contestetur, aliud tamen si post contestacionem fuerit appellatum. Si tamen in[71] illo termino, bene quidem faciat quod incumbit. Si non compareat, procedetur in causa semper in pena contumacie, set non procedatur ad actus iudiciales nisi ad quemlibet uocatus fuerit. Et caue tibi ut super huiusmodi uocacionibus habeas bona acta una cum certificatoriis et quod sit uocandus (notat Innocencius, de accusacionbus, c. ad peticionem),[72] et citabitur ut[73] intersit testium produccioni ac attestacionum publicacioni et forte ad dicendum in testes et eorum dicta. Contrarium tamen enim uidi fieri in causa magistri W. de Monte Forti contra abbatem Eborum.[74] Item uocabitur ad hoc ut intersit conclusioni ac eciam cause diffinicioni, uidelicet, ut sentenciam audiat diffinitiuam. Set an possit citari semel ut intersit pluribus actibus iudicialibus, uidelicet, ut ueniat uisurus produccionem testium et publicacionem eorundem et sentenciam in causa appellacionis auditurus cum

---

[66] Inn. IV, *Apparatus*, ad X 2.28.63, ff. 129ᵛ–130ʳ.
[67] X 2.28.62.
[68] f. 69ᵛ.
[69] et hoc – uide *add. margin. in eodem manu*.
[70] Cod. 7.63.5.4.
[71] in *ms. repetit*.
[72] Inn. IV, *Apparatus*, ad X 5.1.32, f. 188ʳ⁻ᵛ.
[73] ut *ms. repetit*.
[74] Probably Master William de Montford, Oxford graduate and prominent cleric in late thirteenth-century England, who died 22 September 1294 (see *BRUO* 2. 1297–1298).

continuacione et prorogacione dierum? Et certe rariter non uocatur in hac forma set dilacionibus competentibus ad quemlibet actum debet uocari secundum regularem cursum causarm. Quandoque tamen uidi talem uocacionem fieri in causa appellacionis agitata inter magistrum W. de Monte Forti et abbatem Eborum, ubi abbas fuerat uocatus tali die uisurus produccionem testium et publicacionem et sentenciam diffinitiuam auditurus. Et a sapientibus dicebatur quod talis citacio habet tractum dierum. Vnde si die prefixa non compareat uel die ad quam est uocatus propter illam contumaciam, ad repeticionem testium procedetur. Vnde si die prorogata uel continuata compareat uisurum testium publicacionem bene quidem, nec reputatur contumax quoad illum actum, et sic de aliis actibus. Si autem non ueniat in aliquo actu, semper procedetur ad penam contumacie usque ad sentenciam diffinitiuam cum continuacione et prorogacione dierum. Et forte dicetur una contumacia multiplicata seu extensa, cum in una citacione fuerit uocatus ad plures actus cum continuacione et prorogacione dierum, sic quod possit uocari (est arg. extra, de dolo et contumacia, c. finem).[75] Et sic si inueniunt appellantem intencionem suam probasse, pronunicabit pro appellacione et eius causa ac eciam pro iurisdiccione et transmittet pro processu, ut prius dictum est; transmissoque processu dabuntur dilaciones, ut supra dictum in alio casu.

Et queratur cuius sumptibus sit processus transmittendus? Dic sumptibus actoris originaliter, et est racio quia sua magis interest ut in negocio procedatur. Et hoc est uerum regulariter. Quandoque tamen uidi in causis matrimonialibus aliud fieri propter impotenciam actoris originalis. Transmissoque procesu, ut supra dicitur datisque dilacionibus ad dicendum contra processum, ut alias dixi, resumptoque negocio, ubi fuerit resumendus, procedetur in causa principali, ut supra dicitur.

Dictum est supra quando appellatur a grauamine iudiciali, quid iuris est et qualiter est procedendum. Modo dicendum cum quis grauatur extraiudicialiter. Et hoc potest esse dupliciter, uidelicet, per iudicem et quandoque per partem. Si per iudicem, puta, quia ecclesiam interdicto supposuit uel bona ecclesie mee sequestrauit uel alio modo me extraiudicialiter grauauit a tali grauamine, est appellandum et infra decem dies a tempore grauaminis uel a tempore sentencie (ut innuit Innocencius, de temporibus ordinacionum, c. ad aures).[76] Et si mero officio suo procedens sic grauauit, impetret contra ipsum, nec erit alia pars appellata quam ipse grauans. Si autem ad instanciam alterius hoc fecerit, faciat illud ad cuius instanciam fecit partem appellatam et impetret contra illum et ipsum citari faciat et sibi edat et contra ipsum prosequatur, non contra iudicem. Fateor tamen quod iudex a quo appellatur potest uenire et factum suum defendere ac eciam defensioni assistere, si uelit, cum sua interest facta sua esse rata.[77] Citare autem non debet ad defendendum quod fecerat, nisi de iure suo contendat (ut extra, de appellacionibus, c. cum speciali,[78] ubi Innocencius

---

[75] X 2.14.5.
[76] Inn. IV, *Apparatus*, ad X 1.11.5, f. 40ʳ.
[77] An iudex a quo appelletur citari debet ut defendat processum suum? *interlin.*
[78] X 2.28.61.

notat),[79] set certe ibi loquitur in processu iudiciali set eadem racio uideter in actu extraiudiciali (igitur idem ius ff., ad legem acquiliam, l. illud).[80]

Caue tamen est differencia inter grauamen iudiciale et extraiudiciale,[81] quoniam, ubi iudex me grauat in iudicio et ego prosequor[82] appellacionem legitime ob illud grauamen in illa causa, sum totaliter exemptus a iurisdiccione illius in tantum quod, si procedat contra me ulterius in illa causa, non habeo necesse coram eo respondere, nec non in illa causa ab ipso appellare, si me postea grauauerit aliquo modo uel contra me tulerunt diffinitiuam sentenciam. Tamen si uoluero salua tamen mea appellacione prius interposita iterato ex habundati appellare, potero, nec prime appellacioni mee[83] facio preiudicium, cum examinando appellacionem meam prime appellacioni mee non renuncio (de appellacionibus, c.[84] dilecto per Innocencium).[85]

Dixi quod grauatus in processu iudiciali appellans legitime ab eodem exemptus est a iurisdiccione eius in illa causa in tantum quod omnia post illam appellacionem attemptata quatenus de facto processerunt eatenus reuocabuntur; secus in facto extraiudiciali, si iudex grauamen extraiudiciale mihi intulerit et propter hoc ad superiorem appellauero, si postea me grauauerit extraiudicialiter et circa eandem rem. De nouo oportet me appellare a tali grauamine, nec sufficit mihi prima appellacio: ymmo quociens me grauauerit tociens appellabo et appellaciones multiplicabo.[86] Vnde interposita appellacione extraiudicialiter alia grauamina secuta circa eandem rem uirtute prime appellacionis non reuocabuntur regulariter, et hoc intelligo uerum nisi racione connexitatits et sic possunt glosse duorum capitulorum ad concordiam redire (ubi notat Innocencius de hac materia de appellacionibus, cum nobis;[87] de maioritate et obediencia, c. dilecti),[88] et iura que loquuntur de connexis et ad hoc facit (et maxime ff., aqua. pluuie arcende, l. acteynus, ad finem).[89]

Pone quod iudex interdicendo, sequestrando uel excommunicando me iniuste grauauit. Appello legitime. Impetrabo contra ipsum, ubi ex officio suo racione iurisdiccionis sue processit sic ut premittitur extraiudicialiter me grauando. Vel pone quod iudicialiter contra me procedendo sic grauauit. Vocatus est coram superiore; libellatur eidem in hac forma edita iniuste et contra statuta concilii

---

[79] Inn. IV, *Apparatus*, ad X 2.28.61, f. 129$^{r-v}$.
[80] Dig. 9.2.32.
[81] f. 70$^r$.
[82] *scripsi*.
[83] me *ms*.
[84] cum *ms*.
[85] Inn. IV, *Apparatus*, ad X 2.28.63, ff. 129$^v$–130$^r$. In the top margin with first part trimmed, there is this fragment, perhaps meant to be inserted in the text: '. . . petere apostolos ubi appellat a grauamine extraiudiciali. Et bonum est quod petant ubi propter defectum iudicis appellatur. Si tamen appellatur a grauamine partis, forte non est necesse (uide Innocencium. de appellacionibus. cordi).' The reference is to a decree of Pope Innocent IV in the First Council of Lyons, 1245 (printed in *Liber sextus* 2.15.1); Innocent commented on this decree (Inn. IV, *Apparatus*, ff. 130$^r$–131$^v$).
[86] nota multociens est appellandum a grauaminibus extraiudicialibus *marg*.
[87] *recte* cordi nobis; see penultimate note. Inn. IV, *Apparatus*, ff. 130$^r$–131$^v$.
[88] ibid., ad X 1.33.13, f. 62$^v$.
[89] Dig. 39.3.14.4.

generalis me excommuicauit uel in casu a iure non permisso bona ecclesie mee sequestrauit uel interdictum imposuit petendo dictam excommunicacionem reuocari uel sequestrum huiusmodi uel interdictum relaxari etc. Et iuxta libellum porigo articulum in quo peto ante omnia absolui in forma iuris uel in quo peto sequestrum uel interdictum relaxari. Quid iuris in casu isto, cum non sit ibi aliud principale? Vnde si fuero absolutus uel sequestrum uel interdictum relaxatum, non est aliud principale, et sic uidetur quod habeo meum principale intentum et sic libellum meum non prosequar. Quid fiet in casu isto? Certe uidi officialem Cantuariensem renere huiusmodi articulum propter istam racionem, ubi non fuerat aliud principale quam in articulo continebatur. Alii tenent contrarium. Et hoc multociens uidi in arcubus quod huiusmodi articuli bene procedunt, non obstante quod non sit aliud principale. Et est racio quia una absolucio uel relaxacio est finalis que petitur per libellum et alia est temporalis que petitur per articulum. Vidi tamen quandoque quod ante relaxacionem factam cauebatur per partem appellantem de communi estimacione tantorum fructuum sequestratorum, de qua responderet si appareret sequestrum iuste interpositum fuisse. Bene dico 'fructuum sequestratorum.' Non autem cauebit de[90] fructibus futuris in ipsa ecclesia set tantummodo de fructibus sequestratis. Et propter fraudem predictam, eo quod post absolucionem temporalem uel relaxacionem sequestri ulterius appellacionem non fuerint prosecuti, statuit decanus de arcubus contra tales nullatenus appellaciones suas prosequentes, ut citarentur tales sub pena retrusionis in pristinam sentenciam et postea sub pena finalis dimissionis appellacionem suam prosecuturi. Vnde si non prosequantur, dimittetur pars aduersa. Set an cum refusione expensarum et hoc iustum esset, cum appellacionem suam, prout decuit, non fuerat prosecutus? Si autem ueniat et eciam prosequatur[91] suam appellacionem, bene quidem procedat lis suo marte usque ad finem. Set appellans a grauamine suam appellacionem introduxerit et postea desistit et non prosequitur: bene uocatus fuerit sub pena finalis dimissionis et ipse ueniat et uelit prosequi. An possit excipi contra ipsum per uiam abnegacionis iusticie quasdam expensas refundat? Et certe iustum esset (arg. C., de iudiciis, l. sancimus.)[92] Et tamen non memini me uidisse hoc fieri, quamuis iuste possit hoc fieri (arg. C., de fructibus et litis expensis, l. non ignoret).[93] Melius tamen uidetur per uiam abnegacionis iusticie excipere contra ipsum, uidelicet, quod audire non debeat appellacionem suam prosequendam, nisi prius refundat expensas quas super occasione pars fecerat appellata (arg. extra, de dolo et contumacia, c. actor).[94] Et intelligo uerum nisi impeditus fuerit uel iustam causam habuerit non prosequendi (arg. ff., de legatis, l. qui solidum, eciam res publica).[95]

Dixi in superioribus quid iuris cum fuerit pars appellans citata suam appellacionem prosecuturus et ipse uenit et prosequitur. Set pone quod non

---

[90] de *ms. repetit.*
[91] prosequantur *ms.*
[92] Cod. 3.1.15.
[93] Cod. 7.51.4.
[94] Innocent IV, Council of Lyons (1245), c. 7 (printed in *Liber sextus* 2.6.1). Innocent IV commented briefly on this decree in *Apparatus*, f. 93$^v$.
[95] Dig. 31.1.78.2.

ueniat nec appellacionem prosequitur, cum citata fuerat sub pena finalis dimissionis. Certe fiet dimissio iuxta formam citacionis secundum curiam Cantuariensem. Primo tamen bis citabitur regulariter, uidelicet, primo citabitur suam appellacionem prosecuturus, secundo sub pena finalis dimissionis. Bene dico quod fiat dimissio iuxta consuetudinem curie Cantuariensis post huiusmodi citaciones, si non prosequatur, cum de iure habet annum et biennium ex causa ad prosecucionem sue appellacionis (de appellacionibus, c. constitutus in nostra presencia archidiaconus).[96] Vnde de consuetudine curie fit dimissio ante annum in odium appellacionem suam non prosequentis. Vnde cum in hoc grauetur, debet in alio releuari, ne in expensis condempnetur per iudicem ad quem appellauit, set iudex a quo appellauit poterit eum multare.

Set[97] an refundet expensas pars appellans non prosequens appellacionem suam parte appellata prosequente? Hoc est, an fiet dimissio cum refusione expensarum? Et certe hoc esset equum (arg. extra, de appellacionibus, c. reprehensibilis).[98] Quis ergo condempnet ipsum in expensis? Posset dici quod iudex remittens seu dimissionem concedens, cum iudex eorum fuerat saltim presumptus, cum in causa appellacionis rescripserat et coram illo editum[99] extiterat in causa appellacionis (arg. extra, de appellacionibus, ut debitus).[100] Alii dicunt quod remittetur primo iudici in expensis condempnandum (arg. extra, de appellacionibus, c. cordi, §quod si appellator[101] et c. interposita).[102] Quidam distinguunt utrum iudex plene cognouit de causa appellacionis et sic ipse condempnabit aut non, quia appellans non prosequitur et tunc primo remittitur iudici condempnandum in expensis (ut in c.cordi altero).[103]

Item quandoque quidam directe appellant et porigunt libellum et articulum in quo petunt absolui; post absolucionem ulterius non prosequitur. Statutum est quod ueniant et[104] prosequantur suam appellacionem sub pena retrusionis sentencie excommunicacionis; si non ueniant, retradentur et sic stabunt excommunicati et postea uenientes et prosequi uolentes, nisi prius refusis expensis, nullatenus audiantur.

Dixi supra fieri dimissionem de consuetudine curie Cantuariensis ante lapsum anni si citatus appellacionem suam non fuerit prosecutus. Et si post huiusmodi dimissionem super eisdem grauaminibus impetrauerit et eciam coram iudice appellacionis libellauerit, obstat excepcio rei iudicate racione dimissionis predicte. Et habet huiusmodi dimissio effectum rei iudicate. Et potest proponi hec excepcio ante contestacionem in causa appellacionis sicut et alie due, scilicet, rei transacte et finite uel saltim in contestacione. Quandoque uidi reicere huiusmodi excepciones propositas in contestacione per uiam iustificacionis in

---

[96] X 2.28.45.
[97] f. 70ᵛ.
[98] X 2.28.26.
[99] eiditum *ms.*
[100] X 2.28.59.
[101] A decree of Pope Innocent IV at the First Council of Lyons (printed in *Liber sextus*, 2.15.1). Innocent commented on this decree in Inn. IV, *Apparatus*, ff. 130ᵛ–131ʳ.
[102] X 2.28.70.
[103] See previous note but one.
[104] *scripsi.*

causa appellacionis, ut fuerat in causa Willelmi Burdet,[105] ubi fuit iustificatus de facto episcopi et ipsum rite admisit pro eo quod alias pars dicti M. fuerat dimissa; et eciam quod fuerat compositum inter ipsum et aduersarium suum legitime; et eciam quod aduersarius suus iurauerat tactis euangeliis quod super ipsa ecclesa de quo[106] fuerat controuersia numquam inquietaret eundem.[107] Et quamuis de consuetudine huiusmodi notificacio, ut uidetur, fuerit admittenda, non tamen fuerit admissa quoad duas ultimas partes, quia ut dicebat quod non tendebant uere ad iustificandum factum episcopi, licet pluribus contrarium uidebatur; unde usque in suum tempus materia fuerat reseruata, cum appellans non prosequitur suam appellacionem et fiat dimissio sub hac forma. In causa appellacionis bene possunt proponi per uiam iustificacionis, set qui in principali causa proponit peremptorias per uiam iustificacionis set qui in principali causa proponit peremptorias per uiam iustificacionis in contestacione et male facit, nisi fuerit aliquid quod habet propositum per uiam contrarii facti (extra, de testibus, c. de testibus, ubi de hoc).[108]

> Robertus de Rosse:[109]
> Quoniam tribus modis fit reuocacio grauaminum.
> Quando conceditur tuicio et non reuocantur omnia attemptata post appellacionem tantum quatenus suggesta et probata et grauamina propter que extitit appellatum ubi prius fuerit prouocatum, alias non.
> Quando pars appellans consentit de procedendo in principali et procurator partis appellate consentit quatenus in se est uerbotenus, quia non habet mandatum sufficiens consenciendi et fit reuocacio, ut prius, attemptatorum post appellacionem, quia in omnem euentum ualebit, quia, si compareat procurator proxima die cum sufficienti mandato, reuocabuntur, ut prius, si non conceditur tuicio parti appellanti et fit reuocacio, ut dictum est.
> Tercio et ultimo, quando utraque pars comparet cum sufficienti mandato et consenciunt et tunc fit reuocacio attemptatorum post appellacionem et eorum grauaminum propter que fuerat appellatum semper iuxta suggesta et probata.

Cum pars appellans non prosequitur suam appellacionem et pars appellata exspectauerit finem anni antequam petat dimitti, bene quidem fiet dimissio cum refusione expensarum (de appellacionibus, c. reprehensibilis),[110] nec legitime fuerit impeditus (de appellacionibus, c. ex racione, ubi de hoc).[111]

Set an de consuetudine curie Cantuariensi ueniant expense in hoc casu? Conceditur. Et certe ueniunt, set per quem fiet condempnacio? Sub iudice lis est. Et cum post annum pretextu non prosecucionis fiet dimissio, fiet sub hac forma.

Dictum[112] est supra de grauamine iudiciali et extraiudiciali illato per iudicem et, quamuis mencionem feci de grauamine partis extraiudiciali, hoc tamen non prosequor in directa appellacione, quia non multum uendicat sibi locum, cum ad

---

[105] See supra, p. 101, n. 38.
[106] qua *rectius*?
[107] eandem *rectius*?
[108] X 2.20.29.
[109] This section, in mid-page, is indented and is clearly attributed to Robert de Ross, Official of the Court of Arches, 1303–07 (see infra, p. 198); he could have written this before he came dean.
[110] X 2.28.26.
[111] X 2.28.8.
[112] *add. margin.* Modo de appellacione interposita a sentencia diffinitua.

curiam Cantuariensem directe appellatur aliud forense, cum ad curiam Romanam appellatur (extra, de appellacionibus, c. bone[113] ubi notat et uide illam[114] causam cum sua materia), et credo quod illi de sancto Augustino sunt immediati subiecti sedi apostolice.[115] Vnde dico quod hic non tractabo de grauamine partis, set infra de tuitorio negocio sum dicturus.

Dictum est supra ubi appellatur a grauamine mea cum appellatur a diffinitiua, et est sciendum quod quecumque sentencia nulla est ipso iure publico propter ordinem solitum non seruatum (ut c, sentenciis et interlocucionibus omnium, l. prolatam)[116] uel quia non est iudex competens (C, si a non competenti iudice, l. i et ii, iii)[117] uel quando error est expressus in sentencia (ut C,[118] quando prouocare non est, l. ii)[119] et in multis aliis casibus. A tali sentencia non est necesse appellare (ut dicta lex proxima altera).[120] Similiter ubi sum grauatus in processu et appellauero legitime a tali grauamine, tota causa eximitur a iurisdiccione grauantis. Vnde si postea procedat et sentenciat contra me diffinitiue, non habeo necesse appellare a tali sentencia, quia ipso iure nulla est. Tamen si ex habundanti appelletur ab ea, quatenus de facto lata non nocet secundum Innocencium (de appellacionibus, c. dilecto),[121] cum appellacionem geminando non renunciat priorem[122] appellacionem secundum ipsum.[123]

Et est notandum quod, cum appellatur a diffinitiua ad curiam Cantuariensem tanquam ab iniqua et[124] deuolutum fuerit ad dicendum contra processum, quandoque proponuntur iniquitates et quandoque nullitates forte quia lata a non competenti iudice uel contra solitum ordinem iudiciorum uel post appellacionem etc. Et ita inproprie commiscentur iniquitates cum nullitatibus, tantummodo iniquitates non nullitates. Set tamen aliquando ibi ueniunt nullitates per uiam cumulacionis et cumulentur iniquitatibus. Et uidi in causa Ludgate, ubi fuit appellatum a sentencia decani in causa bastardie tanquam ab iniqua et in causa appellacionis fuerunt proposite iniquitates et eciam nullitates. Decanus, sentenciam[125] suam deffendens coram iudice appellacionis, sequens curiam Romanam allegauit contra nullitates, asserens illas non esse admittendas ubi a diffinitiua tanquam ab iniqua fuerit appellatum. Et credo quod in illa causa sic fuerat pronunciatum; unde propter predicta quandoque appellatur a sentencia tanquam ab iniqua. Et quatenus de facto est lata eatenus appellatur; tunc eciam bene possunt proponi iniquitates ac eciam nullitates.

Dixi supra non esse de iniquitate appellandum, que nulla est ipso iure. Et est

---

[113] X 2.28.51.
[114] ille *ms.*
[115] This decretal is a decretal of Innocent III (23 November 1205) concerning St Augustine's Abbey, Canterbury.
[116] Cod. 7.45.4.
[117] Cod. 7.48.1–3.
[118] f. 71r.
[119] Cod. 7.64.2.
[120] Cod. 7.64.3.
[121] Inn. IV, *Apparatus*, ad X 2.28.63, ff. 113v–114r.
[122] priori *ms.*
[123] tunc bonum est illud protestare *add in alt. manu.*
[124] *add. interlin.*; si *del.*
[125] *ms. repet.*

racio quia talis sentencia non transsit in re iudicata (ut in lege superius altera). Si autem aliqua fuerit, transsit in auctorem rei iudicate nisi legitime ab ea fuerit appellatum, quando tunc extinguitur pronuciatum (ff., ad turpillianum, l. i., ad finem[126]).

Caueas ergo quod facias[127] legitime appellaciones, uidelicet, in scriptis et infra decem dies statim a tempore noticie (C., de appellacionibus, A_ h___ cum sua glossa)[128] et quod notifices iudici et quod petas apostolos cum instancia (de appellacionibus, c. cordi).[129]

Et caue similiter ne post tuam appellacionem renuncies tacite uel expresse appellacioni interposite, quia sic in processu tue appellacionis ab effectu eiusdem excluderis et in expensis contempnaberis et priori iudici cum refusione expensarum remitteris.

Caue similiter ut proprie appellacioni et appellacionem partis aduerse semper differas partem aduersam nullatenus spoliando quod si feceris tibi preiudicas ultra modum faciunt ad predicta (C., de re iudicata, ad solucionem;[130] de officio et potestate iudicis delegati, c. gratum;[131] de appellacionibus, c. ut debitus;[132] et eodem titulo, c. an sit deferendum;[133] de rescriptis, ex parte;[134] cum suis similibus de eleccione, bone memorie maguntinensi).[135]

Si ergo appellaueris coram teste, facias bonum memorandum de tempore appellacionis si manum publicam non habueris, ut uocem tue appellacionis petas probare, cum opus fuerit ne in probacione tua deficias et sic ab effectu tue appellacionis cadas et sic propter negligenciam incidas in foueam quam fecisti et sic propter suam culpam, dampnum uel iactura incurres nec alii quam proprie fatuitati poteris inputari (ff., quod regulis iuris, quod quis sua culpa).[136]

Si ergo rite appellaueris a diffinitiua alicuius episcopi uel officialis eiusdem ad curiam Cantuariensem uel a sentencia alicuius archidiaconi ad episcopum diocesis et, in eius defectu rescribere nolentes ad curiam predictam, mittas ad curiam et impetres ab eadem, inpetratoque rescripto, parte appellata uocata, et de hoc constiterit, prout decet, aut comparet aut non. Si non compareat, uocetur iterato et in ipso citatorio edatur eidem ubi appellatur a diffinitiua, sicut supra diximus. Ubi ab interlocutoria appellatur et uocetur ad actus iudiciales ut ibi dicitur super qualibet uocacione, habeas acta consignata et ipsam literam certificatoriam, si eam habere poteris, et sic procedas ut in fine negocii bonum habeas fundamentum et sic finiatur causa appellacionis.

Caue tamen tibi cum procurator fuerit constitutus in causa appellacionis quia ea finita et sis in principali, non habet potestatem procedendi et sic plures cause

---

[126] Dig. 48.16.1.
[127] *scripsi.*
[128] *textus obscurus.*
[129] Decree of Pope Innocent IV in the Council of Lyons (1245), c. 16 (printed in *Liber sextus* 2.15.1). Innocent commented at length on this decree in Inn. IV, *Apparatus*, f. 130$^v$.
[130] Cod. 7.52.5.
[131] X 1.29.20.
[132] X 2.28.59.
[133] X 2.28.42.
[134] X 1.3.12.
[135] X 1.6.23.
[136] Dig. 50.17.203.

amittuntur. Quid autem si ego appellans uolo me petere absolui ad cautelam, ubi fui excommunicatus post meam appellacionem, uel in forma iuris ante omnia, ubi fui excommunicatus ante appellacionem, et de hoc similiter suggero uel peto sequestrum relaxari uel aliud similem uolo petere per uiam articuli uel quod attemptata post appellacionem primitus reuocentur et pars appellata non comparet et sic de die in diem super articulo procedi non poterit? Credo quod, ipso absente, bene proceditur in huiusmodi articulis ex quo constat ipsum fore citatum. Aliquando tamen uidi de benignitate iterato ipsum fore uocatum, antequam super huiusmodi articulis efficienter procederetur. Si autem comparet et sibi libelletur in causa appellacionis ubi appellatur a diffinitiua et pars appellata sit extra possessionem rei de qua agitur, tunc exspedit confiteri de uoce appellacionis, si de causa et iure suo confidat. Et statim pronunciabit pro iurisdiccione sua et transmittet pro processu et in ipsa causa procedetur, ut infra dicetur, ut fuit in causa de Purele,[137] ubi rector de Purele intentauit negatoriam super quadam annua pensione quadraginta solidos contra priorem et conuentum de Horton,[138] quibus dicta ecclesia pensionaria existebat et pro ipsis religiosis sentencia fuerat lata et coram iudice appellacionis fuit confessatum de uoce appellacionis et pronunciatum pro iurisdiccione et transmissum pro processu.[139]

Et uideas tu quod super huiusmodi pronunciacione et huiusmodi actibus iudicialibus processum bonum habeas tue appellacionis et eciam acta consignata et sic procedatur in causa. Si autem pars appellata sit in possessione et sic non exspedit ei negocium maturare, quia forte agitur contra ipsam confessionem uel rei uendicacio uel interdiccio recuperande possessionis et fuerit absolutus et pars aduersa appellauerit et inpetrauerit et pars appellata citata et compareat, tunc non exspedit sibi negocium maturare. Tunc petet libellum et diem ad deliberandum et habebit inducias, prout alias dixi ubi a grauamine appellatur. Et quia cum appellatur a diffinitiua, quandoque quedam sunt attemptata post appellacionem que habent reuocari, antequam in causa appellacionis procedatur ac eciam ea que fiunt post sentenciam et ante appellacionem (extra, de iureiurando, ueniens[140] in glossa et de excepcionibus, c. dilecte[141] secundum Innocencium), cum integer debet esse status appellantis (ff., ad turpillianum, l. i in fine).[142]

Et quandoque petitur absolucio et excipitur contra ipsam de offensa manifesta, et quandoque in forma iuris, et quandoque petitur relaxacio sequestri. Ideo de forma eorum uideamus. Et primo de forma libelli ubi appellatur a diffinitiua etc., set qualiter super hiis procedet, cum non est iudex. Responsio est iudex uerus in causa appellacionis et ideo de hiis cognoscet (ut c. ueniens altero, de iureiurando).[143]

Et caue in excepcione offense manifeste quoniam plura requiruntur ut locum habeat, uidelicet, ut rite condempnatus fundas eam per uiam notorie etc. Vnde

---

[137] There is a Purleigh in Essex and a Purley in Berks and Surrey.
[138] Either the Benedictine priory of Horton in Dorset or, more likely, Monks Horton, a Cluniac priory in Kent.
[139] f. 71v.
[140] Inn. IV, *Apparatus*, ad X 2.24.16, f. 110r.
[141] ibid., ff. 113v–114r.
[142] Dig. 48.16.1.
[143] X 2.24.16.

de ipsa inferius plenius dicam (et uide extra, de significacione uerborum, c. ex parte).[144]

Redio postquam libellatum est in causa appellacionis et iuxta libellum fuerit articulatum, ut supra dicitur. Danda est dilacio super libello et super articulo procedetur de die in diem de consuetudine curie Cantuariensis. Bene dico 'de consuetudine', quia, ubi datur articulus super reuocacione attemptatorum post appellacionem interpositam, secundum sentenciam doctorum de illo primitus esset cognoscendum antequam procederetur in causa appellacionis (de iureiurando, c. ueniens, ubi de hoc;[145] de excepcionibus, extra, dilecte per Innocencium).[146] Dixi 'dilacio danda super libello' ad deliberandum et postea ad proponendum excepciones dilatorias, quibus propositis datur dilacio ad faciendum super propositis, quod iure est.

An possit aliquas proponere et aliquas protestare queritur?

## 4. HIC CALUMPNIATUR PROCESSUS CURIE CANTUARIENSIS

This treatise concerns calumnies committed in the Court of Arches. Calumny is generally used in a judicial context to mean the knowing delation of a person for a crime, which accusation the delater knows is not true. Here, however, calumny is used in another sense: it refers to practices of the court which are considered unfair, inappropriate and unjust by the author of the treatise. Seventeen such practices are listed here.

From internal evidence it would appear that *Hic calumpniantur processus* can be dated from 1316 or later, since reference is made in the text to Master Philip de Patenis as registrar of the court, an office to which he was appointed by Archbishop Reynolds on 26 September 1316.[1] The context indicates that he was registrar at the time the treatise was composed. It seems likely that he remained in this office through the rest of Archbishop Reynold's pontificate, i.e., until 1327. Hence, we should probably date the treatise to 1316 x 1327. The author was a practitioner in the Court of Arches, since, in the forms following the treatise, he mentions what he has seen there. Also, he seems to have had experience with the Roman court, since, serveral times, he mentions practices of which that court disapproves. No specific person commends himself as the author.

The treatise exists in two mss.:

C = Cambridge, St John's College Ms. E.3, ff. 41$^v$–44$^r$.[2] This is the much fuller version and provides sample forms, which are not included here.

O = Oxford, All Souls College Ms. 42, f. 176$^v$. This does not contain all the calmunies listed in the fuller version. In addition, it incorporates comments and references to Roman and canon law texts and to commentaries on the canon law, which is not done in C.

---

[144] X 5.40.23.
[145] Inn. IV, *Apparatus*, ad X 2.24.16, f. 110$^r$.
[146] ibid., ad X 2.25.10, ff. 113$^v$–114$^r$.

[1] See infra, p. 206, and Churchill 2. 241.
[2] For a description of this manuscript see supra, p. 69.

The edition will be based almost entirely on C. The editor assigns numbers here to each of the seventeen calumnies given in C. Ten of these (1, 2, 5, 9, 10, 11, 12, 14, 16 and 17) appear in O; in addition, O adds a single line *in fine*.[3] Variant readings from O are given only where they appear significant.

*Hic calumpniatur processus Cantuariensis propter subscripta*:[4]

[1] Hic in primis calumpniantur qui absque cause cognicione in tuitoriis officiales inhibent executoribus a Romana curia deputatis perque remissiones que haberent infra certa tempora iuxta limitacionem auditorum dicte curie expedire nec non execuciones sentenciarum in autoritate rei iudicate transeuncium sepe impediuntur. Super quo facta fuit querela domino pape, qui dixit quod sic ordinaret quod curia Cantuariensis nec curia Eborum intermitterent de causis curie Romane.

[2] Item quod beneficium tuicionis claudicare uidetur. Nam in potestate partis appellate est an appellans debeat tueri uel non, quia, si pars appellata uelit esse in principali, nisi appellans consenciat, tuicionis beneficium denegabitur appellanti.[5] Ista eciam duo magis mouent papam ad subducendum beneficium tuicionis nec non ad subuertendum processum hactenus habitum in processibus tuitoriis, cum ex hiis appareat quod curia Cantuariensis curie Romane non ancilletur set dominatur pocius.

[3] Item calumpniantur processus super eo precipue quod articuli non discuciuntur ante recepcionem probacionum super ipsis, cum sepius ex processibus transmissis appareat notorie quod articuli sunt impertinentes, negatiui, uagi et obscuri et mero iure nulli. Et ex hoc ipsa curia multipliciter infamatur, quia grauantur partes per probaciones superfluas cum patefacta impertinencia articulorum ruant articuli cum probacionibus.

[4] Item calumpniantur quod[6] examinatores curie testes et eorum dicta absque commissione speciali concordant, nec ponunt dicta testium specifice nisi primi tantum. Posito quod examinatores super testibus examinandis et concordandis specialem commissionem haberent, concordancia tanquam faciunt ponendo dictum primi testis tantum sufficeret in curia Romana ad iustificacionem processus curie Cantuariensis in casu in quo a sentencia lata in curia Cantuariensi esset appellatum.

[5] Item interrogatoria iudicibus non traduntur, quia uidere deberent an pertinencia essent uel superflua.[7]

[6] Item modus admittendi excepciones, replicaciones et alias proposiciones calumpniantur ex eo quod presidens eiusdem curie regulariter ipsas admittat sub modo et condicione, uidelicet, si et quatenus demonstratur ex quo sequitur quod partes manibus sumptibus et infinitis laboribus sepius fatigantur et in hoc

---

[3] Item quod non licet appellare a beneficio tuicionis concesse.
[4] et nota bene istam materiam propter uaria † *C add.*
[5] *O gives refs to the* apparatus *(finished by February 1301) of Cardinalis (Iohannes Monachus) on the decree* Cupientes *of* Liber Sextus *at 1.6.16 (Friedberg ed., vol. 2, cols 954–56) and to the* apparatus *(written within the years 1306–11) of Archidiaconus (Guido de Baysio) on the decree* Cordi *(ibid., cols 1014–15).*
[6] *C* = f. 42$^r$.
[7] *O add.* set examinatoribus tantum.

decretum admissione huiusmodi est incertum et ex hoc ipso si appelletur ad sedem apostolicam ab huiusmodi admissione pronunciaretur ibidem bene appellatum.

[7] Item cum libelli, excepciones, proposiciones ac eciam instrumenta producuntur uel exhibentur, tenor eorundem non inseritur in aliqua parte processus, nec notarius registri de tenore huiusmodi productorum seu exhibitorum potest testimonium perhibere, cum ipse non uideat nec recipiat nec de ipsis noticiam habeat si per signum magistri Philipi de Patenis,[8] qui non est notarius; quod apponitur sine aliqua subscripcione anni,[9] mensis, consulis uel diei, nec eciam fit mencio in qua causa seu inter quas partes uel personas huiusmodi producta exhibeantur; sic quod nudo signo et uago consignantur. Adeo quod omnes processus ad curiam Romanam transmissi propter defectum premissorum precipue si uirtus processuum pendeat ex scriptura et merito numerantur et processus curie Cantuariensis, quantumcumque in se iustus, non potest ob defectum huiusmodi aliquatenus iustificari, nisi per exhibenda de nouo.

[8] Item in ipsa curia examinatores extra iudicium super posicionibus traditis parcium responsa recipiunt notario, registri totaliter ignorante. Adeo quod in curia Romana, cum notarius de responsionibus huiusmodi fidem non faciat nec perhibeat huiusmodi responsionbibus fides, nullatenus adhibebitur quantumcumque examinator asserit ita fore.

[9] Item calumpniantur quod non apparet in processibus ipsius curie de commissione et potestate speciali ipsius examinantis set dumtaxat inseritur de processibus huiusmodi quedam[10] rubricella, uidelicet, examinacio facta per talem examinatorem, tali die, tali anno; de cuius commissione non apparet aliquo modo, et sic male. Et posito quod appareret adhuc non constat quod examinati sunt testes nisi dumtaxat per solam assercionem examinantis, cum attestaciones manu publica non sunt scripte, nec alio modo fiat fides de eis.

[10] Item mirabiliter calumpniantur in hoc quod officialis curie Cantuariensis facit commissarium generalem decanum de arcubus, cum in iure inter commissarium generalem et officialem nulla sic differencia[11] habeatur, et tamen de usu curie eiusdem a decano ad officialem appelletur. Ipse usus merito reprobatur, cum de eodem auditore ad idem auditorem[12] appelletur.[13]

[11] Item calumpniantur ubi appellatur a diffinitiua in beneficialibus, precipue ad sedem apostolicam, presidentes huiusmodi curie non deferentes appellacioni huiusmodi attemptant quam plura que beneficio appellantis postmodum reuocantur. Adeo quod sentencie diffnitiue huiusmodi non sorciuntur effectum.

[12] Item calumniantur ex eo quod, quando a presidentibus eiusdem curie

---

[8] He was appointed registrar of the Court of Arches on 26 September 1316 (see infra, p. 206, and Churchill 1. 454–55; 2. 196, 241).
[9] C = f. 42ᵛ.
[10] quidam *ms*.
[11] C = f. 43ʳ.
[12] auditorium *ms*.
[13] Here O gives two references to legal texts: 'ff., qui sit a quo, l. prima [Dig. 49.3 1]; extra, de appellacionibus c. *Romana* §primo [a decree of Pope Innocent IV at the First Council of Lyons, 1245; printed in *Liber sextus* 2.15.3]'.

appellatur et apostoli petuntur, ipsi nullis datis apostolis procedere non uerentur. Adeo quod ipsorum processus de iure non ualent.

[13] Item ex eo quod pretenditur appellatum esse a suffraganeis ad ipsam curiam, precipue a grauamine iudiciali, numquam per acta cause impugnatur seu iustificatur appellacio set per testes et instrumenta numquam prius producta, quod iure notissimo reprobatur. Adeo quod sepius processus transmissus discrepat a probando priori.

[14] Item ex eo calumpniantur quod, quamquam dominus archiepiscopus de iure legatus sedis apostolice reputetur et sic per uiam simplicis querele possit adici in tantum quod cause subditorum suffranganeourum ex eorum consuetudine[14] simplici uentilentur coram eo uel in curia sua absque uia appellacionis uel querele ob neglegenciam, stilus curie Romane non patitur quod processus huiiusmodi approbentur, nec hoc iuris est quod approbentur.

[15] Item calumpniantur ex eo quod in beneficialibus numquam in articulis iustificantur persone ex[15] condicione et statu qui petunt se admitti ad beneficia, quod tamen est necessarium, cum in illis non presumatur clericus nisi probetur.

[16] Item calumpniantur ex eo quod, cum appellatur a facto iudiciali, ut puta, a non dimissione etc., quod simul tractantur cause appellacionis et negocii principalis, cum ante omnia iudex haberet cognoscere an sua esset iurisdiccio, uidelicet, examinando appellacionem, uidendo an sit ex causa probabili emissa et ex tali qua probata deberet legitima reputaretur et sic pronunciare causam deuolutam et tunc demum procedere in principali. Alias sequeretur quod articulus appellacionis possit pendere per quadriennium uel quinquennium seu eciam ultra, quod feret obsurdum omnino.

[17] Item quantum admirantur periciores[16] curie Romane quod in tuitoriis negociis posiciones et responsiones ad eas non fiunt nec fieri permittuntur, eciam si cum instancia petantur, ad probandum illa que secundum naturam negocii necessarie probanda existunt, cum ad probacionem testium instrumentalem petere non deberet pars conuenta ubi ipsa interrogatoria responderent ueritatem. Et eo magis admiratur curia Romana quod, cum negocium tuitorium celerius ceteris negociis debeat expediri, expedicior probacio quesit, scilicet, posicio et responsio ad eam inhibita et per statutum uel consuetudinem introducta exclusa, et sic male secundum uidere multorum. Et si tuitorium negocium iuramentum calumpnie prestaretur, reputarent mutli quod non foret mortale peccatum quamcumque celeriter et summarie habeat[17] expediri, cum dicti iuramenti prestacio celeritas expedicionis non[18] set conueniencia magis.

## 5. TRACTATUS SUPER APPELLACIONIBUS TAM DIRECTIS QUAM TUITORIIS SECUNDUM CONSUETUDINEM CURIE CANTUARIENSIS

This treatise is the fullest extant exposition of procedure in the Court of Arches.

---

[14] consensu *O*.
[15] C = f. 43$^v$.
[16] procuratores *O*.
[17] C = f. 44$^r$.
[18] *space here in C; perhaps for* sit.

Its audience was principally advocates or advocates-to-be in that court, and the treatise itself, in large part, reads like the result of lectures given to that audience. First, a description of the manuscripts, then a discussion of the method of editing and, finally, some comments about the treatise.

*Manuscripts*

It is found fully in only one manuscript (C). A substantial part exists in another (P). The opening part can be found in yet another (T), although with minor differences of omission and addition.

C = Canterbury Cathedral Library Ms. D8, ff. 53$^r$–67$^v$. Cited as *ms.* in notes
  A description of this ms. appears supra, p. 67. Dating from the first decade of the fourteenth century, the first part of this codex contains *inter alia* a formulary of the Court of Arches (ff. 1$^r$–50$^v$), this treatise (ff. 53$^r$–67$^r$), and the Customs of the Court of Arches (ff. 73$^v$–74$^v$). The treatise, written in a clear hand, produces a rubricated text, which seems occasionally confused.
  *Inc.*: Cum ad curiam Cantuariensem fuerit appellatum, distingue . . .
  *Desinit*: . . . in nostra et de renunciacione, c. admonet.[1]
P = London, Inner Temple Library, Petyt Ms. 511/3.
  For this composite codex see supra, p. 85. This ms. may contain the germ or, at least, one or possibly two of the germs from which the treatise grew. Three clusters of paragraphs concerned with procedure in the Arches are found at various places in the ms. as it now exists. The second cluster is made up of notes, or paragraphs, which were inserted in no particularly discernible order, frequently leaving pages without margins. Staining and other damage has left parts of the notes in all of the clusters illegible. The author of the notes, at least of the first cluster, identifies himself (f. 9$^r$) as the advocate in a case involving the rector of Sapcote, Leics, in Lincoln diocese: 'in causa de sapecote ubi fui aduocatus'. Clusters 1 and 3 represent a more advanced stage and perhaps are the earliest extant part of the finished treatise.
  1. ff. 9$^r$–12$^v$. This cluster appears disordered and the last folio may indeed be the beginning of this cluster. The texts on ff. 9–12 as well as the hand appear to be closely related to cluster 3 and perhaps were meant to go together before the leaves became disarranged.[2] In these much mutilated folios 15 sections can be identified which appear in the treatise as found in C.
  2. ff. 13$^{ra}$–15$^v$. This section contains 98 paragraphs (some squeezed into

---

[1] On f. 66$^v$ the scribe left a break of about a half inch after '. . . uidetur quod si debeantur quod propter' and before the next line. This marks the place where ms. C no longer follows ms. P.
[2] On f. 8$^v$ two paragraphs, the first at mid-page, the second separated by a large space nearer the bottom, relate to procedure in the court but seem unrelated to what follows in this cluster. The first of these begins 'Redeo postquam libellatum est' and can be found, with some changes, in Oxford, Corpus Christi College Ms. 72, f. 71$^v$). The first line of the second note ('Facta contestacione una cum iustificacione prefatoque iuramento tam super libello et quam iustificacione dabitur dilacio ad ponendum peremptoriam et primo producendum') appears in the same ms., f. 68$^v$.

two-columned sides with little or no margin). Of these, as close as the state of the ms. allows one to observe, 53 bear the marginal notation 'va-' at the beginning and '-cat' at the end. All of these paragraphs appear in the formal version which exists in ms. C; none appear in clusters 1 and 3. An editing hand has clearly gone through these raw notes and selected out some for inclusion in a formal treatise. Only two of the other 45 paragraphs appear in that treatise in the form in which we have it (ms. C). This cluster is the earliest form of this treatise.

3. ff. 58$^r$–60$^v$, 63$^r$. Unlike the previous cluster, this has a finished look to it and resembles cluster one. The two could be the earliest fragments of the formal treatise. At least ten paragraphs are in this cluster. Apart from forms given as examples, all of the paragraphs in this cluster are found in ms. C and in the order found here. Also, at the place in ms. C where the text of cluster 3 ends (f. 63$^r$) there is a blank space of a line.

Since these notes exist in a hodgepodge fashion in ms. P (particularly cluster 2), there is no way of knowing what other notes might have belonged with them but are now not in ms. P. Also, we do not know what other sources were used to compile the treatise. It should be added that there is no suggestion that ms. C was copied directly from ms. P. An intermediary or a number of intermediaries probably separate the raw notes of cluster 2 in ms. P from the finished treatise in ms. C, although one cannot be sure how closely related clusters 1 and 3 are to ms. C. Those references to ms. P in the *apparatus criticus* which have no folio indication are to the last mentioned folio.

T = Cambridge, Trinity College Ms. B. 16.39, ff. 55$^r$–57$^v$, 2$^{r-v}$.

For this ms. see supra, p. 69. It contains *inter alia* the Customs of the Court of Arches (ibid.). There follows immediately after the customs, on the same line, separated only by a paragraph mark:

> Quinto idus Octobris anno domini millesimo CCC$^{mo}$ duodecmo ordinauit, statuit et decreuit Rogerus Rothewell,[3] archdiaconus Bedefordensis, officialis curie Cantuariensi, quod excommunicacio canonis 'si quis suadente diabolo' non admittetur ad repellendum testes nisi esset denunciatus excommunicatus et pro excommunicato publice habitus, non obstante c. extra, de sentencia excommunicacionis, cum non ab homine.[4]

There then follows on the same line, separated only by a paragraph mark, the beginning of this treatise. In the margin a finger points to this line and a scribe has writted 'nota'. A correcting hand has gone over this treatise and has inserted (f. 2$^{r-v}$) a section that the corrector indicated had been omitted; this section does not appear in ms. C at this point.

*Inc.*: Cum appelatur ad curiam Cantuariensem aut directe ...
*Desinit*: ... qui prouocat racione grauaminis comminati. (Here in the margin is written 'finis'.)

*Edition*

This edition is based on ms. C, since it is the only ms. that contains what appears

---

[3] For Rothwell (Rowell), see infra, p. 198, and *BRUO* 3. 1600.
[4] X 5.9.1.

to be a full treatise or, at least, a very substantial part of it. The scribe has written clearly and mostly correctly, although he was prone to occasional lapses in places where his text now makes little sense. As a guide, ms. C has been checked against readings in other mss., where these are available. Variant reading from mss. P and T are noted only where they clarify or correct ms. C. Essentially, then, this edition employs ms. C with only corrections from other mss., where these seem appropriate. All references, unless otherwise indicated, are to ms. C. In the critical apparatus '*ms.*' is used to refer to C. Also, in the first part of the treatise numerals and letters are added by the editor to indicate the schema intended by the text.[5] Emendations have been made to the text but sparingly and are so indicated: authors do make mistakes, and their mistakes should be respected in the text. The editor has preferred generally to place alternative readings in the *apparatus criticus*, leaving it to the reader to judge which may be a better reading. Brackets [ ] indicate editor's additions.

As with the edition of the Customs of the Court of Arches, this edition of *Tractatus super appellacionibus* follows the principles for editing canonical texts provided by Stephan Kuttner ('Notes on the Presentation of Texts and Apparatus in Editing Works of the Decretists and Decretalists', *Traditio* 15 (1959) 452–464).

*Comments*

*Origin.* This treatise, a composite, appears to have evolved from lectures for the instruction of advocates or of those preparing to be advocates in the Court of Arches. The notes in ms. P, which later appear as part of the formal treatise, indicate this. Moreover, at one point the author addresses his audience as 'tu, aduocate' and gives advice how to proceed, for example, 'Proponas ergo tuas excepciones cum diligencia ne cum rubore paciaris repulsam in eisdem' (P, f. 9ʳ). Three stages in this process appear in our mss.: (i) the raw notes of cluster two of ms. P, then (ii) a more finished treatise, but still closer to a penultimate draft, in clusters one and three of ms. P, and (iii) a full blown treatise (ms. C) with an introductory summary, which is found also in ms. T.

*Sources cited.* With reference to canon law texts, the principal source is the *Liber extra* (or *Decretales Gregorii* IX), 1234, which is cited directly 184 times. Only twelve references are made to the *Decretum Gratiani*, c.1140.[6] The treatise refers 11 times to decrees in 'extra', which are not in the *Liber extra*, mostly decrees of Pope Innocent IV in the First Council of Lyons, 1245; they all appear in the *Liber sextus* issued by Pope Boniface VIII in 1298. Since some collections of post-1234 decrees were made before 1298, it is probable that the author(s) of the treatise used such a collection for these decrees. Yet there is a citation to a decree of Boniface VIII (p. 175), which first appeared in the *Liber sextus*; that citation is unique and has the smell of an addition about it.

---

[5] Although the editor has had the benefit of the transcription of ms. C by Mr W.P. Blore as well as the benefit of the very close reading of the edited text by Professor Donahue, the editor must take final responsibility for the text as it appears here.

[6] For an important work that forces a reconsideration of the early history and the dating of this collection see Anders Winroth, *The Making of Gratian's Decretum* (Cambridge, 2000).

In addition, the author cites texts from all four collections of the classical Roman law, but, whereas the *Institutes* are referred to only twice and the *Novels* only four times, the Code of Justinian is cited 45 times and the learned opinions in the Digest 100 times.

The treatise has references to 8 commentators on the canon law, but consistently – even insistently – it is Pope Innocent IV (Sinibaldo dei Fieschi, d. 1254), cited a total of 36 times, who is the preferred authority, although at one place our author says that Innocent writes 'diffuse et confuse'. (See infra, p. 209) Scattered reference are made to the ordinary gloss, Hostiensis, Iohannes Garsias, Tancred, Vincentius Hispanus, Bernardus Compostellanus iunior, Simon of Ghent and the English canonist Brandon.

*Date.* The *terminus ad quem* for this treatis must be the date of the earliest ms., C, which can be reliably dated to the years 1302 x 1307.[7] The *terminus a quo* for the treatise as it stands in ms. C must be the date of the latest reference made there, although in a work that has evolved its different stages could have different dates. The latest reference, to a decree of Boniface VIII (infra, p. 175), first appeared in the *Liber sextus* of 1298. The reference could have been added to our text at a late moment in its evolution, since it is not in ms. P, which appears to have been the basis for this section of the treatise. Also, with respect to the eleven other references to texts which appear in the *Liber sextus*, it must be allowed that they could have been cited from earlier collections, as, indeed, there were three early collections of Innocent IV's decrees, including one for the decrees of the First Council of Lyons (1245). A conservative approach would suggest that the author cited these directly from the *Liber sextus* itself and that the treatise dates from 1298 or slightly later, yet it is quite likely that our text derives from an earlier date, since it contains only one reference that is found only in the *Liber sextus*, itself perhaps a later insertion, and the other references now in the *Liber sextus* could have been taken from earlier collections. The absence of any reference to commentaries on the *Liber sextus* and to other legislation in the *Liber sextus* might further suggest that the treatise in this form dates from before 1298, although not much before: the 1290s would seem a safe dating.

*Authorship.* With a treatise which seems to have evolved there were probably several authors involved in producing the text as we have it. The basis of our text would clearly be the notes found in P, whose author identifies himself as the advocate in the Arches in a case involving the rector of Sapcote in Lincoln diocese (f. 9$^r$), who was originally the *pars rea* and became the *pars appellans*. No name suggests itself as author of P, nor is the identity of the authors of the other parts apparent, save to say that the contributors would all have had direct involvement with the Court of Arches.

*Internal order.* The text found in ms. C, the basis for this edition, is a patchwork. The opening section is a summary, a succinct outline of the kinds of actions that come to the court and how those actions should proceed. This summary resembles *distinctiones* found in treatises on the learned law. This is the only part of the

---

[7] See supra, p. 67.

treatise that is in ms. T; it is not in ms. P; it is the first section of ms. C. It seems to have had a separate prior existence.

One might expect that next there would be an elaboration of the schema provided, but after the summary there is no identifiable principle of organization of the rest of the material in the treatise. With no obvious order, paragraphs follow on a wide arrange of topics, including various aspects of tuitorial appeals, the calling of witnesses, the difference between provocation and appeal, the consequences of appealing from one or more *grauamina*, the nature of a *querela*, etc. A number of what might be called case studies are clustered together (pp. 167–191); these seem to be drawn ultimately from ms. P: for example, the knight claiming that he could not have married that woman because he was married to another; the cleric who promised to be ordained but was impeded; the papally provided canon for whom there was no place in the chapter. Brief notes on disparate subjects conclude the treatise.

In another, perhaps less satisfactory, way it can be said that the treatise has, in general, three parts: (a) the summary (pp. 122–125) (b) the section taken from ms. P and other sources (pp. 126–191) and (c) notes appended almost as *quae sunt memoranda* (pp. 191–196).

One should not expect that such a patchwork would necessarily be consistent. What inconsistencies of teaching that exist can be attributed to the fact that radically there were probably many authors or, at least, many hands involved in producing the text as we have it.

*Tractatus*[8] *super appellacionibus tam directis quam tuitoriis secundum consuetudinem curie Cantuariensis*[9]

Cum ad curiam Cantuariensem fuerit appellatum, distingue
I.[10] aut appellatur directe et tunc[11]
    A. aut a diffinitiua legitime et in scriptis et petitis apostolis cum ab actu iudiciali appellatur et tunc
        1. aut aliquid[12] est attemptatum post appellacionem interpositam. Et de illo faciat mencionem in suggerendo, si poteris,[13] ne non reuocetur, quod non est in suggestione contentum. Alioquin, si diuinare non poteris, quia facta fuerant dum eras in inpetrando, faciat mencionem de illis in tuo libello, et iuxta libellum porrigas articulum et, antequam causa appellacionis examinetur, debent post appellacionem reuocari, docto de

---

[8] Tractus *ms.*
[9] *ms. hic erronee*. Consuetudines curie Cantuariensis et obseruanciones que experimento communiter seruata fuisse noscuntur. *Hic titulus* f. 67ᵛ. See supra, p. 67.
[10] The outline numbers and letters are editorial additions.
[11] et tunc *repet. ms.*
[12] aut aliquid *repet. ms.*
[13] 'diuinare' omitted before or after 'poteris' in *ms.* and in *T* (f. 55ᵛ)? 'si poteris' is placed after the clause 'ne non reuocetur' in *ms.* but *melius*, as in *T*, before the clause.
[14] Glos. ord., X 2.24.16, *s.v.* prescivisset, which, although it does not concern the revocation of *grauamina*, can be read to support the contention that one is not bound to behave according to facts of which one is ignorant.

illis summarie (ut extra, de iureiurando, c. ueniens cum sua glossa;[14] extra, de excepcionibus, dilecte[15] ubi notat Innocencius[16]), et facta reuocacione causa appellacionis examinabitur, ut infra sequitur.

    2. aut nichil est attemptatum post appellacionem, et tunc

        a. aut pars appellata post libellum sibi oblatum fatetur de uoce appellacionis. Et tunc iudex pronunciat pro iurisdiccione et mittendum esse pro processu, dabiturque parti appellanti terminus ad dicendum[17] contra processum et postea ad proponendum omnia in facto consistencia ubi non propositum proponetur et non probatum probabitur, ut notat Innocencius (extra, de re iudicata, quod ad consultacionem).[18]

        b. aut pars appellata oblato sibi libello diffitetur uocem appellacionis. Pars appellans habet necesse probare per probaciones legitimas se legitime appellasse. Quod si[19] fecerit, procedetur ut prius ad examinacionem processus et confirmabit uel infirmabit sentenciam memoratam. Si non probauerit legitime appellatum uel si iudex sentenciam confirmauerit, in expensis condempnabitur et ad priorem iudicem mittetur.

B. aut appellatur a grauamine et tunc

    1. aut extra iudicium. Et tunc ab actu extraiudiciali ob aliquod grauamen et postea me grauat. In alio actu extraiudiciali opus est noua appellacione, quia non sum exemptus per primam appellacionem, et ideo quot sunt grauamina extraiudicialia tot sunt appellaciones necessarie nisi in ualde connexis, ut notat Innocencius (extra, de eleccione, cum nobis;[20] et extra, de appellacionibus, cum causam ad finem glossarum[21]).

    2. aut in iudicio. Et tunc

        a. aut probat uocem appellacionis et eius causam quam appellans tenetur probare (ut extra, de appellacionibus, interposita),[22] et tunc, nisi per uiam iustificacionis fuerit exclusus, pronunciabitur pro iurisdiccione mitteturque pro processu, et sanato grauamine resumptoque processu in loco ubi fuit grauatum, continuato processu[23] procedetur in causa, nec iudex appellacionis habet respicere retro processum et examinare eundem sicut quando appellatur a diffinitiua. Et est racio quia appellacio a diffinitiua respicit totum processum set appellacio a grauamine tantum respicit grauamen a quo appellatur. Set quid si inueniat processum retrofactum carere omni fundamento, nuncquid potest ibidem

---

[15] X 2.25.10.
[16] Inn. IV, *Apparatus*, ad X 2.25.10, ff. 113$^v$–114$^r$.
[17] ducendum *ms.*
[18] Inn. IV, *Apparatus*, ad X 2.27.15, f. 118$^r$, which deals with whether the appellant can propose exceptions not allowed in the lower court.
[19] non *ms. add. sed hic T* (f. 55$^v$) *melius.*
[20] Inn. IV, *Apparatus*, ad X 1.6.19, ff. 20$^v$–21$^r$.
[21] ibid., ad X 2.28.62, f. 129$^v$.
[22] X 2.28.70.
[23] processui *ms. et T* (f. 56$^r$) *add.*

incipere et sic rite procedere, ne postea totum corruat et in causa caduci perueniat, queritur? Et credo quod sic.

b. aut non probat uocem appellacionis et eius causam, et tunc ad priorem iudicem cum refusione expensarum occasione huiusmodi appellacionis factarum remittetur in causa ipsa secundum retroacta processurus.

II. aut appellatur pro tuicione et tunc
  A. aut appellatur a diffinitiua sentencia et tunc
    1. aut fuit prouocatum ante diffinitiuam. Et ita sugerit de prouocacione et appellacione interiectis, et prima die potest introducere negocium tuitorium et probare prouocacionem et eciam appellacionem per uiles et infamatos testes, nec expectabitur pars appellata. Et est racio quia, si presens esset, non posset contradicere et quia non uertitur ibi finale preiudicium set de temporali tuicione; set ante diem tertium non habebit tuicionem. Et si concessum ei fuerit beneficium tuicionis et pars appellata ueniat antequam litera tuicionis emanauerit uolens in principali procedere, audietur et tuicio prius sibi concessa denegabitur eidem. Bene dico: si probauerit, habebit tuicionem, nisi pars appellata consenserit ibidem procedere in principali uel nisi per factum contrarium seu exclusorium fuerit exclusus; tunc denegabitur tuicio eidem[24] et pars appellata dimittetur. Et est notandum quod factum exclusorium seu contrarium habet proponi secunda die ex quo introductum est negocium tuitorium[25] et illa die debent produci testes super facto contrario eciam uiles, ut supra, nec aliquid proponetur quod tangit ipsum principale. Et est ratio ne ipsum principale introducatur coram non suo iudice, cum ad sedem apostolicam fuerit appellatum. Et si probauerit pars appellans, prout debuit, et non fuerit exclusus per partem appellatam nec fuerit consensum procedere in principali, reuocabitur sentencia pretextu prouocacionis precedentis non uirtute appellacionis sequentis, ut infra plenius dicam. An hoc sit uerum in diffinitiua sentencia ubi precessit prouocacio queritur?

    a. aut probat uocem appelantis interposite, et tunc
      i. aut est exclusus per factum contrarium uel exclusorium. Et denegabitur sibi tuicio et pars appellata dimittetur. Et caue in contrario facto ut directe et in omnibus excludat[26] et non probabiliter et presumptiue set eciam de necessitate.
      ii. aut non est exclusus nec pars appellata uult procedere in principali. Habebit tuicionem et, si que fuerint attentata post appellacionem, reuocabuntur in tuitorio et reponetur in statu quo fuit quando appellauit, set sentencia a qua fuit appellatum non reuocabitur. Et est ratio quia non precessit prouocacio legitima et habebit annum et ex causa biennium ad appellacionem prosequendam et per tantum tempus tuebitur per curiam

---

[24] *i.e.*, parti appellanti excluso.
[25] factum – tuitorium factum exclusorium habet proponi in crastino tertio preconisacions partis appellate, uidelicet, in quarto die *T* (f. 56ᵛ). This may represent a later practice.
[26] concludatur *T* (f. 56ᵛ).

Cantuariensem. Si autem pars appellata uelit in principali procedere, omissis etc., iustificatis consensibus, mittetur pro processu et die dato ad proponendum iniquitates sentencie. Postea[27] prefigetur dies ad proponendum omnia in facto consistencia, quo die non propositum proponetur etc., sicut in directa appellacione dixi.

    b. aut non probat appellacionem interpositam uel minus legitime interpositam. Et denegabitur sibi tuicio et pars appellata sine refusione expensarum sibi facienda dimittetur, cum expense in tuitorio non uenient. Et est ratio quia curia Cantuariensis non habet se intromittere nisi de tuicione concedenda uel deneganda illorum qui ad curiam Cantuariensem appellarunt.

B. aut appellatur a grauamine facta in iudicio et tunc
  1. aut fuit prouocatum ante grauamen et postea appellatum legitime secuto grauamine quod est tutius. Tunc probatis probandis in tuitorio, uidelicet, prouocacione legitime facta et notificata iudici, si sit cui sit notificanda, et grauamine secuto, appellacione postea interposita, et tunc distinguitur ut supra, scilicet, sit exclusus aut non. Si est exclusus per factum contrarium uel exclusorium suo tempore propositum, denegabitur sibi tuicio et pars appellata dimittetur. Si non fuerit exclusus et pars appellata uelit in principali procedere, tunc, reuocatis omnibus grauaminibus propter que extitit appellatum et eciam que post appellacionem sunt illata, quatenus fuerint probata eatenus reuocentur, et transmisso pro processu sanatis grauaminibus resumpto ibidem processu uirtute consensus in causa procedetur. Si autem pars appellata uelit in principali procedere, parte appellante nolente, denegabitur tuicio et altera pars dimittetur. Si autem pars appellata non uult procedere in principali, tunc debent reuocari omnia grauamina suggesta et probata, que illata fuerint post prouocacionem et appellacionem interpositas, et hoc uirtute prouocacionis, et in statu tuebitur quo fuerat tempore prouocacionis interiecte. Set si non fuerit prouocatum, reuocabuntur grauamina que post appellacionem sunt illata, non propter que fuit appellatum.
  2. aut non fuit prouocatum ante grauamen illatum set postea legitime extitit appellatum et post appellacionem iterato grauauit, et tunc
    a. aut pars appellata uult procedere in principali, et omnia reuocabuntur quatenus suggesta et probata fuerint, nedum grauamina que post appellacionem sunt illata, set illud propter quod extitit appellatum, ac omnibus reuocatis procedatur, ut supradixi.
    b. aut pars appellata non consentit procedere, et tunc reuocabuntur grauamina que post appellacionem sunt interposita, non ea propter que, set in[28] eo statu tuebitur quo fuerat tempore appellacionis interposite. Et ideo bene facit, quia prouocat racione alicuius comminati.[29]

---

[27] *ms.*, post *T.*
[28] *C* = f. 53ᵛ.
[29] The scribe of *T* stops here (f. 58ᵛ). In the margin he has written 'finis'.

Nota differenciam inter factum contrarium et exclusorium, quia in facto contrario attendit numerus testium. Verbi gracia, aliquis appellans suggerit se excommunicatum iniuste pro eo quod in ipsum non monitum non conuictum etc., et super hoc producit decem testes. Pars altera factum contrarium proponens dicit quod in ipsum legitime monitum et conuictum etc. sentenciam excommunicacionis promulgauit et sic concurrit in probacionibus. Et qui per plures testes probauerit optinebit. Secus est in exclusorio cum proponitur partem appellantem tacite uel expresse a sua appellacione recessisse, ut pote, quia pars appellans proprie appellacioni non detulit spoliando uel coram iudice a quo appellatun fuerat in actu preiudiciali procedendo et ceteris similibus. In huiusmodi enim factis exclusoriis non attenditur numerus testium, immo sufficiunt duo[30] testes ad[31] exclusorium probandum etsi pars appellans uiginti testes produceret, et isti tenent omnia in articulo.[32]

Appellans ad curiam Cantuariensem pro tuicione, si noluerit aliquo modo ibi procedere in principali, faciat in sugestione mencionem tantum de grauamine sibi illato, puta, quia iudex ipsum non monitum etc. excommunicauit. Nec faciat aliquam mencionem de causa principali, ut forte de pensione de qua agebatur, quia, si faciat et pars appellata uelit ibi procedere in causa principali appellanti, denegabitur tuicio, nisi ibidem uellet procedere. Et si non, sit facta mencio nisi tantum de grauamine in sugestione appellans non potest compelli ut ibi procedat in principali, cum nichil de principali suggeratur nisi ex nouo consensu utriusque partis, quia tunc adquiritur ei iurisdiccio tantum ex consensu in principali negocio. Set fatuus esset excommunicatus qui impetraret tuicionem cum semper in eodem statu seruatur, unde melius posset exemplificari in alio grauamine ubi prouocacio precessit excommunicacionem.

Seruatur in arcubus quod, si in tuitorio negocio pars appellata fuerit dimissa, nuncquam habebit literas sue dimissionis. Set ex hoc uidetur sequi inconueniens ut, si pars rea appellet et impetret suggestionem et per consequens inhibicionem primo iudici qui condempnauit uel alias grauauit, procurabit ut habeat certificatorium sugestionis et retinebit, et ita certificabit curiam et sic supersedebit primus iudex in preiudicium actoris, ex quo actor qui est pars appellata non potest certificare suum iudicem de dimissione, cum super ea non concedant literam, ut dixi.

In tuitorio negocio non appellatur nec restituitur quis, nec admittitur aliquis cum caucione eciam penali, nec ueniunt expense. Et si concedatur tuicio et ueniat pars aduersa et uelit procedere in principali, auditur, si tamen non adhuc exiuit litera tuicionis concesse. Et fundatur tuicio pro maiori parte super iure non scripto et in multis contra ius scriptum, et potest esse racio quia non tractatur in ea de finali praeiudicio per ius melius fundatum[33] (extra, appellacionem, cum teneamur).[34] Et bene caueat sibi appellans pro tuicione, quia tuicio conseruat eum in eo statu in quo fuit tempore appellacionis interposite. Vnde uideat quod habeat bonum statum quod, si tunc fuerit excommunicatus uel extra

---

[30] due *ms.*
[31] ac *ms.*
[32] isti – articulo] istud tenent omnes in articulo *ms.*
[33] fundatur *ms.* For an explanation of this text see *Select Canterbury Cases*, p. *64* (intro.).
[34] X 2.28.17.

possessionem, in eo statu seruabitur, nisi precessisset prouocacio, quia, si sic, per tuicionem reuocabuntur omnia attemptata post prouocacionem et in statu in quo fuit quando prouocauit seruabitur. Item nec possunt testes compelli in tuitorio etc.

Nota quod illa uerba que ponuntur in fine excepcionum, 'premissa propono diuisim seu coniunctim', tantummodo respiciunt excepciones, non autem partes excepcionum. Vnde illa disiunccio non separat inter proposiciones set inter excepciones; unde expedit expresse disiungere in fine excepcionum 'premissa propono coniunctim seu diuisim, premissas excepciones uel aliquas earum seu quamlibet partem seu propositionem eius uel earum coniunctim seu diuisim' etc. Et sic fit in curia Romana.

Si dilatorie[35] fuerit exceptum et reiecta fuerit excepcio quia proponens eam non probauit, si ipse uelit iuxta contestacionem litis iustificare de eadem tota et non alia materia que fuit cassata in excipiendo, licet alio et alio modo proponatur, nunc et prius tamen ex quo reassumit eandem materiam et ad eundem effectum non debet admitti sua iustificacio. Et ita seruatur in arcubus.

Set quidem e contra ut, si uelit de materia iustificacionis cassare, excipere postea peremptorie nunquid[36] potest? Dubitatur et uidetur quod sic, quia, si ago contra te possessorio, tu reconuenis me possessorio; ego in modo excepcionis excipio contra te de eadem spoliacione de qua te conuenio; ego admitto quia ad aliud et aliud nunc proponatur et ad aliud prius, ut notat Bernardus (extra, de ordine cognicionum, c. super spoliacione).[37] Innocencius uero circa istam materiam subtiliter distinguit quando aliquis proponit quod prius est cassatum.[38] Aut secundo proponens petit aliquid sibi restitui et non auditur. Verbi gratia, tu agis contra me accione negociis gestis directa pro racione reddenda. Ego obicio excepcionem compensacionis de eo quod inpendi in negociis tuis. Iudex reicit compensacionem quia forte eam non probaui. Postea uolo agere: uolo contra te negociis gestis contraria pro inpensis meis. Non possum quia, licet alio et alio modo, tamen secundo proponens aliquid peto quia idem quod primo in excepcione compensacionis loquitur (ff., de negociis gestis, l. si autem hiis fuit, §si quocumque modo, cum concordanciis ibidem notatis).[39] Aut secundo proponens id quod est cassatum et nichil petit sibi restitui, uerbi gracia, in exemplo premisso. Si agam possessorio contra te et tu reconuenis me possessorio, si excipiam contra te de eadem spoliacione de qua principaliter ago, possum quia sic excipiens nichil peto michi restitui, quia qui excipit de spoliacione non petit restitucionem sibi fieri, set tamen ut agens repellatur ab agendo seu reconueniendo quousque restituat (ut extra, de ordine cognicionum, cum dilectus).[40] Vnde ex quo nichil petit nunc sicut prius; immo ad alium effectum et alium proponitur, nec est mirum si possit quia excepcio cassata postea admittatur

---

[35] delatorie *ms.*
[36] nuncquid *ms.*
[37] Glos. Ord., X 2.10.4, *s.v.* petentem: 'Set si ago contra te possessorio et tu reconvenis me possessorio et ego excipio contra te in modum excepcionis de spoliatione eadem de qua convenio te: nunquid debeo admitti? Dico quod sic: quia ad alium prononitur ut actio: ad aliud ut exceptio.'
[38] Inn. IV, *Apparatus*, ad X 2.10.4, ff. 84ᵛ–85ʳ.
[39] Dig. 3.5.7.2.
[40] X 2.10.2.

per uiam denunciacionis uel accusacionis (ut extra, de appellacionibus, constitutis in).[41]

Pars proposuit aliquam excepcionem in iudicio quam iudex non admisit, a qua non admissione fuit appellatum. Pars appellata coram iudice appellacionis fatebatur de uoce appellacionis et eciam de facto grauaminis, uidelicet, quod iudex suam excepcionem non admisit. Negauit tamen qualitatem facti seu grauaminis, quia iustificat seu modificat ita, scilicet, quod iudex iuste non admisit eam excepcionem. Modo queritur nuncquid iudex appellacionis potest pronunciare pro iurisdiccione sua et fore mittendum pro processu perinde ac si probata seu confessata esset uox appellacionis et eius causa, scilicet, grauamen? Respondeo: ut[42] pars proposuit coram iudice principali excepcionem in forma iuris, et[43] qui, si esset probata legitima, iudex non admittens talem excepcionem eum grauauit, et ideo si pars confiteatur quod talis excepcio non fuit admissa, non potest iustificare confessionem suam, quin confitetur grauamen, et per consequens iudex potest et debet pronunciare pro iurisdiccione et fore mittendum pro processu.

Si uero non proposuerit excepcionem in forma iuris nec legitima esset si foret probata, iudex non admittendo non grauat, et ideo ad iudicem appellacionis non est deuoluta iurisdiccio, cum non sit grauamen probatum, et ideo pars recte negat qualitatem grauaminis, et tunc non potest pronunciare pro iurisdiccione ex quo de grauamine non est confessatum (arg. extra, de appellacionibus, ut debitus).[44]

Appellatum est a diffinitiua; probata uoce appellacionis et transmisso processu, iudex examinauit processum, prefixit terminum peremptorium ad proponendum omnia.[45] Postea omisso die ad proponendum omnia in facto consistencia, statim concludebat in causa. Nuncquid tute potest ulterius procedere confirmando uel infirmando sentenciam queritur, ex quo omissus est dies necessarius quoad litis processum ordinandum, quia ille dies est unus de sex tramitibus litis, licet non sit de tribus substancialibus? Dicunt quod non: immo iudex reuocabit illam interlocutoriam de die quem dedit[46] ad concludendum et de nouo dabit diem ad proponendum omnia in facto consistencia, quia, licet interlocutoria quantum ad partem post decem dies transeat in auctoritatem rei iudicate, non tamen quoad iudicem appellacionis (ut extra, de appellacionibus, cum cessante).[47]

Iudex prefixit diem siue terminum ad proponendum peremptorie contra testes et instrumenta. Illa die proponit aliquid uel non proponit, non est uis.[48] Postea iudex secundum solitum cursum causarum prefixit terminum ad proponendum omnia in facto consistencia. Reus nunc proponit quandam excepcionem contra testes et instrumenta. Obiicitur sibi quod ab hoc est exclusus per terminum peremptorium, quoniam ad hoc specialtier habuit. Immo dicit:

---

[41] X 2.28.46; C = f. 54ʳ.
[42] aut *ms.*
[43] talem *ms. add.*
[44] X 2.28.59.
[45] ad – omnia et proponendum omnes *ms.*
[46] didit *ms.*
[47] X 2.28.60.
[48] *textus corruptus? lege* uel si non proponit, non est uis?

ipse habeo diem ad proponendum omnia in facto consistencia, set hec excepcio consistit in facto, ergo etc. Dicebatur quod ex quo materia illius excepcionis sibi competit in illo peremptorio ad proponendum contra testes et instrumenta; nunc non potest eam proponere saltim directe contra testes uel instrumenta. Alii distinguunt per alia uerba et in idem redit: aut excepcio quam nunc proponit sub primo decreto potuit comprehendi, scilicet, ad proponendum contra testes et instrumenta et precluditur sibi uia proponendi per terminum peremptorium si non comprehendatur (sicut arg. de fide instrumentorum, cum iohannes).[49] Set tunc restat uidere que excepciones comprehendantur sub decreto et que non, et hoc melius apparet per proximam responsionem etc.[50]

Cum respondetur posicionibus ut fit comnuniter, 'non credo ut ponitur', non ualet ista responsio, et ideo debet statim causam[51] declarare quare non credit illam et qualiter credit.

Agitur de causa ecclesiastica in foro ecclesiastico et est sentenciatum; postea agitur ad expensas litis. Non habet locum regia prohibicio, ut dicit Hengham,[52] quia iuxta principale regulatur hec cognicio, quod est spirituale. Et ita seruatur in arcubus.

Consuetudo[53] est in negocio tuitorio quod parte appellante comparente primo die, parte appellata non comparente, proceditur in negocio saltim ad recipiendum testes super appellacione. Set si pars appellata compareat prima die uel secunda et petat dimitti parte appellante non comparente, non auditur ante diem tercium, quia tunc si appellans non comparet parsque appellata petat dimitti, dimittetur, et postea appellans ueniens non auditur. Et est racio quia appellans potest introducere negocium in tuitorio parte appellata absente primo die et producere testes super appellacione et eius causa, set pars appellata non petet dimitti ante tercium diem, et in tuitorio ad probandum appellacionem quicunque testes criminosi et[54] infames admittuntur; unde pars appellata, si fuisset presens, non repelleret, ideo etc. Set pone primo die pars appellans probat in absencia partis appellate,[55] non comparente parte appellata eciam tercia die, nuncquid eo die possunt publicari attestaciones? Credo quod sic, et, si probauerit, habebit tuicionem. Set si pars appellata compareat prima die, parte appellante non comparente, an pars appellata posset proponere factum contrarium contra articulum suggestionis? Et certe uidi[56] quod sic fuit, tamen ex causa.

---

[49] X 2.22.10.
[50] The promised discussion does not follow.
[51] eam *ms*.
[52] For Sir Ralph de Hengham, chief iustice, see W.H. Dunham, *Radulphi de Hengham Summae* (Cambridge, 1932), and Paul Vinogradoff, *Collected Papers* (2 vols; Oxford, 1928), 1. 245–52. More recently, Paul Brand has revised hitherto accepted views about Hengham in *The Making of the Common Law* (London, 1992), pp. 393–443, 465–72, and provides a summary of Hengham's career in *Earliest English Law Reports*, vol. 1 (Selden Society, 111; 1995), pp. cxxxi–cxxxiii.
[53] *P* = f. 12$^r$.
[54] *add. P.*
[55] appellante *ms*.
[56] in arcubus semel *add. P.*

*Nota de compulsione testium*[57]

Item bene scis quod potest peti compulsio testium et compulsio est pars produccionis. Vnde si petatur in secunda produccione, pars est secunde; si in tercia, pars est tercie. Vnde non habet certam sedem ad instar bonorum possessionis extraordinarie, que quandoque competit ex testamento, quandoque ab intestato. Vnde si quis petat compulsionem et optinuit in tercia produccione, caueat ut citentur et producantur, et si fuerit negligens in prosequendo uel examinacionem procurando infra terminum sibi statutum a iudice, ius priuat ipsum ulteriori compulsione propter terminum infra quem etc. Si tamen legitime fuerit impeditus, postea bene admittetur.[58] Caue tamen quod requirantur per partem.

*Utrum Abbas possit excommunicare tanquam rector?*

Abbas quidam habens ecclesiam in proprios usus quemdam militem eiusdem ecclesie parochianum excommunicauit tanquam rector pro decimis non solutis. Miles appellauit. Dubitatum fuit utrum abbas posset ipsum excommunicare. De uero rectore non dubitatur per capitulum 'decimis, peruenit'[59] et per constitucionem Stephani archiepiscopi qua permittitur cuilibet rectori pro decimis in quarum possessione fuit ecclesia excommunicare,[60] et hoc sit manifestum uel notorium. Set de abbate in quem de iure[61] non cadit percepcio decimarum dubitatur. Fuit allegatum quod non, quia non fuit electus ad hoc ut haberet iurisdiccionem extra capitulum suum, quia in alios non habet, set episcopi et similes. Item non est assumptus ad hoc ab eo qui talem habet potestatem, ut sunt archidiaconi et similes, ergo etc. Item ut rector non quia non est uere rector,[62] ut uidetur, licet tamen in talibus solebat et debet constitui uicarius qui respondebit de spiritualitate episcopo et aliis et abbati in temporalibus respondebit. Vnde uidentur quod iurisdiccionem excommunicandi non habet, licet[63] habeat ecclesiam in proprios usus, quod excommunicare non potest ubi non habet tantum ius quantum habent alii rectores in quibus de iure communi cadit ius percipiendi decimas, quod patet, quia hoc impetrauit per priuilegium, ut ecclesias haberet in proprios usus. Hinc est quod, si religiosi prescribant decimas, requiritur bona fides et uerus titulus; si alii rectores, requiritur bona fides set non iustus titulus, set tantum sufficit allegare titulum et probare lapsum temporis (extra, de prescripcionibus, si diligenti[64] cum sua glossa).[65] Ad oppositum res transit cum sua causa, ergo etc. Item consuetudo introducit iurisdiccionem ordinariam, ergo etc. Item quando duo iura concurrent

---

[57] For similar matter see text infra, pp. 191–92.
[58] et hoc uidi in arcubus Londonie *add. P.*
[59] X 3.30.5.
[60] Powicke and Cheney, 2.1. 33; Cheney dates these statutes of Stephen Langton to 1213 x 1214.
[61] *C* = f. 54$^v$.
[62] quia – rector] *add P.*
[63] tamen – licet *P, homoeotel. ms.*
[64] X 2.26.17.
[65] Glos. Ord., X 2.26.17, *s.v.* iustus titulus.

in una persona, perinde est acsi in diuersis personis (C., de alluuionibus, l. ii;[66] ff., de hiis que ut indignis, l. tutorem[67]). Set tamen hec iura sunt repugnanda.

Caue tibi quia in tuitorio una pars probat per plures testes negatiuam, uidelicet, quod talis qui non habet iurisdiccionem uel non monitum excommunicauit uel similia, et pars aduersa probauerit contrarium, scilicet, affirmatiuam, quod habuit iurisdiccionem uel quod legitime excommunicauit, certe numero statuitur pauciori.

*Nota unum grauamen probatum uel confessatum deuoluit negocium*

Nota ubi appellatur ob duo grauamina et unum[68] bene fuerit probatum uel confessatum et alterum non, unum probatum deuoluit negocium et statim mittetur pro processu, quod est uerum si contineatur in suggestione 'ex hiis et eorum quolibet', alias non.[69] Et reuocatis et sanatis grauaminibus pro quibus fuit appellatum, resumetur negocium. Pone appellatum est ob unum grauamen quod consistit in facto et in qualitate, puta, quia iniuste cassauit excepciones. Pars appellata fatetur de uoce appellacionis et grauamina quatenus in facto consistit set qualitatem negat, quia[70] dicit quod iuste cassauit eas. Numquid deuolutum est statim negocium quia considerato facto confessato deuoluitur, considerata qualitate non? Credo quod est iudex saltim presumptus et mittet pro processu, quo examinato si appareat iniuste[71] cassatas, erit iudex in principali; alioquin[72] remittat ad priorem iudicem. Soluitur distincte [in] curia Cantuariensi.[73]

Coram iudice delegato prefixus est dies ad proponendum omnes dilatorias. Die adueniente coram iudice uel in absencia iudicis de consensu parcium proponuntur, iudice postea ratificante. Datus est postea dies ad faciendum super eisdem quod est iustum; iudex cassat eas; pars rea appellat; probata uoce appellacionis et eius causa. Quid uenit in reuocacione? Certe tantum cassat excepciones,[74] quia fuit appellatum quia cassauit. Et excepciones proposite coram primo iudice uenient modo in discussione, et, si sint admissibiles, admittuntur; alioquin cassabuntur. Et quia omnes ille excepciones tendebant ad declinandum forum, coram iudice appellacionis non habent locum cum in[75] curia Cantuariensi sit consensum ut procedatur ibidem.

*Utrum prouocacio generalis ad grauamina multa se extendit?*

Pone aliquis timens sibi posse fieri preiudicium in sua ecclesia per aliquem, pone Ticium uel per episcopum,[76] prouocat et appellat generaliter. Postea grauatur peremptorium in uno ut per sequestracionem uel excommunicacionem. Appellat et prosequitur. Probat prouocacionem set non probat grauamen propter quod aliis[77] est dismissus. Postea multipliciter est grauatus et appellat. Vult iuuare

---

[66] Cod. 7.41.2.
[67] Dig. 34.9.22.
[68] *add. P.*
[69] quod est – non *om. P.*
[70] set – quia] scilicet, quod fuit appellatum propter tales excepciones cassatas uel non admissas. Set *add. P.*
[71] iuste *P.*
[72] si iniuste *add. P.*
[73] Soluitur – Cantuariensi *om. P.*
[74] *P,* excepcionum *ms.*
[75] q. *ms. add.*
[76] pone – episcopum] *P,* pone peremptorium uel Ticium *ms.*
[77] *P,* alius *ms.*

se per prouocacionem prius generaliter emissam. Queritur an possit? Quidam dixerunt indistincte quod sic, licet succumbit in uno grauamine probando, ad mille grauamina sufficiet illa generalis prouocacio. Alii dixerunt contrarium, scilicet, succumbendo in probando grauamine amisit statim suum effectum quoad omnia. Alioquin una prouocacio semel facta sufficeret ad uitam prouocantis, quod esset iniquum. Alii distinguunt respectiue utrum fiat generaliter prima prouocacio non specificando possessiones uel personas set in genere ne quis grauet in aliqua causa, et non ualet propter nimiam generalitatem. Si prouocet generaliter in una causa uel occasione unius ecclesie[78] uel possessionis (ut fuit in c. de appellacionibus, bone memorie);[79] tunc si Ticius inferat grauamen et appellans prosequatur illud et succumbat quia non probat grauamen, certe, licet per alium fuerit grauatus, circa eandem tamen possessionem ualebit sua generalis prouocacio, non obstante quod succumbuit in primo grauamine. Si autem generalis fuit prouocacio quantum ad personas, scilicet, ne talis episcopus[80] me grauet in tali ecclesia mea, et ipse fuerit grauatus per ipsum et succumbat in probacione grauaminis, si idem episcopus postea eum grauet, non potest se iuuare per prouocacionem generalem ex quo semel etc.

Set contra hoc opponitur quia, licet talis prouocacio generalis respiciat certam personam, tamen potest respicere plura grauamina inferrenda per istam personam; ergo non obstante quod succumbat in uno, nichilominus in aliis grauaminibus sequentibus habebit prouocacio suum effectum, ut uidetur, ergo etc.

Set hoc opponitur: qui agit totum ius suum deducit in iudicio, ergo et ipse, totum ius tangens prouocacionem etc. Respondeo: quando aliquis agit reali[81] non expressa causa, totum ius suum deducit; secus si expressa, quia tunc, si succumbat in illa, potest petere rem ex alia. Sic ergo facere potest in proposito, non obstante quod in una[82] succumbat (arg. ff., de excepcione rei iudicate, l. et an eadem, ii. acciones).[83] Item alio modo potest dici totum ius suum deduci,[84] scilicet, natura, unde illo grauamine secuto reuocabitur uirtute generalis prouocacionis, argumento quod ex superuenienti dominio; possum iterato rei uendicacionem intentare ad eandem rem (ff., de excepcione rei iudicate, l. si mater).[85] Item ubi est petitio generalis et transaccio specialis, non obstat michi in speciali; sic in proposito, non obstante speciali prosecucione unius grauaminis, generalis prouocacio habebit effectum (C., de transaccionibus, l. si de certa).[86]

Pone: appellatur a diffinitiua, iudex appellacionis non habet facere nec confirmare sentenciam uel infirmare.[87] Pone: inuenitur inordinatus processus quia sine litis contestacione uel est preposterus, quid faciat iudex? Si infirmat sentenciam propter inordinatum processum, ipse iterato non potest cognoscere,

---

[78] *P, causa ms.*
[79] X 2.28.51.
[80] *add. P.*
[81] *i.e.,* accione.
[82] *supple* causa?
[83] Dig. 44.2.14.2.
[84] *om. ms.;* deducit *P.*
[85] Dig. 44.2.11 pr. *et praesertim* 4–5.
[86] Cod. 2.4.31.
[87] facere – infirmare *P*; aut infirmare nisi confirmaret *ms.*

quia fecit quod debuit confirmando uel infirmando. Iudex a quo fuit appellatum iterato non cognoscet, cum sic functus suo officio et eciam suspectus[88] esset in causa illa; ergo peribit iusticia. Dicunt quidam et probabiliter quod, si sentencia fuerit infirmata tanquam iniusta eo quod in ea fuit condempnatus, non condempnandus set absoluendus eo quod actor non probauit intencionem suam, et cum iudex condempnauit reum, tunc tali sentencia infirmata iudex appellacionis non plus se intromittet nec ipse a quo appellatur. Si autem infirmata fuerit propter inordinatum processum, dicunt quod, si iudex a quo fuit appellatum erat ordinarius, ipsemet iterato cognoscet de causa, quia sentencia lata ex processu inordinato non tenet ipso iure (C., de sentenciis, l. prolata),[89] et ubi est nulla ipso iure, ordinarius idem qui tulit debet eam reuocare (C., quomodo et quando, 1. si ut proponis[90] et 1. si preses);[91] secus si delegatus, quia semel officio suo functus est. Dicunt alii quod iudex ordinarius in infirmando sentenciam, maxime cum sit ordinarius, reseruabit sibi potestatem sanandi grauamina et resumendi negocium ubi fuerit resumendum uel in toto de nouo incipiendi, si careat bono principio. Dico quod, si sentencia pronuncietur iniusta racione ordinis tantum quia actor satis probauit set processus est inordinatus, iudex appellacionis iterato cognoscet (ut notatur extra, de officio delegati, pastoralis, in glossa que sic incipit 'Set pone quod iudices' etc.).[92]

*Nota formam resumendi processum post*
*consensum parcium de procedendo in principali*

Cum[93] appellatur ad curiam Cantuariensem et pro tuicione et partes consentiant ibidem procedere, omissis omnium appellacionum articulis, in causa principali procedatur, reuocatis omnibus grauaminibus pro quibus eciam fuit appellatum nedum post appellacionem, examinatoque processu corrigantur corrigenda. Certe tunc iudex debet totum processum examinare et resumare ubi fuerit resumendum rite, et, si totum inueniat inordinatum,[94] totum debet cassare et negocium de nouo incipere.

Caue in tuitorio si appellaueris et partem appellatam uocari feceris, si die adueniente[95] uoluerit quod negocium pendeat sub spe pacis, introduces negocium tuitorium et producas testes et remaneant clause attestaciones; alioquin suggestionem amittes. Et similiter pars appellata introducat factum suum contrarium seu exclusorium et probet et clause remaneant probaciones quousque sciatur de pace.

Cum excepcio peccans in forma fuerit admissa, puta, excipitur contra testem quod est periurus, odiosus uel infamis, et non dicitur tempore deposicionis talem

---

[88] *C* = f. 55<sup>r</sup>.
[89] Cod. 7.45.4.
[90] Cod. 7.43.5.
[91] Cod. 7.43.6; quia – preses] *om.* P, preses] presens. *ms.*
[92] Glos. Ord., X 1.29.28, s.v. *discussa*, which is not directly relevant to the author's question, although the premise of the gloss is that in an appeal from a definitive sentence the entire case goes to the judge of appeal.
[93] *P* = f. 12<sup>v</sup>.
[94] ut fuit in causa prioris de sancto Neoto et magistri Ricardi de Cleford *add.* P. Quite probably a reference to Master Richard Clifford, who held many benefices from 1260 to 1298 (*BRUO* 3. 2162–63).
[95] pars appellata *add.* P.

fuisse, et sic peccat in forma et postea probatur, an ualeat? Posset distingui aut fuit admissa quatenus de iure aut simpliciter. Si simpliciter fuit admissa et eodem modo postea probata, quoquomodo fuit proposita, certe non prodest excipienti quia non probat hoc esse etc. Si alio modo fuit probata quia uago modo fuit proposita, ut dixi, set bene fuit probata, uidelicet, ipsum fuisse talem tempore deposicionis, ualebit et purgatur eius uicium per admissionem et bonam probacionem et sibi inputet qui a tali admissione non appellauit (arg. C., de iudiciis, licet,[96] de annali excepcione, 1. si[97]). Si uero fuerit admissa 'eatenus quatenus' et probata eo modo quo fuit proposita non prodest, ut supra dicitur. Si fuerit alio modo probata quia tempore deposicionis talis fuit, hic posset dubitari an ualeat sic probata; et forte posset dici quod non, quia fuit admissa quatenus de iure et non alio modo et de iure non fuit admittenda in ea forma, ergo secundo alio modo facta non releuant[98] excipientem.[99]

Cum fuerit appellatam propter tria grauamina et non in forma communi propter que et eorum quodlibet et coram iudice appellacionis fuerit confessatum de duobus, de tercio denegatum, an iudex appellacionis statim posset pronunciare pro iurisdiccione et mittere pro processu? an expectabit tercium grauamen probandum? Dico quod debet expectare probacionem tercii grauaminis et eo probato pronunciabit pro iurisdiccione et mittet pro processu et resumet ubi fuerit resumendum. Si tamen prius transmisit pro processu de facto, bene quidem, set non resumetur quousque discussum fuerit de tercio grauamine; unde talis transmissio bene tenet, quia in omnem euentum causa erit coram iudice appellacionis propter grauamina confessata. Set quid si tercium grauamen fuerit confessatum quoad factum set qualitas facti fuerit negata, quia dicitur quod cassauit talem excepcionem propter quam fuit inter cetera appellatum, set dicit seu confitetur quod iuste cassauit, an iudex potest pronunciare pro processu mittendo et pro iurisdiccione sua? Credo quod sic, si de qualitate tercii grauaminis non potest liquere nisi per processum. Set quid si omnia grauamina consistant in qualitate et in facto, scilicet, quod cassauit et minus iuste factum confessatur, scilicet, quod cassauit, set qualitas, scilicet, quod minus iuste negatur, an pronunciabit pro iurisdiccione et statim mittet pro processu? Et certe si posset constare de iusta uel iniusta cassacione per testes uel alio modo quam per processum, dico forte nondum pronunciandum pro iurisdiccione nec mittendum pro processu, set in causa appellacionis procedere; alioquin ex quadam necessitate transmittat pro processu, et est ad hoc iudex presumptus quoad causam principalem et examinabit per processum an iuste uel iniuste cassate fuerint et secundum hoc uel resumat uel mittet partes ad iudicem a quo fuit appellatum.

*De reuocacione grauaminum in tuicione*

Cum fuerit appellatum ad curiam Cantuariensem et pro tuicione et grauamina fuerint probata et partes consenciunt procedere in principali quatenus in ipsis est et terminum habuerint ad ueniendum cum sufficienti mandato ad consenciendum et procedendum sub pena tuicionis concedende uel

---

[96] Cod. 3.1.2.
[97] Cod. 7.40.3.
[98] releuat *ms.*
[99] ergo – excipientem] ergo non prodest etc. *P.*

denegacione, an statim pendente dilacione debeant grauamina illata reuocari[100] queritur? Et certe si utraque pars habuit mandatum sufficiens ita quod non sit opus uenire cum nouo mandato et ipsi consenciunt procedere in principali, statim reuocabuntur omnia grauamina eciam propter que fecit appellacionem nedum que post appellacionem sunt illata.[101] Si autem pars appellans ueniat cum mandato sufficienti set pars appellata recusat procedere in principali, tunc reuocabuntur omnia grauamina[102] que post prouocacionem et appellacionem fuerunt illata, non illa propter que. Si pars appellans recusat ibi procedere in principali et pars appellata hoc uelit, denegabitur appellanti tuicio. Si autem neutra pars uenerit cum sufficienti mandato ad consenciendum de procedendo, an denegabitur sibi tuicio queritur? Et uidi quod in tali casu dabatur dilacio ad idem quod pridem. Si uero in principio pars appellans habeat mandatum sufficiens ad consenciendum set pars appellata non habeat set habuit diem ad ueniendum cum sufficienti mandato, tunc statim reuocabuntur omnia grauamina illata post prouocacionem et appellacionem. Et est ratio quia ex quo habet mandatum sufficiens et consensit procedere in omnem euentum reuocabuntur siue pars appellata ueniat cum sufficienti mandato siue non. Set si pars appellata a principio quando consensit[103] habuit mandatum sufficiens set pars appellans non habuit set peciit diem ad ueniendum cum mandato sufficienti, numquid statim pendente dilacione debent reuocari grauamina illata post prouocacionem et appellacionem? Et certe non, quia adhuc dubitatur utrum ueniet cum sufficienti mandato uel non, et utrum uelit procedere in principali uel non quia, si non uenerit cum mandato sufficienti, denegabitur sibi tuicio nec fiet reuocacio tunc grauaminum, et ideo secus a casu precedenti.

*De reuocacione per uiam attemptatorum.*

Pone quod in negocio eleccionis uel postulacionis uel alio appelletur et pendente appellacione aliquid attemptetur. Queritur utrum et qualiter attemptatum debent reuocari? Et licet linea tercia de hac decretali[104] extranea uideatur, tamen, quod[105] est utilis et obscura ad eius plenariam discussionem et declaracionem, credo totaliter distinguendum utrum aliquid attemptetur pendente appellacione interposita extra iudicium an in iudicio. Si in iudicio, utrum ab interlocutoria an diffinitiua. Item an a iudice aut a parte aut a quodam tercio (et siquidem appellacione pendente que fuit interposita). Si in iudicio uel extra aliquid attemptetur, hoc est, ab illo qui non appellauit nec contra quam est appellatum, nec fuit nec est iudex in illa causa, taliter attemptatum[106] non debet reuocari per modum attemptati a iudice coram quo pendet appellacio, set per suum proprium iudicem cognicione de causa et seruata ordine (extra, de

---

[100] reuocare *ms.*
[101] Si neutra pars habuerit speciale mandatum ad hoc, tunc expectabitur terminum ut tunc reuocentur *add. P.*
[102] *C* = f. 55ᵛ.
[103] *P,* constitit *ms.*
[104] Might this be a reference to the decretal of Pope Innocent IV *Romana ecclesia* (in *Liber sextus* 2. 15.3)?
[105] quia *rectius?*
[106] acceptatum *ms.*

appellacionibus, romana, §in alium;[107] ff., de rei uendicacione, item a quo;[108] ff., de litigiosis, l. i,[109] cf. i[110]). Et res inter alios acta aliis preiudicare non debet (extra, de re iudicata, quamuis,[111] ff., eodem sepe[112]). Et hoc intelligo nisi ille tercius per illam attemptacionem iurisdiccionem iudicis impediret, tunc iudex appellacionis contra impedientem posset procedere secundum tenorem decretalis extra, de officio delegati, c. i;[113] nec obstat extra, de appellacionibus, bone,[114] ubi innuitur quod eciam attemptatum a tercio in statum pristinum reducitur per modum attemptati, quia ibi fuit generaliter appellatum ne quis eum super possessione molestaret, nec posset dici ius. Set pars appellata . . .[115] enim generalis appellacio a iudice imposita non ualeat (extra, de appellacionibus, c. ii),[116] generalis tamen et incerta prouocacio seu appellacio extra iudicium et eciam a futuro grauamine ualeat (ut in predicto decretali bone[117] et c. dilecti[118] et c. dilectis[119]), quia mandante parte appellata ibi attemptacio facta fuit.

Alii aliter intelligunt illam decretalem 'bone', scilicet, quod non reducitur in statum pristinum nec per modum attemptati set per interdictum.[120] Vnde uidetur secundum quem intellectum non obstaret supradictis. Et quod dixi de attemptatis per quemdam tercium pendente appellacione idem intelligo per eadem iura, si[121] tercius aliquid attemptauerit lite pendente uel relacione pendente uel consultacione pendente uel recusacione pendente, et totum intelligo in tali tercio qui cum parte uel cum iudice nil illicitum attemptat nec ab eis causam habere cepit, alias secus (extra, de constitucionibus, cum martinus;[122] ut lite pendente, ecclesia[123]).

Si uero appellacione pendente aliquid a parte attemptetur, distinguo utrum sit reuocabile (de Innocentii nota)[124] an irreuocabile et siquidem est irreuocabile ut, puta, quia penderet appellacio uel lis inter duos super quadam sponsa. Pendente appellacione uel lite alter eorum contraxit cum ea per uerba de presenti. Eciam post inhibicionem non habebit locum reuocacio racione dependencie litis uel appellacionis, set ex euentu apparebit quia, si probatur perpetuum impedi-

---

[107] Decree of Pope Innocent IV at the First Council of Lyons, 1245 (in *Liber sextus* 2.15.3); Innocent commented on this decree in Inn. IV, *Apparatus* (de appellationibus [*in fine*]), f. 131[r–v].
[108] Dig. 6.1.57 or 58.
[109] Dig. 44.6.1.
[110] Incomplete reference in *ms*.
[111] X 2.27.25.
[112] Dig. 42.1.63.
[113] X 1.29.1.
[114] X 2.28.51.
[115] *hic corrupt. ms.*
[116] X 2.28.2.
[117] X 2.28.51.
[118] X 2.28.52.
[119] dilectus *ms.*; X 2.28.55.
[120] See, e.g., Glos. Ord., X 2.28.51, *s.v.* in eum statum.
[121] set *ms.*
[122] X 1.2.9.
[123] X 2.16.3.
[124] Inn IV, *Apparatus*, ad X 2.16.3, ff. 94[v]–95[r].

mentum ut consanguinitas, separabitur (extra, de sponsa duorum, c. tua;[125] et de desponsacione impuberum, c. ad dissoluendum[126]), alias non; set ad tempus separati stabunt et aliqua penitencia imponetur (extra, de matrimonio contracto interdictum etc., c. ultimo).[127] Si uero sit reuocabile subdistinguo an sit alias licitum an illicitum et si quidem illicitum, ut puta, persona una appellacione pendente uel lite spoliat aliam, uel aliquid attemptat illicite uel fraudulenter circa possessionem rei de qua agitur et reuocabitur per modum attemptati (extra, ut lite pendente, per totum;[128] extra, de appellacionibus, bone;[129] ff., de edilicio edicto, l. ediles, §item sciendum;[130] ff., de aqua pluuia arcenda, l. supra officium[131]). Set in hoc membro dices forte ad quod prodest hoc, quia et lite et appellacione pendente talia non debent fieri et, si fiant, debet fieri restitucio (extra, de restitucione spoliatorum, item cum quis,[132] et conquerente[133]). Illa ergo uidentur[134] superflua. Respondeo: immo multum scire prodest quia si talia fierent appellacione uel lite pendente, non fieret restitucio nisi oblato libello, lite contestata et ordine iuris obseruato (extra, de officio delegati, consultacionibus;[135] uel lite non contestata, quoniam[136] et per totum), set, si appellacione uel lite pendente spolietur quis ab aduersario de plano eciam sine libello, ex solo iudicis officio debet fieri restitucio et omnia debent in statum pristinum reuocari (extra, ut lite pendente c. i;[137] ff., de edilicio edicto, l. ediles, §item sciendum;[138] extra, de appellacionibus c. bone[139]); et hoc est reuocari attemptatum per modum attemptati. Tenetur tamen duo probare, scilicet,[140] quod sit inmutatum et quod lite uel appellacione pendente facta est inmutacio (extra, ut lite pendente, c. i et c. ecclesia,[141] et in predicto c. bone[142]). Vbi enim aliquid officio iudicis mercenario[143] explicatur, de plano proceditur nec est libellus necessarius (ff., de interrogatoriis accionibus, super ipsa rubrica).[144]

---

[125] X 4.4.4.
[126] X 4.2.13.
[127] X 4.16.3.
[128] X 2.16.1–5.
[129] X 2.28.51.
[130] Dig. 21.1.25.8.
[131] Dig. 39.3.11.3.
[132] X 2.13.6.
[133] X 2.13.7.
[134] uidetur *ms*.
[135] X 1.29.10.
[136] X 2.6.5.
[137] X 2.16.1.
[138] Dig. 21.1.25.8.
[139] X 2.28.51.
[140] $C$ = f. 56$^r$.
[141] X 2.16.1 and 4.
[142] X 2.28.51.
[143] necessario *recte?*
[144] Ordinary gloss on Dig. 11.1: 'generalius autem dico quod ubicunque officio iudicis aliquid explicatur, non est necessarius libellus' ([*Corpus iuris civilis*] . . . *commentariis Accursii, scholiis Contii, paratitlis Cuiacii . . . novae accesserunt ad ipsum Accursium Dionysii Gothhofred, I.C. notae* (Lyons, 1604), col. 1190). Charles Donahue, Jr., has kindly povided me with this reference.

Si uero aliquid attemptetur quod sit licitum, nisi litis uel appellacionis dependencia impediret, ut pote, aliqui faciunt ea que de iure communi competunt, nichil contra ius innouantes, ut quia lite uel appellacione pendente collegam eligit, si pendente appellacione extra iudicium interposita tale quid uel simile attemptetur, per modum attemptati non reuocabitur set ex futuro euentu pendebit (scilicet extra, cum inter[145] et c. considerauimus;[146] extra, de suplenda negligencia prelatorum, c. sicut;[147] C., de rei uindicacione, si fundum[148]). Si uero pendeat appellacio interposita in iudicio, hic sunt opposiciones quia quidam dicunt illud idem (extra, de restitucione spoliatorum, c. ii).[149] Alii dicunt contrarium (extra, de iure patronatus, ex literis[150]). Alii distinguunt utrum tantum moueatur questio super proprietate, et tunc habet locum opinio primorum an super possessione et habet locum opinio secundorum, et per hanc distinccionem concordant opiniones et iura supradicta. Credo quod, si lite uel appellacione pendente ille qui est possessione re sua utitur eo modo quo antea utebatur uel aliquid illicitum uel dolo in partis preiudicium [non] innouans uel inmutans, non habebit locum reuocacio per modum attemptati. Et est racio quia qui utitur possessione sua eo modo quo antea utebatur non dicat aliquid inmutare uel innouare (extra, ut lite pendente, c. i;[151] uiii, §iiii, nonne[152]). Mutacio circa idem fieret nouacio, quod est prohibitum ut predictis uiribus.[153] Si igitur aduersarius dicat aliquid illicite inmutatum, probet hoc et habebit locum reuocacio (extra, de appellacionibus, bone;[154] de iure patronatus, ex literis[155]); alias ex futuro euentu apparebit (extra, de restitucione,[156] c. ii ad finem;[157] de iure patronatus, consultacionibus[158]), nisi iudicis prohibicio ex causa interposita aliud inducat (ff., ne quid in loco puplico, l. finalis,[159] extra, desponsacione inpuberum, c. ad dissoluendum in fine,[160] extra, de prebendis, c. inter cetera[161]). Quod dixi de pendencia litis uel appellacionis illud intelligas pendente relacione uel consultacione, nec mirum quia iam lis pendet et ideo habent locum predicta.

In parte uero appellante plus addo quia, si pendente appellacione aliquid illicitum attemptet contra eam, puta, spoliat partem appellatam possidentem, eo ipso reddit se indignum beneficio appellacionis et iudex a quo appellatum est perinde potest procedere acsi non fuisset appellatum (extra, de appellacionibus, an sit deferendum),[162] et ita potest ille (casum Innocencius arguit, extra, de rescriptis, ex parte).[163]

Si uero pendente appellacione aliquid attemptetur a iudice a quo est appellatum, distinguo quia aut appellacio fuit ei notificata aut non. Si non fuit notificata, tenebit processus iudicis a quo fuit appellatum (extra, de

---

[145] X 1.6.18.
[146] X 1.6.10.
[147] X 1.10.2.
[148] Cod. 3.32.17.
[149] X 2.13.2.
[150] X 3.38.7.
[151] X 2.16.2.
[152] Decr. Grat. C.8 q.4 c.1.
[153] iuribus *rectius?*
[154] X 2.28.51.

[155] X 3.38.7.
[156] in.in. *ms. add.*
[157] X 2.13.2.
[158] X 3.38.19.
[159] Dig. 43.8.7.
[160] X 4.2.13.
[161] X 3.5.17.
[162] X 2.28.42.
[163] Inn. IV, *Apparatus*, ad X 1.3.12, f. 6[r-v].

appellacionibus, si duobus;[164] ii, questio ui, biduum[165]), et ideo non habebit locum reuocacio per uiam attemptati.

Si uero fuerit notificata, distinguo utrum inter easdem personas aliquid attemptetur an inter diuersas. Si inter diuersas iure proprio et ordinario coram ipso iudice agentes nec ab ipso iudice causam habentes, non reuocabitur tamquam attemptatum dummodo nichil illicitum attemptet circa possessionem in preiudicium appellantis. Quod sic probo: iudex a quo est appellatum, si est ordinarius quoad illas personas, non desinit esse iudex rei de qua agitur set tamen illarum personarum inter quas agitur quoad illam causam (extra, de appellacionibus, romana, §in alium,[166] et c. proposuit;[167] ff., de rei uendicacione, is a quo[168]). Si ergo non desinit esse, iniquum esset reuocare sine cause cognicione quod a suo iudice factum est ordine obseruato.

Si uero inter easdem, aut iudex detulit appellacioni aut non. Si detulit, deferendo desiit iudex esse et remisit negocium ad superiorem, et ideo postea non debet se intromittere tamquam iudex, et, si intromisit, irritum est factum suum. Et idem intelligas si per relacionem causa pendeat uel consultacionem (extra, de appellacionibus, ex illo;[169] ii q. i, nomen;[170] extra, de officio legati, licet;[171] ff. nihil reuouari pendente appellacione, l. unum;[172] ii, q. uii, appellacione[173]).

Si autem non detulit, distinguo[174] aut admissa appellacione superior inhibuit aut non inhibuit. Si inhibuit, quod illicite factum est post inhibicionem talem debet reuocare tamquam a non suo iudice factum (arg. extra, de officio delegati, c. preterea;[175] extra, de appellacione, romana, §quod si obiciatur, et §si autem;[176] extra, de re iudicata, causa super[177]). Et idem intelligo si papa ad se negocium reuocasset (extra, de appellacionibus, ut nostrum).[178] Si argumentum non inhibuit, refert utrum pendet appellacio extra iudicium interposita an in iudicio; si in iudicio an interlocutoria an a diffinitiua. In primis duobus casibus quod fit a iudice non reuocatur per modum attemptati set dependet ex futuro euentu quia, si inueniatur appellacio legitima, retractabitur, alias non, quod ex eo apparet

---

[164] X 2.28.7.
[165] Decr. Grat., C.2 q.6 c.29.
[166] Decree of Pope Innocent IV in the First Council of Lyons, 1245 (in *Liber sextus* 2.15.3.6); Innocent commented on this decree (Inn. IV, *Apparatus*, tit. de appellationibus, c. romana, *s.v.* alium, f. 132ᵛ).
[167] X 2.28.24.
[168] Dig. 6.1.57.
[169] Cod. 7.62.13.
[170] Decr. Grat., C.2 q.1 q.12.
[171] X 1.30.5.
[172] Dig. 49.7.1.
[173] Decr. Grat. C.2 q.6 c.2.
[174] distinguendo *ms*.
[175] X 1.29.5.
[176] Decretal of Pope Innocent IV in the First Council of Lyons, 1245 (in *Liber sextus* 2.15.3.4); Innocent IV commented on the decree (Inn. IV, *Apparatus*, tit. de appellationibus, c. romana, *s.v.* si autem, f. 131ʳ⁻ᵛ).
[177] There is no decretal 'Causa super' in either *Liber extra* or *Liber sextus*. Also, neither 'Causam, quae inter vos' (X 2.27.14) nor 'Cum super controversia' (X 2.27.17) seems relevant.
[178] X 2.28.56.

quia, cum papa super tali appellacione rescribat cum causa cognicione, mandat reuocari quod post appellacionem est attemptatum (extra, de appellacionibus, significantibus;[179] extra, de rescriptis, radulphus;[180] extra, de iudiciis, exhibita[181]). Et hoc intelligo nisi sint maiores cause, que de sui natura ad sedem apostolicam deferuntur siue appelletur seu non, nec in eis curatur utrum appellacio sit legitima uel non (extra, de appellacionibus, ut debitus[182] ad finem; ii, q. ui, ad romanam,[183] c. arguta,[184] et c. quiescit[185] saluo temperamento domini Gregorii super eodem 'quamuis'[186]).

Si uero pendet appellacio interposita a diffinitiua, distinguitur utrum dubium sit appellacionem tenere:[187] an dubium de iure uel de facto, an certum est quod nulla est uel iniusta. In primis duobus casibus tamen appellacione pendente nihil est innouandum (ff., nil nouari appellacione pendente, l. unum;[188] ii, q. ui, appellantem;[189] ff., de appellacione ne recipienda, l. sciendum, et l. ei cuius[190]). Et si inter easdem partes aliquid a iudice nouetur[191] per modum attemptati reuocabitur (extra, de iureiurando, ueniens,[192] nec obstat ff., de appellacionibus, cum ex causa,[193] quia ibi factum recitat).

Si uero certum est quod appellacio est nulla uel iniusta, ut quia crimen a quo[194] appellatur est notorium uel appellans est talis qui non potest appellare, ut qui est uere contumax, uel locus[195] est insignis (C.,[196] de appellacionibus, constituciones;[197] C., quorum[198] appellaciones non recipiantur, l. prima et per totum[199]), in tali casu potest iudex a quo taliter est appellatum sentenciam excommunicacionis mandare nec habebit locum reuocacio per modum attemptati (extra, de appellacionibus, romana, §sin autem post sentenciam;[200] ii

---

[179] X 2.28.49.
[180] X 1.3.35.
[181] X 2.1.19.
[182] X 2.28.59.
[183] Decr. Grat. C.2 q.6 c.8.
[184] *ibid.*, c.13.
[185] *ibid.*, c.12.
[186] X 2.27.25.
[187] The unsaid second part of this distinction – 'an dubium non sit appellacionem tenere' – is not discussed, perhaps because the author felt it was obvious that the judge *a quo* should defer to the inhibition and do nothing further pending the appeal.
[188] Dig. 49.7.1.
[189] Decr. Grat., C.2 q.6 c.2.
[190] Dig. 49.5.6, 5.
[191] *C* = f. 56ᵛ.
[192] X 2.24.16.
[193] Dig. 49.1.11.
[194] qua *ms.*
[195] latro *rectius.*
[196] *ms. erronee pro* ff.
[197] Dig. 49.1.16.
[198] coram *ms.*
[199] Cod. 7.65.1.
[200] Decretal of Pope Innocent IV in the First Council of Lyons, 1245 (in *Liber sextus* 2.15.3.5); Innocent commented on this decree (Inn. IV, *Apparatus*, tit. de appellationibus, c. romana, *s.v.* si autem sententiam, f. 131ʳ⁻ᵛ).

questione, ui, sunt quorum[201]). Iniquum enim esset si execucionem sentencie talis appellacio impediret,[202] cum tali appellacioni non sit deferendum, ut in predictis iuribus. Et sic distinguit Innocencius in hoc membro, scilicet, quando a diffinitiua sentencia appellatur (extra, de officio delegati, pastoralis).[203] Capitula supradicta[204] locum habent in casibus rariter cum iudex ordinarius a quo est appellatum potest se intromittere appellacione pendente primo quia si possessio turbata sit appellantis – quia omisso eo super quo est appellatum – poterit possessionem reformare (extra, de appellacionibus, cum teneamur).[205]

Item potest punire appellantem notorie delinquentem (extra, de appellacione, proposuit).[206] Item tempus appellacionis potest moderare si appellanti[207] nimis prolixum assignauerit (extra, de appellacione, cum sit romana et c. consuluit;[208] de officio delegati, pastoralis, §preterea[209]). De hoc tractat Innocencius diffuse et confuse (extra, de appellacione, bone[210] et c. romana, sin[211] autem[212]).

Set quid si pars appellata dicat 'uere[213] contumax fuerit, non potuit appellare et optentu talis appellacionis non debet fieri reuocacio per modum attemptati'? Pars appellans dicit se contumacem non fuisse,[214] nuncquid fiet reuocacio? Videtur distinguendum an pars appellata sit parata incontinenti probare illam contumaciam dicens, 'Hodie constabit; hodie agamus', aut dilaciones petit longiores. In primo casu non est reuocacio taliter facienda, in secundo casu sic propter dubium (ff., ad exhibendum, l. iii, §ibidem;[215] ff., ut in possessionem, l. is a quo,[216] ad carbonianum, l. iii, §cause[217]), quando incontinenti fuerit etc. (supra eodem officii,[218] ff., si certum petetur, l. lecta[219]). Alias contumax semper diceret se non contumacem et faceret reuocare innouata post appellacionem que nulla est, quod esset iniquum. Et quod dixi de contumace idem intelligas per eadem iura de similibus qui non possunt appellare.

Sed pone pendente appellacione dubia iudex a quo est appellatum fecit legitimum processum qui reuocatus fuit per modum attemptati eo casu quo

---

[201] Decr. Grat. C.2 q.6 . 41 §11; see §§11–17.
[202] impedi impediret *ms.*
[203] Inn. IV, *Apparatus*, ad X 1.29.28, ff. 53$^v$–54$^r$.
[204] It is not clear which *capitula* are being referred to here. The text may be corrupt.
[205] X 2.28.17.
[206] X 2.28.24.
[207] appellans *ms.*
[208] X 2.28.5 & 14.
[209] X 1.29.28 §2.
[210] X 2.28.51.
[211] sunt *ms.*
[212] A decree of Pope Innocent IV at the First Council of Lyons, 1245 (in *Liber sextus* 2.15.3); Innocent commented on this decree (Inn. IV, *Apparatus*, tit. de appellationibus, c. romana, *s.v.* si autem, f. 131$^{r-v}$). Did the commentator have second thoughts about his decree?
[213] *supple* appellans.
[214] contumacem *add. ms.*
[215] Dig. 10.4.13.
[216] Dig. 36.4.3.
[217] Dig. 37.10.3.4.
[218] X 1.6.38 (?).
[219] Dig. 12.1.40: 'pacta in continenti facta stipulationi inesse creduntur'.

debuit reuocari; postea iudex cognoscens de appellacione pronunciauit male appellatum. Numquid processus resumet uires ipso iure et reuocacio facta habebitur pro nulla, an est a capite procedendum acsi ille processus non fuisset factus? Euidenter processus ille non resumet uires ipso iure, necnon est a capite procedendum, quia illa reuocacio est facta legitime ad tuicionem appellacionis cum processus factus fuit in contemptum eiusdem; igitur tanquam firma, legitima et stabilis debet remanere (scilicet, de rescriptis, c. causam;[220] ff. de noui operis nunciacione, l. pretor ait, §1 et §ait[221]).

Item licet ille legitime reuocetur,[222] tamen quod occasione illarum literarum factum est non reuocatur set est firmum (extra, de restitucione spoliatorum, audita).[223] Et iniustus processus non est audiendus ut ibidem quia[224] quod legitime factum est penam non meretur (C., de adulteriis, gratus).[225] Preterea illa reuocacio fuit questio interlocutoria; ergo transit in rem iudicatam, cum ab ea non fuit appellatum (super eodem, cum dilectis;[226] extra, de re iudicata, quod ad consultacionem[227]). Secundum papam reuocacio que non dependet ex euentu appellacionis dependentis sufficit ad huiusmodi reuocacionem faciendam (extra, de iureiurando uenientes).[228] Quicquid ergo de appellacione reuocatum fuit legitime, quod ea pendente fuerat innouatum, tanquam stabile factum et legitime perseueret pronunciatum;[229] ergo appellacione minus legitima de nouo est procedendum.

Set pone: aliquis iudex per diffinitiuam sentenciam deposuit[230] aliquem a dignitate sua; depositus appellauit ita quod est dubium an teneat appellacio; pendente appellacione, cum dubitur, alius substituitur in loco appellantis. Nuncquid talis substitucio debet reuocari per modum attemptati? Cum appellacio illa quoad hoc non impediat illum iudicem a quo est appellatum, non dicitur aliquid innouare pendente appellacione nisi cum a parte[231] uel inter easdem partes (extra, de appellacionibus, ad hec,[232] et se proposuit[233]). Igitur sentencia pro dicto substituto per quamdam consequenciam racione connexitatis nitetur esse lata contra substitucionem[234] (extra, de accusacionibus et inquisicionibus, ad peticionem;[235] iii, §ui, hec quippe;[236] lix distinctio,

---

[220] X 1.3.18.
[221] Dig. 39.1.20. 1 and 3.
[222] reuocentur *ms.*
[223] X 2.13.4.
[224] set *rectius?*
[225] Cod. 9.9.4.
[226] X 2.28.55.
[227] X 2.27.15.
[228] X 2.24.19. The meaning here is obscure. Perhaps it means that the revocation does not depend on the outcome of the appeal but that the appeal is sufficient to make the revocation.
[229] pronunciatam *ms.*
[230] desposcit *ms.*
[231] cum a parte] contra partem *rectius?*
[232] X 2.28.6.
[233] proposcit *ms.*; X 2.28.24.
[234] substituendum *rectius?*
[235] X 5.1.22.
[236] quippe *ms. repetit.*; Decr. Grat. C.3 q.6 c.10.

ordinatos[237]). Et hoc intellego quando pars appellans aut appellata in hac substitucione nichil fecerit.

Si autem ab eodem iudice substituitur, distinguo, quia aut ex solo et mero officio procedendo aut eleccionem per alios factam conferendo.[238] In primo casu credo debere reuocari per modum attemptati talem prouisionem tanquam factam ab eo qui desiit esse iudex (extra, ut lite pendente, c.i;[239] arg. ad hoc, supra, de constitucionibus, cum martinus ad finem;[240] extra, de iureiurando, uenientes[241]).

In secundo casu refert utrum confirmauit eleccionem factam per illos qui sunt pars in illa causa, et tunc idem est quod in casu proximo per eadem iura, scilicet, quod talis confirmacio reuocetur quia inter illos desiit esse iudex quoad illud negocium, aut confirmauit eleccionem factam per penitus extraneos et de penitus extraneo, et tunc non credo fieri reuocacionem[242] per modum attemptati, immo pendebit ex euentu eo modo quo dixi in primo casu per decretalem 'ad peticionem'[243] cum suis concordanciis. Per appellacionem iudex a quo appellatur non desinit esse iudex re de qua agitur quoad alias personas suo iure utentes et coram eo super ipsa re litigantes (extra, de appellacionibus, romana, §in alium),[244] et quia res inter alias etc. (extra, de sentencia et re iudicata, quamuis;[245] ff., de re iudicata, sepe appellanti[246]). Tamen pendente appellacione possessio non est per ipsum illicite auferenda; alias fieret reuocacio (in authentico, ut nulli[247] iudicum, §illas;[248] extra, de iureiurando, uenientes;[249] supra, de constitucionibus, cum martinus[250]); ad confirmacionem eleccionis per illos qui sunt pars in illa causa celebrate, quia in hiis duobus casibus desinit esse iudex.

Sed quid si aliqui de electoribus fuerint pars in illa causa deposicionis aliquando? Quid est responsio? Maior pars debet attendi et secundum eam iudicari (supra eodem scriptum est, paragrapho finali).[251] Ibi enim attenditur ubi maior pars postulancium an minor deliquerit et secundum hoc pars eligencium optinet uel succumbit.

Alii dicunt per modum attemptati nil debere reuocari nisi illud tantum quod

---

[237] Decr. Grat., D.59 c.4.
[238] confirmando *rectius?*
[239] X 2.16.1.
[240] X 1.2.9.
[241] X 2.24.19.
[242] reuocacio *ms.*
[243] X 5.1.22.
[244] Decree of Innocent IV in the First Council of Lyons, 1245 (in *Liber sextus* 2.15.3.6); Innocent commented on this decree (Inn. IV, *Apparatus*, tit. de appellationibus, c. romana, s.v. in alium, f. 132$^v$).
[245] X 2.27.25.
[246] Dig. 42.1.63.
[247] $C$ = f. 57$^r$.
[248] Nov. 134.3.1.
[249] X 2.24.19.
[250] X 1.2.9.
[251] X 1.6.40.

circa possessionem innouatur et ita, dicunt, intelliguntur predicte decretales (uenientes[252] et c. cum martinus;[253] et ut nulli iudicum, §illas, collacione nona[254]).

Alii indistincte dicunt in beneficiis processum iudicis a quo est appellatum reuocandum esse et inter alias personas racione connexitatis, set connexitas pocius operatur circa euentum litis, ut predictum est, quam circa reuocacionem attemptatorum. Et quod dixi in hac questione habebit locum indubitatum cum appellatur ad inferiores quam sit papa. Verum si ad papam appelletur si totum negocium ad se expresse reuocauit, non debeat postea beneficii collacio attemptari; alias reuocabitur (extra, de appellacionibus, ut nostrum).[255] Si uero ad se non reuocauit expresse, Innocencius innuit[256] ad hoc idem esse ferendum cum ad alios inferiores appellatur, quia, licet per appellacionem causa[257] deferatur ad papam, non tamen potestas conferendi beneficia.

Alii distinguunt: ex quo per talem appellacionem causa dependet coram papa super beneficiis propter excellenciam iurisdiccionis, non debet se intromittere iudex inferior a quo est appellatum (argmentum ad hoc extra, de prebendis, inter cetera;[258] extra, de officio legati, licet)[259] et, si intromittat, reuocabitur eius processus habitus inter alias personas, et ita dicunt curiam seruare; quod forsan esset tollerabile si iam appellacio esset summo pontifici presentata et ab eodem recepta qui ad hoc totum negocium reuocauit, alias non (arg. supra et bone, §nec nocebat).[260] Et sic concordari poterunt forte predicte opiniones. Tamen uideretur equum quod processus habitus inter alias et maxime ab illo alio iudice factus ex futuro euentu penderet, ut supra dixi et innuit Innocencius, dummodo circa possessionem nichil attemptetur illicitum. (Iam ix.)[261] Duo possunt inter se litem fingere ut ius tercii impedirent (ff., de litigiosis, l. i).[262] Et de hoc notatur per Innocencium et Hostiensem (supra eodem dudum.ii[263] et supra deretali extra, constitucionibus, cum.martinus[264]).

*Nota qualiter ordinarii possunt prefigere terminum exemptum ad priuilegia sua ostendenda*[265]

Cum appellatur a sentencia decani de arcubus ad archiepiscopum[266] et commitatur causa appellacionis alicui per archiepiscopum,[267] et a tali commissario appelletur ob aliquod grauamen ad curiam Cantuariensem et pro

---

[252] X 2.24.19.
[253] X 1.2.9.
[254] Nov. 134.3.1.
[255] X 2.28.56.
[256] Inn. IV, *Apparatus*, ad X 2.28.56, f. 128ʳ.
[257] an *ms*.
[258] X 3.5.17.
[259] X 1.30.5.
[260] X 1.5.4.
[261] The corrupted reference is to X 1.6.54 (De electione, c. dudum ecclesia) and to Inn. IV, *Apparatus*, ad 1.6.54, no. 7), f. 32ᵛ. Could 'Iam ix' be a corruption of 'Inn. illicitum'?
[262] Dig. 44.6.1.
[263] de eleccione, dudum [X 1.6.54]; Inn. IV, *Apparatus*, ad X 1.6.54, ff. 32ʳ–33ᵛ; Hostiensis, *Commentaria*, ad X 1.6.54, 1. ff. 77ʳ–77ᵛ.
[264] ad X 1.2.9: Inn. IV, *Apparatus*, ff. 3ᵛ–4ʳ; Hostiensis, *Commentaria* 1. f. 10ʳ⁻ᵛ.
[265] Does this rubric belong instead before the next paragraph?
[266] P̄, archidiaconum *ms*.
[267] P̄, archidiaconum *ms*.

tuicione, de consuetudine Curie officialis non committet. Tuitorium audiet decanus, set, illo finito, si contingat partes procedere in principali, illud non audiet decanus a quo fuit appellatum set officialis audiet uel committet in non[268] suspecto. Brandon reputat hoc absurdum.[269]

Si abbas dicat se exemptum et habet conseruatorem qui inibet ordinario ne procedat contra illos exemptos, ordinarius potest prefigere terminum peremptorium in quo sua priuilegia ostendat, quoniam de iure communi fundatur intencio ordinarii (arg. C., de probationibus, siue).[270] De hoc tractat Innocencius (extra, de censibus, uenerabili).[271]

Caue tibi, si sis delegatus a papa, quod in principio moneas ne quis iurisdiccionem perturbet et premissa monicione canonica excommunices omnes perturbantes in genere, et, si postea aliquis perturbet, ipsum postea excommunicatum poteris denunciare. (Brandon.)[272] Set non est uerum quod pro futuris delictis non potest excommunicare (extra, de sentencia excommunicacionis, romana, et est Innocencii).[273]

Quando appellatur a diffinitiua, iudex habet uidere totum processum. Pars potest dicere contra processum a principio usque ad finem, et in causa appellacionis non propositum proponetur et non probatum probatur. Set quando appellatur a grauamine et missum sit pro processu pronunciato prius pro iurisdiccione, numquid pars appellans potest redarguere processum retrohabitum ante tempus grauaminis? Licet quandoque ita seruatur in curia memorata de consuetudine, tamen non est ita seruandum de iure, set tantum licet iudici[274] se intromittere de illis pro quibus est appellatum et ibidem negocium resumere cum effectu, cum omnia preterita iam transierint in rem iudicatam. Et hoc est uerum quod non potest dici contra processum preteritum per uiam iniquitatis set bene potest per uiam nullitatis, quia, licet decretum iniquum transeat[275] in rem iudicatam, si tamen fuerit nullum, non transit (C., de procuratoribus, licet),[276] quod est notandum. Et est differencia predictorum quoniam appellacio a grauamine respicit solum grauamen et ideo ad preterita se non extendit, secus in

---

[268] *P, om. ms.*
[269] Brandon – absurdum] hoc reputatur absurdum ____ Brandon *add. marginal. P.* Master Reginald de Brandon, canon of St Paul's Cathedral, London. He served on the arbitration commission appointed by Archbishop Pecham in 1282 in the dispute between the archbishop and his suffragans over appellate jurisdiction concerning subjects of his suffragans; the arbitrators were said by Pecham to have been long experienced in the customs and rights of the church of Canterbury (Powicke and Cheney, 2.2. 932). In 1303 he served as a commissary appointed by Archbishop Winchelsey in a case devolved to the archbishop from the Arches (Churchill 1. 496). (For Brandon see also infra, pp. 153, 193.) On cases moving from the Arches to the archbishop and his audience, see ibid. pp. 495–97.
[270] Cod. 4.19.16.
[271] Inn. IV, *Apparatus*, ad X 3.39.24, no. 5, ff. 172$^{r-v}$.
[272] *hic in margin. P.*
[273] Decree of Pope Innocent IV at the First Council of Lyons, 1245 (in *Liber sextus* 5.11.5); Innocent commented on this decree (Inn. IV, *Apparatus*, tit. de appellationibus, c. romana, ff. 216$^{v}$–217$^{r}$).
[274] iudex. *ms.*
[275] transiat *ms.*
[276] Cod. 2.12.24.

appellacione a diffinitiua quoniam appellatur a diffinitiua tanquam ab iniqua et ita respicit totum processum.

*Nota bonam doctrinam: quid facere debet uocatus precise et peremptorie ad proponendum quicquid etc.*

Caue[277] tibi, cum fueris uocatus precise et peremptorie propositurus quicquid uolueris contra aliquem, proponas semper in termino et non per uiam protestacionis; alioquin per peremptorium iure proponendi priuaberis per citacionem taliter factam seu[278] per decretum. Vnde talis citacio uel decretum est ualde preiudicatiuum nisi ab ipso infra tempus debitum fuerit appellatum. Et si non appellaueris, raciones in termino peremptorio facere non omittas, licet uideatur iuridissonum quod raciones proponantur antequam negocium introducatur.[279]

Caue tibi quia si[280] aliquid proponas ante litis contestacionem et non probas et postea si lite contestata illud idem proponas ad eundem effectum forte iustificando, obicitur tibi excepcio rei iudicate, ut fuit in illo qui per uiam excepcionis proposuit contra petentem restitui de spontanea renunciacione et succumbuit. Postea non potest illud idem adicere in contestacione. (Quod tamen uidetur contra racionem quia alio modo nunc quam prius; unde credo quod, si proponas aliquid et non sit admissum, postea tamen alio modo ad eundem effectum, non potest proponi.)[281] Et postea uidebatur quod contrarium fuit actum in reconuencione de Ryston,[282] quoniam[283] primo fuit propositum per uiam excepcionis composicionis et postea per uiam reconuencionis, hoc tamen addito, quod fuit iuratum etc. Vnde fuit oppositum quod esset timor subornacionis cum ad idem in effectu producuntur modo et prius, set per capitulum (extra, de testibus, ueniens)[284] fuit responsum. Vnde cum ad alium modum inducuntur,[285] ualet eorum testimonium quamuis modo plus dicant quam prius dixerunt. Hoc intelligo secundum formam articulorum modo probandorum et interrogatoriorum tamen ex quo in effectu deponunt super eodem. Si modo dicant contrarium eius quod primo dixerunt uel diuersum penitus, illud non ualet, set eorum testimonium est suspectum, et ita seruatur in cursu causarum.

*Interlocutoria*

Cum ecclesia de Franketon[286] fuisset facta pensionaria per episcopum loci et tunc temporis quando carebat rectore et rector postea creatus soluit secundum dictam ordinacionem magistro Ade de Bedinton[287] per aliquos annos dictam

---

277 *P* = f. 13ᵛ.
278 se *ms*.
279 *P add. ref. to cause between the bishop of Lincoln and I. de Berewick.*
280 om. *ms*.
281 Quod – proponi *add. marginal. P.*
282 R. *ms*.; Ryston *P.*
283 *C* = f. 57ᵛ.
284 X 2.20.38.
285 ad – inducuntur] ad alium actum inducuntur modo *P.*
286 *P,* F *ms.* The parish of Franketon (Warwicks.) was in Coventry and Lichfield diocese. For this dispute that ran from 1283 to at least 1293 see *Select Canterbury Cases,* pp. 495–504.
287 *P,* A. de B *ms.* Master Adam de Bedinton may be the same person as Master Adam de Benintone, who was at Oxford in 1228 (*BRUO* 1. 168).

pensionem, postea eam subtraxit, et dictus Adam intentauit possessorium recuperande possessionis, fuit exceptum de ordinacione minus legitima etc. Set non fuit admissa talis excepcio quia tangebat petitorium. Lata sentencia pro Adam et facta condempnacione expensarum usque ad quadraginta[288] marcas. Ex parte dicte ecclesie petita fuit in integrum restitucio contra sentenciam et cause assignabantur in articulo, quia talis ordinacio facta fuit quando ecclesia carebit defensore; quare fuit petitum nomine ecclesie ut aduersus sentenciam predictam ecclesia tanquam lesa enormiter restitueretur. Fuit inter cetera aliquantulum super tali articulo disputatum. Et post per interlocutoriam fuit restitucio denegata pro eo quod non fuit[289] aliquid allegatum in articulo quod fuit amissum in[290] processu habito super possessorio uel, si fuit tale, quid allegatum in articulo[291] fuit tale quod in processu super possessorio non fuisset admissum pro eo quod tangebat petitorium, quod non habet proponi in possessorio; et ideo iure communi fuit ecclesia usa, in possessorio nichil omittendo quod tunc posset proponi. Vnde contra sentenciam latam in possessorio nullo modo potest restitui ecclesia predicta, maxime cum non sit finale preiudicium sentencia lata in possessorio et cum habeat[292] commune auxilium appellacionis uel saltim posset restitui ad appellandum (non obstante extra, de procuratoribus, c. querelam).[293] Item quod dictus rector spoliando deliquit[294] et aduersus delinquentem[295] non datur restitucio. Set certe istis racionibus scolaris studiosus bene responderet. Tamen ualde subtiliter erat interlocutum.

*Nota agenti super re spirituali non obstat reconuencio rei temporalis* [296]

Cum rector de Trompeton[297] quondam peteret decimas feni a quodam suo parochiano, conuenit inter eos de quodam prato assignando ecclesie isto modo quod quandocunque contingeret quod rector illius ecclesie decimas peteret quod pratum[298] restitueretur. Postea quidam rector superueniens exigit ad decimas. Laycus reconueniendo petit pratum sibi restitui secundum formam conuencionis. Allegatum fuit ex parte aduersa quod non ualuit reconuencio tum quia ex illicito contractu non agitur. Vnde non potest agere saltim quousque finiatur lis super decimis. Vnde prius agere non potest condicione sine causa antequam condempnacio fiat in peticione decimarum. Vnde cum peciit ex conuencione prehabita, fuit interlocutum quod non procederet reconuencio. Set contra fuit allegatum: quoniam ex contractu qui nullus est ipso iure quandoque agitur, ergo ex contractu licite bene agitur et bene procederet condicio sine causa in omnem euentum, ergo etc. (arg. ff., de condiccione sine causa, l. auunculo nuptura[299] cum adiutorio l.; ff., ad Welleianum.aliquando, §si[300]).

[288] sexaginta *P.*
[289] quando ecclesia carebit – quod non fuit *P, homoeotel. ms.*
[290] *P,* et *ms.*
[291] in articulo *P,* tamen *ms.*
[292] *P,* habuit *ms.*
[293] X 1.38.2.
[294] deliquid *ms.*
[295] delictum *P.*
[296] See infra (p. 169), where similar matter is treated.
[297] *P,* T. *ms.* Probably Trumpington, Cambs.
[298] *P,* prato non *ms.*
[299] Dig. 12.7.5.
[300] Dig. 16.1.13.2.

Cum abbas quidam habens quandam ecclesiam in proprios usus quemdam militem quem dixit suum parochianum nomine cuiusdam capelle pertinentis ad ecclesiam, ut dicitur, excommunicasset propter decimas non solutas, et cum fuit appellatum a tali excommunicacione et demum fuisset consensum de procedendo in principali, ex parte abbatis fuit libellatum procuratori militis qui tantum constitutus fuit aduersus abbatem. Postea fuit exceptum dilatorie[301] quod abbas sine consensu capituli non potuit rem in iudicium deducere, cum bona non habuerint separata. Tandem exhibitum fuit quoddam nouum procuratorium signo abbatis et conuentus signatum. Procurator militis peciit sibi de nouo edi; procurator abbatis et conuentus porrexit antiquum libellum set fuit adiectum 'et nomine conuentus'. Et postea ex parte militis fuit allegatum quod procurator fuit constitutus tantum aduersus abbatem et non aduersus conuentum, unde petitum fuit ut miles citaretur responsurus conuentui etc; et ita fuit decretum, hoc saluo quod causa omni modo sit in arcubus, procuratore militis de suis defensionibus protestando pro eo quod in suggestione facta a milite curie Cantuariensi non fiebat mencio de conuentu, et tantum fuit consensum de procedendo in principali eo modo quo potuit elici de suggestione.[302]

*Reconuencio. Nota utrum excepcio existit obiecta contra reconuencionem cum impediat processum tuicionis*

Si reconuencio fiat in litis contestacione uel prius, uno contextu debet procedi, et una uel quasi una sentencia propter connexitatem debent conuencio et reconuencio terminari. Set si quasi in fine cause opponatur contra reconuenientem excommunicacio et sic agere non potest, numquid debet iudex procedere ad diffinitiuam in causa conuencionis, non obstante quod reconueniens non posset prosequi suam reconuencionem? Magni dixerunt quod cessabit utraque instancia nisi de malicia reconuenientis posset constare, et uidetur equum. Set tamen quidam fecit contra et condempnauit reconuenientem in causa conuencionis ut in causa diffamacionis, et pronunciauit ipsum incidisse in sentenciam excommunicacionis etc., et opinatur pro sua sentencia Innocencius (extra, de ordine cognicionum, c. cum dilectus circa medium glosse).[303]

*Interlocutoria*

Cum petitur res spiritualis et excipiatur de spoliacione, si sit res priuata (puta, ligna, lapides et similia), non obstat (extra, de restitucione spoliatorum, frequens in fine, et est Innocencii).[304] Set pone: sunt in fundo ecclesiastico et deputata ad ecclesiam uel domos ecclesie et ita uidetur quod sunt spirituales uel deo dedicate, uidetur interlocutoria, quod nota argumentum lex C., de furtis, l. iii cum sua glossa.[305]

Cum quidam rector peciit decimas a priore ad ecclesiam spectantes de iure communi, excipiebatur de donacione facta ipsi monasterio a quodam comite de

---

[302] P, sed accept' delat' ms.
[303] Vnde caue tibi talibus uel cito deciperis add. P.
[304] Inn. IV, *Apparatus*, ad X 2.10.2, ff. 83ᵛ–84ʳ: 'Ad hoc sancimus, ut rerum privatarum spoliatio agenti super ecclesiasticis, vel e contrario, nullatenus opponatur.'
[305] Decree of Pope Innocent IV in Council of Lyons, 1245 (in *Liber sextus* 2.5.1): 'Ad hoc sancimus, ut rerum privatarum spoliatio agenti super ecclesiasticis, vel e contrario, nullatenus opponatur.'
[306] Cod. 6.2.3.

quadam ecclesia ad quam decime predicte[306] spectabant. Vnde dicta donacio sic facta primo per episcopum, secundo per papam fuit confirmata, set non fuit expressum in excepcione utrum in forma communi uel speciali. Vnde dixit pars prioris ualidam esse donacionem et ita ad monasterium suum de iure debere spectare. Nunc quod [est] in possessione dictarum decimarum a tempore uiginti annorum, triginta annorum, quadraginta annorum et a tempore a quo non extat memoria post donacionem predictam quam dictus prior allegauit pro titulo. Tandem habita disputacione fuit cassata propter formam set contra materiam nichil[307] fuit interlocutum. Vnde in competenciori forma potuit proponi. Et fuit cassata propter titulum ineptum quia collacio facta fuit a laico, quare non tenet (arg. extra, de hiis que fiunt a prelato sine consensu capituli, cum apostolica;[308] de decimis, c. dudum;[309] de prescripcionibus, c. auditis[310]). Vnde melius proposuisset sine aliquo titulo, ex quo allegauit[311] tempus a quo non extat memoria (arg. ff., de aqua cotidiana et estiua, l. hoc iure, c. aque ductus;[312] et notat Innocencius, extra, de prescripcionibus, si diligenti[313]). Set ad hoc non prodesset eis quia, cum ius decimarum non cadat[314] in personas religiosas, necesse habent allegare uerum titulum (ut in c. si diligenti).[315]

Grauamina comminata inducunt causam prouocandi et secuta[316] grauamina inducunt causam appellandi et est appel andum infra decem dies a tempore grauaminis illati in iudicio, et idem[317] si extra iudicium. Vnde illato grauamine a quo non potest appellari quia tempus appellacionis interponende transiit, quia ex tunc fingitur non grauamen. De cetero licet in ueritate grauauit in preterito. Illud tamquam extinctum non dat causam eciam prouocandi, licet quidam dixerunt contra et male.

Procurator constitutus in causa appellacionis; illa finita, expirat sua potestas et ideo in principali non potest procedere nec eam defendere. Et ideo quidam constituunt procuratores tantum in causa appellacionis forte ut ea finita querant dilacionem quia uocabitur pars principalis. Set huic fraudi potest mederi, quia in citatorio potest libellari absenti; et ita fit in arcubus.

Cum appellatur a diffinitiua et dum est in prosequendo, excommunicatur per ipsum iudicem. Postea impetrat et de excommunicacione non fit mencio in suggestione quia tunc ignorauit. Nuncquid potest petere in articulo iuxta libellum absolucionem ad cautelam? Dixerunt quidam quod non, cum in

---

[306] C = f. 58$^r$.
[307] P, uel *ms.*
[308] X 3.10.7.
[309] X 3.30.31; this decretal seems to demonstrate the point made here better than the other two decretals cited.
[310] X 2.26.15.
[311] P, allegaui *ms.*
[312] Dig. 43.20.3.4.
[313] Inn. IV, *Apparatus*, ad X 2.26.18, f. 116$^r$.
[314] cadunt *ms.*
[315] X 2.26.17.
[316] facta P (f. 10$^v$).
[317] idem – iudicium] aliud eciam secundum quosdam, sed Innocencius dicit 'idem' si extra iudicium grauetur per iudicem (ut extra, de temporibus ordinacionum, c. ad aures [X 1.11.5]) P (f. 10$^v$).

rescripto non fit mencio de[318] illa. Alii dixerunt quod posset quia talis absolucio non est finalis et tunc reuocabitur per uiam attemptatorum post appellacionem. Vnde aliquid finale non potest peti iuxta suggestionem nisi in ea contineatur. Alii et bene dicunt, quod bene petitur absolucio, dummodo fuerit excommunicatus post appellacionem et ipsa sentencia excommunicacionis tangat ipsam diffinitiuam sentenciam a qua extitit appellatum; alioquin iudex appellacionis non posset compescere turbantes suam iurisdiccionem, set quamuis[319] in rescripto non fiat mencio de excommunicacione quia de ea diuinare non potuit, tamen in libello fiet mencio et ex hoc trahetur articulus.

Qui uult petere compulsionem testium petat in prima, secunda uel tercia produccione, quia ultra non auditur, nam compulsio est pars produccionis. Set bene potest petere quartam produccionem cum solempnitate iuramenti facta fide etc. (in authentico, de testibus, §si uero, collatio uii).[320] (Et qui petit compulsionem testium iurare [debet] quod testes diligenter requisiuit et uiatica eis optulit et ipsi uenire recusarunt.) Set pone quod in tercio termino non petit quartam produccionem cum solempnitate, numquid postea auditur?[321] Credo quod sic, si non fuerit ulterius processum in causa. Et tamen quidam dubitant (argumentum pro hoc, ff., de optione uel, mancipiorum circa medium).[322]

Nota de possessione uel quasi pensionis decimarum subtracta et eciam aliquando per consilium alicuius est subtractata, an teneatur consulens interdicto unde ui? Et an, si petatur restitucio rei tum[323] spoliate, eo ipso uideretur petere restitui in statum pristinum quo erat tempore spoliacionis? Et multos modos priuandi aliam possessionem notat[324] extra (de eleccione, querelam).[325]

*Doctrina facienda[326] contrarium factum uel exclusorium*

In facto contrario et exclusorio caue tibi ut factum contrarium uel exclusorium directe proponas et eodem modo. Vnde si in suggestione contineatur quod ego te excommunicaui non monitum non confessum non conuictum sine causa racionabili et contra concilium generale, nullam habens iurisdiccionem ordinariam uel delegatam, excommunicaui te minus iuste etc., in facto contrario dicam sic: quod 'te legitime monitum, habens in te iurisdiccionem etc. pro causa racionabili' etc., 'et in te sentenciam excommunicacionis iuste promulgaui,' Si dicam 'denunciaui te incidisse in sentenciam excommunicacionis', non propono bene factum contrarium.

---

[318] *P, in ms.*
[319] set quamuis *P* (f. 13ᵛ); si quam ut *ms.*
[320] Nov. 90.4: 'primitus sacramento dando ab eo, quod neque subtraxit neque percunctatus est testationes neque ipse neque aliquis advocatorum eius aut omnino pro eo agens, neque per aliquem dolum aut machinationem vel artem quartam productionem petit fieri testium, sed propter hoc quod non valuit primitus uti denunciatis testimoniis.'
[321] *P* (f. 13v); audiri *ms.*
[322] Dig. 33.5.6.
[323] cum *ms.*
[324] notatur *ms.*
[325] X 1.6.24.
[326] de faciendo *rectius?*

*Interlocutoria. Nota utrum appellans suspensa appellacione
petens restitucionem in integrum uidetur appellacioni renunciasse*

Appellatur a diffinitiua, statim suspensa appellacione quantum ad prosecucionem non tamen renunciata;[327] eidem petitur restitucio in integrum aduersus sentenciam; succumbit in restitucione; uult prosequi appellacionem. Nunquid potest? Videtur quod sic renunciata (per legem C., de re iudicata, ad solucionem cum suis similibus).[328] Set illa iura non contradicunt quia ibi ratificat sentenciam; hic argumentum omni uia uoluit eam reuocare (arg. C., de inofficioso, c. contra maiores).[329] Item qua appellacione cum uoluit recurrere ad beneficium pretoris dum habuit ius commune, scilicet, appellacionem (ff., de minoribus,[330] in cause).[331] Respondeo: auxilium illud speciale non habuit effectum; ergo non obstat prosequenti appellacionem. Quid enim obfuit conatui[332] etc.? Facit ad istam materiam (C., de pactis conuentis[333] super dote, l. finalis[334]). Et post multas altercaciones fuit interlocutum contra appellantem, scilicet, agendo coram iudice appellacionis in causa restitucionis; uidetur recessum[335] ab appellacione. Vnde licet egit ut sentencia reuocaretur, tamen iurisdiccionem iudicis approbauit et per consequens pronunciauit,[336] set ualde est contra (ut uidetur, extra, de eo qui mittitur in possessionem, cum uenissent ad finem).[337]

Qui appellat ab aliquo iudice in sua absencia protestetur de notificando, et notificet quam cito poterit[338] nec impetret priusquam notificet quia talis ordo reprobetur.

*Nota pars appellata deferens appellacioni*[339] *interposite
ad curiam romanam et pro tuicione nullo modo responderet
in curia Cantuariensi set delacionem ibidem debet
innouare et appellacionem suam prosequi cum effectu*

Cum appellatum sit ab aliquibus iudicibus ad sedem apostolicam et pro tuicione ad curiam Cantuariensem, pars appellata statim potest deferre et terminum prefigere in curia Romana. Et si pars appellata uocata fuerit ad curiam Cantuariensem, dictam delacionem et prefixionem debet innouare, nec aliquo modo respondeat, ut fuit in causa B. de C.,[340] qui fuit pars appellans. Et ipse

---

[327] renunciato *ms.*
[328] Cod. 7.52.5.
[329] Cod. 3.28.16.
[330] iiii *ms.*
[331] Dig. 4.4.13 or 16.
[332] conatus *ms.*
[333] pacto conuentam *ms.*
[334] Cod. 5.14.11. Its relevance is not apparent.
[335] resessum *ms.*
[336] renunciauit *rectius.*
[337] X 2.15.3.
[338] *C* = f. 58ᵛ.
[339] appellacionem *ms.*
[340] Probably Bogo de Clare, son of the earl of Gloucester and Hertford, a notorious pluralist, who was involved in much litigation. For example, in October 1275 he was involved in an appeal in the Arches concerning the parish church of Kilkhampton in Cornwall (*Reg. Bronscombe, Exeter* 2. 1124–25). See *BRUO* 1. 423–24; also, see infra, pp. 165, 190.

constituit procuratorem loco sui adempta sibi potestate delacionem et prefixionem in curia Romana quoquomodo recipiendi; et tamen pars appellata prefixit terminum in persona procuratoris et procurator in persona domini in curia Romana. Non obstante tali prefixione, decanus statim citauit partem appellatam ut compareret in tuitorio, set tamen non comparuit set uiriliter est suam appellacionem prosecuta.

*Nota excepcio peremptoria in termino proposita et propter formam reiecta postea in competenciori forma potest proponi*

Si quis habuit terminum peremptorium ad proponendum omnia in facto consistencia et proponat excepcionem peremptoriam et illa fuerit cassata tantum propter formam, postea potest proponi in forma competenciori, secus si primo habuisset terminum peremptorium quia tunc esset exclusus nec posset de cetero. Set certe uidetur quod non refert quia talis prefixio habetur loco peremptorii (arg. extra. de probacionibus, licet,[341] de excepcionibus, pastoralis,[342] de appellacionibus, sepe contingit,[343] ff. de excusacionibus tutorum, l. scire. §scire[344]). Maxime tamen forma dat esse rei (ff., ad exhibendum,[345] et de auro et argento ll. Seya[346]). Vnde quia talia uult allegare statim in illo termino alleget, nec in aliquo procedat nec aliquo modo officiat ut iterato proponatur, licet quidam dicunt quod ex quo non fuit interlocutum contra materiam postea probare potest (arg. ff., de optione legata, l. ii),[347] maxime cum forma dat esse rei[348] ubi non potest reduci ad primam materiam, ut quia feci uinum de uuis tuis.[349] Set ubi potest reduci ad primam materiam, puta, feci ciphum de argento tuo; ibi dominatur materia et eius potencia excellit potenciam forme. Vnde excepcio in alia forma proposita potest reduci ad primam materiam unde hic forma non dat esse rei. Set contra hanc distinccionem obiicitur legem Seya.[350]

*Nota formam et modum proponendi factum contrarium uel exclusorium et quod continere debeant*

Appellacio est remedium oppressorum et prouocacio opponendorum. Prouocans tamen eius causam specialiter exprimet, ut notat Innocencius (de appellacionibus, c. consilium).[351] Et sunt prodita hec remedia ne capiantur homines in rebus uel personis. Et ideo si quis me spoliauerit mea possessione et in tali possessione[352] existens prouocauerit seu appellauerit, eo quod excommunicatur uel de suis quid sequestratur, non esset racionabile ut in sua

---

[341] X 2.19.9.
[342] X 2.25.4.
[343] X 2.28.44.
[344] Dig. 27.1.13.8.
[345] A space follows in the text; the reference is quite likely to Dig. 10.4.93: 'nam mutata forma prope interemit substantiam rei.'
[346] Dig. 34.2.6.
[347] Dig. 33.5.2.
[348] pri *ms*.
[349] This example and the following one are taken from Inst. 2.1.25.
[350] Dig. 34.2.6: 'nam quid fieri potest, ut legatum vel fideicommissum durare existimetur, cum id, quod testamento dabatur, in sua specie non permanserit, nam quodammodo extinctum sit?'
[351] *recte* consuluit: Inn. IV, *Apparatus*, ad X 2.28.18, f. 123ᵛ.
[352] uiolenta *add*. P.

malicia haberet defensiones uel ut concederetur sibi tuicio. Et ita contra tales appellantes obuiandum est per factum contrarium seu exclusorium. Et caueas quia in facto contrario seu exclusorio non est aliquid proponendum quod tangat negocium principale. Et est racio ne dum tractaretur pro tuicione habenda introduceretur principale, quod esse non debet. Et est notandum quod factum contrarium seu exclusorium est proponendum in tuitorio in secundo die alioquin non audietur. Item cum fuerit propositum et appellans uelit aliquid proponere contra factum contrarium uel exclusorium credo quod audietur dummodo illud proponat in scriptis et legitimo modo. Set numquid post publicacionem factam in facto contrario potest per uiam replicacionis aliquid proponere ad excludendum factum contrarium? Credo quod non, nisi forte esset aliquid in quo non potuit diuinare et quod tantum resultaret ex dictis testium partis aduerse (arg. capituli extra, de probacionibus, iurauit[353] et c. et series[354]).

*De numero testium*

Quando producuntur plures testes ex una parte quam ex altera, facienda collacio testium ad testes, ad numerum, dignitatem et ad omnia, et standum est regulariter maiori numero. Verum est ubi producuntur circa idem uel quasi idem; secus si circa diuersa. Vnde si Berta petat me in uirum, probet per decem bonos testes et ego excipio de precontractu et probem per duos, isti duo preferuntur decem testibus (ut extra, de testibus, in nostra),[355] et sic uidetur quod est in facto contrario uel exclusorio etc. Set non est uerum, quoniam factum contrarium in tuitorio erit semper circa idem et ideo numerus testium ibi attenditur, et uincit quia directe tendit circa idem. Set in facto exclusorio non uincit numerus secundum Brandon[356] et omnes, et hoc quia non tangit circa idem set diuersum.[357] Set uidetur opponere quod circa idem probandum uincit numerus (extra, de testibus, c. constituit)[358] set[359] in alio modo et alio.[360]

Statutum est quod, si factum contrarium proponatur in negocio tuitorio, non proponetur aliquid tangens negocium principale, set [si] in ipsa suggestione tangatur ipsum principale,[361] tunc est licitum eodem modo contrariare, quia qui errore admittitur etc. in facto contrario.[362] Vnde quod dicitur quia factum contrarium proponetur et nichil quod tangat principale; uerum est ad excludendum appellacionem set ad colorandum factum contrarium bene admittitur.[363]

---

[353] X 2.19.6.
[354] X 2.20.26.
[355] X 2.20.32.
[356] For Brandon see texts at supra, p. 145, and infra, p. 193.
[357] The same point is made, less hesitantly, supra (p. 126).
[358] *rectius* constitutus (X 2.20.30) *seu* constitutis (X 2.20.46).
[359] ibi *add.?*
[360] *Numquid addi debet ibi, e.g., processu?*
[361] quoniam *add.* ms.
[362] The meaning seems to be 'contrariare in facto contrario quod errore admittitur in suggestione'.
[363] For 'colour' in common-law pleadings see Donald W. Sutherland, 'Legal Reasoning in the Fourteenth Century: The Invention of Color in Pleading', *On the Laws and Customs of England: Essays in Honor of Samuel E. Thorne*, eds. M. Arnold et al. (Chapel Hill, NC, 1981), pp. 182–94.

## De Certificacione[364]

Caueas tibi in iustificando ut tua iustificacio obuiet peticioni partis aduerse et eam excludat, cum fuerit probata et debent concurrere probaciones. Et si peticio contineat plures articulos diuersos, potest fieri generalis litis contestacio 'et dicit[365] narrata' etc.,[366] et postea adiciendo quemlibet articulum iustificando. Et caue si fuerit mere possessorium contra te intentatum. Iustifica obuiando in mere possessorio non tangendo petitorium, quoniam, si possessorium iunctum fuerit cum petitorio, amittit suum priuilegium.

Cum ob certa grauamina fuisset appellatum et in litis contestacione fuisset super quibusdam iustificatum et productum super uno grauamine, scilicet, quod episcopus Exoniensis denegauit consignare acta ueritatem continencia, non fuit iustificatum, demum facta produccione inter cetera probant testes quod in loco certo et die certa in consistorio Exoniensi denegauit etc. Postea ex parte partis appellate[367] excipitur contra testes quod periuri[368] falsum dicunt in ea parte ubi dicunt episcopum denegasse consignare acta, cum eodem die, eodem loco et eadem hora de quibus ipsi uidentur deponere dictus episcopus concessit etc. et non denegauit. Et tandem per decretum reiecta fuit hec excepcio pro eo quod in totum non excludebat denegacionem, cum potuit esse quod concessit alia parte diei consignare, et alia hora denegauit propter quod fuit appellatum, cum testes appellantis non determinauerunt certam horam; unde si bene exclusisset ita debuit proponere quod concessit consignare quociens illa die legitime fuisset requisitus. Set quare fuit pars appellata admissa ad sic excipiendum? Respondeo, quia prius non potuit illum articulum iustificare propter incertitudinem diei et loci set ex dictis testium hoc resultauit (ut in c. series).[369]

In prouocacionibus oportet quod precedant comminaciones uel uerisimiles coniecture et cum fuerit prouocatum et postea appellatum, oportet quod comminacio uel coniectura uerisimilis probetur si uoluerit inniti effectu prouocacionis, ut sic facta post prouocacionem reuocuntur, quia oportet quod talis sit causa prouocandi que, si esset probata, censetur legitima (et notatur extra, de appellacionibus, bone super uerbo 'uerisimilibus').[370]

## De reuocacione grauaminis cum plura suggeruntur et unum tantum probatur

Cum in suggestione continentur plura grauamina quorum unum est probatum, scilicet, denegacio consignacionis uerorum actorum, aliud non probauit, scilicet, forte quod iniuste absoluit aliquem non absoluendum, quamuis concedatur tuicio racione unius grauaminis probati, non tamen reuocatur aliud grauamen non probatum nec execucio illius grauaminis facta post appellacionem, quoniam, cum grauamen non reuocatur nec execucio illius grauaminis, uidelicet, quia denunciabatur post appellacionem absolutus, talis denunciacio non reuocabitur (arg. C., de transaccionibus, si ex falsis;[371] uel dicit

---

[364] *Iustificacione* recte?
[365] dici *ms.*
[366] etc. = 'prout narrantur uera non esse et ideo petita non fieri.'
[367] ex parte partis appellate *P* (fol. 14ra); ex parte appellate *ms.*
[368] *C* = f. 59r.
[369] X 2.20.26.
[370] X 2.28.51.
[371] Cod. 2.4.42.

et melius ut notatur extra, de eleccione, cum nobis;[372] extra, de appellacionibus, consuluit, ii[373]).

*Nota naturam et formam querele et qualiter in eadem procedatur*

Cum[374] per uiam querele propter negligenciam inferioris deuoluitur negocium ad superiorem, probata negligencia pronunciabitur pro iurisdiccione ubi procedebatur coram inferiori ad instanciam; secus si tantum processit ex officio nullo instante seu officium promouente, quia tunc non est[375] alia pars appellata quam ille procedens; tunc non est necesse pronunciare pro iurisdiccione cum ille inferior sit immediate subiectus superiori.

Cum petitorium fuerit introductum in iudicio per uiam conuencionis et in litis contestacione per uiam excepcionis, fuerit deductum petitorium et possessorium eiusdem rei quia dixit conueniens, 'cum ego sim dominus' etc. uel 'cum ad me de iure pertineat ius presentandi etc. quare peto,' excipiens dicit, 'ad me de iure pertinet presentacio uel collacio in qua quidem possessione uel quasi predecessores mei extiterant et adhuc sunt in presenti,' et ita concludit tam in petitorio quam in possessorio,[376] an procedat excepcio? Dixerunt quidam quod non procedit quantum ad petitorium cum non potest sibi referre questionem de proprietate (arg. C., locatus, l. si quis conduccionis).[377] Set lex loquitur in alio casu: ubi egi accione personali ad rem meam contra te, uis mihi referre questionem dominii, non potes cum habeas a me causam, secus si ab alio. Quid ergo dicetur in hac excepcione? Sic fuit interlocutum quod excepcio adiecta in litis contestacione quatenus saperet possessorium erat reiecta, et quatenus petitorium fuit admissa quatenus de iure. Et credo de iure eam simpliciter admittendam (arg. ff., de probacionibus, circa cum glossa).[378]

*De effectu prouocacionis*

Cum quis prouocat, uideat quod precedet grauaminis comminacio uel uerisimilis coniectura grauaminis inferendi et quod talia probare poterit, quia hec sunt fundamenta prouocacionis et licet quidam dicant quod prouocacio secuto grauamine induat sibi naturam appellacionis (arg. extra, de appellacionibus, bone),[379] caue tibi tamen ut appelles infra decem dies a tempore grauaminis illati; alioquin non iuuaberis pretextu prouocacionis nec reuocabuntur grauamina illata post prouocacionem. Vnde prouocacio semper respicit grauamina futura, a quibus infra legitimum tempus est appellandum. Vnde prouocacio est preparatoria et quedam comminacio appellacionis. Vnde si quedam sunt grauamina illata post prouocacionem, a quibus non est appellatum, non prodest prouocacio; unde semper est securius appellare non obstante prouocacione post grauamen illatum. Ex hoc toto uidetur sequi quod prouocacio non habet effectum aliquem.[380]

---

[372] X 1.6.19.
[373] X 2.28.18.
[374] *P* = f. 10ʳ.
[375] add. *P.*
[376] retinende add. *ms.*
[377] Cod. 4.65.25.
[378] Dig. 22.3.14.
[379] X 2.28.51.
[380] Cf. with the text supra, p. 154.

*Nota formam redarguendi processum et que principaliter inspicere debeas*
Cum uis redarguere processum alicuius iudicis, habeas oculum ad quamlibet partem processus et precipue ad substancialia, et uide si qua deficiant uel si sit peccatum in ordine substancialium. Et tunc inpugnes processum secundum ordinem non insistendo circa trufas,[381] quia labor esset inanis, et formes[382] excepciones contra processum in paucis uerbis[383] si aliquo modo poteris.[384]

*Excepcio recusacionis*
In proponenda excepcione recusacionis, caue ut ante omnia proponatur, quia postea non potest proponi, nisi de nouo oriatur[385] uel de nouo peruenerit ad suam noticiam, et hoc debet contineri in excepcione, et fiet fides sacramento quod de nouo peruenit ad eius noticiam.

In causa appellacionis parte appellata contumaciter absente proceditur lite incontestata. Non tamen procedetur ad alios actus iudiciales postea nisi parte uocata; unde citabitur ut intersit recepcioni testium, pupplicacioni et diffinicioni. Innocencius tamen uidetur notare contra (de accusacionibus, ad peticionem).[386] Et si non ueniat, procedetur semper in penam contumacie. Vnde in una citacione potest contineri ut ueniat uisura recepcionem et eciam eorum pupplicacionem et sentenciam auditura[387] cum continuacione et prorogacione dierum. Et talis citacio facta habet tractum dierum; unde si die prefixa non compareat, propter illam contumaciam procedetur ad testium recepcionem; unde die continuata uel prorogata, si ueniat uisura publicacionem, bene potest, nec reputatur contumax quoad illum actum si tunc ueniat, sic de aliis actibus etc. Si uero non ueniat in aliquo actu, semper procedetur in penam contumacie et potest dici, una contumacia multiplicata seu extensa, sicut una tutela plura habens interualla (ff., de suspectis tutoribus, l. tutor, c. quod si quis),[388] cum in una citacione uocata fuerit ad plures actus cum continuacione et prorogacione etc.[389]

Memorandum quod si grauamen extra iudicium per aliquem iudicem michi fuerit illatum et propter hoc ad[390] superiorem appellauero, si postea michi fuerit grauatum ex alia causa extra iudicium, licet circa eandem rem, de nouo oportet me appellare, nec sufficit prima appellacio facta extra iudicium ut secundum grauamen reuocatur per uiam attemptatorum post appellacionem. Et hoc est uerum nisi in connexis. Secus est si appelletur in aliqua causa seu negocio in iudicio propter grauamen michi illatum. Si postea me grauat in eadem causa, omnia post appellacionem attemptata uenient in reuocacionem tamquam attemptata post appellacionem, et est racio quia per appellacionem factam in iudicio totum deuoluitur ad superiorem. Et hoc innuit Innocencius (extra, de eleccione, cum nobis).[391]

---

[381] *P* (f. 14rb); tantum fas *ms.*
[382] add. *P* (ibid.).
[383] forma add. *ms.*
[384] et uideas quod racionaliter fundentur add. *P.*
[385] *P,* ornatur *ms.*
[386] Cf. Inn. IV, *Apparatus,* ad X 5.1.22, f. 188r–v.
[387] *C* = f. 59v.
[388] Dig. 26.10.3.9.
[389] ut fuit in causa magistri W. de Monte Forti etc. add. *P. Cf. the treatise* Quia cause ad curiam Canturariensem, supra, p. 98.
[390] *P,* om. *ms.*
[391] Inn. IV, *Apparatus,* ad X 1.6.19, ff. 20v–21r.

*Quid reuocabitur post appellacionem?*
Pone: aliquis prouocat. Postea proceditur contra eum in negocio in quo prouocauit, et rite proceditur contra eum in cursu cause. Demum grauatur et appellat. Ipse petit quod totum reuocetur per iudicem appellacionis quod fuit factum in causa post prouocacionem. Certe male petit, quia quod rite factum est non reuocabitur sed tantum quicquid actum est post grauamen et appellacionem reuocabitur per uiam attemptatorum. Hoc intelligo nisi sponte post grauamen et appellacionem coram eodem litigasset.[392]

Cum quidam rector egisset contra alium rectorem possessorio iudicio super decimis spoliatis et in libello suo bene narrasset, male tamen concludebat quod tantum petit decimas asportatas restitui, si extarent, uel eorum estimacionem, si non extarent, nec petit se restitui ad statum percipiendi decimas quo fuerat tempore spoliacionis. Videns hoc aduocatus partis aduerse litem contestabatur et adiecit quod, cum domimus suus et eius predecessores fuerunt in continua possessione percipiendi illas decimas bona fide a tempore quo non extat memoria, dominus suus non poterit dici inuasor, spoliator nec quod alicui successit in uicium, quare etc. Fuit allegatum contra dictam exclusionem seu iustificacionem quod hec prescripcio tangit petitorium et ideo non habet locum in possessorio. Fuit responsum quod non[393] proponitur prescripcio ut tangat dominum uel proprietatem,[394] set ut doceat de sua continua possessione ut possessorium iudicium excludat. Vnde nichil est nisi declaracio contestacionis quia contestacio potest saluari, uel quia nuncquam tetigit possessionem illam nec se intromiserit de illa possessione, uel quia bene se intromisit percipiendo decimas per tempora memorata, prout est in accione iniuriarum, puta, diffamacionis, quia negare potero quia non diffamaui, uel quia de te numquam fui locutus uel fui locutus et uerum dixi et sic non diffamaui. Set certe si non ponitur ut habeat effectum prescripcionis, opponitur seu adicitur[395] ut habeat effectum exclusionis per suam continuam possessionem, et ita contendit se possidere et ita quodammodo intentat uti possidetis[396] et ex parte altera unde ui. Et uidetur quod non compaciuntur se ad inuicem (arg. ff., uti possidetis, l. i ad finem).[397] Alii contradicunt. Tandem fuit reiecta illa iustificacio in forma proposita, seruata sui materia usque ad locum suum forte ut contra testes proponatur.

*Nota quando iudex a quo appellatur[398] uocatur precise et quando causatiue*
Quando ordinarius mere procedit ex officio contra subditum et nullo instante seu officium promouente seu probaciones ministrante et fuerit appellatum, tunc idem iudex est reus et precise uocabitur. Set quando procedit ad instanciam alicuius promouentis officium et fuerit appellatum, tunc citabitur promouens 'precise' et iudex 'causatiue' citabitur, si uiderit sua expedire, et audietur iudex eciam in tuitorio negocio uolens admitti ad defensionem ex quo sua interest in

---
[392] The view here should be compared with that in the texts at pp. 154 and 155.
[393] *add. P* (f. 14 va).
[394] dominum uel proprietatem *P*, illum effectum domini uel proprietatis *ms*.
[395] *P*, adicit *ms*.
[396] *P*, possidentis *ms*.
[397] Dig. 43.17.1.
[398] appellat *ms*.

aliquo. Et plus est quod, si fuerit appellatum ab aliquo ordinario ubi fuit processum per uiam accionis et ad instanciam partis et pars tantum uocata fuerit coram iudice appellacionis, iudex a quo fuit appellatum uel quis alius eciam in tuitorio negocio, si constiterit summarie sua[399] interesse, bene admittitur. Dicet aliquis, non suggeritur contra illum in tuitorio, ergo non debet admitti; item non uertitur finale preiudicium in tuitorio, ergo etc. Certe hiis non obstantibus bene admittetur quia aliquale preiudicium potest interuenire; ideo admittetur.[400]

### De absolucione petenda

Si commissarius specialis officialis alicuius episcopi me grauauerit et me excommunicauerit et audienciam officialis appellauero, et ipse debitam audienciam michi denegauerit et curie Cantuariensi appellauero, et sibi et aliis quorum interest fuerit rescriptum[401] et inhibitum, et tota series negocii fuerit in suggestione et in libello ab ea abstracto comprehensa, et iuxta libellum porrigatur articulus in quo petitur absolucio ab excommunicacione lata per commissarium officialis, non concedetur absolucio, set expectabitur euentus deuolucionis appellacionis facte ab officiali commitente. Et cum deuoluitur, petitur absolucio ab excommunicacione illata a commissario officialis. Hoc est uerum nisi coram officiali fuerit petita absolucio et ipse recusauerit absoluere et propter hoc fuerit appellatum.[402]

### Vtrum per solum consensum[403] parcium non sic iustificatum dicatur negocium pendere in curia Cantuariensi sine libelli dacione?[404]

Si sit generaliter consensus ut in principali procedatur et fuerint grauamina in genere et in specie reuocata et ante consensus parcium iustificatum[405] et ante libellum oblatum, pars que optinuit reuocacionem grauaminum et ita est in possessione uocat partem alteram coram iudice seculari super eodem de quo est[406] consensus procedere in curia Cantuariensi. Dicunt quidam: non potest uocari super contemptu, cum causa adhuc nondum pendeat in curia Cantuariensi, cum nondum est libellatum ut fuit in causa de Kenelworth.[407] Set hoc uidetur mirabile ex quo est consensus per partes procedere in principali.[408] Set potest dici quod adhuc possunt dissentire, set certe non tuerentur.[409]

Caue in constituendo procuratorem quod habeat potestatem obiciendi crimina et defectus propter idem, quod notatur (de accusacionibus, super hiis;[410] de eleccione, statuimus[411]) secundum Innocencium.

---

[399] *P,* bene *ms.*
[400] Et fuit sic interlocutum in arcubus in causa prioris de Kenelworthe et prioris de Stanes, ubi fuit episcopus Conuentrensis et Lichefeldensis admissus in tuitorio etc. *add. P.*
[401] *add. P* (f. 14$^{vb}$).
[402] et in suggestione specialiter comprehensum, tunc libello dato et articulo iuxta libellum porrecto bene absolueretur secundum quosdam *add. P.*
[403] *C =* f. 60$^r$.
[404] *non rubric. in ms.*
[405] iustificatos *ms.*
[406] et *ms.*
[407] *P* (f. 15$^{ra}$); K. *ms.*
[408] per partes – principali *add. P.*
[409] *P,* uerentur *ms.*
[410] X 5.1.16; Inn. IV, *Apparatus,* f. 187$^r$, *s.v.* procuratorem.
[411] Decree of Pope Innocent IV in the First Lateran Council, 1245 (in *Liber sextus* 1.6.1);

An excepcio peremptoria omissa in principali in causa appellacionis proponenda habeat proponi contra partem, sentenciam uel processum uel non, uide ff. de uerborum obligacione, si quis.[412]

### De prouocacione uel appellacione extraiudiciali

De prouocacione uel appellacione extraiudiciali uide extra, de appellacionibus, constitutus;[413] de hiis que fiunt a maiori parte capituli, c.1;[414] de appellacionibus, cum sit romana;[415] de maioritate et obediencia, dilecti.[416] Et an appellans extra iudicium posset prefigere terminum in curia, uide c. dilecti.[417]

### De processu inordinato

Cum aliquando processum examinaueris, uide qualiter est[418] libellatum; an per uiam officii et sic est contestatum, et[419] postea admittitur aliquis tamquam promouens officium et probaciones administrans. Hoc est licitum. Aut admittitur post contestacionem tanquam pars et ius suum prosequens. Hoc uidetur periculosum quia non libellauit a principio nec litem fuerat contestatus, et ideo quoad se processus fuit periculosus set forte quoad officium teneret, quamuis quidam dicunt quod officium conuertitur in instanciam.[420]

Caue tibi ut post conclusionem cause nichil proponas uel facias in facto consistens quia sic uidetur recessum a conclusione si illud fiat iudice[421] approbante et sic per consequens pars aduersa potest excipere et alia facere que in facto consistunt.

Caue in actis conficiendis quando admittitur quis ut promotor officii ut sic fiant inter talem promotorem officii etc.

### An dominus puniatur pro procuratore?

Si procurator in processu litis sit contumax, caue ut citetur dominus contumaciam procuratoris purgaturus et in causa processurus. Et hoc est securus facere licet quidam dicant sufficere si uocetur procurator qui litem est contestatus uel qui post contestacionem est constitutus, dum tamen in aliquo actu processerit uel occupauerit, unde si talis procurator citatus fuerit uel prefixionem receperit et contumax fuerit et in eius contumaciam processum fuerit, tenet processus nisi ab eo fuerit appellatum. (De hoc uide ff., si quis ius dicenti non optemperauerit, l. una, §si procurator).[422]

### Quo tempore et qualiter petenda fuerit absolucio ad cautelam

Caue in petenda absolucione ad cautelam in quo petitur ante omnia absolui ut statim tradito libello in causa appellacionis petas absolui ad cautelam, nec

---

for his commentary see Inn. IV, *Apparatus*, tit. de electione, c. statuimus *in fine*, ff. 35ʳ: 'Item non admittitur procurator super criminibus nisi hoc expresse contineatur in procuratione, sed et bene admittitur etiam si ibi non exprimantur crimina.'

[412] Dig. 45.1, where there are five fragments (36, 43, 57, 112, 129) beginning 'Si quis', none with obvious relevance to the text.
[413] X 2.28.45.
[414] X 3.11.1.
[415] X 2.28.5.
[416] X 1.33.13.
[417] ibid.
[418] *P* (f. 15ʳᵇ), om. ms.
[419] *P,* eciam ms.
[420] ut fuit in causa Simonis de Ludgate etc. *add. P.*
[421] iudici. ms.
[422] Dig. 2.3.1.2.

exspectes contestacionem in causa appellacionis, quia sic bene deficeres in absolucione petenda nisi iudex graciam tibi fecerit in hac parte.[423] Et scias quod in tuitorio non est locus absolucioni ad cautelam, et est racio quia curia Cantuariensis tanquam ministra curie Romane quantum ad appellantes ad curiam Romanam et pro tuicione ad curiam Cantuariensem tantum habet tueri appellantes ad curiam Romanam et in eo statu in quo fuerant tempore appellacionis interposite. Vnde post prouocacionem uel appellacionem illata grauamina in tuitorio negocio reuocantur. Et ideo dicunt magni quod in tuitoriis seu quoad tuiciones curia Cantuariensis non facit differenciam inter exemptos et non exemptos, cum tuicio se extendat ut appellantes ad curiam Romanam tueantur[424] ut licite possint prosequi suas appellaciones in curia et nullus ab illa curia eximatur.

*Nota procurator habens generale mandatum non potest de crimine excipere*

Procurator generaliter constitutus excipit de simonia. Dicebatur quod ad obiciendum crimina et defectus non fuit constitutus et hoc requirit speciale mandatum. Respondebatur quod ex quo incidenter contingit bene potest, habens tantum generale mandatum (extra, de accusacionibus, super hiis;[425] de restitucione in integrum, suscitata;[426] C., de ordine iudiciorum, adite[427]). Fuit tamen excepcio admissa quatenus de iure set omni modo debuit admitti per iura predicta.[428]

Cum pupilli agunt qui tutores non habent set curatores ad litem et ordinatus fuerit procurator ab ipsis minoribus auctoritate curatoris, concipiatur libellus nomine procuratoris constituti auctoritate curatoris, et sic petatur et sic fiant acta.

Cum tradis articulos et uis ut inquiratur super aliis ad probandum aliquid, forte an talis contraxit cum tali uel an talis filium talem[429] leuauit de fonte etc., semper inquiras an super hoc fit publica uox et fama, quoniam fama probata multum prodest.

*Interlocutoria*

Cum fuerit appellatum ad sedem apostolicam et pro tuicione ad curiam Cantuariensis a sentencia diffinitiua et consensum fuerit[430] generaliter de procedendo in curia Cantuariensi omissis omnium appellacionum articulis etc., datus sit dies ad proponendum omnes iniquitates contra sentenciam et contra processum. Vult appellans uel appellata proponere aliquid nouum, puta excepcionem prescripcionis, numquid potest quod consensus dat iurisdiccionem tantum, ut uidetur, ad confirmandum uel infirmandum sentenciam, id est, ad uidendum, utrum rite uel non rite fuerit processum? Set uidetur, ne eorum consensus sit eis dampnosus, quod sic, nisi directe appellatum, talia proponi possunt, dum tamen pendeat ex ueteribus, sic nisi consenciunt ut procedatur in principali, et ita seruatum est. Item an prescripcio esset dependens de principali ubi fuerant

---

[423] See a somewhat different opinion in the text at p. 158.
[424] *P* (f. 15$^{rb}$); teneantur *ms*.
[425] X 5.1.16.
[426] X 1.41.6.
[427] Cod. 3.8.1.
[428] Cf. with text at p. 158.
[429] talis *ms*.
[430] *P* (f. 15$^v$); fuit *ms*.

petite decime uel non? Et credo⁴³¹ quod sit dependens, set tamen fuit reiecta quia sapit naturam proprietatis et fuit peticio proposita in possessorio.

*Nota publicatis attestacionibus super aliquo eius contrarium directe probari non potest nisi ex dicto testis aliquid resultaret ultra id ad quod precise inducitur*

Nota. Vbi probatur intencio alicuius per testes uel excepcio uel iustificacio et publicatis attestacionibus et scitis, eius contrarium directe non potest probari propter subornacionem nisi aliquid resultaret ex dicto testis ultra id ad quod precise inducitur, forte per interrogatoria; tunc potest contrarium probari indirecte, forte quia fuerat ibi determinacio loci uel temporis (extra, de testibus, ex tenore).⁴³² Set contra substanciam illius quod probatur post publicacionem non probatur directe nisi in reprobando testes de falso, scilicet, quod falsum dixerunt, quod licet secundum quosdam in distinccione: ergo quod una uia prohibetur alia concedetur, contra legem (ff., de curatoribus et tutoribus datis ab, l. scire oportet).⁴³³ Alii dicunt quod reus admittitur post aperturam ad conuincendum eos de mendacio super hiis que ante aperturam testium preuideri non potuit, puta, in rei uendicacione potuit preuidere utrum petens fuerit dominus uel non. Set si testes deponerent actorem esse dominum quia uiderunt quod ipse a tali qui erat dominus in tali loco et tali die,⁴³⁴ posset reus producere testes qui probarent eum fuisse absentem extra illum locum eadem die, quia utrum hoc dicerent testes ante aperturam reus non potuit preuidere⁴³⁵ (C., de exhibendis et committenda stipulacione, l. optimam).⁴³⁶

Quidam contraxit cum quadam. Ipsa audiens quod uir suus fuit subdeaconus recessit ab ipsa⁴³⁷ et peciit diuorciari. Vir except de spoliacione et, quia ipsa diuertebat, peciit restitui per uiam excepcionis. Mulier replicat quod non est locus restitucioni quia numquam fuit⁴³⁸ in possessione iuris, obstante perpetuo impedimento, scilicet, ordine subdiaconatus, ergo etc. (extra, de restitucione spoliatorum, ex parte M. cum sua glossa⁴³⁹ et c. literas⁴⁴⁰). Set si bene consideras illa iura, non obstat replicacio predicta cum fuerit solempnizatum matrimonium et simul cohabitarunt, nisi esset perpetuum impedimentum consanguinitatis in gradibus diuina lege prohibitis (ut in c. literas),⁴⁴¹ et tunc si habeat paratas probaciones impedit restitucionem quoad thorum sed non quoad bona. Item replicauit mulier quod licenciata recessit, ergo non locus restitucioni quia uolenti non fit iniuria. Responsum fuit quod uir non potuit licenciare et ideo non procedit replicacio, immo papa non posset dare licenciam sine cause cognicione alicui ut uxor a se recedat.

In causa mota inter Lincolniensem episcopum et magistrum R. de

---

⁴³¹ *C* = f. 60ᵛ.
⁴³² X 2.20.35.
⁴³³ Dig. 26.5.21.
⁴³⁴ *add., e.g.,* rem emit?
⁴³⁵ *P,* prouidere *ms.*
⁴³⁶ Cod. 8.39.14.
⁴³⁷ ipsam *P,* ipsa *ms.*
⁴³⁸ *add. P.*
⁴³⁹ X 2.13.14.
⁴⁴⁰ X 2.13.13.
⁴⁴¹ ibid.

Sottewelle⁴⁴² fuit appellatum ad sedem apostolicam. Et postea⁴⁴³ episcopus excommunicauit ipsum et quosdam sibi adherentes, et per uiam querele deuenit negocium ad curiam Cantuariensem, ubi in quodam articulo peciit absolui nomine suo et sibi adherencium et peciit suum interesse ab episcopo et nichilominus eundem canonice puniri. Exceptum fuit contra eundem et suum libellum seu articulum in hac parte quod, cum coram papa conuenit episcopum super accione personali, coram archiepiscopo non est compellendus respondere super alia personali, ergo etc. Responsum fuit quod uerum esset de accionibus natis tunc temporis et fuerit cassata quoniam excepcio procederet ubi ambo essent iudices delegati, set hic ambo sunt ordinarii. Et hoc notat Innocencius (in c. quia non nulli).⁴⁴⁴ Item fuit exceptum quod, cum interesse sit multiplex etc., quare dixit articulum obscurum; fuit cassatus. Item cum dixit in articulo quod excommunicauit seu mandauit aut excommunicatum denunciauit et in predictis alia et alia competit defensio, et alia et alia pena imponitur, et cum alterius iactura non debet in criminibus uagare, quare etc. (ff., de iniuriis, l. pretor edixit),⁴⁴⁵ fuit cassatum quia per testes et in produccione declarabitur. Item cum ageret criminaliter, primo debuit inscribere. Hoc fuit cassatum quia hic agitur ciuiliter et eciam si sic criminaliter agereretur et non est in tali inscribendum. Item cum episcopus fuit hic uocatus principaliter et magister de Gandauo⁴⁴⁶ causatiue ad cuius instanciam lata fuit sentencia predicta si qua fuit lata etc., fuit exceptum quod, cum iudex procedit ex officio solo contra aliquem et sit appellatum, uocandus est iudex principaliter et alii successorie uel causatiue. Set ubi ad instanciam alicuius promouentis officium, tunc promouens citabitur principaliter, quare in casu predicto S. debuit principaliter uocari, unde etc. Respondeo per factum, quoniam dicitur in processu quod 'ex officio seu ad instanciam illius' etc., ideo fuit cassatum. Item cum dictus R., sic excommunicatus,⁴⁴⁷ suggerit pro se et quibusdam aliis quantum ad alios non ualet impetratum pro excommunicatis, licet ualeat quantum ad se (extra, de procuratoribus, c. finalis).⁴⁴⁸ Responsum fuit per factum quoniam ipse fuit principalis et alii sibi adherentes; unde racione adherencie ualet quia pro se et sibi coherentibus conquestus fuit.

Officialis Londoniensis processit ex officio contra quemdam, quodam rectore officium suum promouente. Qui rector potuit⁴⁴⁹ habuisse accionem de iure communi. Fuit exceptum quod conuolauit ad auxilium extraordinarie, et fuit cassatum.

---

⁴⁴² magistrum – Sottwelle *P* (f. 15ᵛ); R. de S. *ms.*
⁴⁴³ *P*, post *ms.*
⁴⁴⁴ Inn. IV, *Apparatus*, ad X 1.3.43, f. 12ᵛ.
⁴⁴⁵ Dig. 47.10.7 pr.: 'quo famosam actionem intendit, non debet vagari.'
⁴⁴⁶ *lacuna in ms.*; magister de Gandauo *P*: quite possibly Simon de Ghent, Oxford theologian and bishop of Salisbury, 1297–1315 (for whom see *BRUO* 2. 761–62).
⁴⁴⁷ *P* (f. 15ᵛ); excommunicauit *ms.*
⁴⁴⁸ X 1.38.15.
⁴⁴⁹ *P*, potuisset *ms.*

*Nota si testes petantur admitti ante litis contestacionem quia*
*sunt abfuturi que solempnitas debet adhiberi in*[450] *hoc casu*

Quidam ante litis contestacionem produxit testes quia dixit ipsos abfuturos. Certe debet facere fidem et testes iurabunt quod[451] abfuturi sunt ita quod tunc temporis quando deberent produci non erunt presentes, ut credunt, set ipse contra quem producuntur potest protestare de contrario, uidelicet quod non erunt tali tempore abfuturi et ita quod talis admissio per consequens non ualeat.

*An rescribens ad grauamina uideatur ea approbare?*

Officialis Cantuariensis rescribit ad plura grauamina. Numquid eo ipso sunt omnia approbata ut sufficiat ea tantum probare? Et fuit dictum quod[452] quando officialis rescribit ad unum grauamen illud approbat nec super eo est postea disputandum set tantum probabitur; set quando scribit ad plura forte respicit[453] unum uel quedam grauamina, et tunc uenire possunt quedam in discussione, maxime ubi sunt grauamina iuris, quia forte denegate fuerant[454] inducie transmarine, uel denegauit quartam produccionem cum sollempnitate et fuerit ob plura grauamina appellatum. Venire poterunt grauamina in discussione, non obstante reuocacione grauaminum in genere et[455] in specie. Quatenus in specie fuerint probata grauamina, postea bene uenient in discussione secundum quosdam. Alii dicunt quod ita indistincte non ueniunt quoniam, ubi generaliter est consensus de procedendo in principali omissis omnium appellacionum articulis reuocatisque grauaminibus illatis omnibus post appellacionem, postea non discucietur de illis. Et ideo consueuit adici in consensibus partium, uidelicet, 'reuocatis grauaminibus illatis et prefatis quatenus constare poterit de eisdem legitime', quoniam tunc postea discucientur non obstante reuocacione.

De cursu causarum procurator constitutus potest uocari ad causam et in persona sua uocandus est dominus. Et si compareant plures procuratores in solidum coniunctim et diuisim constituti unus occupabit et causam aget donec constiterit de reuocacione, et potest prefigi domino suo terminus in persona procuratoris, set nichilominus procurator potest comparere pro domino suo ut prius.

Numquid procurator habens generale mandatum potest iurare de calumnia? Videtur quod sic, quia non reperitur inter casus habentes speciale mandatum (arg. ff., de administracione tutorum, l. si duo ad finem).[456] Contra, iurabitur in anima domini, ergo requiretur speciale mandatum[457] quia, ubi res fauorabilis et tractetur de hiis que consistunt in animo, puta, de absolucione a sentencia excommunicacionis, requiritur speciale mandatum non generale (arg. ff., de adquirenda hereditate, si aliquis michi, §iussum;[458] extra, de sentencia

---

[450] et *ms.*
[451] *P,* et *ms.*
[452] *add. P.*
[453] i.e., officialis.
[454] *C* = f. 61ʳ.
[455] *P,* uel *ms.*
[456] Dig. 26.7.51: 'quantum enim facit in totum denegata, tantundem valet, si in ea re de qua agitur denegata sit'.
[457] *add. P.*
[458] Dig. 29.2.25.4: 'iussum eius qui in potestate habet non est simile tutoris auctoritati, quae interponitur perfecto negoctio, sed praecedere debet'.

excommunicacionis, a nobis⁴⁵⁹). Ergo ubi tractatur de domino obligando ut est in iuramento calumpnie, ubi plures articuli obligatorii continentur et iuratur in anima domini, requiritur speciale mandatum, cum proniora sunt iura etc.⁴⁶⁰

*Effectus tuicionis*

Tuicio habet duplicem effectum, scilicet, ne quis capiatur in persona uel in rebus. Vnde in quocumque postea capiatur habet effectum tuicio et delinquens incidit in contemptum, ut fuit in causa R. le Bret,⁴⁶¹ qui habuit tuicionem, sequestro tamen interposito per officialem Norwycensem nullatenus reuocato. Postea Eymmans⁴⁶² qui se dixit rectorem ecclesie de Franscham⁴⁶³ non obstante tuicione intrusit se in ecclesia predicta et R. le Bret⁴⁶⁴ uiolauit sequestrum non obstante tuicione.⁴⁶⁵ Venit E. et conquerebatur de R. de sequestro uiolato. Fuit responsum et bene: non fuit factum in contemptum curie Cantuariensis set contemptum officialis Norwycensis qui interposuit sequestrum et ideo coram eo⁴⁶⁶ esset agendum, quia in tuicione concessa dicebatur 'sequestrum interpositum a tali nequaquam reuocantes'. Vnde fuit petitum a decano de Arcubus ut literam concederet officiali Norwycensi ut de uiolato sequestro cognosceret non obstante inhibicione et literam concessit.⁴⁶⁷

Cum abbas et conuentus de Sancto E. egissent contra uicarium de W. pro decem marcis annuis a dicto uicario debitis, ut asserebant, ad quam solucionem uicarius se astrinxit corporali sacramento. Propter quod egerunt contra eum possessorio, nichilominus petendo ipsum tanquam periurum et irregularem dicta uicaria priuari et dictam pensionem eis⁴⁶⁸ restitui etc. Dictus uicarius excepit de inpotencia ad soluendum et sic excusatur a periurio. Abbas replicauit quod, si fuisset inpotens, hoc fuit pro eo quod non fuerat bonus paterfamilias set dilapidator et tabernarius. Ipse uicarius triplicauit quod sic gessit, sic disposuit ut bonus paterfamilias etc. Tandem decanus, uidens uicarium probasse suam excepcionem inpotencie et ita non fuit in dolo, ipsum absoluit (ad ista facit materiam ff., de hiis qui in fraude creditorum etc).⁴⁶⁹

Nota quod, licet proponens factum contrarium non possit ultra secundam diem producere et, si una die produxerit, secunda die producere non possit, hoc est uerum ex persona sua; tamen ex persona aduersarii pluries⁴⁷⁰ potest producere ut, si pars aduersa pluries produceret, tunc proponenti factum contrarium licitum est pluries producere.

Pone quidam appellauit a subdecano Sarum, quia ipse pronunciauit

---

⁴⁵⁹ X 5.39.21.
⁴⁶⁰ etc. = 'ad absoluendum quam ad condempnandum', an echo of the maxim that appears in the *Summa Theologiae* of Thomas Aquinas, 2.2. q.70. a2 ad2 (5 vols; Madrid, 1952–55): 'facilior debet esse iudex ad absoluendam quam ad condemnandum'.
⁴⁶¹ causa R. le Bret *P*, eo *ms*.
⁴⁶² *P*, E. *ms*.
⁴⁶³ *P*, F. *ms*. The parish of Fransham in Norfolk (Norwich diocese).
⁴⁶⁴ R. le Bret *P*, alia pars *ms*.
⁴⁶⁵ sua *add. ms*.
⁴⁶⁶ deo *ms*.
⁴⁶⁷ set certe nimis tarde fuit hoc petitum *add P*.
⁴⁶⁸ ei *ms*.
⁴⁶⁹ Dig. 42.8.
⁴⁷⁰ plures *ms*.

excommunicatum, ad curiam Cantuariensem et iuxta suggestionem porrigit articulum in quo peciit ipsum absolui, [subdecanus] ad cursum cause excipiens contra eum quod nec uirtute appellacionis nec suggestionis nec articuli a suggestione eliciti debet audiri, quia nullus potest eum absoluere nisi iudex suus. Set officialis curie Cantuariensis non est iudex suus, quia nec querele, ut apparet, nec per uiam appellacionis, quia si que fuit interposita ei fuit expresse renunciatum et iuramento sponte ab illa recessum, et sic extincta fuit appellacio. Tamen interlocutum fuit quod fuit iudex super articulo renunciacionis quia cognoscere[471] habet utrum renunciauit appellacioni uel non. Vnde pronunciatum fuit quod absolueretur durante cognicione super renunciacione propter communionem excommunicati, quia quod appellauit constat set quod renunciauit non constat. Vnde interim quousque constiterit de renunciacione habet ueram iurisdiccionem ne dum presumptam (arg. illius legis ex quacumque causa, ff., si quis in ius uocatus non ierit).[472]

*Consuetudo de sequestro*

Nota de hoc ut sciatur, quando interponitur sequestrum per curiam Cantuariensem et per eandem curiam detur yconomus super ecclesia litigosa, requiritur ex controuersia inter episcopum a quo appellatur uel de quo fit querela ex parte una et ipsum appellantem, id est, querelantem ex alia, quia, si sit controuersia inter duos presentos super ecclesia uel inter duos patronos, tunc potest episcopus in alio casu ordinarius de ecclesia[473] sequestrare et custodem fructibus dare (extra, de officio ordinarii, cum uos).[474] Item secundo requiritur quod tempore appellacionis seu querele mote[475] illa ecclesia sit uacua de iure et de facto, quia, si quis incumberet possessioni tempore appellacionis interiecte, non esset ex abrupto sine cause cognicione de possessione repellendus ut detur yconomus, set sequestracio[476] bene habet locum. Item requiritur quod ante tempus appellacionis episcopus de illa ecclesia non ordinasset, prout fuit in processu B. de Clara[477] et propter hoc fuit articulus domini B. reiectus.

*Numquid si mandetur duobus iudicibus delegatis ut citent et certificent si unus eorum certificet sufficiat necne?*

Iudex unicus a domino papa delegatus commisit uices suas duobus iudicibus et insolidum, set non apparebat utrum diuisim insolidum uel coniunctim. Ipsi grauarunt et ab eis est appellatum ad curiam Cantuariensem et pro tuicione. Officialis inhibet eis et mandat eisdem quod ipsi citent partem appellatam et eum super hoc certificent. Vnus de illis citauit et certificauit. Quesitum fuit, numquid[478] ualuit certificacio? Arguebatur quod sic, quia, quando constituit duos procuratores insolidum, uterque potest occupare propter illam adieccionem 'insolidum'; ergo similiter uterque habet iurisdiccionem insolidum, et ita citacio que est iurisdiccionis, uidelicet, ab uno facta, et eciam certificacio [ualet]. Item si commissio fuisset eis facta simpliciter sine adieccione 'insolidum', ambo simul

---

[471] cognosceret *ms.*
[472] Dig. 2.5.2.
[473] ut *ms. add. interlin.*
[474] X 1.31.4.
[475] quod *ms. add.*
[476] *C* = f. 61$^v$.
[477] Master Bogo de Clare. See supra, p. 151, and infra, p. 190.
[478] numquam *ms.*

totam haberent, ut ergo aliquid operetur insolidum uidetur quod quilibet habet insolidum cognoscere (ut extra, de officio delegati, uenerabilis).[479] In contrarium fuit interlocutum, scilicet, quod non ualuit certificacio facta ab uno (ut extra, de sentencia excommunicacionis, ceterum);[480] et ideo decretum fuit ut de nouo pars appellata citaretur quia iurisdiccio commissa pluribus; nisi exprimatur quod quilibet per se cognoscat omnes simul habent cognoscere propter unitatem iurisdiccionis. Nec obstat digestum (de procuratoribus, l. pluribus),[481] quia constitucio procuratorum uel defensio est particularis, licet duo insolidum erant[482] constituti, et ideo unus per se potest occupare in totum et ualet quod actum est propter diuiduitatem defensionis. Set iurisdiccio est res indiuidua, ideo etc. Et precipue hic non fuit recte certificatum secundum formam citacionis in qua continebatur 'quatenus citetis partem' etc. et ita non recte certificatum. Pro hac sentencia est (extra, de officio delegati, prudenciam).[483] Vbi[484] mandatur simpliciter duobus procuratoribus quod uterque tenetur tantum pro parte nisi adiciatur clausula illa 'insolidum' nota glossam ff., de curatore bonis dando, l. ii. §fi.[485]

Quando aliquis habet terminum peremptorium ad aliquid proponendum, ultra terminum peremptorium nichil potest proponere. Set tamen si illud in termino peremptorio proposuit et post terminum peremptorium uelit illud declarare, auditur. Et pro hoc facit ff. de adquirendo rerum dominio, adeo: quia qui granum et palea excutit etc.[486] Istud habet colorem in non substancialibus, set in substancialibus uidetur quod post peremptorium non potest declarare, cum ibi forma dat esse rei: et ita faciunt utrum libellus post litis contestacionem que est terminus peremptorius legis possit declarari.

Delegatus a papa committit alicui causam insolidum. Numquid priusquam subdelegatus in aliquo se intromisit de ea potest alii eam committere et ab eo reuocare? Dico quod sic (extra, de officio delegati, uenerabilis);[487] unde Bernardus super decretali 'super questionum' per addicionem in hoc se corrigit.[488] Et hoc tenet Innocencius in illis capitulis.[489]

Si partes habeant terminum peremptoruim ad proponendum, si per responsionem factam in termino sit aliquid dubium uel obscurum uel negatum,

---

[479] X 1.29.37.
[480] There is no such chapter in that title. The matter at issue is discussed in X 1.19.16, 21, 23.
[481] Dig. 3.3.32.
[482] erat *ms*.
[483] X 1.29.21.
[484] quia ubi *ms*.
[485] Dig. 42.7.2.5.
[486] Dig. 41.1.7.7: 'non debere dubitari, quin alienis spicis excussum frumentum eius sit, cuius et spicae fuerunt: cum enim grana, quae spicis continentur, perfectam habeant suam speciem, qui excussit spicas, non novam speciem facit, sed eam que est detegit'.
[487] X 1.29.37.
[488] Glos. Ord. (of Bernardus Parmensis), X 1.29.27.
[489] i.e., chapters 'uenerabilis frater' (X 1.29.37) and 'super questionum' (X 1.29.27); Inn. IV in *Apparatus*, ff. 56$^r$ and 52$^v$–53$^v$.

ita quod opus sit noua posicione, non excluduntur quoniam post terminum peremptorium possint clarius ponere.

*Nota quod petitorio et possessorio simul in iudicium deducto licet eciam post litis contestacionem suspendere petitorium*[490] *et procedere in possessorio*

Quidam egit pro decimis alienatis per ea que de bonis simul tam de petitorio quam possessorio. Reus litem contestatur et iuxta eam iustificat super petitorio. Actor, uidens quod si iustificacio esset probata, exclusus esset a petitorio et sic per consequens a possessorio, cum ipsum sit sequela petitorii, uult pendente discussione super iustificacione suspendere[491] petitorium inchoatum et per eundem libellum procedere in possessorio, numquid? Videtur quod non propter preiudicium quod fieret reo, quia sic tolleretur sibi sua iustificacio, que tantum contra petitorium fuit obiecta. Interlocutum fuit pro articulo in quo actor suspendebat petitorium per decretalem (de causa possessionis et proprietatis, pastoralis)[492] et proponitur suspensio in scriptis in forma que sequitur:

> In dei nomine amen. Cum in causa que primo (an prima) uertebatur inter dominum H. rectorem ecclesie de B. super quibusdam decimis actorem ex parte una et R. rectorem ecclesie de C. reum ex altera, et demum per appellacionem de consensu parcium ad examen curie Cantuariensis legitime deuolutam coram iudice delegato, datus esset libellus quo nunc utitur pars actrix in curia Cantuariensi, in cuius peticione inseritur hec clausula que sapit petitorium iudicium, uidelicet, necnon dicto R. super eisdem et percepcione earundem perpetuum silencium imponi aduertens, ego procurator partis actricis in hac parte domino meo et michi proficere ad presens illa parte libelli non uti contestata in causa ante produccionem et aliquos actus iudiciales subsequentes, in causa congruis loco et tempore, prout iura permittunt, prefatam clausulam et quicquid continetur in peticione dicti libelli quod sapit iudicium petitorium suspendo in hiis scriptis, uolens procedere in possessorio iudicio contra reum quatenus iura permittunt, hoc propono etc. protestans quod, si huiusmodi proposicio locum non habet seu effectum sibi uendicare non possit in hac parte, me uelle replicare etc.

Pone:[493] Ticius est presentatus ad ecclesiam loci [et] diocesis et, quia ipse episcopus non uult eum admittere appellat ad curiam Cantuariensem a non admissione. Et ita est casus ubi causa appellacionis est eadem cum principali. Iuxta libellum porrigit articulum in quo fructus [petit] illius ecclesie sequestrari et conseruari futuro rectori. Numquid interponere? Videtur quod non, quia articulus ille non potest extrahi a suggestione nec a libello, cum in suggestione nulla fiat mencio de sequestro. Set hoc non obstat quia, licet libellus debeat extrahi a suggestione, isti tamen articuli quia ex suggestione extrahi non possunt ideo de consuetudine dantur. Inde ut scias quando habet sequestrum et quando non, distingue aut tantum suggerit appellans contra episcopum non admittentem uel alias grauantem aut eciam contra incumbentem possessioni ecclesie seu se opponentem. Si contra episcopum non admittentem tantum, distinguo: aut illa[494] ecclesia est occupata de facto et de iure et tunc habet interponi sequestrum propter maliciam episcopi, ne pendente illa appellacione episcopus illos fructus

---

[490] petitorio *ms.*
[491] suspendo *ms.*
[492] X 2.12.5.
[493] This seems to continue a discussion from supra, p. 165.
[494] *C* = f. 62<sup>r</sup>.

consumat, quod facerent indistincte nisi obuiaretur eis per interposicionem sequestri; aut ecclesia est occupata per aliquem et non habet locum sequestrum, quia ille uicarius non est expellendus de possessione sua ex quo de ipso non fit mencio in suggestione appellantis.[495] Si autem[496] appellans suggerit de incumbente qui se opponit, hoc multum refert quia aut appellans pretendit et narrat se habere ius in re, scilicet, in ecclesia, aut tantum ius ad eam. In primo casu omnibus aliis concurrentibus habet locum sequestrum. Si dicat se habere ius ad rem tantum, subdistinguo: aut agens ad priuacionem alterius petit incumbentem priuandum per sentenciam et non habet locum sequestrum aut dicit eum ipso iure priuatum et tunc quoniam titulus incumbentis, si quem habuit, redigitur ad non titulum, de consuetudine interponitur sequestrum. Istud uidetur michi dubium quod incumbens possessionem habens[497] de facto sit amouendus a sua possessione per sequestrum sine causa cognicione (arg. C., de rei uendicacione, l. finalis),[498] nisi ita esset quod postularetur suspectus ut propter dilapidacionem, quia tunc, eciam si possideat de iure et de facto, locum habet sequestrum. Si possit tamen petens sequestrum interponi docere prius de dilapidacione, nisi paratus sit sufficienter cauere de bonis conseruandis, et maxime si dissipet immobilia ut domos uel arbores, et licet in uno casu predictum est quod sequestrum potest interponi et ubi ecclesia occupata est de facto, dum tamen pretendatur ipsum de iure esse priuatum, tamen secus est in yconomi dacione quia ipse nunquam potest peti ut detur nisi quando ecclesia uacat utroque iure, scilicet, de iure et de facto. Vnde licet occupacio de facto impediat dacionem yconomi, non tamen impedit interposicionem sequestri in suo casu, ut dictum est. Nota ex predictis quod petens sequestrum interponi debet pretendere se habere ius in re, alias non interest sua sufficienter. Et ita loquuntur omnia iura que permittunt sequestrum interponi ut notantur isti casus (C., de prohibita sequestracione, l. unica).[499]

Si presentatus ad ecclesiam ab episcopo appellauerit quia eum noluit admittere et in libello appellacionis appellans arguit grauamina episcopi nolentis eum admttere, episcopus iuxta contestacionem uolens iustificare factum suum tantum habet iustificare factum suum excludendo grauamina appellantis. Vnde si pars episcopi habeat excepcionem peremptoriam contra presentatum, ut forte quia ipse composuit cum illo quem episcopus admisit uel similem excepcionem, reseruaret nec usque in tempus peremptoriarum; unde iustificacio habet effectum sui nominis ut tantum iustificet factum circa quod appellans suggessit eum grauasse. Et ideo uidi iustificacionem quandam pro ea parte qua in ea continebatur materia excepcionis peremptorie extrinsecus contingentis circa ius partis cassatam pro ea uero parte qua in ea iustificauit et exclusit grauamina suggesta admissam communiter. Tamen uidi eciam iustificaciones continentes peremptorias admitti, et ita est in decretali per quam fundantur huiusmodi excepciones (extra, de testibus, ex tenore);[500] unde iudex cautus admittat iustificacionem in uim peremptoriam, uel hoc exprimat ne sic,[501] si iustificans

---

[495] This sentence lacks clarity.
[496] argumento *ms.*
[497] habet *ms.*
[498] Cod. 3.32.28.
[499] Cod. 4.4.1.
[500] X 2.20.35.
[501] *add.* excipiens?

succumberet in ea probanda, posset alias eandem materiam proponere loco peremptoriarum.

*Nota si pars appellans directe non compareat primo die qualiter est uocanda*

Nota: ubi pars appellans in directa appellacione non comparet, tunc pars appellata habet duplicem uiam. Potest uel petere se dimitti ab instancia diei cum protestacione expensarum uel ut pars citetur ad prosequendum appellacionem; et si non compareat, iterum uocabitur sub pena finalis dimissionis quia nunquam uocabitur pars appellans nisi[502] in prima citacione sub pena finalis dimissionis.

Sciendum quod, si in libello aliquid proponitur ad duplicem effectum, tunc pars rea iustificando uel excipiendo necesse habet excludere illud in singulis seu quoad utrumque effectum; alias non ualet iustificacio. Verbi gracia, episcopus in suo libello[503] narrat contra quendam rectorem quod infra annum a tempore sibi commissi regiminis non fecit se ordinari, et ex hoc exclusit fructus ad se pertinentes;[504] non tamen facit mencionem de sua iustificacione, et ideo non obuiat.

*Nota agenti super spoliacione rerum spiritualium non obstat excepcio uel replicacio rei temporalis*[505]

Nota quod, si agatur super spoliacione rerum spiritualium quod non potest excipi uel replicari de spoliacione rei temporalis, ut propter hoc decanus cassauit excepcionem in tali casu. Quidam religiosi agebant unde ui pro restitucione quarundam decimarum. Dicit reus ipsos non esse audiendos quousque ipsi[506] restituant [eum] ad pensionem decem marcas de qua ipsum spoliaurunt; unde, quia non dixit in excepcione quod spoliauerunt eum de pensione sibi debita nomine ecclesie sue, non[507] fuit cassata.

Cum quidam habens duo beneficia, unum intitulatum, aliud commendatum, uocatus fuisset ostensurus [et] propositurus quare utrumque posset retinere, allegauit instrumenta sua esse in curia Romana ex certa causa penes quemdam et peciit dilaciones transmarinas ad exhibenda ea instrumenta et optinuit pro termino peremptorio, premissa tamen solempnitate. In termino peremptorio comparuit [et] proposuit in scriptis raciones uel excusaciones et allegauit inpotenciam exhibendi ea pro eo quod procurator suus quem misit ad curiam omnimodam diligenciam apposuit quam potuit nec potuit ea inuenire; et fuit paratus probare tenorem instrumenti. Dubitabatur numquid hoc sibi sufficiat ad excusacionem? Et fuit interlocutum quod non, cum non allegauit sufficiens impedimentum, scilicet, ammissionem seu casum, in quo casu est tenor instrumenti[508] probandus ut in decretali (cum olim, de priuilegiis),[509] set tantum allegauit non posse, et ita nimis stetit in genere quia difficultas prestandi non liberat debitorem. Postea tamen declarando non potenciam specificauit et in scriptis proposuit casum quoad mortem illius penes quem instrumentum residebat. In curia obiciebatur, et bene, quod, licet alicuius propositum in

---

502 *rectius om.?*
503 excepcione *rectius?*
504 pertinere *ms.*
505 See supra (p. 147), where similar matter is discussed.
506 ipsos *ms.*
507 *recte?*
508 *C* = f. 62$^v$.
509 X 5.33.12.

termino peremptorio possit proponi, post peremptorium tamen talis declaracio que est omnino noua proposicio in substancia, que non fuit prius[510] proposita, non potest post peremptorium proponi. Respondebatur quod proponebatur tanquam res que de nouo post peremptorium peruenit ad suam noticiam et hoc bene potest (ut in decretali extra, de excepcionibus, pastoralis).[511] Opponebatur quod hoc non fuit uerum quia in termino peremptorio ille rector proponendo allegauit impedimentum in genere, scilicet, non potenciam exhibendi; post terminum illud generale specificauit, scilicet, propter mortem procuratoris penes quem illud instrumentum residebat; ergo eo tempore siue peremptorio siue quo proposuit impedimentum in genere uidetur intellexisse de impedimento quod postea specificauit, scilicet, de morte procuratoris, cum alia fuisset causa specialis propter quam non potuit in termino exhibere; et si sit, ergo non potest dicere quod ille casus, scilicet, mors procuratoris, post peremptorium peruenit ad sui noticiam set ante, scilicet, quando impedimentum in genere allegauit. Set illa racio non concludit de necessitate set presumptiue, et ideo iudex ex officio interrogauit eum prestito prius iuramento quando primo sciuit de morte procuratoris sui, qui respondebat quod ex leui relatu ante peremptorium, set pro certo per literas primo didicit post peremptorium. Ex illa confessione allegabatur quod ex quo ante peremptorium eciam per quemcumque denunciatorem peruenit ad sui noticiam post peremptorium non potuit proponi (arg. ff., de peticione hereditatis, l. item ueniunt, §petitam ii uersiculus a quocumque;[512] C., de rei uendicacione, l. si fundum[513]).

Contra hoc allegabatur quod leuis denunciacio non sufficit (extra, de sentencia excommunicacionis, inquisicioni;[514] et notatur extra, de coniugio seruorum, c. proposuit[515]). Allegauit[516] eciam iudex: quem nuncium misit ad curiam pro illo instrumento? Qui respondit quod nuncium mercatorum qui pro aliis negociis principaliter iuit. Allegatum fuit contra hoc quod in hoc fuit negligens nec mittendo proprium, specialiter circa hoc quia in plus est aliquis obligatus quando negociatur per seruum alienum quam quando per proprium quia in propriis seruis uenia[517] dignus est non autem in alienis (ut ff., naute caupones, lex finalis, §Si seruus;[518] ff., furti aduersus nautas, l. una[519]). Tandem inspiciebatur tenor illius instrumenti ad quem probandum se artauit quia inter raciones quas in termino peremptorio proposuit proponebatur tenor illius instrumenti. Et erat effectus illius instrumenti quod, cum quidam petisset[520] ab illo rectore aliud suum beneficium coram domino O legato in Anglia,[521] legatus

---

[510] post *ms.*
[511] X 2.25.4.
[512] Dig. 5.3.20.11.
[513] Cod. 3.32.17.
[514] X 5.39.44.
[515] X 4.9.2.
[516] Interrogauit *rectius?*
[517] uoma *ms.*
[518] Dig. 4.9.7.3.
[519] Dig. 47.5.1.
[520] potuisset *ms.*
[521] Probably Ottobuono Fieschi, papal legate in England, 1265–1268 or possibly Otto, cardinal deacon of St Nicola, 1237–1241.

commisit causam quibusdam iudicibus terminandam, dans eis in mandatis quod illam ecclesiam dimittant sibi perpetuo commendatam. Iudices ita fecerunt et commendarunt sibi illam ecclesiam perpetuo, unde rector uirtute huius litere dicit se posse illud beneficium cum altero intitulato retinere et peciit se admitti ad probacionem istius tenoris quatenus iura uolunt. Obiciebatur tunc quod non debuit admitti ad ipsius tenoris probacionem, cum eciam illud originale instrumentum si haberent non potuit sibi prodesse (arg. de officio delegati, c. super eo;[522] cum auxilio lex C. de probacionibus, ad probacionem[523]). Interlocutum fuit quod non debuit admitti ad probacionem tenoris et reiecte[524] raciones proposite. De prima interlocutoria uidetur dubium, scilicet quando aliquis uocatur peremptorie ostensurus et exhibiturus sua instrumenta quare etc. patet in termino peremptorio propositum quod ille penes quem ex iusta causa residebant non potest inueniri uel quod ipse adhibuit omnem diligenciam pro illis habendis et exhibendis quam sibi possibile adhibere. Quod illud non sibi sufficere debeat ad excusacionem durum esset dicere. Item quod tantum debeat ibi probari tenor instrumenti quod debet exhiberi ubi allegatur eius amissio per causas non credo uerum.

Testis fuit simul requisitus super pluribus grauaminibus et simpliciter respondit quod sic. Requisitus qualiter ea scit, respondit per hoc quod interfuit et audiuit ubi talis appellauit et ita reddit causam dicti tantum in uno articulo. Numquid sufficienter probat? Videtur quod sic, quia qui simpliciter uidetur ad singula interrogatoria respondere (inst., de inutilibus stipulacionibus, §preterea).[525] Videtur contra, quia, licet dictum testis sufficiat ubi causa dicti non queritur ab eo tamen si queratur causa et eam non reddat, non ualet deposicio (extra, de re iudicata, sicut).[526] Licet ergo ualeat dictum simplex singulis interrogatis, quia tamen ultra est processum et quesita est causa dicti et responsionis et ita in singulis[527] et ipse reddit causam in uno articulo tantum, in aliis ergo perinde habeatur acsi nichil deposuisset,[528] cum in illis causam dicti non reddit de qua tamen fuit interrogatus. Et hoc credo uerum.

Iudex tulit diffinitiuam pro quodam rectore contra quosdam religiosos decernendo decimas ad ecclesiam suam et se de iure communi tanquam infra limites sue parochie pertinere debere, a qua sentencia per religiosos fuit appellatum. Iudex non deferens appellacioni exequebatur sentenciam. Mandauit decano loci ut mitteret rectorem in possessionem percipiendi dictas decimas, et ita factum est. Ille rector supramissus auctoritate sentencie prouocauit ne religiosi quid attemptarent in preiudicium suum. Postea dudum ex interuallo religiosi deiecerunt eum a possessione percipiendi huiusmodi decimas et ipsimet[529] eas perceperunt. Rector appellat ad sedem apostolicam et pro tuicione ad curiam Cantuariensem; unde coram officiali comparens petit se tueri in possessione,[530] quam habuit auctoritate sentencie pro se late, et hoc uirtute prouocacionis sue interposite dum fuit in possessione. Religiosi proponebant contra eum factum contrarium, dicendo se non spoliasse eum set suam[531] possessionem percipiendo

---

[522] X 1.29.15.
[523] Cod. 4.19.21.
[524] recte *ms.*
[525] Inst. 3.19.5.
[526] X 2.27.16.

[527] *add.* articulis?
[528] disposuisset *ms.*
[529] ipsemet *ms.*
[530] *C* = f. 63ʳ.
[531] suum *ms.*

semper continuasse etc. Querebatur numquid concedenda sit tuicio? Videtur quod non, quia per appellacionem extinguitur pronunciatum; ergo execucio que sequitur, que iuris effectu est suspensa, non tenet; ergo uidetur quod ui talis execucionis rector non posset constitui possessor iuris set tantum facti seu detentator. Set spoliacio detentacionis non induit restitucionem, 'quia longe aliud est possidere' etc. (ff., de adquirenda possessione, l., si quis ante;[532] ergo et extra, de restitucione spoliatorum, c. olim i et c. olim ii[533]). Ad oppositum: licet iudex non debuisset post appellacionem [procedere], si tamen faciat, credo quod factum tenet mero iure licet fiat contra ius litigatoris. Et ideo dicunt iura quod attemptata post appellacionem reuocantur ante omnia per uiam[534] attemptatorum (extra, de iureiurando, uenientes).[535] Interim tenet, licet non irreuocabiliter; ergo possessio iuris percipiendi decimas per execucionem fuit sibi adquesita;[536] ergo, si ea fuit spoliatus, restituendus per tuicionem uirtute prouocacionis. (De hac materia notatur in constitucione 'cupientes' in magna distinccione super, §denique.)[537] Tandem non obstante appellacione optinuit tuicionem quia, licet nulla omnino de iure fuisset sicut nec est ipsa execucio; tamen ex quo rector nactus fuit possessionem, licet eciam per uiolenciam, adquirit possessionem iuris ad quam pars detecta habet restitui, 'quia predo eciam est restituendus' (extra, de restitucione spoliacionis, c. in literis).[538] Oportet tamen non contra[539] dominum, ut ibi notatur.[540] Illa tamen tuicio parum proderit cum grauamina sanata per tuicionem ante examinacionem cause appellacionis per uiam attemptatorum debeat reuocari (ut extra, de iureiurando, uenientes).[541] Ex premissis colligere poteris euidenter que et qualis possessio restitucionem inducat in tuitoriis secundum consuetudinem curie Cantuariensis.[542]

Minor uiginti quinque annis auctoritate episcopi sui existens in pacifica possessione ecclesie sue prouocauit ne quid racione predicte ecclesie in sui preiudicium attemptaretur. Postea quidam procurauit se pesentari ad eandem et fuit admissus per episcopum. Iste minor sic deiectus appellauit et pro tuicione constituit procuratorem per quem uoluit introduxisse negocium. Obiciebatur quod non potuit propter inhabilitatem constituentis, quia minor non habet licenciam standi in iudicio per se, ergo nec per alium. Respondebatur quod in tuitorio negocio, tanquam in iudicio momentanee possessionis, posset eciam per se saltim in recuperanda possessione (C., qui legitimam personam, l. momentanee),[543] nam eo casu reputatur maior (ut notatur extra, de restitucione

---

[532] Dig. 41.2.10.
[533] X 2.13.12 and 16.
[534] per uiam *ms. repet.*
[535] X 2.24.19.
[536] quesita *ms.*
[537] Decree of Pope Nicholas III, 1278 (in *Liber sextus* 1.6.16 in fine).
[538] X 2.13.5: 'prius de violenta eiectione, quam de canonica institutione agi debere, quia praedo etiam est secundum rigorem iuris restituendus.'
[539] contestare *recte?*
[540] ibid.
[541] X 2.24.19.
[542] Ex premissis – Cantuariensis *rubr. in ms. erronee*
[543] Cod. 3.6.3.

spoliatorum, c. ex parte).[544] Dicebatur quod supposito quod per se posset tale iudicium exercere, non tamen sequitur quod per alium. Opponebatur de filio familie qui in castrensibus tanquam maior potest testari et ideo[545] testificacionem alii committere. Item filius familie in casu ubi potest per se iudicium exercere in eodem potest constituere procuratorem, quia quociens quis suo nomine agere potest ibidem et procuratorem constituere (ff., de iniuriis, l. set et si unus, §antepenultimo).[546] Quod eciam per se non posset introducere negocium quia qui agit modo possessorio agit[547] que iuris sit, sicut in matrimonio carnalis[548] possessio sine iure matrimonii esse non potest, nec cadit in inpuberem ut in predicto capitulo 'ex parte'[549] et in decretali 'licet canon'.[550] Item sicut nec eciam possessio decimarum potest cadere in personam inhabilem ut in laycum (extra, de prescriptis, causam que).[551] Item supposito quod per se posset et sic[552] per consequens per procuratorem (ut notatur ff., de procuratoribus, l. illud, c. si talis),[553] uerum est legitime constitutum ut, si tutorem uel curatorem habeat, et eius auctoritate constituatur (ut C., de procuratoribus, neque tutores);[554] si non habeat, constituatur auctoritate iudicis, ut notat Innocencius in dicto capitulo 'ex parte'.[555] Quicquid sic de iure, tamen de consuetudine curie Cantuariensis debent[556] admitti in tuicionibus quia ibi non est distinccio personarum immo excommunicatus, infamis, periurus admittitur. Videtur tamen quod eciam in tuitoriis ille minor ex quo possedit contra ius commune quod necesse habet docere de titulo ut in constitucione Clementis pape que sic incipit 'Cum inter canonicos',[557] et curia Cantuariensis, cum sit ancilla curie romane, non debet tueri[558] nisi eos quos romana curia tuetur.

Quidam rector percepit contra ius commune decimas in parochia alterius rectoris. Ille rector in cuius parochia percipiebantur egit ad eas de iure communi tanquam infra limites et petitorio. Rector conuenitur. Litem fuit contestatus et iustificat quod eas percepit pacifice per tantum tempus quod sufficeret ad prescripcionem legitimam nec allegauit titulum sufficientem saltim set[559]

---

[544] X 2.13.14.
[545] tanquam maior *add. et del. ms.*
[546] Dig. 47.10.17.20.
[547] modo – agit] modum possessio alia *ms.*
[548] carnali *ms.*
[549] X 2.13.14.
[550] X 2.19.9.
[551] X 2.26.7.
[552] si *ms.*
[553] Possibly a garbled reference to Dig. 3.3.8.
[554] Cod. 2.12.11.
[555] Inn. IV, *Apparatus*, ad X 2.13.14, f. 90$^{r-v}$.
[556] i.e., minores.
[557] There was a consitution with that incipit issued by Pope Celestine III (1191–1198) and included as an appendix to the *Compilatio quarta* (London, British Library, Royal ms.11.C. 7, f. 244$^v$, as identified by Stephan Kuttner, *Repertorium der Kanonistik: Podromus Corpus Glossarum* (Vatican City, 1937), p. 303), but it seems unlikely that it is being referred to here. Also, there is a canon with the same incipit in X 1.6.21, but it is not relevant and is a decretal of Innocent III.
[558] tuiri *ms.*
[559] saltim set] set saltim *rectius?*

concessionem ecclesie sue quondam factam [per] reges et laicos, et per eos dixit ecclesiam suam esse dotatam et percepcionem probauit eciam a tempore quo non extat memoria. Querebatur numquid prescripcio tanti temporis sufficiat ad prescripcionem legitimam precipue cum contendebat se possidere contra ius commune nec allegabat titulum sue prescripcionis sufficientem nec eciam probauit? Videtur quod non sufficiat, quia ubi quis non est capax iure communi ad prescribendum, oportet et allegare et probare titulum (ut in decretali 'si diligenti' cum sua glossa).[560] Et quod possessio contra ius commune non prosit quoad restitucionem nisi doceatur de titulo notatur in constitucione Clementis c. 'Cum inter canonicos',[561] set ille est non capax ad percepcionem in parochia alterius, ut notat addicio in predicta[562] decretali; ergo etc.

Ad oppositum: uidetur qui allegat prescripcionem; eo ipso includit titulum et bonam fidem, ut notat Innocencius (extra, de decimis, dudum).[563] Item quod in parochia alterius possit prescribi faciunt (extra, de prescripcionibus, de quarta et c. ad aures).[564] Set ille decretales non negant quin titulus debeat allegari. Item nec obstat dictum Innocencii in capitulo 'dudum',[565] quia moderni intelligunt eum intellexisse de titulo generali, sicilicet, quod prescripcio continet in se titulum, scilicet, in genere, et bonam fidem. Set in prescripcione requiritur titulus specialis qui non presumitur nec includitur nisi allegetur, nam hoc dicere quod titulus[566] sufficiens includitur eo ipso est tollere omnia iura ciuilia et canonica que uolunt quod allegetur et probetur titulus, quod non est uerisimile Innocencium intellexisse. Set uidetur quod in illa prescripcione temporis a quo non extat memoria non oportet allegare titulum quia iura que uolunt quod titulus allegetur loquuntur in prescripcione legali, scilicet, triginta uel quadraginta annorum et eciam prescripcione canonica, scilicet, quadraginta annorum, quia in illis sufficit allegare titulum et probare lapsum tanti temporis (ut notatur in c. si diligenti).[567] Set nos loquimur de longissima, scilicet, temporis a quo non extat memoria, ubi lex dicit quod lapsus tanti temporis cuius memoria non existit loco iuris constituti est (ff., de aqua cotidiana et estiua, l. hoc iure, §aqueductus).[568] Et hoc notat Hostiensis quod in omni prescripcione longa oportet allegare titulum excepta prescripcione tanti temporis cuius non extat memoria.[569] Tamen uidetur quod sit expeditum hodie quod in eodem casu ubi contra ius commune prescribit quod oportet allegare et eciam probare in

---

[560] X 2.26.17; *Gloss. ord.*, *s.v.* iustus titulus.
[561] See p. 173n. supra.
[562] *P* = f. 58$^r$.
[563] Inn. IV, *Apparatus*, ad X 3.30.31, f. 160$^{r-v}$.
[564] X 2.26.4 and 6.
[565] X 3.30.31: see Inn. IV, *Apparatus*, ad X 3.30.31, f. 160$^{r-v}$: 'prescriptio enim sub se habet titulum et bonam fidem.'
[566] *C* = f. 63$^v$.
[567] X 2.26.17.
[568] Dig. 43.20.3.4: 'Ductus aquae, cuius origo memoriam excessit, iure constituti loco habetur.'
[569] Hostiensis, *Summa aurea* (Basil, 1573), col. 867: 'de decimis et primitiis, et utrum prescribi possit.'

quadam constitucione Gregorii IX que incipit 'Venerabilium'.[570] Set illa non loquitur in tali prescripcione temporis cuius memoria etc. set de prescripcione consueta; et quod in tali non requiratur allegacio tituli uidetur glossa notare (extra, de uerborum significacione, c. super quibusdam;[571] de hoc tractatur extra de consuetudine c. finalis[572]).

*De clerico cui prouisum est per sedem apostolicam in ecclesia prebendali quem papa canonicum appellat*

De clerico cui est prouisum per sedem apostolicam in aliqua[573] ecclesia prebendali quem papa canonicum appellat et per anulum inuestit, non obstante numero canonicorum, quem papa mandat in corporalem possessionem induci et prebendam, si qua tunc uacauerit, eidem assignari, decernendo irritum et inane etc. Pone nulla uacat. Numquid recipiendus est in canonicum, et, si sit, numquid habebit stallum in choro et similia,[574] et hoc dato an habebit distribuciones cotidianas? Ostendo quod non recipietur in canonicum quia dicit capitulum quod 'turpe est et[575] diuini plenum animaduersione iudicii si locum in ecclesia dei future successiones habeant'[576] (extra, de concessione ecclesie uel prebende, nulla[577] cum similibus). Item dicit glossa Bernardi[578] quod illa sunt connexa et sic unum non est sine reliquo; ergo non recipietur in fratrem antequam possit habere prebendam[579] (extra, de rescriptis, constitutus super uerbo 'prebendam').[580] Eciam dicit (causa i, questio iii, si quis obiecerit)[581] quod unum non erit sine reliquo. Item Innocencius dicit quod canonica et prebenda ita sunt annexa quod uno amisso amittitur et reliquum et hoc propter connexitatem; ergo sic erit in adquirendo quod unum non adquiritur sine reliquo; ergo si non uacet prebenda, non recipietur in canonicum. Hoc dicit Innocencius (extra, de constitucionibus, cum martinus ferrariensis, super uerbo 'canonicos')[582] et inducit[583] pro[584] se (extra, de prebendis, inter cetera).[585] Item ad predicta faciunt illa iura que locuntur de connexitate[586] (ff., de negociis, eum actum;[587] ff., quemadmodum

---

[570] 'Venerabilium fratrum nostrorum', issued in 1239 (Potthast, no. 10698; it is in *Liber sextus*, 2.13.1, under the name of Boniface VIII).
[571] X 5.40.26; Gloss. ord., *s.v.* non extat memoria.
[572] X 1.4.11.
[573] cum appellat *ms. add. erronee.*
[574] P, suam *ms.*
[575] P, *ms. om.*
[576] habeantur *ms.*
[577] P, ecclesie uel prebende] et lex pre *ms.*; X 3.8.2: 'turpe est et divini plenum animadversione iudicii, si locum in ecclesia Dei futurae successionis expectatio habeat.'
[578] P, B *ms.*
[579] P, *ms. om.*
[580] P, in finali capitulo *ms.*
[581] Decr. Grat. C.1 q.3 c.7.
[582] Inn. IV, *Apparatus*, ad X 1.2.9, 'de constitutionibus, cum M. Ferrariensis, *s.v* canonicos', f. 3ᵛ: 'praebenda est quae procedit ex institutione et officio, quia ex quo habet quis officium debet habere et beneficium. Et si perdit unum, debet perdere alterum.'
[583] sine reliquo – inducit P, om. *ms.*
[584] P, per *ms.*
[585] Inn. IV, *Apparatus*, ad X 3.5.17, f. 137ʳ⁻ᵛ.
[586] de connexitate add. P.
[587] Dig. 3.5.16.

seruitutes amittuntur, si communem;⁵⁸⁸ ff., de aqua pluuia, acceius in fine⁵⁸⁹), ubi opus factum post litem contestatam uenit⁵⁹⁰ in iudicio 'aque pluuie', argumento propter connexitatem operis precedentis contestacionem. Ad oppositum: unum est mandatum habens duo capitula; ergo si utrumque fieri non potest, fiat quod⁵⁹¹ potest et aliud expectetur. Sic est in mandato iudicis ubi mandatur alicui ut ad certum tempus compareat sub hac forma 'duo mandantur': unde⁵⁹² si utrumque facere non potest, fiat quod potest (extra, de dolo et contumacia, c. cum dilectus, preterea;⁵⁹³ arg. ff., de arbitris, l. celsus⁵⁹⁴).

Item lex dicit quod eleccio canonica facit decurionem; ergo ille qui est inuestus per papam et quem papa ex certa sciencia uocat canonicum canonice est electus; ergo est canonicus; ergo non deficit sibi nisi corporaliter percepcio que quidam pertinet ad officium executoris (ff. de decurionibus, habemus).⁵⁹⁵ Item quidam legauit michi duos seruos, si sui essent cum decederet. Vnus tantum fuit seruus⁵⁹⁶ tempore mortis. Certe ille statim debetur, ergo etc. (ff., de condicionibus et demonstracionibus, falsa, c. finalis).⁵⁹⁷ Item uidetur quod nactus est possessionem per anulum et forte posset dici quod habet possessionem iuris, licet sibi deficiat actualis induccio (arg. ff., de contrahenda empcione, clauibus).⁵⁹⁸ Set dices per talem inuesturam tribuitur ius canonie, set tamen requiritur corporalis induccio (ut notatur extra, de institucionibus, c. auctoritate in glossa super uerbo 'instituantur').⁵⁹⁹ Dico quod forma mandati inspicitur; unde si dicatur 'ipsum in canonicum recipi faciatis et prebendam si qua nunc uacauerit sibi assignetis', certe duo hic comprehenduntur quorum unum est dignius, scilicet,⁶⁰⁰ canonia, et aliud minus dignum seu accessorium, scilicet, prebenda. Vnde cum papa ipsum inuestiuerit, executor habet ipsum mittere in possessionem corporalem et facere quod recipiatur (extra, de prebendis, dilectus filius in prima glossa,⁶⁰¹ et in ultima glossa⁶⁰²) et fieri canonicus et expectare proxima. Non obuiat canonicis institutis precipue cum auctoritas domini pape interuenerit (extra, de prebendis, dilectus filius).⁶⁰³ Et hec sunt uera cum papa scribit pro aliquo, secus si legatus uel alius (extra, de concessione prebende, c. nulla).⁶⁰⁴ Item statim debet recipi in canonicum (arg. extra, de prebendis, c. dilectus filius).⁶⁰⁵ Vnde dico quod admittendus est statim in canonicum et

---

588 Dig. 8.6.10.
589 Dig. 39.3.14.
590 *P,* uert *ms.*
591 *P,* non *ms. add. erronee.*
592 *P,* unum *ms.*
593 X 2.14.6.
594 l. celsus *P, ms. om.*; Dig. 4.8.37.
595 Dig. 50.2.10; *loco* habemus *lege* Herennius.
596 *P,* suus *ms.*
597 Dig. 35.1.33.4.
598 Dig. 18.1.74.
599 Glos. Ord., X 3.7.4, *s.v.* instituatur (*rectius*).
600 unum *ms. add.*; *om. P.*
601 c. *ms. add.*
602 Glos. Ord., X 3.5.19, *s.vv.* percipere non deberet *et* assignare.
603 X 3.5.19: 'Cum ergo dictum T in canonicum recipi canonicis non obviet institutis.'
604 X 3.8.2.
605 X 3.5.27.

expectabit uacaturam. Set quid si aliqua uacauerit ante admissionem et alteri fuerat collata, eciam in elusionem sedis apostolice? Distinguo an continetur in litera pape 'irritum decernentes' etc., et tunc non tenet collacio, eciam bona fide facta, nisi fuerit collata alteri[606] auctoritate sedis apostolice. Si autem[607] illa clausula uel similis non fuerit, tunc tenet collacio et ipse statim fiet canonicus et expectabit uacaturam (ut[608] probatur in c. dilectus penultimo cum sua glossa).[609]

Set quid dicemus de stallo in choro et loco in capitulo? Certe hec sunt accessorie ad canoniam; unde canonia est quoddam ius quod peruenit ex eleccione, recepcione et institucione in fratrem; unde ad canoniam spectant predicta; unde statim in recepcione in canonicum sunt ei assignanda (arg. ff., de procuratoribus, ad rem mobilem et l. ad legatum),[610] et illud quod maius[611] est trahit ad se illud quod minus est (ff., de iudiciis, per minorem).[612] Vnde dico quod illa accessoria que statim sibi possunt assignari statim cum recipitur sibi debent assignari. Set diceret aliquis illi decano,[613] 'Nunquam reciperent ipsum in fratrem; immo semper contradicerent;[614] ergo non est canonicus; ergo predicta non debent assignari?' Respondeo: qui sine certa causa contradicit consentire uidetur ut filia sine causa contradicens patri uolenti agere ad dotem (ff., soluto matrimonio, l. ii, c. uoluntatem).[615] Set diceret aliquis non debent esse plures canonici quam prebende. Respondeo: immo possunt et expectabit (extra, de constitucionibus, cum m.;[616] et notatur de prebendis, dilectus i[617]) et precipue cum papa scribat 'non obstante numero canonicorum'. Vnde dico quod admittetur et habebit stallum in choro et alia que sunt sequele illius canonie et admittetur ad eleccions una cum fratribus quia canonicus est et habet spem infallibilem, si uiuat, ad proximam uacaturam prebendam (arg. ff., de aqua pluuia arcenda, in diem;[618] ff., ad Trebellianum, mulier, c. Non est dubitatum[619]).

Set quid dicemus de cotidianis distribucionibus? Dico quod accedunt canonie et tanquam sequela uenient cum canonicus existit; unde dicit Innocencius (in illo c. cum m.)[620] quod qui habet officium debet habere beneficium et alii qui deseruit altari uiuere debet de altari (et in c. cum secundum apostolum[621] et expresse de prebendis, dilectus filius c. canonicus in fine,[622] ubi loquitur de cotidianis distribucionibus). Ad argumenta in oppositum respondeo: in capitulo

---

606 *P, ms. om.*
607 *P, argumento ms.*
608 in. *add. ms.*
609 Glos. Ord., X 3.5.27, *s.v.* conferendam.
610 Dig. 3.3.56 and 62.
611 *P, magis ms.*
612 Dig. 5.1.54.
613 capitulo *P.*
614 *C* = f. 64ʳ.
615 Dig. 24.3.2.2.
616 X 1.2.9.
617 X 3.5.19.
618 Dig. 39.3.9.
619 Dig. 36.1.22.1.
620 X 1.2.9.
621 X 3.5.16.
622 X 3.5.19.

'quod nulla'[623] loquitur in episcopo uel legato qui non promittunt uacaturas (ut de hoc plene notatur extra, de iure patronatus, cum dilectus).[624] Hic loquimur in papa qui est supra iura.[625] Item non debet esse canonicus sine prebenda, ergo etc. Respondeo: uerum est semper uel diu, set expectabit proximam. Si opponas de connexitate canonie et prebende, non est ibi talis connexitas quin unum potest esse sine alio, cum canonia sit quoddam ius quod cadit in solum clericum, set prebenda quandoque cadit in laycum (ut notat Innocencius in c. cum m.).[626] Vnde proprie ostendo prebenda est sequela canonie et cum uacauerit habet[627] ius ad eam consequendam, et potest responderi ad glossam Innocencii 'quod qui perdit unum' etc., uerum est qui perdit canoniam perdit et eius sequelam.[628]

*Nota excepciones seu inpugnaciones contra citacionem peremptoriam factam iuxta constitucionem ordinarii locorum*

Quando iudex statim citat aliquem propositurum et ostensurum si quid pro eo habet quare possit retinere etc., excipi potest contra citacionem sic:

Cum rem alienam eciam possidens eam alii restituere non compellatur nisi intencionem probanti, nec ante intencionem fundatam suas defensiones aut excepciones quis proponere compelli possit uel debeat de iure, citacio[629] peremptoria facta domino ad proponendum impedimentum si quod haberet, quare non fuerat ordinatus secundum formam ultimi concilii Lugdunensis[630] et quare dictus P ad predictam ecclesiam admitti non deberet (de qua citacione in dicto processu liquet et apparet euidenter). De iure non subsistit nec preiudicare poterit uel debet domino meo antedicto, cum ipsius P uel iudicis ex officio procedentis intencio non sit aliquatenus fundata uel probata.

Fundatur per legem C., de rei uendicacione, l. ultima.[631] Item ubi aliquis qui est in possessione iuris sui ita citatur ut ueniat ostensurus etc. fit ei iniuria, quia possessio sua eum non releuat, et compellit aduersarium ad probandum contrarium illius iuris (ut dicit l. C., quia accusare non possunt, l. non ignorat cum suis concordanciis).[632] Ita intelligitur lex, ex qua[633] iudices ita citant codicem, de ingenuis manumissis, lex 'diffamari',[634] quia, cum ingenuus est in possessione et statu ingenuitatis, in tali statu tuendus est quousque contrarium probetur per inquietantem, sic pars existens in possessione iuris non potest citari probaturus etc. Immo iudex uel quiuis alius contrarium pretendens illius posicionis illud habet necesse probare.

---

[623] X 3.8.2: 'Nulla ecclesiastica ministeria seu etiam beneficia vel ecclesiae tribuantur alicui seu promittantur antequam vacent.'

[624] X 3.38.28; also see Glos. Ord. *s.v.* presentare.

[625] *P* = f. 58ᵛ.

[626] Inn. IV, *Apparatus*, ad X 1.2.9, ff. 3ᵛ–4ʳ: 'laicus non potest esse canonicus, licet posset esse prebendarius. Credo tamen quod, licet habeat laicus aliquam prebendam uel reditum . . . non tamen habebit quia spiritualia.'

[627] licet *ms.*

[628] See supra text at p. 175.

[629] citato *P.*

[630] Second Council of Lyons of 1274, c. 15 (J. Alberigo et al., *Conciliorum Oecumenicorum Decreta* (Basil, 1962), p. 298); incorporated in *Liber sextus* (1.9.2).

[631] Cod. 3.32.28.

[632] Cod. 9.1.9. Not the most obvious text to cite here.

[633] *P,* contra *ms.*

[634] Cod. 7.14.5. The ms. may be corrupt at this point; at any rate; it leaves one wondering who these 'judges' are who cite the Code.

Set in quibusdam casibus uidetur quod iudices ita possunt citare, scilicet, quando iudex sic citans habet ius commune pro eo, non obstante possessione iuris partis citate, uerbi gracia, de iure communi quilibet beneficiatus tenetur ad residenciam (extra, de clericis non residentibus, inter quatuor).[635] Iudex ergo cum habeat pro se ius commune, scilicet, episcopus loci, potest citare ut ueniant ostensuri quare non debeant residere. Videtur quod ita possunt facere, quia ius commune quod habent pro eis preualeat possessioni canonicorum.[636]

Item contra citaciones eorum uidetur quod possit excipi, quia, ubi citant sic in tali causa cuius natura est ut requirat iudiciarium ordinem et plenam indaginem, ut sunt regulariter omnes cause, sic citando et artando partem ad ius suum si quod habeat pro eo probandum, precludit sibi solitum tramitem iudiciorum, scilicet, libelli oblacionem et huiusmodi, cum peruersio ordinis reddat ipsum iudicium nullum (C., de sentenciis, prolatam),[637] multo forcius exclusio substancialium.

Dicendum quod, quando est notorium iuris ut, scilicet, cum talis retinet plura beneficia cum cura post concilium, et est notorium facti, scilicet, quod talia tenet beneficia, tunc potest ordinarius loci citare ut ueniat propositurus ex quo iura communia sunt pro eo. Et ideo in huiusmodi citacionibus cauti et periti in ipsa citacione faciunt mencionem de notorio quasi ipsum notorium sufficiat pro causa legitima sic citandi. Verum tamen ex quo incumbit possessioni illorum beneficiorum non potest priuari illa possessione sine sentencia et per consequens nec sine libello uel articulo (extra, de concessione prebende uel ecclesie, c. literas;[638] et hoc notat Innocencius, extra, de clericis non residentibus, litere circa medium[639]). Vtrum possessio iuris releuet aliquem a probacione tituli, uide bene glossatum (extra, de procuratoribus, c. ex insinuacione);[640] uide decretum ad hoc (C., de edicto diui adriani, c. finalis),[641] per quam fundatur huiusmodi citacio in constitucione Gregorii (de officio ordinarii, ordinarii locorum;[642] notatur extra, de eleccione, constitutis;[643] item quod Garsias in c. cupientes;[644] ad hoc extra, de eleccione, c. finalis, que est Bonifacii[645]).

---

[635] X 3.4.10.
[636] canonum *rectius?*
[637] Cod. 7.45.4; *ms.* probatam.
[638] X 3.8.9.
[639] There is no chapter 'litere' in the *Liber extra* or in the *Liber sextus*. Pope Innocent IV, however, issued a decree on this subject in 1244 with that incipit (Potthast, no. 11375).
[640] X 1.38.3.
[641] Cod. 6.33.3; *ref. non in P.*
[642] Decree of Pope Innocent IV in the First Council of Lyons, 1245 (in *Liber sextus* 1.16.3).
[643] X 1.6.47.
[644] *ref. non in P.* The decree 'cupientes' was issued by Pope Nicholas III in 1278. Iohannes Garsias Hispanus, who taught at Bologna in 1270s and 1280s, is known to have written a gloss on this decree; see *Corp. Iur. Can.*, vol. 2, cols 955–966 n.). For Garsias see Antonio García y García, 'Notas sobre la canonística ibérica de los siglos XIII–XV', *Studia Gratiana* 9 (1966) 165–66; idem, 'La Canonística ibérica medieval posterior al Decreto de Graciano', *Repertorio de Historia de las Ciencias eclesiasticas en España* 1 (1967) 410–11; idem, 'La Canonística Ibérica (1150–1250) en la inuestigacion reciente', *Bulletin of Medieval Canon Law* 11 (1981) 53–54. I am grateful to Professor Charles Donahue for calling these references to my attention. For Garsias, also see infra, pp. 182, 186n., 195.
[645] *ref. non in P, Liber sextus* 1.6.47.

Iudex ex officio suo processit ad promocionem alicuius contra quemdam qui dicebatur commisisse periurium et corripuisse testes in sua iurisdiccione. Processum fuit in causa illo promotore promouente usque ad produccionem testium. Ille contra quem proceditur admissus fuit ad quamdam ecclesiam cuius quedam moniales sunt uere patrone. Venit procurator illarum dominarum in iudicio et opposuit se ad promocionem officii iudicis, dicens quod, cum interesset illarum dominarum[646] officium iudicis inchoatum esse promotum[647] in hac parte, peciit instanter admitti et ministrare probaciones et alia que requirit officium promotoris. Impugnabatur multipliciter, primo quia ex quo est ubi unus alius non potest pendente officio admitti, quia ita est in accusacionibus quod per unum tantum fit accusacio (ff., de accusacionibus, si plures;[648] ff., de libero homine exhibendo, l. iii, c. finalis[649]). Item procurator mulierum petit se admitti, set mulier non potest accusare nisi suam suorumque prosequatur iniuriam. Ergo etc. (arg. C., qui accusare non possunt, l. non ignorat).[650]

Item articulus uidetur nimis generalis quia dicit quod ex certis causis sua interest, quas causas pro loco et tempore quatenus natura negocii requirit paratus est probare; unde in articulo non declarat ob quas causas sua interest; quod uidetur facere debere (arg. extra, de testibus, ueniens)[651] ubi ille qui se opponit dicit quod ipse canonice electus que est uera[652] causa, ergo etc.

Ad primam dicitur quod, licet plures non possunt admitti simul principaliter ad accusandum (ut in l. si plures),[653] tamen ad denunciandum uel inquirendum uel excipiendum super crimine, si ille promotor principaliter non accusat set incidenter quodammodo; unde non prohibetur. Et ita distinccio docet.

Ad secundam,[654] cum dicitur quod articulus fuit nimis generalis, dictum fuit quod non, quia ex nunc[655] opponit se ille promotor ut pars ad quem negocium principaliter spectat set tantummodo tanquam ministerium prebens officio iudicis in probacionibus et similibus. Et hoc ex illa equitate ne delicta remaneant inpunita. Videtur quod non requiritur magna expressio causarum sui interesse cum summaria cognicio et probacio uideatur in hoc sufficere (arg. ff., ad exhibendum, l. iii, §ibidem).[656] Nec obstat decretalis 'ueniens, de testibus',[657] quia ibi se opposuit tamquam in cuius persona ius principaliter residebat non tamquam promotor; ideo debet causam exprimere. Si tamen ille secundus haberet primum promotorem racionabiliter suspectum et timeret de collusione primi promotoris, scilicet, quod uellet diffidere in probacione, tunc posset et

---

[646] *C* = f. 64ᵛ.
[647] officii – promotum] *om. P.*
[648] Dig. 48.2.16.
[649] Dig. 43.29.3.13.
[650] Cod. 9.1.9.
[651] X 2.20.38.
[652] *P,* uerbi gracia *ms.*
[653] Dig. 48.2.16.
[654] mulieres non possunt articulare – uerum est principaliter – set excipere de crimine eciam contra clericum et denunciare et talia incidenter bene post accusacionem (extra, de testibus, c. tam literis [X 2.20.33]). Ad terciam *add. P.*
[655] non *P.*
[656] Dig. 10.4.3.13. *P,* idem *ms.*
[657] X 2.2038.

deberet omnimodo admitti (arg. ff., de inofficioso testamento, si suspecta).[658] Dictum tamen fuit quod hec questio determinatur per Gaufredum (in summa sua in titulo de accusacionibus)[659] et per Raufredum[660] super iure canonico in eodem titulo,[661] scilicet, quod ille secundus non debet admitti.[662] Tandem habita disputacione cassatus fuit articulus in forma proposita et statim proponebatur in alia forma, et declarauit causam[663] sui interesse in accione ad exhibendum. Summarie est inquirendum de suo interesse (ff., ad exhibendum, l. iii, §sciendum,[664] l. penultima[665]), set tantum oportet allegare probabilem causam sui interesse, quia non omne interesse causat accionem ad exhibendum (ut eodem titulo l. iii, §si mecum).[666] In secundo articulo specificauit de collusione quam timuit inter ipsum reum et promotorem quia credidit quod recepta ab eo pecunia promocionem illam deferreret; unde ideo uoluit assistere ne colluderetur[667] (arg. ff., de inofficioso testamento, si suspecta).[668] Et tandem iurauit quod[669] timuit de collusione predicta et fuit[670] admissus ut assisteret ne colluderetur tantum Vnde ex quo permansit primus promotor, iudex noluit ipsum admittere tanquam promotorem nec ad officium promotoris in aliquo, set tantum ut assisteret, et[671] hoc potuisset habuisse sine articulo quolibet, timens de collusione cuius tamen interesset ut non colluderetur (arg. predicte l. si suspecta).[672]

*Nota excepcionem debere necessario concludere, non sufficit quod probabiliter et sunt hec necessaria in iustificacionibus faciendis*

Quidam rector appellauit ab iniusta sequestracione fructuum ecclesie sue in casu a iure non permisso interposita per episcopum loci, et in causa appellacionis libellauit super iniusta sequestracione et peciit relaxari sequestrum. Contestatum fuit ad libellum.[673] Eciam adiecit seu iustificauit factum suum, dicens quod in casu a iure permisso pro eo quod idem rector eandem ecclesiam retinuit et per annum a tempore regiminis sibi commissi nec fuit ordinatus; unde ecclesia

---

658 Dig. 5.2.29.
659 Graufredum *ms*. For Geoffrey of Trani, see James A. Brundage, *Medieval Canon Law* (London, 1995), pp. 211–12. Professor Charles Donahue kindly informs me that Geoffrey of Trani treats this subject not in the title *de accusationibus* but in the title *de ordine cognitionum* (*Summa* [ad 2.10] (Lyons, 1519; repr. Aalen, 1992), f. 90$^{vb}$ at no. 2).
660 *P*, Graufredum *ms*.
661 Probably a reference to Roffredus Beneventanus (c.1170–c.1243) and his *De libellis et ordine iudiciorum* (Lyons, 1538).
662 debet admitti] *P*, deberet *ms*.
663 *P*, causas *ms*.
664 Dig. 10.4.3.9.
665 Dig. 10.4.19.
666 Dig. 4.3.11.
667 *P*, colluderentur *ms*.
668 Dig. 5.2.29.
669 *P*, et *ms*.
670 *P*, timuit *ms*.
671 *P*, uel *ms*.
672 Dig. 5.2.29: 'Si suspecta collusio sit legatariis inter scriptos heredes et eum qui de inofficioso testamento agit: adesse etiam legatarios et voluntatem defuncti tueri constitutum est.'
673 *P* = f. 59$^r$.

uacabat de iure; et ita iuste fecit sequestrando[674] et non iniuste. Impugnabatur sic: iustificacio habet instar excepcionis peremptorie et super eadem materia interponitur. Set excipiendo debet necessario[675] concludere nec sufficit probabiliter. Set non sequitur 'tenuit ecclesiam cum cura a tempore sibi commissi regiminis per annum, ergo uacat ecclesia,' quia, si esset interim iusto impedimento impetitus quominus procurauit se ordinari, non uacat. Cum ergo non iustificant quod omni iusto impedimento cessante non procurauit ordinari, uidetur quod directe non obuiet nec excludat articulum seu libellum. Et uidetur expressum quod Gasianus[676] notat hoc in illa constitucione Gregorii 'licet canon',[677] set quod non uacat ecclesia nisi cesset legitimum impedimentum, dicebatur quod sine hoc processit iustificacio. Nec enim episcopus debuit diuinare impedimenta et uexaciones, nec presumitur de impedimentis nisi allegentur;[678] unde excipiat de impedimentis cum agatur[679] in causa principali ad sui priuacionem. Item inpugnabatur in iustificacione: deducit causam principalem in hac causa appellacionis, quod facere non debet, cum illa causa appellacionis sit alia a principali, licet quandoque eadem sit; uerbi gracia, si presentatus petat se admitti ad ecclesiam episcopus eum non[680] admittit; ipse appellat; hic est eadem causa appellacionis cum principali.

Dicebatur et bene quod principale non introducit[681] set contestacionem declarat; unde iustificacio est pars contestacionis, cum contestacio sine iustificacione tali non potest declarari; unde per illam iustificacionem non agitur ad priuacionem, cum ipsa habeat uim excepcionis, et ita repellit agentem tantum. Item in libello continetur quod episcopus ipsum rectorem non monitum non confessum etc. sequestrauit. Obuiat iustificando quod legitime, ideo quia ecclesia uacabat. Set non sequitur. Ecclesia uacat de iure, hoc supposito, ergo episcopus fructus suos eciam ipso rectore non citato potest sequestrare. Immo eciam cum premonicione non potest, ut uult illa constitucio Ottoboni,[682] et ita uidetur quod iustificacio directe et expresse non[683] obuiet libello. Tamen decanus dixit quod, licet de iure non sit expressum quod episcopus fructus ecclesie de iure uacantis possit sequestrare sine monicione uel citacione, tamen absurdum nobis tollere esset[684] episcopis illam potestatem quam exercent in talibus. Vnde decanus illam iustificacionem admisit et fundantur iustificaciones per decretum (extra, de testibus, c. ex tenore).[685]

---

[674] fructus *add. P.*
[675] P, nactus *ms.*
[676] Gracianus *P.*
[677] X. 2.19.9. For Iohannes Garsias Hispanus see supra, p. 179n., and infra, pp. 186, 195.
[678] *P,* alleguntur *ms.*
[679] *P, om. ms.*
[680] *P, om. ms.*
[681] *P,* introduxit *ms.*
[682] Legatine council held at London by Cardinal Ottobuono, April 1268; see c. 15 (Powicke and Cheney 2.2. 765–66).
[683] *om. P.*
[684] *C* = f. 65ʳ; nobis tollere] *P, om. ms.*
[685] X 2.20.35.

Quidam⁶⁸⁶ rector fuit condempnatus in accione iniuriarum cuidam militi pro diffamacione in maxima summa pecunie a suo iudice ordinario. Ipse appellauit ad curiam Cantuariensem. Causa appellacionis aliquamdiu uentilata, ipse cessauit prosequi suam appellacionem. Pars appellata optinuit dimissionem. Qua optenta iudex qui eum condempnauit uoluit exequi sentenciam latam, et ipse hoc uidens adiuit officialem Cantuariensem et suggessit eidem et propter inopiam, infirmitatem et alias iustas causas non potuit suam appellacionem prius prosequi. Vnde nunc resumptis uiribus petit admitti ad prosecucionem appellacionis sue, et illam suggestionem optinuit. Tamen de dimissione concessa per decanum ipse tacuit. Obicitur contra eum quod ex quo tacuit de dimissione facta, quam, si expressisset, non optinuisset suggestionem etc.; ita non est ulterius in appellacione audiendus (arg. extra, de rescriptis, super literis).⁶⁸⁷ Dicitur quod tempore dimissionis contra eum concesse et ante et post fuit legitime impeditus,⁶⁸⁸ si expressisset, nichilominus non⁶⁸⁹ optinuisset suggestionem. Vnde petit in integrum restitui aduersus dimissionem factam et ea rescissa reponi in pristino statu appellacionis sue prosequende; quia eciam [contra] diffinitiuam restituitur allegans iusta impedimenta (C., si aduersus rem iudicatam, per totum;⁶⁹⁰ extra, de re iudicata, cum bertoldus⁶⁹¹). Obicitur: licet fuisset infirmus uel alias impeditus, tamen procuratorem debuit misisse, precipue in causa inchoata secundum dominum Iacobum⁶⁹² (ff., de diuersis et temporalibus prescripcionibus, l. i., §penultima).⁶⁹³ Dicitur, et bene, quod hoc non tenetur et in causa inchoata (arg. ff., de re iudicata, quesitum;⁶⁹⁴ expressum extra, de dolo et contumacia, cum dilecti filii⁶⁹⁵). Opponitur: ubi aliquis impetrans tacet per dolum et fraudem, quod, si expressisset, non haberet impetratum, carere debet impetratis (in decretali predicta super literis).⁶⁹⁶ Set ille fuit talis quia mendaciter

---

686 *P* = f. 59ᵛ.
687 X 1.3.20.
688 que impedimenta *add. ms.*
689 *add. P.*
690 Cod. 2.27.
691 X 2.27.18.
692 The reference must be to a well known civilian. Iacobus de Porta Revannate (d. 1178) can be excluded since the citation here would have been to the ordinary gloss. Iacobus Balduini (d. 1235) can quite likely be excluded since he is not known to have written on this subject. Others such as Iacobus de Arena (fl. 1288–1320) and Iacobus Buttrigarius (1274–1347) would appear to be too late. That could leave us with Iacobus de Ravanis (Jacques de Révigny, d. 1296), who may be the same Iacobus cited infra, p. 194. Révigny, however, is not known to have written on the *Digestum novum* nor do his extant *repetitiones* on the Codex include C. 7.35.7, the only lex beginning with *praescriptione*. The printed edition of Révigny's *Lectura codicis* (Paris, 1569; repr. Bologna, 1967) does contain a brief comment on Cod. 7.35.7 (f. 345ʳᵃ⁻ʳᵇ), which is not relevant to the point being made here. See C.H. Bezemer, *Les répétitons de Jacques de Révigny* (Leiden, 1987) about his surviving *repetitiones*. Professor Charles Donahue has provided me with these references.
693 Dig. 44.3.1: 'plane is, qui valetudine impeditur, ut mandare possit, in ea causa est, ut expereundi habeat potestatem.'
694 Dig. 42.1.60.
695 X 2.14.6.
696 X 1.3.20.

tacuit illud, quod fuit notorium, scilicet, dimissionem factam iudicialiter per decanum. Ergo tanquam mendax precator carere debet impetratis.

Dicitur quod, licet dimissio concessa in iudicio sit notoria in eo loco in quo fuit concessa, alibi tamen potest esse non notoria, et ita fuit ubi impetrauit suggestionem. Item obicitur: causa quare petit restitucionem est quia per potenciam aduersarii in tantum fuit oppressus quod propter inopiam non potuit nec propter iustum metum ausus fuit prosequi appellacionem. Set lex dicit: si ego uocaui aduersarium meum ad iudicium qui incepit rem meam usucapere, et per aliquem me impedientem sum[697] impeditus uenire ad iudicium ita quod res mea est michi usucapta, si petam restitui ad accionem meam, non sum audiendus, quia ex quo ille qui impediuit me est soluendo; datur michi contra eum accio ad meum interesse et per consequens restitutio, que est[698] auxilium extraordinarium[699] non habebit locum. Sic in proposito cum ille rector contra militem impedientem et soluendo existentem habeat accionem, cessabit restitutio (arg. ff., de eo per quem factum est, l. finalis in primum c.)[700] Potest dici quod, ubi ordinarium auxilium et extraordinarium competunt ad idem et eciam[701] contra eundem, ibi non habet locum restitucio[702] dum superest accio. Set hic ad diuersa quia accio contra militem sibi competit ad interesse, set petit restitui ad causam suam et appellacionem[703] prosequendam, unde ad diuersa.

Opponitur: in effectu accio contra impedientem ad interesse suum datur ad idem ad quod petit restitui, licet prima facie uideatur ad diuersa, nec obstat lex 'finalis, de eo per quem' etc. ff.,[704] quia ibi non[705] fuit impeditus per aduersarium set per quemdam tercium,[706] hic fuit impeditus per militem aduersarium, unde facilius ei succurritur ut restituatur contra impedimentum aduersarii quam cuiusdam tercii.

Set hec ratio non uidetur bona quia, ubi uocatus ad iudicium, impeditus est per aduersarium suum; ideo non habebit restitucionem si petat nec eciam accionem ex illo edicto (de eo per quem etc., ff.)[707] ad suum interesse contra aduersarium, quia habet aliud commune remedium, scilicet, excepcionem iusti impedimenti si conueniatur ab aduersario impediente. Ergo ille rector tantum habebit excepcionem si conueniatur a milite, cum per ipsum militem aduersarium suum fuisset impeditus; ergo non restituetur.

Set potest dici quod ille rector in causa appellacionis est actor et ita excepcio sibi non[708] competit cum sit pars actrix. Item nec[709] habet accionem ad suum interesse contra militem impedientem, cum beneficium illius edicti non

---

[697] *P*, sim *ms*.
[698] que est] *P*, quoniam *ms*.
[699] *P*, ordinarium *ms*.
[700] Dig. 2.10.3 pr. The argument may be specious.
[701] *P*, om. *ms*.
[702] *P*, iustificacio *ms*.
[703] et appellacionem] *P*, appellacionis *ms*.
[704] Dig. 2.10.3.
[705] add. *P*.
[706] *P*, hominem *ms*.
[707] Dig. 2.10.3 pr.
[708] add. *P*.
[709] add. *P*.

competat nisi quando est impeditus a quodam tercio, non ab aduersario ut fuit hic.

Aliquis[710] excipiendo proposuit quod A presbiter solus omnia iura pertinencia ad presbiterum parochie exercuit, pueros baptizando etc. Impugnata fuit hec excepcio in duobus: primo quod non fuit probabilis, ergo admissibilis. Dicit enim quod 'ipse solus exercuit' habet ergo negatiuam inplicitam, scilicet, quod nullus alius preterquam ipse. Set inplicita negatiua non potest probari (extra, de causa possessionis et proprietatis, c. cum ecclesia sitrina),[711] et ibidem notat Innocencius quod sicut mera negatiua non potest probari sic nec inplicita.[712]

Posset forte dici ideo[713] nulla decretalis 'cum ecclesia';[714] allegabant[715] quod ius interessendi eleccionem pastoris ad eos pertinebat et ita ad eos, quod non ad alios quia, si simpliciter dixisset 'quod ius interessendi',[716] ad eos pertinet. Non ideo sequitur quin eciam ad alios posset pertinere, cum actus eleccionis communiter cadat in personis plurium. Et ideo cum ibi utraque pars totum ius suum deduxit in iudicium, ideo necesse habebant adicere quod totum ad eos pertinebat ita quod non ad alios. Set quia illa est negatiua nec posset probari, ideo illi de capitulo ibi absoluuntur ab impeticione illorum clericorum. Set hic agitur de tali actu qui non potest cadere in plures personas in uno loco set tantum in una, ut est actus baptizandi pueros; probata ergo hac affirmatiua, scilicet, quod solus baptizauit et talia fecit eo ipso est sufficienter probata inplicita negatiua, scilicet, quod alius ibidem non baptizauit, quia tantum unus hoc debet facere et ideo non oportet quod[717] exprimat illam inplicitam negatiuam, scilicet, cum eo ipso est probata, quod affirmatiua probatur. Set secus in decretali quia non sufficiebat clericis dicere quod ius interessendi eleccioni spectabat ad eos nisi adiecissent quod tantum ad eos. Pars canonicorum dixit ius eligendi ad eos tantum pertinere debere ita quod non ad alios, et hic habebant necesse, quia, licet probarent ius eligendi[718] ad eos pertinere, non tamen sequitur quin[719] ius interessendi posset aliis competere, et ideo cum clericos excluderunt, adiecerunt quod ius totum ad eos ita quod non ad alios pertinebat. Set quia illa est negatiua, ideo ad eam probandam non admittuntur. Set hic in excepcione non oportet expresse adicere negatiuam, nam probata quod solus exercuit eo ipso probata est negatiua inplicita, scilicet, quod nullus alius ea exercuit.

Opponitur de glossa que dicit 'produxi testes ad probandum ualorem rei'.[720]

---

710 *P* = f. 60ʳ.
711 X 2.12.3.
712 de causa possessionis, cum ecclesia, *s.v.* negatiuam (Inn. IV. *Apparatus*, ad X 2.12.3, f. 85ᵛ): 'Hoc sufficit ad repellendum eos nisi indirecto probasset; indirecto enim bene probatur negatiua et nota testes reprobari non solum qui probant expressam negatiuam sed etiam qui probant inplicitam, scilicet, quod ad canonicos tantum pertinet electio.'
713 in *ms. add.*
714 X 2.12.3.
715 nulla – allegabant] *add. P.*
716 eleccionem – interessendi] *P, om. homoeoteleut. ms.*
717 quia *ms.*
718 *C* = f. 65ᵛ.
719 *P,* quoniam *ms.*
720 Probably a reference to a gloss on Dig. 4.8.27.3, *s.v.* consenserunt.

Duo deposuerunt quod ualuit duocentos, tercius quod ualuit centum et non plus. Quod deposicio tercii qui deposuit de negatiua non ualet (ff., de arbitris, l. diem proferre, §si plures).[721] Gaufredus[722] alio modo dixit, scilicet, quod cum statur in finibus illius inplicite negatiue, tunc illa non potest probari, ut in decretali 'cum ecclesia',[723] set in hac excepcione et ultra processum ad affirmatiuam, scilicet, quod omnia iura parochialia exercuit. Item inpugnabatur excepcio in secunda parte. Excepcio de necessitate debet concludere quicquid sit de accione. Set non sequitur: omnia iura parochie exercuit in baptizando et in aliis ergo istum W. de quo agitur baptizauit, quia potuit fuisse baptizatus per alium de facto. Item licet dixit 'omnia iura exercuit', hoc potest uerificari pro generibus singulorum, ut de singulis iuribus aliquid exercuit, non autem[724] de singulis generum, ut et istum et illum et sic de aliis baptizauit.

Set uidetur quod prima non procedit, quia ex quo posuit quod omnia exercuit, ergo quemlibet actum singulariter, quia, ubi locucio sumitur ex uniuerso, si inde aliquid sit falsum, tota uniuersalis est falsa; ergo, nisi istum baptizauit, falsificabitur uniuersalis. Qui tamen excipiens uult probare et debet (ff., de rebus dubiis, l. si is qui ducenta, c. utrum).[725] Nec obstat aliud quia, licet uniuersalitas quandoque sumatur pro generibus singulorum, tamen hoc[726] contingit quando competenter ad omnia sub generibus contenta non[727] potest referri propter iuris absurditatem, ut patet, quia 'omni obligacioni accedit fideiussor', si intelligeremus 'omni', id est, 'cuilibet', falsum est, quia non doti promisisse[728] (C., ne fideiussores dotium dentur, per totum).[729] Ideo refertur uniuersalitas ad ea que potest, scilicet, omni obligacioni naturali[730] siue ciuili siue simul iuncte. Set ubi uniuersalitas sine absurditate potest ad singula referri, referri debet, nisi, per precedenciam uel sequenciam restringatur, uel res de qua queritur exigat aliquid excipi de ea. Ideo pro illa altercacione tollenda caucius expressisset in excepcione quod omnia iura et eciam singula exercuit. De hoc bene notat Innocencius (de probacionibus, licet, in glossa super uerbo 'plures').[731]

Quidam clericus obligauit se in instrumento se procurare ordinari temporibus canonicis et sub pena priuacionis si non faceret, et hoc fecit. Quando episcopus processit[732] contra eum ad denunciacionem [alicuius][733] ex officio, excipiebatur quod obligacio non ualuit per inpersonalitatem ex parte stipulatoris, quia sicut

---

[721] Dig. 4.8.27.3.
[722] Probably Gaufredus (see supra, p. 181), although *P* reads Garcius for Garsias (see supra, p. 179, and supra, p. 182, and infra, p. 195). The commentary of Geoffrey of Trani on the *Liber extra* exists only in ms.
[723] X 2.12.3.
[724] *P*, arg. *ms.*
[725] Dig. 34.5.13.3.
[726] *P*, licet *ms.*
[727] om. *P.*
[728] *supple* potuit?
[729] Cod. 5.20.
[730] in naturali *P*, in id est funerali *ms.*
[731] Reference to the long gloss in Inn. IV, *Apparatus*, ad X 2.19.9, f. 97$^{r-v}$.
[732] om. *P.*
[733] alius *P et ms.*

inpersonalitas ex parte promissoris uiciat (C., de constituta pecunia authentico,⁷³⁴ ibi posita ut notaui;⁷³⁵ de uerborum obligacionibus, si ita, §grisogonus⁷³⁶).

Responderi potest quod ex quo in instrumento ponitur responsio omnia presumuntur solempniter acta (ff., de uerborum obligacionibus, l. sciendum;⁷³⁷ inst., de fideiussoribus⁷³⁸).

Set posset dici quod non est simile, quia contractus de se efficax facilius firmatur et corroboratur, eciam per aliquem actum alias insufficientem, quam principaliter contrahatur, quia, licet ex nudo pacto principaliter non nascatur accio propter insufficienciam nudi pacti, tamen fallit inconstituta;⁷³⁹ et est racio quia constitutum interponitur super uero debito et ideo facilius uallatur constitutum propter substanciam⁷⁴⁰ debiti (sic inst., de accionibus, §de pecunia constituta).⁷⁴¹ Sic est: ubi in scriptura scribit fideiussor se intercessisse, non agitur de obligacione principaliter contrahenda set de principali confirmanda per dacionem fideiussorum, que corroboracio facilius competit quam ubi principaliter agitur de contrahenda obligacione sicut hic fuit, uel alias in illis legibus presumitur de interrogacione precedente, scilicet, quando ambo erant presentes ut supponunt ille leges, et est expressum (ff., de uerborum obligacionibus, ticia, §idem respondit),⁷⁴² enim set hic in obligacione non fuit presencia alicuius stipulatoris.

Set credo quod eciam de presencia presumitur et de interrogacione, ut notat glossa quod presencia presumitur (C., de contrahenda et committenda stipulacione, l. i)⁷⁴³ et, hoc dicit, omnia uidentur solempniter acta, set nisi presumerentur presentes non ualeret; ideo de presencia eciam presumitur. Set quia directum fuit instrumentum⁷⁴⁴ episcopo loci qui debuit de iure communi se intromittere de priuacione seu pene imposicione, ideo promissio facta intelligebatur fieri episcopo, quia que in prefacionibus durant etc. Et ita fuit decretum.

*Nota quid iuris sit de clerico qui se obligauit ad proximos ordines ordinaturum et postea casualiter fuit impeditus*

Quidam clericus in instrumento se obligauit ad proximos ordines ordinaturum nisi fuisset impeditus. Postea detentus fuit in uinculis. Agebatur contra eum ad penam, scilicet, ad priuacionem. Ipse excepit de legitimo impedimento quia detentus fuit in uinculis. Dubitabatur utrum statim potuit sic excipere uel primo petita restitucione in integrum. Videtur quod demum petita prius restitucione quia contra impeditum impedimento facti currit tempus; ergo et isti; ergo etc. (arg. C., de annali excepcione, l. i in fine).⁷⁴⁵

---

⁷³⁴ Nov. 115.6, appended in early printed editions to Cod. 4.18.1.
⁷³⁵ This may indicate that the author had glossed the copy being used by his students.
⁷³⁶ Dig. 45.1.126.2.
⁷³⁷ Dig. 41.1.30.
⁷³⁸ Inst. 3.20.
⁷³⁹ *Actio de pecunia constituta* in Roman law permitted a person to claim fulfilment of a promise to pay an existing debt or obligation without stipulation.
⁷⁴⁰ *P,* sufficienciam *ms.*
⁷⁴¹ Inst. 4.6.9.
⁷⁴² Dig. 45.1.134.2; ticia *P,* tercia *ms. erronee.*
⁷⁴³ Cod. 8.37.1.
⁷⁴⁴ *P* = f. 60ᵛ.
⁷⁴⁵ Cod. 7.40.1.

Set non credo quod sit opus (arg. ff., si quis caucionibus, l. ii, §si quis);[746] facit opinio quod restitucio competat per uiam excepcionis (ff., ex quibus causis maiores, l. necnon, c. exemplo;[747] ff., de inofficioso testamento, papinianus, §si filius[748]). Dictus W[749] notauit illam questionem (C., ex quibus causis maiores, l.[750] si ab hostibus[751] cum multis sequentibus), ubi dicit excepcionem sibi competere nec facit mencionem de restitucione. Si tamen esset ultra processum in litem contra sic impeditum ad reuocandum illud quod actum est, credo opus esse restitucione (C., ex quibus causis maiores l. ii).[752]

Alio modo dicebatur quod ille qui obligauit se naturaliter etc. non fuit pure obligatus set sub condicione, et si sit tempus quo fuit impeditus ipso iure non currebat ei, et ideo non fuit opus restitucione set excepcione tantum.

Set hoc non est uerum, licet arg. pro hoc (ff., de in diem adiccione, l. ii uersus finem, 'nam si quidem' etc.),[753] set ibi illa uerba sunt uerba legis et non hominis. Et expressum quod per infinitum contractus non redditur condicionalis set purus (ff., pro emptore, l. ii, si in diem).[754] Contra uidetur expressum (extra, de appellacionibus, preterea ut ibi notatur).[755]

Peremptoria potest proponi ante litis contestacionem in uim dilatorie, saltim tres que ponuntur (extra, de litis[756] contestacione,[757] excepcionis peremptorie, et est Innocenciana).[758] Set utrum alie peremptorie ab istis tribus possint proponi ante contestacionem in uim dilatorie ut pactum de non petendo et similes, posset dubitari. Et non uidetur quod possit talis excepcio reperiri peremptoria: exemplum 'de pacto de non petendo' eciam in uim dilatorie proposito ut in repeticione illius legis 'prescripcione' codicis.[759] Item ille tres peremptorie nominate in decretali 'excepcionis',[760] nec possunt proponi ante contestacionem in uim dilatorie set eciam peremptorie cum ex modo concludendi[761] in excepcione iudicatur excepcio an dilatoria uel peremptoria. Vnde si concludat sic, 'quare non teneor ei respondere', proponitur in uim dilatorie; si dicat, 'quare peto absolui a peticione sua' uel similia, tunc in uim peremptorie.

Agitur de causa ecclesie in foro ecclesiastico et est sentenciatum. Postea agitur

---

[746] Dig. 2.11.2; si quis *P, om. ms.*
[747] Dig. 4.6.28.5.
[748] Ulpianus *recte*; Dig. 5.28.13.
[749] Reference probably to a William (Drogheda? Durantis?).
[750] ii *ms. add. erronee.*
[751] Cod. 2.54.5; si quis *ms. add. erronee.*
[752] Cod. 2.53.2.
[753] Dig. 18.2.2: 'nam si quidem hoc actum est, ut meliore allata condicione discedatur, erit pura emptio, quae sub condicione resolvitur: sin autem hoc actum est, ut perficiatur emptio, nisi melior condicio offeratur, erit emptio condicionalis.'
[754] Dig. 41.4.2.4.
[755] X 2.28.40.
[756] *C* = f. 66ʳ.
[757] ex hiis *add. ms.*
[758] Decree of Pope Innocent IV in the First Council of Lyons, 1245 (in *Liber sextus* 2.3.1). Innocent commented on this decree in *Apparatus*, f. 79ᵛ. The *tres* are (i) *res iudicata*, (ii) *res transacta* or (iii) *res finita*.
[759] Cod. 7.35.7.
[760] See supra, n. 867.
[761] P, excludenda *ms.*

ad expensas facta in lite. Numquid habet locum prohibicio? R. de Hengham dicit quod non, quia si principale est spirituale et accessorium,[762] et ita seruatur.

Sicut[763] post publicacionem attestacionum testes super eodem articulo non possunt produci (ut extra, de testibus, fraternitatis),[764] nec super eius directo contrario (extra, de probacionibus, iurauit),[765] et hoc nisi sit diuersus modus agendi (ut in titulo de testibus, cum in tua[766] et c. ueniens[767]). Et est racio, quare directo super contrario non admittitur quia ab inicio potuit preuidere[768] quid testes essent dicturi et sic preuidisse, ut super principali articulo et eciam eius contrario concurrerent probaciones (ut notatur in predicto c. iurauit).[769] Et hoc intelligo uerum ubi[770] contrarium articuli probati fuit ab inicio certum, puta, si petam rem rei uendicacione quia emi a Ticio et super hoc produco, hic conuentus[771] ab inicio potuit preuidere[772] utrum emi a Ticio uel ab alio. Secus si generaliter uendicarem rem non specificando a quo emi, si testes deponant quod a Ticio, quia hoc per libellum non potuit perpendere, cum ex dictis testium hoc resultauit, admittitur ad probandum contrarium. Et idem est ubi articulus alio modo est certus, puta, per determinacionem loci uel temporis. Secus autem si ante publicacionem testium non fuit certus, puta, mulier dixit militem cum ea contraxisse; miles contestando negauit adiciens uel excipiens quod supposito quod fecisset, tamen priusquam ipsa dicat eum cum ipsa contraxisse ipse contraxit cum alia que superstes est, et excepcionem probauit per testes assignantes locum et tempus; et pars mulieris uoluit probare absenciam militis eo tempore quo testes sui dixerunt eum contraxisse cum prima, certe admittitur (extra, de testibus, ex tenore).[773] Nam[774] licet miles excipiendo dicit se prius contraxisse cum alia, non tamen specificauit illud tempus, ut notat Innocencius ibidem,[775] set per testes constabat de illo tempore, et ideo admittitur ad probandum absenciam militis eo tempore. Quod dictum est quod super directe contrario eius quod probatum est non possunt[776] produci uerum est, nisi forte per uiam falsi, puta: constante matrimonio altera pars accusauit matrimonium pretextu consanguinitatis ponendo duas personas, scilicet, A et B, dicentes eos esse fratres et sorores et sic computando gradus; quo probato pars aduersa illud falsum esse dicebat, scilicet, B et A non esse fratrem et sororem, certe bene admittitur contra testes per modum falsi (ut eodem titulo, c. series;[777] et probacionibus, licet[778]). In arcubus tamen non admittunt ad contrarium probandum prius probati, eciam per uiam falsi, propter timorem subornacionis et precipue ex quo de ipso articulo poterat ei constitisse ante publicacionem.

Nota: ubi aliquis non admissus ad ecclesiam per episcopum appellat, libellabit sic:

Dico contra talem etc. quod cum ad talem ecclesiam etc. per patronum essem presentatus et dictus episcopus me admittere et instituere in eadem contra iusticiam

---

[762] See supra, p. 129.
[763] P, sunt ms.
[764] X 2.20.17.
[765] X 2.19.6.
[766] X 2.20.44.
[767] X 2.20.10.
[768] P, prouidere ms.
[769] X 2.19.6.
[770] nisi P.
[771] potuit add. ms.
[772] P, prouidere ms.
[773] X 2.20.35.
[774] P, Iam ms.
[775] Inn. IV, Apparatus, ad X 2.20.35, f. 101ʳ.
[776] supple testes.
[777] X 2.20.26.
[778] X 2.19.9.

etc. Quare peto reuocatis grauaminibus etc. amoto quolibet illicito detentore me ad eandem admitti et in eadem instritui.

Et uide libellum in processu domini Bogonis[779] contra episcopum Lincolniensem, et uocatur 'hochepot'.[780]

Consuetudo est in ecclesia Sarum quod canonicus admissus ad prebendam fructus primi anni de sua prebenda non percipiet. Item pone quod canonici eiusdem ecclesie habent molendinum commune quod debeat refici ab omnibus canonicis. Pone illud molendinum indiget refeccione; inter alios petitur ab isto canonico quod contribuat. Ipse dicit quod fructus non percipit. Modo queritur: numquid propter spem percipiendi in futurum tenetur agnoscere honus reficiendi sicut et alii?

Respondebatur Oxonie[781] quod non, potissime quia consuetudo illa quod primo anno non percipiet est odiosa quia contra iura communia ex quo fuit admissus in canonicum, et ideo restringenda. Item cum nichil omnino percipiet iniquum esset si honus agnosceret. Secus esset si partem emolumenti sentiret, ut per multa iura probari potest et de hoc ubi honus imponitur emolumento, set cesset emolumentum in totum uel in parte, utrum eatenus debet honus recusari uel non (notatur de condicionibus at demonstracionibus, l. plaucius).[782] Item in questione ista non habet canonicus regressum contra aliquem licet ipse nichil percipiat, et ideo non tenetur honus subire; secus in multis iuribus ubi agnoscit honus, habet tamen regressum contra aliquem. Nec obstat quod iactus retis potest emi et si nichil[783] capiatur, tamen tenetur totum precium[784] soluere.[785] Racio est quia emolumentum si ueniret totum haberet et honus. Set hic nullum emolumentum potest percipere propter consuetudinem, ideo non honus. Et per hoc soluitur alias lex que alias bene faceret contra (ff., de periculo et commodo rei uendite, l. quod si pendente; alias incipit necessario, c. quod si pendente).[786]

Quidam[787] ob certa grauamina appellauit ab officiali suo directe ad curiam Cantuariensem et impetrauit suggestionem uirtute cuius fecit partem appellatam ad curiam Cantuariensem euocari ac ei porrexit libellum dato die ad deliberandum. In illo die excepit pars appellata quod libellus non potuit extrahi ex suggestione quia libellus concipiebatur[788] in petitorio et in suggestione totum fuit narratum in possessorio. Videns pars appellans quod male suggessit, desistebat nec est prosecutus suam appellacionem, propter quod pars[789] appellata

---

[779] *P,* Begonis *ms.* Probably the case of Bogo de Clare (see supra, p. 151).
[780] Hochepot means a stew; it also had the legal meaning of mixing of properties to effect an equal distribution. The legal term may well derive from the cookery term, and, in the example given, the word seems to mean that the appellant has provided a stew in his appeal.
[781] William of Drogheda? The Oxford canon law faculty?
[782] Dig. 45.1.43.
[783] *P,* nichilominus *ms.*
[784] *P,* predictum *ms.*
[785] See Dig. 19.1.11.18: 'cum futurum iactum retis a piscatore emimus . . . : nam etiamsi nihil capit, nihilo minus emptor pretium praestare necesse habebit.'
[786] Dig. 18.6.8 pr.
[787] *P* = f. 63$^r$ *in medio et infra*.
[788] componebatur *P,* conpiebatur *ms.*
[789] *C* = f. 66$^v$.

optinuit dimissionem cum protestacione expensarum. Deinde pars appellans iterato impetrans nouam suggestionem super eisdem grauaminibus et porrexit nouum libellum extractum a secunda suggestione in petitorio. Dato parti aduerse die quo debuit responderi libello antedicto, excepit appellata quod pars appellans non est audienda quousque refundat expensas quas fecit pretextu prime suggestionis impetrate super eisdem grauaminibus et maxime cum de eisdem alias optinuit dimissionem et super hoc fuisset protestata, et erant per iudicem reseruate. Dicit pars aduersa ille expense que indirecte [sunt] petuntur per illam legem (C., de iudiciis, l. sancimus),[790] ut[791] non audiatur priusquam etc.[792] Set ab illa pena est recessum per nouam citacionem; unde alia et alia est noua instancia nunc et prius, quia primo in possessorio nunc in petitorio, que iudicia nichil contingunt se ad inuicem et lex 'sancimus' loquitur in una instancia tantum.

Ad oppositum 'cui damus accionem, multo forcius excepcionem'.[793] Set dicunt ipsi saltim racione temerarie fatigacionis debentur eum quem temere;[794] ergo habebit excepcionem (ff., de superficiebus[795] l. i, c. quod ait pretor[796]). Ad primum oppositum[797] predictum fuit quod unus fuit contumax in ueniendo et nichil rite proponendo quam si omnino fuisset absens, quia maior est contumacia presentis et non respondentis quam omnino absentis (ut extra, de iudiciis, de quouult deo).[798]

Set uidetur quod propter contumaciam presentis cum desistit a primo libello, impetrauit secundo et libellauit cum[799] citius potuit; unde magis dicetur diligens quam negligens; unde uidetur quod si debeantur quod propter.[800]

De compulsione testium[801] distingue aut in causa matrimoniali aut ciuili aut criminali. Si matrimoniali, aut factum notorium et tunc non sunt cogendi[802] quia alia probato non est necessaria (ut de testibus cogendis, super eo),[803] aut non est notorium, et tunc indistincte compelluntur dum tamen primo moneantur (ut de testibus cogendis, c. i).[804] Aut in causa ciuili, et tunc regulariter coguntur (C., de testibus, si quando;[805] ff., de tabulis exhibendis, locum habet hoc interdictum).[806]

---

[790] Cod. 3.1.15.
[791] ut] est ut *P, ms.*
[792] etc. = restituuntur.
[793] Dig. 43.18.1: 'nam cui damus actionem, eidem et excepcionem competere multo magis.'
[794] *mss. corrupt.?*
[795] *P,* super officiis *ms.*
[796] Dig. 43.18.1.
[797] *add. P.*
[798] *P,* de quo W secundo *ms.*; X 2.1.1.
[799] *P,* tamen *ms.*
[800] The meaning of this paragraph is obscure. Here ends the treatise in *P.* The scribe of *C* leaves a line clear after this sentence.
[801] For a discussion of this issue see text supra, p. 130.
[802] agendi *ms.*
[803] X 2.21.3.
[804] X 2.21.1.
[805] Cod. 4.20.19.
[806] Dig. 43.5.3.9.

Fallit in mediatoribus qui prosenete appellantur (ff., de prosenetis, l. ii).[807] Hii enim parte altera uolente[808] non compelluntur (in authentico, de testibus, §quoniam).[809] Et est racio, quia propter precium interueniunt [quod] sperant recipere, et ita propter commodum proprium uidentur testificari, quod esse non debet (ff., de testibus, nullus).[810] Item fallit in eo qui exercitui prebendam duxit (ff., de testibus, inuiti).[811] Item fallit in clerico quando alie probaciones etc. (xiiii, q. ii, quamquam).[812] Item extra territorium iudicis non sunt compellendi (ff., quemadmodum testamenta aperiantur, si quis).[813]

Aut in causa criminali. Et hic W[814] dixit nunquam testes compellendos; siue criminaliter siue ciuiliter agitur regulariter. Fallit tamen cum agitur in modo inquisicionis (de testibus, c. peruenit;[815] et c. super hiis[816]). Item fallit eum quis accusatur falsarius literarum domini pape (de testibus, c. cum contra).[817] Item fallit in conspiracione detegenda (de testibus, c. finalis).[818] Tancredus et Vincencius[819] distinguunt in causa criminali: aut criminaliter agitur et tunc non sunt cogendi; Innocencius 'de testibus' (c. dilectorum et c. peruenit),[820] id est, ubi uidentur in criminibus compelli quia illud non est uerum in principali set 'ad detegendum tante falsitatis' etc.,[821] ut ibi dicitur.

Si ciuiliter agitur, tunc indistincte coguntur (de testibus, peruenit),[822] et intelligunt quod ciuiliter agitur in dicta decretali 'cum contra'.[823] Alias non essent compellendi ut dicta decretalis 'dilectorum'.[824] Et hoc ego approbo nam et alias equiparantur cause ciuiles et criminales, dum tamen ciuiliter agitur de testium testimonio.

Nota[825] quod a comminato grauamine prouocatur et secuto grauamine habet effectum. Set numquid exigitur appellacio propter sequens grauamen uel sufficit prouocacio precedens ad hoc ut causa deuoluatur ad superiorem secuto

---

[807] Dig. 50.14.2.
[808] nolente *rectius?*
[809] Nov. 90.8.
[810] Dig. 22.5.10.
[811] Dig. 22.5.8.
[812] Decr. Grat. C.14 q.2 c.2: 'ne veritas occultetur.'
[813] Dig. 29.3.12.
[814] Possibly William of Drogheda or William Durantis, two authors of treatises on procedure.
[815] X 2.21.5.
[816] X 2.21.8.
[817] X 2.21.9.
[818] X 2.21.11.
[819] For Tancred and Vincentius Hispanus see James A. Brundage, *Medieval Canon Law* (London, 1995), pp. 227, 228.
[820] Inn. IV, *Apparatus*, de testibus cogendis, dilectorum (ad X 2.21.10, f. 105ᵛ), peruenit (ad X 2.21.4, f. 105ʳ).
[821] X 2.21.4: 'ad detegendum tantae fraudis et calliditatis commentum ipsum testem merito esse compellendum.'
[822] X 2.21.5. Innocent IV's commentary on this chapter (at no. 5): 'quando agitur de iniuria compellentur testes et intelligo cum de iniuria agitur civiliter ad suum interesse' (*Apparatus*, f. 105ʳ).
[823] X 2.29.9.
[824] X 2.21.10.
[825] Similar issues are treated supra: see pp. 154–55.

grauamine? Quidam dicunt quod non sufficit nisi appellatur post grauamen, et hoc optinuit de cursu causarum uendicacionis[826] et forte bene, et hoc innuit Innocencius (id est, de testibus, significauerunt).[827] Alii dicunt quod sufficit prouocacio secuto grauamine ut in hoc capitulo.[828] Set quidam dicunt quod in hoc capitulo primo fuit prouocatum et postea grauamen secutum et per uiam querele peruenit negocium ad superiorem. Set quero: fuit prouocatum in absencia iudicis ex causa comminata; numquid ut habeat effectum prouocacio requiritur ut iudici a quo prouocatur notificetur prouocacio? Dicunt quidam quod sic, ad instar appellacionis facte in absencia iudicis que est iudici notificanda quam cito potest, nisi iusta causa uel metu impediatur; ergo sic in prouocacione.

Dicunt alii: refert utrum prouocetur generaliter nullo iudice expresso, forte sic, 'ne quis in tali possessione grauet' etc. Hic non est certa persona cui est notificanda et sic loquitur hic. Set ubi a certo iudice prouocatur in absencia sibi est notificanda, nisi iusta causa impediat. Credo tamen quod, ubi quis prouocat generaliter et postea super illo fuerit grauatus per unum iudicem, illato grauamine securius est quod appellet ab eodem et prouocacionem prius factam innouet et apostolos petat. Set pone: appellatum fuit et non erant petiti apostoli; numquid reputatur non appellans? Dicunt quidam quod sic (arg. Innocencii, c. cordi).[829] Alii contra, quoniam iudicis est eos offerre (ff., de libellis dimissoriis, l. una, ubi de hoc).[830] Quidam distingunt: aut appellatur in iudicio et necessaria est peticio apostolorum. Set hoc est dubium quia si sic \_\_\_\_.[831] Innocencius ita statuisset in capitulo 'cordi', ubi generaliter loquitur, set tamen Innocencius hoc uidetur notare ibidem. Et est sciendum quod est appellandum infra decem dies a tempore sciencie (C., de appellacionibus auctoritas,[832] ei qui[833]). Que quidam sciencia probatur per precedentes et subsequentes et per suum sacramentum (arg. C., ad legem corneliam de icariis, l. i cum sua glossa).[834] Et scias quod ita seruatur in arcubus, quod, si probetur appellacio facta in absencia per duos testes et innouatio probetur per unum testem, sufficiunt quantum ad tuicionem cum sacramento appellantis.[835]

Brandon[836] et alii magni dicunt quod securius est notificare prouocacionem factam sicut ipsam appellacionem. Tamen utuntur in arcubus quod, postquam est consensus de procedendo in principali, omnia eciam post prouocacionem reuocantur acsi prouocacio iudici fuisset notificata, et licet uideatur expressum quod in appellacione notificacio sit necessaria (ut Innocencius, de

---

[826] *ms. obscur.* = uendicunt?
[827] Inn. IV, *Apparatus*, ad X 2.20.36, f. 101ʳ.
[828] Possibly the reference is to X 2.20.36, but there the appeal occurred after the *grauamen*.
[829] Decree of Pope Innocent IV in the First Council of Lyons, 1245 (in *Liber sextus* 2.15.1); Innocent commented on this decree in *Apparatus* (f. 130ᵛ), *s.v.* apostolos: 'et nisi appellator infra quadraginta dies petat apostolos, presumitur renunciare appellationi.'
[830] Dig. 49.6.1.
[831] *Spacium uacuum in ms.*
[832] *recte?*
[833] eos qui *rectius?*
[834] Cod. 9.16.1.
[835] *C* = f. 67ʳ.
[836] For Brandon see supra, pp. 145, 153.

appellacionibus, dilectis filiis),[837] tamen Innocencius dicit ibidem quod notificacio non est necessaria, et ibi subauditur 'maxime' ubi[838] dicit quod ibi innotuit. Fuit enim accidencia facti et non iuris ministerium. Set uidetur[839] racionabile quod ex quo iudex potest reuocare grauamen quod sibi notificetur appellacio ut fit sciens de grauamine, illud possit reuocare. Set potest dici quod tempus non currit iudici infra quod reuocet grauamen, quia interlocutoria non transit in rem iudicatam quoad iudicem (ut extra, de appellacionibus, cum cessante),[840] licet quoad partem et licet secus in diffinitiua. Et ideo non uidetur necessaria notificacio. Set infra quod tempus habet fieri notificacio appellacionis (de hoc notatur de appellacionibus, c. ultimo)?[841] Set hoc intelligo quando potuit habere copiam iudicis a quo appellatur. Simul credo quod notificacio subsequens tempus quadraginta dierum ualeat, dum tamen fiat ante prescripcionem[842] impetratam super appellacione siue[843] ante impetracionem suggestionis, quia post illud tempus non prodesset notificacio quia non fit notificacio ut reuocetur quod male actum est, et tunc esset tarde reuocare ipso [quia] coram superiore uocatus fuerit.

Peremptoria[844] exceptio potest proponi ante litem contestatam in uim dilatorie, saltim tres que ponuntur (extra, de litis contestacione, excepcionis peremptorie),[845] set utrum alie peremptorie ab istis tribus possunt proponi ante litis contestacionem in uim dilatorie, unde pactum 'de non petendo' et similes, posset dubitari. Et non uidetur quod possit talis excepcio reperiri peremptoria quin tamen Iacobus[846] uult dare extra 'de pacto de non petendo', eciam in uim dilatorie proposito in repeticione illius (prescripcione).[847] Item ille tres peremptorie nominate in decretali 'excepcionis',[848] nedum possunt proponi ante litis contestacionem in uim dilatorie set eciam peremptorie. Tamen ex modo concludendi in excepcione iudicatur excepcio an si peremptoria uel dilatoria. Vnde si concludit sic, 'quare non teneor ei respondere', proponitur in uim dilatorie; si dicatur, 'quare peto absolui a peticione sua' uel similia, tunc in uim peremptorie.

In tuitoriis si primo agatur petitorim et possessorium super illo intentetur, primo discuciendum est possessorium quam petitorium secundum Innocencium et Hostiensem in capitulo 'ex conquestione'.[849]

---

[837] Inn. IV. *Apparatus*, ad X 2.28.55, f. 128$^r$ *s.v.* de qua appellatione: 'maxime idem enim est etsi non innotuisset de appellatione.'
[838] uel *ms.*
[839] uidentur *ms.*
[840] X 2.28.60.
[841] X 2.28.73.
[842] prescripcio *ms.*
[843] si *ms.*
[844] This could be another version of a similar treatment supra, p. 188.
[845] Decree of Pope Innocent IV in the First Council of Lyons, 1245 (in *Liber sextus* 2.3.1).
[846] See supra, p. 183.
[847] A reference to the commentary of Iacobus on Cod. 7.35.7 (de praescriptione).
[848] A decree of Pope Innocent IV in the First Council of Lyons, 1245 (in *Liber sextus* 2.3.1).
[849] ad X 2.3.10: Inn. IV, *Apparatus*, f. 89$^r$; Hostiensis, *Commentaria* 2. ff. 49$^v$–51$^r$.

In tuitoriis si pars appellans grauamina probet semiplene, defertur iuramentum ad plenam probacionem et dabitur tuicio.

Ubi appellatur a grauamine, nihil noui inseri debet in libello quod non sic fit in suggestione contentum; set in diffinitiuam sic, secundum Hostiensem (extra, de appellacionibus, constitutis).[850]

Ubi a sentencia duorum iudicum est appellatum non sufficit alteri eorum notificari set utrique fieri debet (ut notat Innocencius, extra, de officio delegati, cum super abbacia).[851]

In reuocacione per modum attentatorum nullitas appellacionis quantacumque ante reuocacionem proponi potest (notat Garsias in c. cupientes).[852]

Item nota quod excommunicatus petens absolucionem a iudice a quo est appellatum uel prouocatum[853] se optulit prestare[854] emendam et iurare se iuri parere;[855] ob hoc non est remittendus ad excommunicatorem set a iudice appellacionis absoluendus (extra, de sentencia excommunicacionis, solet) secundum Hostiensem.[856] Innocencius notat contra (extra, de officio ordinarii, ad reprimendam).[857]

Item nota: si agatur contra pluralem et excipiat de re iudicata eo quod in uisitacione archiepiscopi super hoc fuit absolutus, non obstat excepcio quia 'res inter alios acta' etc. Item quia alterum potuit retinere beneficium per commendam que nunc[858] finitur.

Item nota presentatum ad ecclesiam cum cura, licet non admittatur ideo quia non est constitutus in sacris, fit iniuria sibi et potest appellari, quia sine titulo ordinari non debet (ut notat Compostella,[859] extra de rescriptis, c. super prouisione, que est Alexandri[860]).

Item nota uariam conclusionem excepcionis rei iudicate, quando ante litis

---

[850] Hostiensis, *Commentaria*, ad X 2.28.46, ff. 184$^v$–186$^v$.

[851] Inn. IV, *Apparatus*, ad X 1.29.23, f. 51$^r$–52$^r$.

[852] For other references to Garsias see supra, pp. 179, 182, 186. This decretal of Pope Nicholas III (1275) is in the *Liber sextus* 1.6.16.

[853] paratum *ms*.

[854] patrare *ms*.

[855] se – parere] si appelletur *ms*.

[856] A decree of Pope Innocent IV in the First Council of Lyons, 1245 (in *Liber sextus* 5.11.2); Hostiensis, *Commentaria* 6. ff. 33$^v$–34$^v$, which, *inter alia*, considers the necessity of making amends in cases where the excommunicate requests absolution *ad cautelam* and it is proved that the excommunication was imposed for a notorious offence.

[857] Inn. IV, *Apparatus*, ad X 1.31.8, f. 59$^{r-v}$.

[858] non *rectius*.

[859] Probably Bernardus Compostellanus iunior (d. 1267), who wrote an apparatus of glosses on the decretals of Pope Innocent IV, which may have included references to decretals of Innocent's successor, Alexander IV. See Antonio Garcia y Garcia, 'Notas sobre la canonistica ibérica de los XIII–XV', *Studia Gratiana* 9 (1966) 162–3. Professor Charles Donahue has provided me with this reference.

[860] This decree can be found in the *Liber sextus* (3.4.8), where the editor, unable to find the original, provides a summary (*Corp. Iur. Can.* 2. col. 1022). Two decrees of Pope Alexander IV have this incipit: a decree issued in 1255 (see C. Bourel de la Roncière, J. de Loye, A. Coulon, eds, *Les Registres d'Alexandre IV* (2 vols; Paris, 1902–1917), 1. no. 104) and a decree issued in 1257 (see Potthast, no. 16939).

contestacionem proponitur et quando post (ut notat Innocencius, extra, de litis contestacione, c. excepcionis)[861]

Item nota: quando quis ad alterius cause defensionem admittitur, libellus ei decerni debet, eius tamen contestacio non admittitur (arg. ex lege et glossa, ff., de inofficioso, c. si suspecta).[862]

Item nota quod excepcio spoliacionis post litis contestacionem non admittitur, nisi de nouo ad noticiam perueniat (notat Innocencius, extra, de ordine cognicionum, c. ii;[863] de restitucione spoliatorum, ex conquestione;[864] de excepcionibus, pastoralis[865]).

Item nota: sufficit proponere inimiciciam capitalem contra testem, licet eius speciem non exprimat (notat Innocencius, extra, de re iudicata, Cum I. et A.).[866]

Item nota: per admissionem secundi beneficii uacat primum litigiosum, nisi de hoc in admittendo protestetur (notat Innocencius, extra, de rescriptis, in nostra;[867] et de renunciacione, c. admonet[868]).

---

[861] Decree of Pope Innocent IV in the First Council of Lyons, 1245 (in *Liber sextus* 2.3.1); Innocent commented on this decree in *Apparatus*, f. 79$^v$. Its relevance is not apparent.
[862] Dig. 5.2.29.
[863] c. cum dilectus filius; Inn. IV, *Apparatus*, ad X 2.10.2, ff. 83$^v$–84$^r$: 'est dilatoria hec exceptio [spoliationis] . . . Unde post litem contestatam proponi non potest etiam si post fiat expoliatio cum aliud auxilium habeat, scilicet, interdictum.'
[864] Inn. IV, *Apparatus*, ad X 2.13.10, f. 89$^r$.
[865] ibid., ad X 2.25.4, f. 112$^r$.
[866] ibid., ad X 2.27.22, no. 5, f. 120$^v$: 'inimici non solum dicuntur quoad repellendum a testimonio qui odium in mente habent, sed etiam qui inimicitiae causas habent vel habere praesumitur etiam sine mentis odio.'
[867] ibid., ad X 1.3.32, ff. 11$^v$–12$^r$: 'generaliter dicimus quod recipiendo unam ecclesiam uidetur renunciare liti quam habebat super alia ecclesia quam simul cum illa habere non potest.'
[868] ibid., ad X 1.9.4, f. 37$^{r-v}$: 'quod recipiendo secundam est ipso iure priuatus prima.'

# PART FOUR

# PERSONNEL OF THE COURT OF ARCHES[1]

This list includes all the officers of the court, including the proctors and advocates, who have been encountered in the preparation of this study. Under each office the members are listed chronologically. Unless otherwise stated, the dates given here – precise dates, where these are available – indicate when the individuals appear in the surviving records. Although the net has been cast quite widely, no such list can presume to be complete, and the author welcomes additions.

## OFFICIALS

The Court of Arches was in full operation by December 1251 with the Official as its principal officer. He was for some time called 'officialis Cantuariensis', which seems to indicate that his duties were not restricted to the court sitting at Bow Church, London; he would frequently act as vicar general for an absent archbishop.[2] From the early 1270s he was usually styled 'officialis curie Cantuariensis'.[3]

M. Eustace de Lenn: 3 December 1251 and 12 April 1252;[4] 1258[5]
M. Hugh de Mortimer: 1254–1256;[6] 30 March 1256[7]
M. Peter de Auxon (Asson): 22 May 1261, 21 August 1262 and 18 January 1263[8]
M. Hugh de Mortimer: 1271–72[9]
Henry de Staunton: January 1272[10]

---

[1] For biographies of many of those court officers listed here see *BRUC* and *BRUO*.
[2] See Churchill 1. 8ff.
[3] See, for an early example, Hugh Mortimer (below, n. 9). Also, in May 1274, William de Middleton so styles himself in a signification of excommunication (PRO, C 85/2/5).
[4] Wells, Dean and Chapter Archives, R. I, f. 101$^r$, R. III, f. 207$^r$.
[5] Churchill 1. 9.
[6] PRO, C 85/1/13–19, where he is called 'official of the archbishop of Canterbury'. In a document dated 11 July 1246 Mortimer is described as 'official of the archbishop of Canterbury' (PRO, C 85/1/3) as, indeed, in documents of 1247 and 1249 (ibid., nos. 5–7).
[7] 'officiali Cantuariensi' (Hereford Cathedral Archives, HCM, 1956).
[8] Churchill 2. 46, 50, 58. Also, in 1262–1263 as vicar general of the absent archbishop, Auxon, also calling himself official of Canterbury, issued significations for the arrest of excommunicates (PRO, C 85/1/28, 33–36).
[9] 'officialis curie Cantuariensis' (Churchill 1. 26n.). He was acting as official on 20 January 1272 (*Reg. Winchelsey, Canterbury* p. 1064).
[10] *Reg. Swinfield, Hereford*, p. 318. He may actually have been acting as commissary for Romney; see *BRUO* 3. 1768; *Select Canterbury Cases*, p. *19* (intro.). Other commissaries appointed by Romney were John de Bocton, Peter of Ickham, Henry de Depham, all monks of Christ Church, Canterbury (ibid.).

Geoffrey de Romney (Romenal): sat 22 September – 8 October, 20–30 October 1271, 29 January 1272;[11] in 10 February 1272;[12] sat 28 November – 5 December 1272[13]

M. William de Middleton: October 1273, in March. 1274;[14] May and July 1274;[15] possibly vacated in 1278[16]

M. Richard de Stratford: 1278 *sede vacante*, removed January 1279[17]

M. Omer de Canterbury: appointed 13 January 1279 *sede vacante*[18]

M. Adam de Hales: 8 June, 13 June, 12 August 1279[19]

M. Richard de Feringes: 1279–80[20]

M. Peter de St Maur: 1281–82[21]

M. Gilbert de St Leofard: appointed 1282 and still in 29 December 1284[22] and in 1286;[23] till 1288[24]

Robert de Chelsea: began hearing cases in the Arches, 15 December 1292, *sede vacante*[25]

M. William de Sardinia (Sarden, Cardena): 1295;[26] still in 30 June 1300[27]

M. Robert de Ros: appointed in 1303;[28] in June 1306;[29] reappointed 28 January 1307 but relinquished his seal 6 June 1307[30]

M. John de Ros: appointed 27 November 1308[31]

M. Roger de Rowell: appointed 8 June 1313[32]

---

[11] *Select Canterbury Cases*, p. *19* (intro.).
[12] *Royal Commission on Historical Manuscripts: Report on Manuscripts in Various Collections* (8 vols; 1901–14), 1. 251.
[13] *Select Canterbury Cases*, p. *19* (intro.).
[14] *BRUO* 2. 1279.
[15] PRO, C 85/2/5,6.
[16] *BRUO* 2. 1279.
[17] *Select Canterbury Cases*, p. *26* (intro.).
[18] ibid.
[19] *Reg. Pecham, Canterbury*, 1. 2, 4 and 2. 85.
[20] Churchill 2. 237; he was acting as official on 26 February 1280 (*Reg. Epp. Jo. Peckham* 1. 98).
[21] Churchill 2. 237; he was acting as official on 17 February 1282 (*Reg. Epp. Jo. Peckham* 1. 300) and in August 1282 (*Reg. Pecham, Canterbury*, 3. 51).
[22] *Reg. Pecham, Canterbury*, 2. 77.
[23] *BRUO* 3. 1628. He was official on 30 April 1286 (*Reg. Epp. Jo. Peckham* 3. 921) and on 7 May 1286 (PRO, E 40/6303).
[24] *Select Canterbury Cases*, p. *31* (intro.).
[25] Churchill 2. 237; *Select Canterbury Cases*, pp. *26–7* (intro.); for Brother Robert see Joan Greatrex, *Biographical Register of the English Cathedral Priories of the Province of Canterbury, c. 1066 to 1540*, pp. 281–2 (*s.v.* Selesia).
[26] London, Lambeth Palace Library, Arches, N.1, f. 4$^v$; Cambridge, St John's College, Ms. E.3, f. 14$^r$.
[27] *Reg. Winchelsey, Canterbury*, p. 392; *BRUO* 3. 1642. He died in 1303, his will being probated on 16 December (*Reg. Swinfield, Hereford*, p. 395).
[28] Churchill 1. 436–37.
[29] *Chron. Edw. I & Edw. II*, p. 147.
[30] *Reg. Winchelsey, Canterbury*, pp. xxv, xxvii.
[31] ibid., pp. 1099–110; Churchill 2. 186, 237.
[32] *BRUO* 3. 1600.

M. Gilbert de Middleton: in May 1314;[33] in 1316;[34] still in 1326[35]
M. Adam de Murymouth: in 31 April 1328[36]
M. John Bloyou: appointed 1328, till death (1328)[37]
M. Henry de Idsworth: in 1 July 1332,[38] 4 November and 2 December 1333 *sede vacante*[39]
M. Adam de Murymouth: in 1334 and 1335;[40] still in 1339[41]
M. Simon Islip: in 1344; still in 15 September 1346[42]
M. John de Leech (Lecche *alias* Loveryng de Northlech): in 18 October 1347;[43] in 7 December 1357[44]
M. Richard Vaughan: appointed 27 May 1349 *sede vacante*[45]
M. William de Whittlesey: appointed 25 July 1360, probably until provision to bishopric of Rochester, 3 July 1361[46]
M. Thomas Young: appointed 25 January 1362; reappointed 8 November 1366, 15 January 1369 and again 27 May 1375[47]
M. John Barnet: appointed 26 June 1376; reappointed 9 January 1382 and again 11 January 1397; probably till death (by August 1407)[48]
M. Henry Ware: in July 1408,[49] still in 15 February 1416[50] and as late as 11 July 1416[51]
M. William Lyndwood: appointed 29 September 1417;[52] still in 1431[53]
M. Thomas Bekynton: in 24 November 1431;[54] still in April 1438[55]
M. Richard Andrew: in 1439; still in 1441[56]

---

[33] See, in general, ibid., 2. 1275.
[34] *Wells, Dean & Chapter*, 1. 171.
[35] *Reg. Cobham, Worc.*, p. 205.
[36] PRO, C 270/3/3 (ii).
[37] *BRUO* 1. 206. He was buried at the Greyfriars church, London; see Kingsford, *Grey Friars*, p. 99.
[38] *CPL* 2. 369.
[39] Churchill 2. 238.
[40] Roy M. Haines, *Archbishop Stratford: Political Revolutionary and Champion of the Liberties of the Church, c. 1279/80–1348* (Toronto, 1986), p. 115.
[41] *BRUO* 2. 1330.
[42] *BRUO* 2. 1007; PRO, C 270/3/23 (ii).
[43] *Reg. Edington, Winchester*, 2. no. 118.
[44] Ducarel, 'Indexes' (Islip), 1. 21.
[45] *BRUO* 3. 1942.
[46] ibid. 3. 2041; *BRUC*, p. 637; Churchill 2. 186–87, 238.
[47] Churchill 2. 238.
[48] *BRUO* 1. 113. He was active in late September or early October 1406 (*Reg. Repingdon, Lincoln* 1. 84) and in 16 June 1407 (PRO, SC 1/43/115).
[49] Churchill 2. 238.
[50] *Reg. Chichele, Canterbury*, 4. 37.
[51] PRO, C. 85/14/7.
[52] *Amundesham* 1. 252–3.
[53] *BRUO* 2. 1192; *BRUC*, p. 380.
[54] A. Hamilton Thompson, *The English Clergy and their Organization in the Later Middle Ages* (Oxford, 1947), p. 244.
[55] *BRUO* 1. 157.
[56] ibid., p. 35.

M. William Byconyll: appointed 14 June 1444, till death (November 1448)[57]
M. Robert Dobbes: appointed 29 October 1452[58]
M. Zanobius Mulakyn: appointed 10 October 1454[59]
M. John Stokes: in 1460[60]
M. John Sudbury (*alias* Cralle): in 22 January 1460[61]
M. Thomas Winterburn: in 1464;[62] in 1 July 1465[63]
Officialty vacant in 23 March 1489 and in 17 July 1492[64]
M. Humphrey Hawardyn: in 21 July 1495;[65] appointed as official (and dean), 5 February 1504[66]
M. Walter Stone: before death in May 1519[67]
M. Thomas Wodyngton: by 4 November 1512;[68] still in 1520–22[69]
M. John Cock(s): in 7 June 1524[70]
M. Peter Ligham: in 22 March 1528;[71] still in 1 June 1532[72]
M. Richard Gwent: by 5 July 1532[73] still in 1535[74]

DEANS OF THE ARCHES

From at least the early 1250s the dean of the peculiar jurisdiction of the archbishop of Canterbury in London (i.e., the deanery of the Arches) acted as commissary general (i.e., judge) in the absence of the Official.[75]

M. Michael de Bristoll: in 19 February 1257; in 26 June 1257;[76] still in 22 May 1261[77]

---

[57] ibid., p. 330.
[58] ibid., p. 580.
[59] Churchill 2. 238.
[60] ibid.
[61] Oxford, Queen's College Ms. 54, f. 140r.
[62] Year Book, Mich. 4 Edw. 4, pl. 20, ff. 37a–38a (Seipp no. 1464.067). I am grateful to David Seipp for this reference.
[63] PRO, SC 7/64/38.
[64] PRO, C 85/23/5, 24.
[65] *Reg. Morton, Canterbury*, 1. 196.
[66] *BRUO* 2. 888; Churchill 2. 187–88, 238.
[67] *BRUO* 3. 1789.
[68] PRO, C 85/24/28.
[69] Churchill 2. 238.
[70] PRO, C 85/25/3.
[71] PRO, C 270/28/25.
[72] PRO, C 85/25/32. In 2 July 1530 he lived in Warwick Lane (*Reg. Wolsey, Winchester*, p. 183).
[73] PRO, C 85/25/31.
[74] In October, see Gerald Bray, ed., *Tudor Church Reform: The Henrician Canons of 1535 and the* Reformatio Legum Ecclesiasticarum (Church of England Record Society, 8; 2000), pp. xxvi–xxvii; in December, see *Reg. Gardiner, Winchester*, p. 62.
[75] See supra, p. xvi.
[76] Hereford Cathedral Library, HCM 1955, 1958, 1961.
[77] Churchill 2. 46.

M. Stephen: in 18 May 1271[78]
M. Richard de Stratford: in 11 October 1273[79]
M. Robert de Trillawe (Thirlowe, Frillawe): in 1274;[80] in 13 November 1277;[81] still in 1279[82]
M. Gregory de Kereven: in 1279[83]
M. Stephen de Bokeland: before 15 December 1279[84]
M. Roger de Rowell (Rothwell): appointed 23 September 1279;[85] he relinquished the seal 10 May 1282[86]
M. Adam de Kilkenny: appointed in May 1282;[87] till 1286[88]
M. Wiliam de Herton: referred to as 'late' Dean of the Arches, 20 November 1285[89]
M. William de Sardinia (Sarden): in late 1286 or early 1287; and in 13 March 1287;[90] still in 1291[91]
M. Henry de Nassington: appointed 30 May 1295; still in 1301[92]
M. Walter de Thorp: appointed 19 July 1303;[93] still in 9 January 1306[94]
M. Gilbert de Middleton: in 1309; still in 29 April 1313[95]
M. Thomas Teffonte and Thomas de Langestok, appointed to act temporarily, January 1314[96]
M. Richard de Stanhoe: in 1315, till death, 14 October 1318[97]
M. John de Stratford: in 1321; vacated c. April 1323;[98] yet called dean on 21 June 1323[99]
M. William de Whitebi: appointed 11 April 1323[100]

---

[78] PRO, E 135/21/16.
[79] Churchill 2. 52.
[80] PRO, CP 40/5, m. 68d.
[81] William Prynne, *The History of King John, King Henry III, and the most illustrious King Edward the I* (London, 1670), p. 1218, where he is called Frillawe.
[82] PRO, CP 40/30, m. 54d.
[83] PRO, CP 40/28, m. 54. Dr Paul Brand has kindly provided me with these references to the plea rolls.
[84] PRO, SC 1/15/4.
[85] *Reg. Pecham, Canterbury*, 3. 90.
[86] Churchill 2. 239.
[87] ibid.
[88] *Select Canterbury Cases*, p. *31* (intro.).
[89] *Reg. Giffard, Worcester*, 2. 271.
[90] ibid. 2. 303, 306.
[91] *BRUO* 3. 1642.
[92] Churchill 2. 191, 239.
[93] ibid.
[94] *Chron. Edw. I & Edw. II* 1. 144; see also p. 147.
[95] *BRUO* 2. 1275; *Reg. Woodlock, Winchester*, 1. 631.
[96] Churchill 2. 239.
[97] *Chron. Edw. I & Edw. II* 1. 284: 'qui munera mentis corruptibilia sprevit, veritatem causarum coram se deductorum animose perscrutans, constantem in omnibus suis actibus se habuit.' See also *BRUC*, p. 550, and *Reg. Martival, Salisbury* 1. 5.
[98] *BRUO* 3. 1797.
[99] *Chron. Edw. I & Edw. II* 1. 305.
[100] Churchill 2. 239.

M. Robert Norton: in 11 July 1324;[101] still in 30 January 1326[102]
M. Richard de Chaddeslegh: in 31 April 1328[103]
M. John de Offord: in 19 May 1332[104]
M. Henry de Idsworth: appointed 4 November 1333 *sede vacante*[105]
M. John de Offord: in 25 November 1333;[106] in 1336[107]
M. Henry de Chaddesdene: appointed 31 July 1342;[108] still in 12 November 1345[109]
M. Richard de Plessis: in 7 December 1347;[110] April, 1348; till death (by August 1361)[111]
M. Richard de Chameleysford: appointed 2 August 1361[112]
M. William de Thinghull: appointed 6 October 1361;[113] still in 1365[114]
M. Nicholas de Chaddesden: appointed 9 November 1366; reappointed 16 January 1369 and 27 May 1375[115]
M. Thomas Baketon: appointed 24 February 1382;[116] reappointed March 1384[117]
M. Roger Page: appointed 27 February 1389; still in 14 October 1391[118]
M. Michael Cergeaux (Sergeaux): in 1393; in 24 February 1394; still in 1395[119]
M. John Prene: in May and June 1401[120]
M. Richard de Brynkeley: appointed 9 August 1407;[121] still in 21 May 1409[122]
M. John Kempe: in July 1414[123]
M. Thomas Bekynton: in February 1423;[124] still in 28 January 1430[125]

---

[101] ibid.
[102] *Chron. Edw. I & Edw. II* 1. 310.
[103] PRO, C 270/3/3 (ii).
[104] *Reg. Kirkby, Carlisle*, 1. 115.
[105] Churchill 1. 239. See Roy M. Haines, *Archbishop Stratford: Political Revolutionary and Champion of the Liberties of the Church, c. 1279/80–1348* (Toronto, 1986), p. 115.
[106] *Lit. Cant.* 2. 41, 43.
[107] Churchill 1. 239.
[108] PRO, C 269/9/15 (ii).
[109] ibid.
[110] Ducarel, 'Indexes' (Islip), f. 138ʳ.
[111] *BRUO* 3. 2206.
[112] Churchill 2. 239.
[113] ibid., pp. 191, 239.
[114] *Reg. Grandisson, Exeter*, 3. 1495; *BRUC*, p. 581.
[115] Churchill 2. 239.
[116] ibid.
[117] *BRUC*, p. 31.
[118] PRO, C 85/11/68.
[119] *Reg. Trefnant, Hereford*, p. 62; *BRUO* 1. 378.
[120] Ducarel, 'Indexes' (Arundel), 1. 55. Churchill 2. 239.
[121] Churchill 2. 130.
[122] *Reg. Bubwith, Bath and Wells*, 1. 179.
[123] Churchill 2. 240.
[124] *BRUO* 1. 157.
[125] *Amundesham* 1. 233 ('virus profundae scientiae sinceriorisque amicitiae'), 252.

M. John Lyndfeld (*alias* Clerc): by October 1434;[126] till death, October/November 1440[127]

M. Zanobius Mulakyn (*alias* Naufer): in 18 January 1441;[128] reappointed 14 August 1443[129]

M. William Wytham: appointed 5 October 1448[130]

M. Zenobius Mulakyn (*alias* Naufer): in 27 January 1452[131]

M. Richard Leyte: in 1453–54[132]

M. William Spaldyng: appointed 15 November 1454[133]

M. John Boteler: in 1469[134]

M. John Morton: in 1474[135]

M. John Peek: in 15 June 1476[136]

M. David William: in 12 February 1481;[137] in March 1484;[138] still in March 1486[139]

M. Henry Hawardyn: in 23 March 1489;[140] in 18 July 1492;[141] reappointed dean (and now official) 5 February 1504[142]

M. [Thomas?] Cooke: in 1495[143]

M. Thomas Wodyngton: by 1508;[144] in 30 November 1510;[145] in 1513;[146] still in 1520[147]

M. Christopher Middelton: in 1521[148]

M. Peter Ligham: in 1528; still in 1532[149]

---

[126] *Reg. Chichele, Canterbury*, 3. 255.
[127] *BRUO* 2. 1190.
[128] *Wells, Dean & Chapter*, 2. no. 401 (p. 672).
[129] Churchill 2. 192, 240.
[130] ibid.
[131] PRO, C 85/19/27.
[132] Churchill 2. 240.
[133] ibid.
[134] Oxford, Queen's College Ms. 54, f. 301$^{r-v}$.
[135] *BRUO* 2. 1319; *BRUC*, p. 413.
[136] Oxford, Queen's College Ms. 54, ff. 301$^v$–302$^r$; *BRUO* 3. 1451 *s.v.* Pees.
[137] Oxford, Queen's College Ms. 54, ff. 302$^v$–303$^r$ for his letter as dean of that date; also Churchill 2. 240.
[138] PRO, C 85/22/31.
[139] *BRUO* 3. 2050.
[140] PRO, C 85/23/5.
[141] ibid., no. 24.
[142] *BRUO* 2. 888.
[143] Year Book, Hil. 10 Hen. VII, pl. 2, f. 12$^a$–12$^b$ (Seipp no. 1495.002). I am grateful to David Seipp for calling this reference to my attention.
[144] London, Lambeth Palace Library, DC 1, f. 12$^r$; cf. Squibb, p. 128, where he is called an advocate.
[145] PRO, C 85/24/16.
[146] *BRUO* 3. 2083.
[147] see supra, p. 2.
[148] *BRUO* 2. 1274.
[149] ibid. 2. 1187.

## EXAMINERS GENERAL

Two examiners usually performed the function of examining witnesses. In the absence of both the Official and the Dean of the Arches they could act as commissary (i.e., judge).[150]

John de Meriton: in May 1272;[151] in October 1272[152]
M. Peter le Cunte: in April 1272;[153] in October 1272[154]
M. William de Haleberg: in February 1283[155]
M. Reginald de Heyton: before 1292;[156] in 1299[157]
M. Henry de Hoveden: in 1299[158]
Philip de Toreville: in 3 April 1305[159]
M. Nicholas de Hoo: in 20 October 1305[160]
M. Richard de Brinchesleye: 9 February 1313[161]
M. Nicholas de Gore: in 9 February 1313;[162] in 5 May 1315[163]
M. John Maleuyle: appointed 23 October 1317[164]
M. Robert de Redeswell: in 15 June 1323;[165] vacated by 11 July 1324[166]
M. Richard de Brenchester: vacated by 5 March 1325[167]
M. Thomas Cherminstre: appointed 5 March 1325[168]
M. Alexander de Newport: vacated 8 February 1326, but in 3 December 1327[169]
M. John de Wytechurche: appointed 8 February 1326; in 3 December 1327[170]
M. William Worston: appointed 30 November 1333 *sede vacante*[171]
M. John de Hagh: appointed 30 November 1333 *sede vacante*[172]
M. William le Boys: in 24–26 April 1340[173]

---

[150] See Churchill 1. 447, 2. 189.
[151] *Select Canterbury Cases*, p. 79, n. 5.
[152] ibid., p. 133.
[153] ibid., p. 86, n. 5.
[154] ibid., p. 133.
[155] Churchill 2. 240.
[156] *Select Canterbury Cases*, p. *31* (intro.).
[157] Churchill 2. 240.
[158] ibid.
[159] *Reg. de Ghent, Salisbury*, 2. 654.
[160] *Chron. Edw. I & Edw. II* 1. 143. Dr Irene Churchill (Churchill 2. 240) suggested that he may be the same as the person in the next entry but one.
[161] London, British Library, Add. Ms. 10374, f. 101r.
[162] ibid.
[163] J.W. Willis Bund, ed., *The Register of the Diocese of Worcester during the Vacancy of the See, usually called* Registrum sede vacante, *1301–1435* (Worcs. Hist. Soc., 8; 1897), pp. 172–3.
[164] Churchill 2. 240.
[165] *Reg. Orleton, Hereford*, pp. 260–61.
[166] Ducarel, 'Indexes' (Reynolds), p. 15.
[167] ibid., p. 21.
[168] ibid.
[169] ibid.
[170] ibid.
[171] Churchill 2. 240.
[172] ibid.
[173] *Reg. Bransford, Worcester*, no. 296.

M. John de Belgrave: in 12 November 1345;[174] reappointed Jan 1350[175]
M. Thomas Michel: appointed January 1350[176]
M. Thomas de Chippenham: in 18 January 1350[177]
M. Thomas de Clippeston: appointed 3 July 1350[178]
M. John Stretele: appointed 22 January 1353[179]
M. Robert de Nettleton: appointed 20 February 1354;[180] still in 1355[181]
M. Edmund de Ingham (Hengham): in 1355[182]
M. William de Thinghull: appointed 17 October 1356[183]
M. Thomas de Stretford: appointed 27 January 1362[184]
M. John Farley: appointed 18 May 1363; reappointed 9 November 1366[185]
M. Robert Wykford: appointed 9 November 1366[186]
M. Henry de Southdon (*alias* Bysouthdoun): appointed 25 January 1368[187]
M. Robert de Austhorp: appointed 11 November 1368; reappointed 16 January 1369[188]
M. William Loryng: appointed 7 June 1370[189]
M. John de Langeden (Longden): appointed 10 May 1373[190]
M. John Harald: appointed 20 January 1374; reappointed 27 May 1375 and 29 January 1382[191]
M. Adam de Wykemore (Wickmer): appointed 14 October 1375[192]
M. William Godeford (Codeford): appointed 29 January 1382[193]
M. Richard Brynkeley: in 23 April 1384;[194] reappointed 30 December 1385, 12 January 1397[195] and 5 August 1402;[196] still in 22 September 1405[197]
M. John Perche: in 23 April 1384;[198] reappointed 27 October 1399[199]

---

[174] PRO, C 269/9/15 (ii).
[175] Churchill 2. 192–3, 240.
[176] ibid., p. 240.
[177] Ducarel, 'Indexes' (Islip), 1. 41.
[178] Churchill 2. 240.
[179] ibid.
[180] Ducarel, 'Indexes' (Islip), 1. 41.
[181] Churchill 2. 240, n. 5.
[182] ibid. 2. 240.
[183] ibid.
[184] ibid. 2. 241.
[185] ibid.
[186] ibid.
[187] ibid. He died by September 1368 (*BRUO* 3. 1734).
[188] Churchill 2. 241.
[189] ibid. See *BRUC*, p. 373.
[190] Churchill 2. 241.
[191] ibid.
[192] ibid.; Ducarel, 'Indexes' (Sudbury), p. 17.
[193] Churchill 2. 241.
[194] *Wells, Dean & Chapter*, 1. 384.
[195] Churchill 2. 241.
[196] Ducarel, 'Indexes' (Arundel), 1. 41.
[197] York, Borthwick Institute, York Reg. 5A, f. 270$^r$. This reference was kindly drawn to my attention by David M. Smith.
[198] See last note but one.
[199] Churchill 2. 193, 241.

M. John Cateby: appointed 12 June 1396[200]
M. John Kemp: appointed 30 January 1413;[201] vacated by June 1414[202]
M. John Estcourt: appointed 26 June 1414;[203] in 1419;[204] still in 1421[205]
M. John Lyndfeld (*alias* Clerc): in 1420; still in c. 1434[206]
M. Edward Prentys, probably examiner: 27 October 1435[207]
M. John Stevenes: appointed 14 October 1443;[208] still in 10 August 1448[209]
M. William Spaldyng: appointed 13 November 1454; still in 1457[210]

REGISTRARS

The identification of Registrars and Scribes of the Acts is not always easy to make, since the latter is often called simply 'Registrar' but more fully as 'Registrar and Scribe of the Acts'. The Registrar of the court is sometimes referred to as the 'Principal Registrar', to which might be added 'Keeper of the Registers'. The two had separate functions: the Registrar to act as archivist and the scribe, his inferior, to make day-to-day records of proceedings in the court, which he would keep for a short time.[211] The names listed here appear to belong to Principal Registrars.

M. William Bygod: c. 1288;[212] in vacancy of 1292–94[213]
M. Edmund de Verdun (*alias* de Canterbury): in vacancy of 1292–94;[214] vacated by 19 October 1305[215]
M. William Russel: appointed 19 October 1305; still in 1310;[216] probably still in 9 February 1313[217]
M. Philip de Pateneye: appointed 26 September 1316[218]
M. William de Graffton: appointed 14 March 1317 and 31 March 1325[219]

---

[200] Ducarel, 'Indexes' (Arundel), 1. 56.
[201] Churchill 2. 193–4.
[202] ibid. 2. 240, when he became dean of the Arches.
[203] ibid. 2. 194, 241.
[204] *Reg. Hallum, Salisbury*, p. 247.
[205] *Reg. Chichele, Canterbury*, 1. 76.
[206] *BRUO* 2. 1190. He became dean of the Arches c. 1434 (see supra).
[207] PRO, C 270/28/19.
[208] Churchill 2. 194–5, 241.
[209] PRO, C 85/18/22.
[210] *BRUC*, p. 544; he became dean of the Arches 15 November 1454 (see supra).
[211] For this distinction see supra, pp. 48–50, and Churchill 1. 452–56.
[212] Churchill 2. 195, 241.
[213] *Select Canterbury Cases*, p. *30* (intro.).
[214] ibid.
[215] Churchill 2. 195.
[216] ibid. 2. 95, 241.
[217] Referred to as a notary in the Arches (London, British Library, Add. Ms. 10374, f. 101).
[218] Churchill 2. 196, 241; see supra, pp. 114, 116.
[219] Ducarel, 'Indexes' (Reynolds), p. 20.

M. Robert de Avebury: in time of Abp. Stratford (1333–48);[220] in 23 February 1351[221]
M. Thomas de Islip: appointed 8 October 1361; still in 1372[222]
M. John Katerynton: appointed 30 September 1376[223]
M. John Prophet: appointed 19 February 1382; till death (by 1 July 1384)[224]
M. John Lynton: appointed 1 July 1384;[225] in 14 August 1397;[226] probably till death, c. 1401[227]
M. John Perch: in 18 August 1401;[228] in 10 August 1407 ordered to hand over seal and muniments to the dean;[229] in 1 July 1412;[230] still in 22 October 1414[231]
M. Philip Davy: appointed 10 October 1415; till 1424[232]
M. John Hylton: in 1430[233]
M. John Gerebert: appointed 22 February 1424; reappointed 25 August 1443[234]
M. Nicholas Parker, before 5 February 1485[235]
Richard Spencer: about 1495[236]

[220] Churchill 2. 241; but appointed before 21 September 1344 (supra, p. 00). In 12 November 1345 he is referred to as notary public in the Arches: PRO, C 209/9/15 (ii).
[221] See supra, p. 59.
[222] Churchill 1. 455; 2. 196 n. 1, 241.
[223] ibid. 2. 196–7, 241.
[224] ibid. 2. 197, 241.
[225] ibid. 2. 197, 241.
[226] supra, pp. 47, 48.
[227] Churchill 1. 241, 456.
[228] ibid. 2. 197–8; Ducarel, 'Indexes' (Arundel), 1. 55. As registrar, his name heads the list of notaries public in the diocese of London, 14 April 1402 (C.R. Cheney, *Notaries Public in England in the Thirteenth and Fourteenth Centuries* (Oxford, 1972), p. 181).
[229] Ducarel, 'Indexes' (Arundel), 1. 54–55.
[230] *Reg. Repingdon, Lincoln*, 2. 305.
[231] *Reg. Chichele, Canterbury*, 2. 313.
[232] Churchill 2. 242.
[233] ibid. In 1 July 1412 he is called 'clerico iurato' of the court (*Reg. Repingdon, Lincoln* 2. 306)
[234] *Reg. Repingdon, Lincoln*, 2. 198, 242.
[235] The date of his death. Inscription on his tomb at the London Greyfriars church, where he is buried with his two wives: 'Quondam curie Cantuariensis registrator principalis et eiusdem curie registrorum custos' (Kingsford, *Grey Friars*, p. 105).
[236] Christopher Harper-Bill, ed., *The Register of John Morton, Archbishop of Canterbury, 1486–1500*, vol. 1 (Canterbury and York Society, 75; 1987), no. 196, but he is also called proctor in a papal document of 25 October 1495, which may be in error. In neither place is he called *magister*.

## SCRIBES OF THE ACTS

It is not always easy to distinguish registrars from scribes of the acts, but the names listed here appear to belong to the latter. (See remarks above at 'Registrars'.)

M. John de Foddringeye: in c. 1310[237]
Simon de Styleton: possibly the scribe in 9 February 1313[238]
M. Peter de Wymborn: possibly the scribe in 20 March 1321[239]
M. Henry Bagworth: in 21 September 1344;[240] in 12 November 1345;[241] still in 23 February 1351[242]
M. Thomas Duffeld: in 9 February 1381[243]
M. Robert Church: in 23 April 1384[244]
M. John Slole: in 14 August 1397[245]
M. John Penne: in 1401[246]
M. John Went: in c. 1403;[247] in 27 October 1435[248]
M. John Emlyn: appointed 4 February 1479[249]

## APPARITORS (OR BEDELS)

The terms were synonymous. Their duty was primarily to cite parties to appear in the Arches.

William de Graffton: appointed 8 March 1317; in 25 March 1325[250]
John de Letch: appointed for life 11 March 1350[251]
Robert de Brassyngton: appointed 3 June 1365[252]

---

[237] *Reg. Winchelsey, Canterbury,* p. 1242; Churchill 2. 242.
[238] Referred to as a notary in the Arches (London, British Library, Add. Ms. 10374, f. 101).
[239] Referred to as notary of the court at the time when we know M. William de Graffton was registrar (*Reg. Martival, Salisbury,* 1. 199).
[240] Hereford Cathedral Library, HCM 2467.
[241] C 269/9/15 (ii)
[242] See supra, p. 59.
[243] *Reg. Chichele, Canterbury,* 4. 51.
[244] *Wells, Dean & Chapter,* 1. 384.
[245] Supra, pp. 48–50. He is sometimes called Stokie, which may be due to scribal confusion.
[246] Churchill 2. 242. As scribe of the court, he is listed among the notaries public in the diocese of London, 14 April 1402 (C.R. Cheney, *Notaries Public in England in the Thirteenth and Fourteenth Centuries* (Oxford, 1972), p. 181).
[247] Churchill 2. 242.
[248] PRO, C 270/28/19.
[249] *BRUO* 1. 641, described as registrar and scribe of acts.
[250] Ducarel, 'Indexes' (Reynolds), p. 20.
[251] ibid. (Islip), 1. 39.
[252] Churchill 1. 457.

M. Robert de Faversham: appointed 8 July 1375;[253] reappointed 9 January 1382[254]
Thomas Perstwode: appointed 16 February 1397[255]
Thomas Elyngton: appointed 16 October 1399[256]
John Becket: appointed 23 November 1401[257]
William Maryner: appointed 9 March 1489[258]


ADVOCATES

These lawyers, like the proctors, were exclusive practitioners in the Court of Arches, possibly from its appearance in the middle of the thirteenth century and probably from 1273, when a specific oath was required of them.[259] In 1280 the official of the court referred to them and the proctors as 'uenerabili cetui aduocatorum et procuratorum eiusdem curie'.[260] Their number was restricted to sixteen by Archbishop Winchelsey in 1295, but it was to grow to twenty-four by the early sixteenth century.[261]

M. William de Broxbourne: in 1267[262]
M. Thomas de Graham: in 1267[263]
M. Walter de Northampton: in 1267[264]
M. Adam: in vacancy of 1270–73[265]
M. Richard de Bradwell: in vacancy of 1270–73[266]
M. Matthew, rector of Wooton: in vacancy of 1270–73[267]
M. Gilbert de St Leofard: no date, but before 1282, when he became official[268]
M. Warin de Boys: in 19 October 1287[269]
M. William de Foderingeye: in 11 November 1298[270]

---

[253] Ducarel, 'Indexes' (Sudbury), p. 15.
[254] ibid. (Courtenay), p. 29.
[255] ibid. (Arundel), 1. 52–53.
[256] ibid. (Arundel), 1. 53.
[257] ibid.; possibly only apparitor of the prerogative court (Churchill 1. 417).
[258] *Reg. Morton, Canterbury*, 1. 172.
[259] Supra, p. 5.
[260] Supra, p. 56.
[261] Supra, p. 71; generally see Churchill 1. 450–51.
[262] *Select Canterbury Cases*, p. *22* (intro.).
[263] ibid.
[264] ibid.
[265] ibid., pp. *22–23* (intro.).
[266] ibid.
[267] ibid.
[268] Beryl Smalley, *English Friars and Antiquity in the Early Fourteenth Century* (Oxford, 1960), pp. 161, 324, where she recounts the story (from Holcot) that, as an advocate in the Arches, he sold his silence for £100: 'dixit se aliquando accepisse centum libras uno die ut taceret.'
[269] *Reg. Swinfield, Hereford*, p. 157.
[270] J.B. Hughes, ed., *The Register of Walter Langton, Bishop of Coventry and Lichfield* (Canterbury and York Soc., 91; 2001), 1. 62. He was given an annual retainer of 6 marks. At the

M. Gilbert de Middleton: in March 1301[271]
M. Adam de Murymouth: in 29 March 1308[272]
M. Geoffrey de Eton (Eydon): in 8 February 1309[273]
M. John Stratford: in 1315[274]
M. Henry de Idsworth: in 14 January 1319 and 5 April 1320[275]
M. Richard de Gloucester: in 20 March 1321 and in 22 April 1323[276]
M. Richard de Solbergh: in 20 March 1321[277]
M. William de Weston: in 20 March 1321[278]
M. Robert de Worcester: in 1323[279]
M. Wilbert Littleton: in 1323[280]
M. Brice de Sharsted: in 1327[281]
M. Thomas de Plymstoke: in 1328[282]
M. Laurence Fastolf: in 13 April 1328[283]
M. John de Shordich: in 1328–29[284]
M. Stephen de Kettlebury (Kettleberg): in 1328–29;[285] still in 24 February 1351[286]
M. John de Sandwich: in 8 February 1329[287]
M. Simon de Islip: in 28 May 1331[288]
M. William de Bere: in 11 May 1334[289]
M. Peter Scolaclif[290]
M. Michael de Northburgh: by 1336; in February 1338[291]
M. Gilbert de Welton: in 1337[292]
M. William de Worstone: in 1343–44[293]

same time Langton wrote similar letters to M. John de Bruton (for 5 marks) and Henry de Derby (for 40 shillings); they were not called advocates of the Arches. I am grateful to Dr J.B. Hughes for confirming this against the text.
[271] *BRUO* 2. 1275.
[272] *Reg. Stapleton, Essex*, p. 293.
[273] ibid., p. 178. See also *Reg. Langton, Coventry and Lichfield* 1. 791.
[274] R.M. Haines, *Archbishop John Stratford: Political Revolutionary and Champion of the Liberties of the English Church, 1275/80–1348* (Toronto, 1986), p. 8.
[275] *BRUO* 2. 997.
[276] *Reg. Cobham, Worcester*, pp. 121–22, 149; *Reg. Martival, Salisbury* 1. 199.
[277] *Reg. Martival, Salisbury*, 1. 199.
[278] ibid.
[279] He had been recently appointed. See *Reg. Cobham, Worcester*, p. 163, and *BRUO* 3. 2086.
[280] *BRUO* 2. 1153.
[281] ibid. 3. 1681.
[282] ibid. 3. 1488.
[283] *Reg. Drokensford, Bath and Wells*, p. 284.
[284] *BRUO* 3. 1695; *Reg. Grandisson, Exeter* 1. 452; 2. 41.
[285] *BRUO* 2. 1043.
[286] Ducarel, 'Indexes' (Islip), 1. 208.
[287] *Reg. Grandisson, Exeter* 1. 208.
[288] ibid. 2. 616–17.
[289] *Reg. Montacute, Worcester*, no. 60.
[290] *Reg. Shrewsbury, Bath and Wells*, no. 744.
[291] *BRUO* 2. 1370.
[292] ibid. 3. 2013.
[293] *Wells, Dean & Chapter*, 2. 7, 8.

M. Thomas Euwyes: in 20 May 1344[294]
M. Richard de Plessis: in 12 November 1345[295]
M. Richard de Haversham: in 12 November 1345[296]
M. William de Whittlesey: in 12 November 1345[297]
M. William de Honyngton: in 15 March 1347[298]
M. Richard Drax: in 28 December 1347;[299] in 1348[300]
M. Thomas Yonge: in 10 August 1349;[301] still in 1361[302]
M. John de Lameleye: admitted 23 May 1350[303]
M. Philip Godeford: admitted 29 January 1351[304]
M. Robert Netylton: in 6 September 1351[305]
M. Reginald de Irtlingburgh: admitted 17 May 1352[306]
M. Thomas de Clipston: admitted October 1353[307]
M. Richard de Berringhneham: admitted 11 May 1354[308]
M. Adam de Houghton: admitted 18 July 1355[309]
M. John Carleton: admitted 1356[310]
M. John de Merton: admitted 3 December 1356[311]
M. Nicholas Chaddesden: admitted 23 January 1359; license to be absent for one year, 24 January 1359[312]
M. Richard de Haversham: admitted 18 March 1359;[313] died 15 May 1359[314]
M. Roger de Freton: admitted 17 May 1359[315]
M. Hugh de Hagh: admitted 18 February 1361[316]
M. Robert de Wykford: admitted 27 January 1362[317]
M. Roger de Sutton: admitted 10 November 1366[318]

---

[294] *Reg. Bransford, Worcester*, no. 1220.
[295] PRO, C 269/9/15 (ii)
[296] ibid.
[297] ibid.
[298] *Reg. Hethe, Rochester*, 2. 804.
[299] *Reg. Edington, Winchester*, 1. 230.
[300] *BRUO* 3. 2171.
[301] *Reg. Edington, Winchester*, 1. 1626.
[302] *BRUO* 3. 2232.
[303] ibid. 2. 1088; Ducarel, 'Indexes' (Islip), 1. 32–33.
[304] Ducarel, 'Indexes' (Islip), 1. 34.
[305] *Wells, Dean & Chapter*, 1. 551. See also Ducarel, 'Indexes' (Islip), 1. 34.
[306] *Wells, Dean & Chapter*, 2. 1005.
[307] Ducarel, 'Indexes' (Islip), 1. 35.
[308] ibid.
[309] ibid. 1. 35; *BRUO* 2. 973.
[310] *BRUO* 1. 356.
[311] Ducarel, 'Indexes' (Islip), 1. 36.
[312] ibid. 1. 32, 36.
[313] ibid. 1. 37; *BRUO* 2. 887.
[314] Kingsford, *Grey Friars*, p. 82: he was buried at the Grey Friars church, London.
[315] Ducarel, 'Indexes' (Islip), 1. 37.
[316] ibid. 1. 38–39.
[317] ibid. 1. 33–34.
[318] *BRUC*, p. 568.

M. Thomas Spert (Spret): admitted 17 February 1367[319]
M. John Shepey: admitted 16 October 1367[320]
M. John Godenough: admitted 26 January 1368[321]
M. William Hunte: admitted 26 January 1368[322]
M. Thomas de Rippeley: admitted 1368–1374[323]
M. William Byde: admitted 1 November 1369;[324] removed from office 25 June 1384[325]
M. John Shillyngford: admitted 20 November 1369;[326] still in 20 January 1389[327]
M. Ralph Ergum: admitted 17 March 1369[328]
M. Thomas de Shirford: admitted 3 July 1370[329]
M. John Godeford (*alias* Silvester): admitted 19 October 1370[330]
M. Robert Sustede: admitted 19 October 1371[331]
M. Thomas de Baketon: admitted 19 October 1371[332]
M. John Lydford: admitted 24 October 1371[333]
M. John de Langeden: admitted 16 April 1372[334]
M. Peter de Gyldesburgh: admitted 27 April 1373[335]
M. Ralph Tregrigion: admitted 1 June 1373;[336] in 25 June 1384[337]
M. William Loryng: admitted 20 January 1374[338]
M. William de Flaynburgh (*alias* Beverley): admitted 23 June 1375[339]

---

[319] *BRUO* 3. 1743.
[320] ibid. 3. 1684.
[321] Ducarel, 'Indexes' (Whittlesey), pp. 16–17.
[322] ibid., p. 17.
[323] In an undated form in a formulary book he was dispensed by Archbishop William to be admitted as an advocate, no doubt Archbishop Whittlesey (1368–74); see Cambridge, Gonville & Caius College Ms. 588, f. 71.
[324] Ducarel, 'Indexes' (Whittlesey), p. 17.
[325] Joseph H. Dahmus, *The Metropolitan Visitations of William Courtenay, Archbishop of Canterbury, 1381–1396* (Urbana, IL, 1950), pp. 103–4.
[326] ibid., p. 18.
[327] PRO, SC 10/1800. For legal opinions of Shillyngford see Dorothy M. Owen, ed., *John Lydford's Book* (London, 1974), nos. 186–88.
[328] Ducarel, 'Indexes' (Whittlesey), pp. 18–19.
[329] ibid., p. 19.
[330] ibid.; see *BRUO* (*s.v.* Codeford), 1. 453.
[331] Ducarel, 'Indexes' (Whittlesey), p. 20.
[332] ibid., p. 20.
[333] ibid., pp. 19–20; for his career see Dorothy M. Owen, ed., *John Lydford's Book* (London, 1974), pp. 5–11.
[334] Ducarel, 'Indexes' (Whittlesey), p. 20; see *BRUO* (*s.v.* Longden), 3. 2191. He was later examiner general (supra).
[335] Ducarel, 'Indexes' (Whittlesey), p. 21; *BRUC* (*s.v.* Gildesburgh), p. 258.
[336] Ducarel, 'Indexes' (Whittlesey), pp. 21–22; *BRUO* (*s.v.* Tregrisiow with variant spellings) 3. 1893.
[337] Dahmus, *Metropolitan Visitations*, p. 104.
[338] Ducarel, 'Indexes' (Whittlesey), p. 22; formerly examiner (supra).
[339] *BRUC.*, p. 233; called Faynburgh in Ducarel, 'Indexes' (Sudbury), p. 11.

M. William Mennass (Menesse): admitted 14 October 1375[340]
M. Robert More: admitted 13 June 1376[341]
M. Thomas Stowe: admitted 15 June 1377[342]
M. William Tadeworth (Tuddeworth): admitted 11 July 1377 (died 1380)[343]
M. John Freynsche: admitted 19 July 1377[344]
M. William de Norton: admitted 23 January 1380[345]
M. John Welbourne: admitted 15 October 1380[346]
M. Adam Davenport: admitted 16 October 1380[347]
M. Michael Cergeaux (Serjeaux): commission to admit, 5 February 1382[348]
M. William Rocoumbe (Rowcombe): commission to admit, 5 February 1382[349]
M. Simon Catesby: commission to admit, 16 May 1383[350]
M. Walter Bernes: admitted 12 November 1383[351]
M. Robert Weston: admitted 13 December 1384[352]
M. Roger Page: in 12 October 1388[353]
M. David Price: in 8 November 1388[354]
M. John de Elmer: in 1394;[355] in June 1397[356]
M. Henry Chichele: in 1396–97[357]
M. William Stude: in June 1397[358]
M. John Snappe: in 1398[359]
M. William Steucle: in 8 September 1398[360]
M. Adam Usk: by 1399; still in 1419[361]
M. Stephen Gylle: d. 4 December 1400[362]

[340] Ducarel, 'Indexes' (Sudbury), pp. 11–12.
[341] ibid., p. 12.
[342] ibid.
[343] ibid., p. 13; *BRUO* 3. 1912.
[344] Ducarel, 'Indexes' (Sudbury), p. 13.
[345] ibid., pp. 13–14.
[346] ibid., p. 14.
[347] ibid., pp. 14–15.
[348] Ducarel, 'Indexes' (Courtenary), 1. 27–28; he was later dean (supra).
[349] ibid., p. 28.
[350] ibid.
[351] ibid., pp. 28–29.
[352] Ducarel, 'Indexes' (Courtenay), p. 29.
[353] London, Lambeth Pal. Libr., Reg. Courtney, f. 74$^r$. Later dean (supra).
[354] PRO, SC 10/47/2318, possibly the same as infra, p. 214.
[355] *BRUO* 1. 635.
[356] *VCH Surrey* 2. 109.
[357] *BRUO* 1. 411; later archbishop.
[358] *VCH Surrey* 2. 109.
[359] *BRUO* 3. 1723; *BRUC*, p. 285.
[360] *Reg. St David's* 1. 80–82; *BRUO* 3. 1812 (*s.v.* Styvecle). He died in 1407.
[361] *BRUO* 3. 1937.
[362] Buried at the Grey Friars church, London (Kingsford, *Grey Friars*, p. 98). See also *BRUO* 2. 770.

M. John Hovyngham (Henyngham): admitted 16 January 1402;[363] in 26 January 1416[364]

M. R. Wotton: removed as advocate by order of Archbishop Arundel, 16 February 1407[365]

M. John Gylle: d. 12 March 1410[366]

M. David ap Rys (Price): in 1 July 1412;[367] in 27 November 1419[368]

M. John Stafford: appointed 5 December 1414;[369] in 28 May 1418[370]

M. Thomas Stevens: in 26 January 1416[371]

M. William Crouchton (Cruston): admitted 21 November 1417[372]

M. Thomas Kyngton: in 3 December 1417[373]

M. Louis Coychirche: in 21 April 1418[374]

M. Richard Cordon (*alias* Broune): in 22 August 1421[375]

M. John Gerebert: in 25 August 1443[376]

M. Richard Rudhale: admitted 22 October 1443[377]

M. Alexander Prowet: admitted 15 December 1443[378]

M. Hugh Sugar (*alias* Norris): in 1450[379]

M. Robert Makerell: admitted 10 July 1452[380]

M. Roger Radcliffe: admitted 10 July 1452[381]

M. Robert Mason: admitted 2 December 1452[382]

M. John Morton: probably an advocate in July 1455[383]

M. John Wardale: in 1461;[384] in 1470;[385] d. 4 May 1472[386]

M. Thomas Coke: in 1477[387]

---

[363] *BRUO* 3. 2184.
[364] *Reg. Chichele, Canterbury*, 4. 35, possibly the same as supra p. 213.
[365] ibid., p. 52.
[366] Buried at the Grey Friars church in London (Kingsford, *Grey Friars*, p. 99).
[367] *Reg. Repingdon, Lincoln*, 2. 306.
[368] *Reg. Chichele, Canterbury*, 4. 66.
[369] ibid. 4. 110.
[370] ibid. 1. 46.
[371] ibid. 4. 35.
[372] ibid. 4. 184–85.
[373] ibid. 3. 37.
[374] ibid. 1. 50.
[375] ibid. 1. 76.
[376] Ducarel, 'Indexes' (Stafford), p. 24; possibly the same as M. John Jarberd (*BRUO* 2. 1015).
[377] *BRUO* 3. 1603; Ducarel, 'Indexes' (Stafford), p. 21.
[378] Ducarel, 'Indexes' (Stafford), p. 22.
[379] *BRUO* 3. 1814.
[380] Ducarel, 'Indexes' (Kemp), p. 5.
[381] ibid.
[382] ibid., pp. 4–5.
[383] Later archbishop: *Reg. Morton, Canterbury*, 1. p. vii.
[384] *BRUO* 3. 1981.
[385] PRO, SC 1/60/14.
[386] He was buried at the Grey Friars church, London (Kingsford, *Grey Friars*, pp. 106–7).
[387] *BRUC*, p. 147.

M. John Charnock: probably in 1480s (d. 28 September 1485)[388]
M. Nicholas Colles: in 1490[389]
M. James Hutton: d. 7 August 1490[390]
M. William Warham: in 25 October 1491[391]
M. Charles Bothe: till 1495[392]
M. Edward Vaghan: in 21 July and 25 October 1495[393]
M. Richard Draper: in 21 July and 25 October 1495[394]
M. Richard Blodwell: in 21 July and 25 October 1495[395]
M. William Wytton: in 21 July 1495[396]

[From here all references, unless otherwise noted, are to Squibb, *Doctors' Commons*, pp. 121–46, indicated by (S), and Logan, 'Doctors' Commons', pp. 164–65, indicated by (L). From the last decade of the fifteenth century almost all advocates became members of Doctors' Commons, and their admission to that society was usually the date of their admission to advocacy in the court.[397]]

M. Roger Church: in 21 July 1495;[398] in 1509 (S)
M. Richard More: admitted July 1501;[399] in 1506 (?) (S)
M. Roger Lancastre: in 16 May 1502[400]
M. Thomas Hede: 'probably an advocate', by 1505 (S)
M. William Harryngton: 'probably an advocate', by 1505 (S)
M. Walter Stone: 'probably an advocate', by 1505 (S)
M. William Horsey: 'probably an advocate', by 1505 (S)
M. Richard Rawson: 'probably an advocate', by 1505 (S)
M. John Taylor: 'probably an advocate', by 1505 (S)
M. Philip Agard: 'probably an advocate', by 1505 (S)[401]
M. Roger Sandford: possibly an advocate, by 1505 (S)[402]
M. John Jennyn (Jening): in 1505 (?) (S)
M. Cuthbert Tunstall: 'probably an advocate', in 1506 (?) (S)

---

[388] He was buried at the Grey Friars church, London (Kingsford, *Grey Friars*, p. 102); see *BRUO* 1. 394.
[389] He is said to have been 'practising' in the Court of Arches (*BRUO* 1. 465), which may mean that he was an advocate.
[390] He was buried at the Grey Friars church, London (Kingsford, *Grey Friars*, p. 105).
[391] Later archbishop: *Reg. Morton, Canterbury*, 1. 76.
[392] *BRUC*, p. 77.
[393] *Reg. Morton, Canterbury*, 1. 196, 202.
[394] ibid.
[395] ibid.
[396] ibid., no. 196. Could he be the M. William Wylton whom Squibb describes as 'probably an advocate' in 1509 (Squibb, *Doctors' Commons*, p. 129)?
[397] See Squibb, *Doctors' Commons*, Appendix III.
[398] *Reg. Morton, Canterbury*, 1. 196.
[399] Smith, *Index of Wills*, 1. xviii.
[400] York, Borthwick Institute, Probate Register 6, f. 36. I am grateful to David M. Smith for providing me with this reference.
[401] Smith, *Index of Wills*, 1, xviii.
[402] 'practised in the court of Arches' (*BRUO* 3. 1638, but with no references).

M. Henry Mompesson: 'probably an advocate', in 1506 (?) (S)
M. John Vaughan: 'probably an advocate', in 1506 (?) (S)
M. William Morce: 'probably an advocate', in 1506 (?) (S)
M. William Fayhayr: 'probably an advocate', in 1508 (S)
M. Thomas Pert: 'probably an advocate', in 1508 (S)
M. Peter Potkyn: admitted 10 May 1510 (S)[403]
M. Thomas Benet: 22 February 1512 (S); in summer 1522 (L)
M. John Rayne: admitted 24 April 1513 (S)[404]
M. William Stynt: admitted 7 October 1514 (S)
M. Richard Wolleman: admitted 10 October 1514 (S)
M. John Incent: admitted 14 October 1514 (S); in summer 1522 (L)
M. William Carew: admitted 13 November 1514 (S)
M. Ralph Snede: admitted 1 December 1514 (S); in summer 1522 (L)
M. William Cradok: admitted 4 May 1515 (S)
M. Nicholas Harpisfield: admitted 11 October 1516 (S); in summer 1522 (L)
M. Peter Ligham: in 20 October 1516 (S); in summer 1522 (L)
M. John Bell: admitted 23 November 1516 (S)
M. Gregory Mawer: admitted 21 May 1517 (S)
M. Maurice Glynn: admitted 21 July 1517 (S); in summer 1522 (L)
M. John Moris: admitted 30 October 1517 (S)
M. William Breteyn: admitted 25 April 1518 (S); in summer 1522 (L)
M. William Middleton: admitted 31 July 1518 (S); in summer 1522 (L)
M. Ralph Lupton: admitted 8 October 1518 (S); in summer 1522 (L)
M. Sampson Michell: admitted 26 January 1519 (S); in summer 1522 (L)
M. John London: admitted 7 April 1519 (S)
M. John Cokkys: admitted 3 June 1519 (S); in summer 1522 (L)
M. John Alen: admitted 3 June 1519 (S); in summer 1522 (L)
M. William Vaughan: admitted 20 October 1519 (S); in summer 1522 (L)
M. Geoffrey Wharton: admitted 8 October 1520 (S); in summer 1522 (L)
M. Rowland Lee: admitted 8 October 1520 (S); in summer 1522 (L)
M. William Burghill: admitted 8 October 1520 (S)
M. John Smythe: admitted 8 October 1520 (S); in summer 1522 (L)
M. William Styllington: admitted 8 October 1520 (S); in summer 1522 (L)
M. George Dudley: admitted 29 October 1520 (S); in summer 1522 (L)
M. Edward Basset: admitted 29 October 1520 (S); in summer 1522 (L)
M. William Benet: admitted 12 June 1521 (S); in summer 1522 (L)
M. Miles Spenser: admitted 25 June 1521 (S); in summer 1522 (L)
M. Nicholas Samme: admitted 25 June 1521 (S); in summer 1522 (L)
M. Richard Benger: admitted 8 October 1521 (S); in summer 1522 (L)
M. Alexander de Capite Bovis: admitted 14 January 1522 (S); in summer 1522 (L)
M. John Pennand: admitted 26 March 1522 (S)
M. John Fayter (Fewter): admitted 31 July 1522 (S)
M. Robert Cliff: admitted 7 October 1522 (S)
M. William Claibroght: admitted 15 October 1522 (S)

---

[403] ibid., p. 130.
[404] *BRUO* 4. 477; *BRUC*, p. 474.

M. John Olyver (*alias* Smythe): admitted 12 November 1522 (S)
M. John Tregonwell: admitted 9 December 1522 (S)
M. Henry Style: admitted 20 December 1522 (S)
M. Richard Arche: admitted 30 January 1523 (S)
M. William Cliffe: admitted early in 1523 (S)
M. William Cuffold: admitted 29 October 1523 (S)
M. William Leson: admitted 15 December 1524 (S)
M. Anthony Draycot: admitted 14 January 1525 (S)
M. John Wilson: admitted 3 November 1525 (S)
M. Edward Carne: admitted 13 November 1525 (S)
M. Robert Chalner: admitted 20 January 1526 (S)
M. Richard Mugge: admitted 20 January 1526 (S)
M. Walter Cretyng: admitted 5 February 1526 (S)
M. Arthur Bulkeley: admitted 16 April 1526 (S)
M. Richard Gwent: admitted 20 April 1526 (S)
M. Edmund Boner: admitted 15 October 1526 (S)
M. Richard Foxfoord: admitted 29 October 1526 (S)
M. Robert Byrche: admitted 6 May 1527 (S)
M. William Revet: admitted 23 July 1527 (S)
M. Hugh ap Rys (Price): admitted 20 January 1528 (S)
M. Richard Warham: admitted 7 October 1528 (S)
M. Henry Morgan: admitted 28 October 1528 (S)
M. Anthony Bellyes: admitted 28 October 1528 (S)
M. Henry Carbott: admitted 28 October 1528 (S)
M. Nicholas Hawkyns: admitted 30 November 1528 (S)
M. David Pole: admitted 31 July 1529 (S)
M. John Dakyn: admitted 25 November 1529 (S)
M. Thomas Baret: admitted 14 January 1530 (S)
M. Nicholas Wotton: admitted 29 October 1530 (S)
M. Richard Laiton (Layton): admitted 5 June 1531 (S)
M. Thomas Legh: admitted 7 October 1531 (S)
M. William Lane: admitted 27 May 1532 (S)
M. John Hughes: admitted 9 December 1532 (S)
M. John Barbar (*alias* Pryor): admitted 8 March 1533 (S)
M. Griffin Leyson: admitted 14 March 1533 (S)
M. Roger Tonneshend: admitted 29 April 1533 (S)
M. Hugh Coren: admitted 9 June 1533 (S)
M. Francis Cave: admitted 14 October 1533 (S)

No date:
M. John Brenchle[405]
M. Briscius[406]

---

[405] Buried at the Grey Friars church, London (Kingsford, *Grey Friars*, p. 99).
[406] ibid., p. 109.

## Proctors General

It is unclear whether the court had its own proctors, to whom practice was restricted, before 1273, when Archbishop Kilwardby required proctors in the Arches to take oaths. Early mentions of proctors tend to refer to those who represented the client and who were not members of the court itself. For example, in 1256 the dean of Hereford had as his proctor in the Court of Arches M. Richard de Montegarner, canon of that cathedral, who is not known to have had any connection with the court.[407] In another case, one involving the deanship of Hereford cathedral, John de Aigueblanche appointed as his proctor his brother Emery, the chancellor of Hereford Cathedral, a man not otherwise known to have any association with the court.[408] On the cause rolls *sede vacante* for the years 1270–71 Professors Adams and Donahue found twenty-two proctors operating in the provincial Court of Canterbury.[409] Many, if not all, clearly were not officers of the court but were lawyers appointed by parties *ad causam*. The statute of 1273 required that every proctor (and advocate) take a specific oath before entering into the office of proctor. What immediate difference the statue made is difficult to determine. After the statute Bishop Bronscombe of Exeter appointed several proctors to act for him in the Arches, and it appears that they were all local men and not Arches lawyers.[410] To at least one of these, M. William de Capella, he gave the power to appoint and replace proctors, which may have meant that he could appoint one of the proctors of the Court of Arches in cases of appeal or alternatively that he could substitute any other proctor if for some reason he himself could not act as proctor there.[411] Later, in 1328, Bishop Orleton of Worcester appointed two proctors, M. Henry de London, proctor general in the Arches and M. John de Radenhale, 'cum clausula necessaria in curia Cantuariensi et potestate substituendi alium uel alios etc. loco sui et cuiuslibet ipsorum etc.' In the event, since London, an Arches proctor, was no longer practicing there, Radenhale substituted M. John Craneborn, then active as a proctor general in the Arches, to represent the bishop in that court.[412]

The statute of 1273 may have largely restricted practice in the Arches to proctors sworn to that court. On 4 May 1280, when the official of the Court of Arches issued a statute for the court, he was addressing the proctors (and advocates) as a fixed body: 'uenerabili *cetui* aduocatorum et procuratorum eiusdem curie'.[413] Winchelsey's statute of 1295 restricted their number to ten, and this can be read to making proctoring in the Arches a 'closed shop', restricted to the

---

[407] Hereford Cathedral Library, HCM 1656.
[408] *Select Canterbury Cases*, p. 67.
[409] ibid., p. *23* n. (intro.).
[410] M. William de Capella (18 October 1273) was precentor of Crediton; M. Richard Pas (1 November 1274 and 6 August 1276) was canon of Crediton; Richard de Kingston and M. Ralph de la Pole (both 19 October 1275) and the latter again (21 January 1278). On 4 October 1278 de la Pole was appointed by the bishop as his proctor (together with William de Essex) to act for him generally in any court. For these see *Reg. Bronscombe, Exeter*, 2. 958, 1017, 1243–44, 1306.
[411] *Reg. Bronscombe, Exeter*, 2. 958.
[412] *Reg. Orleton, Worcester*, nos. 537–38.
[413] Supra, p. 56.

fixed number of ten.[414] Other proctors were not meant to serve in the court possibly from 1273, probably from 1280 and certainly from 1295. In 1401 Archbishop Arundel reaffirmed the exclusion of *extranei* with fairly forceful language, which may mean that in practice there had been some relaxation of this stricture.[415] The list given here includes only those proctors who, as far as it can be determined, were sworn officers of the court and formed part of the *cetus procuratorum curie Cantuariensis*.

John de Borton: in 12 July 1284[416]
John de Meleford: in 12 July 1284[417]
Thomas de Bosco: in 7 May 1291[418]
John de Martival: in 13 October 1293 and 25 November 1294[419]
William de Swineshead: in 9 January 1298[420]
William de Walkington: in 9 January 1298[421]
M. Thomas de Teffont: in 27 October 1302;[422] in 1316;[423] in 18 October 1318[424]
M. William Russel: in 24 July 1303[425]
J. Tykhull: in 24 July 1303[426]
Richard de Tregilian (Tregylton): in 19 May 1305;[427] 7 January 1306[428]
Nicholas de Bath: in 30 May and 15 October 1319;[429] in 23 November 1324;[430] still in 11 June 1330[431]
M. Henry de London: in 14 February 1321 and in 28 July 1322;[432] no longer by 28 June 1328[433]
M. John Rees: 28 July 1322[434]

---

[414] Supra, p. 7; see Churchill 1. 451, where there is a discussion of the number.
[415] See supra, pp. 50–52.
[416] *Reg. Pontissaro, Winchester*, 1. 287.
[417] ibid.
[418] *Reg. Giffard, Worcester*, 2. 394.
[419] *Reg. Sutton, Lincoln*, 4. 122; 5. 44.
[420] ibid. 6. 53.
[421] ibid.
[422] J.W. Willis Bund, ed., *The Register of the Diocese of Worcester during the Vacancy of the See, usually called* Registrum sede vacante, *1301–1435* (Worcs. Historical Society, 8; 1897), p. 29.
[423] *Reg. Martival, Salisbury*, 2. 99.
[424] *Reg. Orleton, Hereford*, p. 78.
[425] *Reg. Guisborough, Worcester*, p. 119. He was later registrar.
[426] ibid.
[427] ibid., p. 21. He was appointed to represent the bishop of Worcester in the Arches and elsewhere, which may mean that he was not a member of the court.
[428] *Reg. Swinfield, Hereford*, pp. 422–23.
[429] *Reg. Drokensford, Bath and Wells*, p. 134.
[430] *Reg. Hethe, Rochester,* 1. 151.
[431] *Reg. Shrewsbury, Bath and Wells*, no. 198.
[432] ibid., pp. 189, 242–43; *Reg. Cobham, Worcester*, pp. 121–22.
[433] *Reg. Orleton, Worcester*, no. 538.
[434] Possibly a local rather than an Arches practitioner; see *Reg. Orelton, Hereford*, pp. 242–43, 405.

William de Henton: in 23 November 1324[435]
M. Philip de Hay: in 31 April 1328[436]
M. John de Cranebourn: in 28 June 1328[437]
M. William de Burnalstone: in 10 May 1342[438]
M. Stephen Northeye: in 10 May 1342[439]
M. William de Schelwyk: in 24 April 1348[440]
William de Fovente: probably in late 1340s[441]
William de Holton: *temp.* Archbishop Islip (1349–66)[442]
M. Ralph de Ryngstede: appointed 1350; still in 1351[443]
M. Hugh Hagh: in 1360–61[444]
M. John de Broghton: in 1360–61[445]
Thomas de Graham: admitted 20 February 1361[446]
William de la Chaumbre: admitted 18 March 1362[447]
William de Claverton: admitted 20 October 1362[448]
John Aleyn: admitted 25 January 1369[449]
Matthew Meynot: admitted 23 April 1369[450]
Richard de Upton: permission to be absent for two years, 19 March 1370;[451] in 15 March 1373[452]
Thomas Alwyn: admitted 18 February 1371[453]
M. Walter de Eston: admitted 6 October 1371[454]
Walter Levenant: admitted 19 October 1371[455]
Simon Uphulle: admitted 28 June 1373[456]
M. Stephen de Houdan: admitted 8 July 1376[457]
Ennea Wogan: admitted 16 July 1376[458]

---

[435] *Reg. Hethe, Rochester,* 1. 151.
[436] PRO, C 270/3/23 (ii).
[437] *Reg. Orleton, Worcester,* no. 538.
[438] *Reg. Hethe, Rochester,* 2. 679–80.
[439] ibid.
[440] *Reg. Trillek, Hereford,* pp. 128–29.
[441] Helena M. Chew, ed., *Hemingby's Register* (Wilts. Archaeological and Natural History Society, vol. 18 for 1962), no. 315.
[442] Ducarel, 'Indexes' (Islip), 1. 45–46.
[443] ibid. 1. 43–44.
[444] ibid. 1. 38–39.
[445] ibid. 1. 39.
[446] ibid. 1. 46.
[447] ibid. 1. 46–47.
[448] ibid. 1. 47–48.
[449] Ducarel, 'Indexes' (Whittlesey), p. 24.
[450] ibid., pp. 24–25.
[451] ibid., p. 25; permission was revoked 21 November 1371 (ibid.); Churchill 1. 452n.
[452] *Reg. Wykeham, Winchester,* 2. 184–85.
[453] Ducarel, 'Indexes' (Whittlesey), p. 25.
[454] ibid., pp. 25–26.
[455] ibid., p. 26.
[456] ibid., pp. 26–27.
[457] Ducarel, 'Indexes' (Sudbury), 2. 20.
[458] ibid., p. 19.

Alan de Duton: admitted 28 November 1376[459]
Alan Ditton (possibly same as preceding): in 9 February 1381[460]
John Frysby: in 9 February 1381;[461] in 10 June 1394[462]
M. William Bildeston: admitted 10 March 1383[463]
M. Thomas Goldyngton: admitted 5 December 1383[464]
M. William Styecle: in 23 April 1384[465]
M. Thomas Pays: in 23 April 1384[466]
M. Adam Usk: for seven years sometime prior to 1399[467]
M. John Tyssebury: in 14 November 1399[468]
M. Louis Mone: admitted 23 May 1400[469]
M. William Chysulden: admitted 28 December 1402[470]
M. John Smyth: admitted 11 February 1405[471]
M. William Ryngstede *alias* Green: admitted 24 November 1406[472]
Thomas Cottyngwyth: in 1403;[473] in 19 April 1410[474]
M. James Coles: in 19 April 1410;[475] in 1428;[476] still in 27 October 1435[477]
M. Simon Kempston: in 19 April 1410; still in 1 July 1412[478]
M. Thomas Beck: in 19 April 1410[479]
William Goodman: 1 May 1410[480]
William de Erdyngton: admitted 1 June 1415[481]
M. Thomas Norrays: in 11 July 1422[482]
M. William Pencryche: in 11 July 1422[483]

---

[459] ibid., pp. 19–20.
[460] *Reg. Chichele, Canterbury*, 4. 51.
[461] ibid.
[462] *Wells, Dean & Chapter*, 1. 384.
[463] *BRUC*, p. 61.
[464] Ducarel, 'Indexes' (Courtenay), 1. 33.
[465] *Wells, Dean & Chapter*, 1. 384.
[466] ibid.
[467] *BRUO* 3. 1937.
[468] *Reg. Wykeham, Winchester*, 2. 492.
[469] To be admitted even if there was no vacancy: Ducarel, 'Indexes' (Arundel), 1. 58.
[470] Ducarel, 'Indexes' (Arundel), 1. 58–59.
[471] ibid. 1. 59.
[472] ibid. 1. 59–60.
[473] Kingsford, *Grey Friars*, pp. 114, 237: d. 13 March 1429.
[474] *Reg. Repingdon, Lincoln* 2. 336 (also, pp. 337, 341). He died 13 March 1429 and was buried with his wife at Grey Friars church, London (Kingsford, *Grey Friars*, p. 114).
[475] *Reg. Repingdon, Lincoln*, 2. 336.
[476] *BRUO* 1. 460.
[477] PRO, C 270/28/19.
[478] *Reg. Repingdon, Lincoln*, 2. 306, 336.
[479] ibid. 2. 336.
[480] ibid. 2. 337, 341.
[481] To be admitted even if by his entry the allowed number of proctors would be exceeded: *Reg. Chichele, Canterbury*, 4. 127–28.
[482] ibid., p. 235.
[483] ibid.

James Cole: in 28 January 1429;[484] in 27 October 1435[485]
John Wybbery: in 28 January 1429;[486] in 27 October 1435[487]
M. John Emlyne: in 20 April 1487 and 2 April 1488[488]
William Chaunte: in 20 April 1487 and 2 April 1488[489]
John Rede: in 20 April 1487 and 2 April 1488;[490] still in 16 November 1495[491]
M. Nicholas Turnour: in 9 March 1489[492]
John Barthorn: in 1494[493]
Richard Spencer: in 25 October 1495[494]
Robert Mayrey: in 16 May 1502[495]
M. Geoffrey Hyll: admitted 16 November 1502[496]

[From here all references, unless otherwise noted, are to Squibb, *Doctors' Commons*, pp. 121–46.]

M. Christopher Midylton: before 1505; still in summer 1522[497]
M. John Copland (*alias* Johnson): before 1505; in 26 January 1512;[498] still in summer 1522[499]
William Falke: before 1505; still in summer 1522[500]
Robert Portland: before 1505; still in summer 1522[501]
William Goldsmyth: before 1505
Alexander Lawson: admitted in 1506[?]
Thomas Gotson: admitted n 1506[?]
M. Nicholas Stokysley: admitted in 1506[?]

---

[484] Henry T. Riley, ed., *Annales monasterii S. Albani a Johanne Amundesham* (2 vols; 1870–71), 1. 236, 245, 249.
[485] PRO, C 270/28/19.
[486] *Amundesham* 1. 236, 245, 249.
[487] PRO, C 270/28/19.
[488] *Wells, Dean and Chapter*, 2. 103, 110. See also *BRUO* 1. 641. Richard M. Wunderli identifies a 'M. [Hugo] Emlyn' as a proctor in the Arches, 1496 x 1501 (*London Church Courts and Society on the Eve of the Reformation* (Cambridge, MA, 1981), p. 33 n. Could this be the same proctor as John Emlyne, who also appears as Scribe of Acts (supra, p. 208)?
[489] *Wells, Dean & Chapter*, 2. 103, 110. Could this be the same M. William Chaunte who was at Oxford in 1482 (*BRUO* 1. 400)?
[490] *Wells, Dean & Chapter*, 2. 103, 110.
[491] *Reg. Morton, Canterbury*, 1. 225. He resided in Ivy Lane (ibid., no. 196).
[492] ibid., no. 47.
[493] See Christopher Harper-Bill, 'Bishop Reginald Hill and the Court of Canterbury', *Guildhall Studies in London History* 3 (1977) 3.
[494] ibid., no. 202, but possibly in error since he was called registrar 21 July 1495 (no. 196).
[495] York, Borthwick Institute, Probate Register 6, f. 36. David M. Smith has kindly provided me with this reference.
[496] Smith, *Index of Wills*, 1. xvii.
[497] Logan, 'Doctors' Commons', p. 165.
[498] *Wells, Dean & Chapter*, 2. 229, where reference is made to M. Copland (no Christian name). John Copland (*alias* Johnson), identified by Squibb as a proctor before 1505, is not called *magister*.
[499] Logan, 'Doctors' Commons', p. 165.
[500] ibid.
[501] ibid.

Percival Morgan: admitted 2 July 1515; still in 22 March 1528[502]
M. Edmund Hoorde: in 16 November 1516
M. John Heryng: in summer 1522[503]
M. John Tregonwell: before 9 December 1522, when he became advocate
M. Richard Watkyns: admitted 2 May 1523; still in 31 January 1530[504]
M. Ralph Whiet: admitted 7 October 1524
Robert Johnson: in 2 July 1530[505]
M. David Clapham: from 1532–33 till death in 1551[506]

---

[502] PRO, C 270/28/25.
[503] Logan, 'Doctors' Commons', p. 165.
[504] *Reg. Wolsey, Winchester*, p. 75.
[505] ibid., p. 183.
[506] *BRUO* 4. 118.

PART FIVE

THE CALENDAR OF THE COURT OF ARCHES

William Lyndwood, sometime Official of the Court of Arches and the most distinguished English canonist of the late Middle Ages, in speaking of the observance of feast days made the distinction between *opera servilia* and *opera iudicialia*. There were feast days, like St Sylvester's day, on which it was not necessary to abstain from servile labour but it was necessary to abstain from pleas and judicial acts.[1] Lyndwood, as he confessed, was echoing the words of Pope Gregory IX, who decreed that on certain (named) days the judicial *strepitus* should rest: even if parties were willing, no proceedings should be held, no sentences promulgated.[2] This decree acknowledged that local churches would want to add feasts for local observance, and, indeed, from time to time new feasts were added to the universal calendar. Parish churches would celebrate the patronal feast as well as the day of its dedication.[3] In 1362 Archbishop Islip provided the only known constitution legislating feasts for the province of Canterbury.[4] It is in this context of liturgical and semi-liturgical calendars that the calendar of the Court of Arches is to be located.

Three medieval calendars for the Court of Arches have been found. The calendar in the Black Book of the Arches (hereafter called L) is a fairly full liturgical calendar, indicating much more than the days on which the court was in session or, indeed, was not in session.[5] It also includes, in the same hand, a number of

[1] *Provinciale* (Oxford, 1679), bk 1, tit. 11, c. 1 *s.v.* canonicis institutis; bk 2, tit. 3 c. 1 *s.v.* Thome martyris, where he observes, 'in illo die sancti Sylvestri non oportet abstinere ab operibus servilibus manualibus, sed a placitis et actibus iudicialiter'. Sylvester's day, as it happened, occurred during the Christmas recess of the Court of Arches.
[2] X 2.9.5. The days listed are Christmas, St Stephen, St John the Evangelist, the Holy Innocents, St Sylvester, Circumcision, Epiphany, seven days of Passion week, Resurrection and octave, Ascension, Pentecost and the two following days, the Nativity of John the Baptist, all feasts of the Virgin Mary and the twelve apostles, SS Peter and Paul, St Lawrence, St Michael, All Saints and all Sundays of the year. Gregory allowed for exception during the harvest: 'licet diebus feriatis qui gratia vindemiarum vel messium ob necessitates hominum indulgentur, procedi valeat, si de partium processerit voluntate.'
[3] For examples of local variations see C.R. Cheney, 'Rules for the Observance of Feast-Days in Medieval England', *BIHR* 34 (1961) 117–46.
[4] For different texts of this constitution with slight variations see Spelman, pp. 500–1, and Wilkins, *Concilia* 2. 560–61, both of whom used a Cotton ms., which wrongly attributed the text to Simon Mepham and dated it 1332. As Cheney shows ('Rules for the Observance of Feast-Days in Medieval England', p. 132), Lyndwood (n. 1 supra) used the actual register of Archbishop Simon Islip, where the constitution is dated 26 July 1362; it is from this register that Cheney edited what is now the preferred text (ibid., pp. 144–46). Another list of feast days for the Canterbury province was in circulation c. 1400 (ibid., pp. 146–47), but there is no evidence that it was a provincial constitution (*pace* Wilkins, *Concilia* 3. 252).
[5] London, Lambeth Palace Library, Arches, N.1, ff. 35ʳ–40ᵛ.

dates of interest (e.g., the coronations of certain popes and kings) with a particular cluster of dated events from the early fifteenth century: coronations of Popes Innocent VII on 11 November (1404), Alexander V on 7 July (1409), Martin V on 21 November (1417) and Eugene IV on 11 March (1431). Although it includes the coronation dates of Richard II (16 July 1377) and Henry IV (13 October 1399), it makes no mention of the coronations of Henry V (1414) or Henry VI (1422). In addition, in a very different hand from those just mentioned is an entry for the death of Richard Brynkeley, dean of the Arches, on 12 September 1412. From these entries it perhaps should be concluded that the calendar probably dates from after 1431, although another possibility suggests itself: that the calendar was completed possibly as early as 1417 and that the same hand later inserted the entries for 1417 and 1431.[6] Also, the entry for registrar Brynkeley suggests that the calendar was in the custody of the registrar's office and that one of his clerks piously entered his obit.

The second full calendar is in the *Liber Cicestrensis* (hereafter O).[7] This calendar, like the previous one, includes memorable dates, including the obits and consecrations of bishops of Chichester as well as the coronations of English kings, some in the same hand as the rest of the calendar and others in a different, later hand; these help to date the calendar. The last dateable entries in the calendar hand are for the consecration of William Rede as bishop of Chichester on 2 September (1369) and his birthday on 11 December of that year. The earliest dateable hand in the different, later hand is for the death of Pope Urban V on 19 December (1370). The Chichester Calendar for the Court of Arches then was written between 11 December 1369 and 19 December 1370.

The third calendar (hereafter J) unfortunately contains entries for the non-session days of the court (*dies non sessionis* or simply *dies non*) only through the month of July, although the calendar runs for twelve months. Precise dating is not possible, and this calendar can be dated simply to the fifteenth century.[8]

One is tempted to give greater force to L for the simple reason that it was included in the *Liber statutorum* of the court (i.e., the Black Book of the Arches), but one should resist the temptation. Although almost all the *dies non* indicated in the other calendars are entered here in red ink, other feasts for days when the court was in an annual recess (i.e., August and September) are also in red ink, which makes the red-inked feasts an unreliable guide to the non-session days of the court. Yet it can be useful in another respect.

L indicates two sessions for the court year: (i) from 14 January to 31 July and (ii) from 7 October to 17 December. O, on the other hand, has three sessions: (i) from 14 January to the vigil of Passion Sunday (a moveable date), (ii) from the Monday after the second Sunday after Easter (also a moveable date) to 31 July

---

[6] The failure to enter the coronation dates for Henry V and VI can be explained in this way. Of course, there could be other explanations.

[7] Oxford, Ashmole ms. 1146, ff. 1$^v$–7$^r$. For a description of this ms. see supra, p. 68. The contents of this calendar regarding the Court of Arches are summarized in C.R. Cheney and M. Jones, eds, *Handbook of Dates* (new ed., Cambridge, 2000), pp. 110–11.

[8] This small ms. contains only Arches material. In addition to the calendar it has the statutes of Archbishops Winchelsey (1295) and Stratford (1342). For a description see H.O. Coxe, *Catalogus codicum manuscriptorum qui in collegiis aulisque Oxoniensibus hodie adservantur* (2 vols; Oxford, 1852), vol. 2, Jesus College, 7.

and (iii) from 7 October to 16 December. (J does not assist here.) The obvious difference is that L makes no explicit mention of an Easter vacation, owing perhaps to the fact that Easter and its attendant observances (e.g., Lent, Pentecost) were not easily shown on a fixed (as opposed to an annual) calendar. Although not explicitly mentioned in L, there can be no doubt that the court did not sit for the two weeks on either side of Easter. To insist that this was a vacation marked by the end of one session and the beginning of another session might impose on the church courts the importance of terms known in the royal courts, where separate plea rolls were kept for each term. For the Court of Arches we should speak of sessions rather than terms.

What follows is a list of the *dies non sessionis* based largely on O but with references to variants particularly from J and also to L where appropriate. The court sat from Monday to Saturday during its sessions except for *dies non*.

January
14   First day of session
19   Dedication of the church of St Mary le Bow
22   St Vincent[9]
25   Conversion of St Paul

February
2    Purification of the Virgin
3    St Blase
22   Chair of St Peter
24   St Matthias

Ash Wednesday and the two preceding days (earliest 2 February, latest 7 March)[10]

March
12   St Gregory, pope
25   Annunciation of the Virgin

From Passion Sunday (earliest 8 March, latest 11 April) to Monday after Second Sunday after Easter (earliest 6 April, latest 10 May)[11]

April
4    St Ambrose
23   St George[12]
25   St Mark

May
1    SS Philip and James
3    Finding of the Holy Cross
6    St John at the Latin Gate[13]
19   St Dunstan[14]
26   St Augustine[15]

[9] *om.* J.
[10] *om.* J.
[11] *om.* J.
[12] *om.* O.
[13] *om.* J.
[14] *om.* J.
[15] *om.* J.

Three rogation days (i.e., Monday, Tuesday and Wednesday before Ascension Thursday), earliest 27 April, latest 31 May, and vigil of Pentecost, earliest 9 May, latest 12 June

June
9   Translation of St Edmund
11  St Barnabas
23  St Etheldreda[16]
24  St John the Baptist
29  SS Peter and Paul
30  Commemoration of St Paul

July
7   Translation of St Thomas martyr[17]
20  St Margaret
22  St Mary Magdalene
25  St James apostle
26  St Anna
31  Last day of session

October
7   First Day of session
13  Translation of St Edward king and confessor
18  St Luke
28  SS Simon and Jude

November
1   All Saints Day
2   Commemoration of All Souls
11  St Martin
16  St Edmund archbishop
20  St Edmund king and martyr
23  St Clement pope
25  St Katherine
30  St Andrew

December
6   St Nicholas
8   Conception of the Virgin
17  Last day of session[18]

---

[16] *Not red-inked in* L.
[17] *del.* L.
[18] Although O gives 16 Dec. as the last day of the session, L gives 17 Dec. In 1316 and again in 1321 the court cited appealed parties to appear on the fourth juridical day after St Lucy, celebrated on 13 December, which meant that in 1316 appearance was for 17 December and in 1321 for 18 December, a Sunday intervening (*Reg. Martival, Salisbury*, 4. 4, 65).

The length of the court year varied from one year to another depending on whether any of the *dies non sessionis* fell on Sundays during session time or during the Easter recess, as some invariably did. Excepting the Easter recess and the summer vacation, the court sat for 34 weeks, six days each week, a total of a possible 210 court days before subtracting *dies non*. If, by hypothesis, none of the *dies non* fell on a Sunday or during the Easter recess, there would have been 47 non-session days, leaving the court with 158 working days. The non-session occasionally came in clusters: e.g., 3 in the first week in May, 4 in the last 8 days of June and 3 near the end of July. Also, one must subtract the first 3 days of the week of Ash Wednesday as well as the 3 rogation days and the vigil of Pentecost, which reduces the total to 151. Further subtractions must be made. Let us take, for example a year which has the median date for the observance of Easter, 8 April –1257, 1268, 1319, 1330, 1341, 1352, 1414, 1425, 1436, 1509, 1515, 1520. In such a year the term began on 15 January since 14 January was a Sunday. The Annunciation of the Virgin (25 March) and the feast of St Ambrose (4 April) fell during the Easter recess. In addition, the feasts of St John at the Latin Gate (6 May), St John the Baptist (24 June) and St Mary Magdalene (22 July) all fell on Sundays. Further, the usual day for the opening of the session (7 October) was a Sunday as were the feasts of St Martin (11 November) and St Katherine (25 November). These 9 days, when subtracted, reduce the *dies sessionis* to 194, except for the four leap years (1268, 1352, 1436, and 1520) when the total was 193.[19] In the pressure of business we should not expect the court to have restricted itself rigidly to the *dies sessionis*, particularly toward the end of a session when there was a backlog of business. The calendar was undoubtedly somewhat flexible.

---

[19] An analysis of other years would produce similar results.

# INDEX

absolution *ad cautelam* and *ante omnia*   xliv, 16, 43, 99, 113, 149–50, 158, 159–60, 165, 195
  *see also* excommunication
Adam, M., advocate   209
advocates   xxii, xli–xlii, 90–97 *passim*
  list of   209–17
  statutes concerning   xxii, xxvi, xlii, 4, 6–11, 15, 24, 35–36, 50–55, 55–56
Agard, M. Philip, advocate   215
Aigueblanche, Emery de chancellor of Hereford   xxi, 218; John de, and deanship of Hereford 218
Alen, M. John, advocate   216
Alexander IV, pope (1254–61)   195n.
Aleyn, John, proctor   220
Alwyn, Thomas, proctor   220
Andrew, M. Richard, Official of the Court of Arches   199
ap Rhys, M. Hugh, advocate   217
ap Rys, M. David, advocate   214
apparitors   xxxii
  list of   208–09
  *see also* bedels
appeals
  Act in Restraint of   xiv, xxxvi–xxxviii
    *see also* Submission of the Clergy
  from dean to Offfcial   18
  subject matter of   xli–xlii
  types of   122–25
    direct   xxii, xxvi, xxix, xxxviii–xxxix, xli, xliv–xlviii, 18, 76–80, 87–89, 98–99, 169
    extra-judicial   xxxviii–xxxix, xli, 32–33, 83, 98, 106, 107 and n., 110, 156, 159
    *provocacio* xxxviii, xxxix, 28, 31–32, 33, 100, 126, 127, 131–33, 149, 152–53, 154, 155, 157, 172,192–94
    from *querele*   xxiii–xxiv, xxxiv, xxxix, 11–12, 15, 26, 42, 89–90, 110, 117, 155
    tuitorial   xxiv–xxv, xxvi, xxxv, xxxix–xl, xliii, 12, 15–16, 18, 27–34, 56, 57–58, 70–73, 82, 86–87, 115, 126–27, 129, 131, 134–35, 148, 151–52, 160–61, 194–95
    tuitorial appeal dropped and parties proceed in principal matter xliii–xliv, 73–76, 82–83, 110, 126, 133
*appellacio*   xl–xli
Appleby, M. John, dean of St Paul's Cathedral, London   xxix–xxx
Arche, M. Richard, advocate   217
Arches, Court of
  distinct from other courts of the archbishop of Canterbury   xiii
  disputes with bishops   xxii–xxvi, xxix–xxx, xxxi–xxxiii, xxxiv–xxxv
  fees   xxxv–xxxvi, 7, 47–48
  history of   xv–xxviii
  instruction at   xxvii
  its name   xiv
  procedure in   xxvi, xxxviii–xlviii
  *see also* advocates, Black Book, calendar, dean of the Arches, examiners general, Official, personnel, proctors, statutes
Archidiaconus, *see* Baysio, Guido de
Arundel, Thomas, archbishop of Canterbury (1397, 1399–1414)
  insertion of his statutes in Black Book of the Arches   3
  statutes of
    Aug. 1397   48–9
    Oct. 1397   49–50
    1401   50–52, 219
    1403   52–3
Audience, archbishop's court of   xvii
Austhorp, M. Robert de, examiner general   205
Auxon (Asson), M. Peter de, Official of the Court of Arches   197
Avebury, M. Robert de, registrar   xxix, 59, 207

Bagworth, M. Henry, scribe of acts of the Court of Arches,   58–9, 208

# Index

Baketon, M. Thomas de
  advocate  212
  dean of the Arches  xxxi, 202
Barbar, M. John, advocate  217
Baret, M. Thomas, advocate  217
Barnet, M. John, Official of the Court of Canterbury,  48, 199
Barthorn, John, proctor  222
Basset, M. Edward, advocate  216
Bath, Nicholas de, proctor  219
Baudack, Ralph de, dean of St Paul's Cathedral, London  20
Baysio, Guido de  115n.
Beck, M. Thomas, proctor  221
Becket, John, apparitor  209
bedel  xlviii, 96
  *see also* apparitors
Bedinton, M. Adam de  146
Bekynton, M. Thomas
  dean of the Arches  202
  Official of the Court of Arches  199
Belgrave, M. John de, examiner general  205
Bell, M. John, advocate  216
Bellyes, M. Anthony, advocate  217
benefice, disputes concerning  xl, xli–xlii, xliv, 22, 32–33, 39–40, 116–17, 165, 167–69, 169–71, 172–73, 175–78, 179, 195
Benet, M. Thomas, advocate  216
Benet, M. William, advocate  216
Benger, M. Richard, advocate  216
Benintone, M. Adam de  146
Bere, M. William de, advocate  210
Bernardus Compostellanus iunior  121, 195n.
Bernes, M. Walter, advocate  213
Berringhneham, M. Richard de, advocate  211
Beverley, *see* Flaynburgh
Bildeston, M. William, proctor  221
Black Book of the Arches  xv
  calendar contained in  225–29
  description of  1–3
  statutes contained in  4–55, 58
Blodwell, M. Richard, advocate  xxxii, xxxiii, 215
Bloyou, M. John, Official of the Court of Arches  199
Bocton, John de, monk of Christ Church Canterbury  197n.
Bogo de Clare, son of the earl of Gloucester and Hertford,  151, 165, 190

Bokeland, M. Stephen de, dean of the Arches  201
Boner, M. Edmund, advocate  217
Boniface VIII, pope (1295–1303), see *Liber sextus*
Borton, John de, proctor  219
Bosco, Thomas de, proctor  219
Boteler, M. John, dean of the Arches  203
Bothe, M. Charles, advocate  215
Boys, M. Warin de, advocate  209
Boys, M. William le, examiner general  204
Bradwell, M. Richard de, advocate  209
Brandon, M. Reginald  121, 145, 153, 193
Brassyngton, M. Robert de, apparitor  208
Brenchester, M. Richard de, examiner general  204
Brenchle, M. John, advocate  217
Breteyn, M. William, advocate  216
Brinchesleye, M. Richard de, examiner general  204
Briscius, M., advocate  217
Bristoll, M. Michael de, dean of the Arches  200
Broghton, M. John de, proctor  220
Bronscombe, Walter, bishop of Exeter (1258–80)  218
Broune, *see* Cordon
Broxbourne, M. William de, advocate  209
Bruton, M. John de  209n.
Brynkeley, M. Richard de
  dean of the Arches  xxxi, 202, 226
  examiner general  205
Buc, George  xxxiii
Bulkeley, M. Arthur, advocate  217
Burdet, William  98, 101
Burghill, M. William, advocate  216
Burnalstone, M. William de, proctor  220
Button, William  xx
Byconnyl, M. William, Official of the Court of Arches  200
Byde, M. William, advocate  212
Bygod, M. William, registrar  206
Byrche, M. Robert, advocate  217
Bysouthdoun, *see* Southdon

calendar of the Court of Arches  225–29
calumny in Court of Arches  114–17
Cambridge, Trintiy College Ms. B. 16.39  69, 119

Canterbury
  Cathedral Library, Ms. D8, 67, 118
  Christ Church, prior and chapter  xxii
  court of, *see* Arches, Court of
  Court of St Augustine's Abbey  111
Canterbury, M. Edmund, *see* Verdun
Canterbury, M. Omer, Official of the
  Court of Arches de  198
Cantilupe, Thomas, bishop of Hereford
  (1275–82)  xv, xxiii
Capella, M. William de, proctor  218
Capite Bovis, M. Alexander de, advocate
  216
Carbott, M. Henry, advocate  217
Cardena, *see* Sardinia
Cardinalis, *see* Monachus, Iohannes
Carew, M. William, advocate  216
Carleton, M. John, advocate  211
Carne, M. Edward, advocate  217
Cateby, M. John, examiner general  206
Catesby, M. Simon, advocate  213
Cave, M. Francis, advocate  217
Celestine III, pope (1191–8)  173n.
Cergaux, M. Michael
  advocate  213
  dean of the Arches  202
*certificatorium*  xliii, xliv, 25, 45, 70, 76, 82, 83, 86, 94, 105, 112, 126, 154
Chaddesden, M. Nicholas, advocate  211
Chaddesdene, M. Henry de, dean of the
  Arches  xxix, 202
Chaddeslegh, M. Richard de, dean of the
  Arches  202
Chalner, M. Robert, advocte  217
Chameleysford, M. Richard de, dean of
  the Arches  202
Charnock, Richard, prior of Holy Trinity
  Priory, Aldgate, London  xxxii
Charnock,. M. John, advocate  215
Chaumbre, William de la, proctor  220
Chaunte, William, proctor  222
Chelsea, Robert de, monk of Christ
  Church Canterbury, Official of the
  Court of Arches  198
Cherminstre, M. Thomas, examiner
  general  204
Chichele, Henry Chichele, archbishop of
  Canterbury (1414–43)
  advocate  213
  insertion of his statute in the Black Book
    of the Arches  3
  statute of 1423  53–5
Chippenham, M. Thomas de, examiner
  general  205

Chipping Campden (Glocs.), rector
  of  xxiv
Church, M. Robert, scribe of the acts
  208
Church, M. Roger, advocate  215
Chysulden, M. William, proctor  221
citation  xxi, xxvii, xxxii, xxxxiv, xxxv, xxxvi, xli, xlii, xliii, xliv, 29, 70, 73, 106, 109, 146, 156, 165–66, 178–79, 191
Claibroght, M. William, advocate  216
Clapham, M. David, proctor  223
Claverton, William de, proctor  220
Clerc, *see* Lyndfeld
Cliff, M. Robert, advocate  216
Cliffe, M. William, advocate  217
Clifford, M. Richard  133n.
Clifford, Richard, bishop of Worcester
  (1401–7)  97
Clipston (Clippeston), M. Thomas de
  advocate  211
  examiner general  205
Clive, Richard, monk of Christ Church,
  Canterbury  88–89
Cock(s), *see* Cokkys
Code of Justinian  121
Codeford, *see* Godeford
Coke, M. Thomas, advocate  214
Cokkys (Cocks), M. John
  advocate  216
  Official of the Court of Arches  200
Colchester, archdeacon of  xix
Cole, James, proctor  xxxi, 222
Colles, M. Nicholas, advocate  215
Colsterworth, Lincs.  97, 101
Congresbury (Somerset), beneifice of  xx
Cooke, M. [Thomas?], dean of the Arches
  203
Copland, M. John, proctor  222
Cordon, M. Richard, advocate  xxi, 214
Coren, M. Hugh, advocate  217
Cottyngwyth, Thomas, proctor  221
Courtenay, William, archbishop of
  Canterbury (1381–96)
  bishop of London (1375–81)  xxix
  insertion of his statutes in Black Book of
    the Arches  3
  statutes of 1390  45–6; of 1392  47–8
courts, ecclesiastical origins of  xvii
Coychirche, M. Louis, advocate  214
Cradok, M. William, advocate  216
Cralle, *see* Subdury, M. John
Cramner, Thomas, archbishop of
  Canterbury (1533–1553)  xxxvi

# Index 233

Craneborn (Cranebourne), M. John de, proctor 218, 220
Crediton, precentor of 218
Cretyng, M. Walter, advocate 217
Cromwell, Thomas, secretary of King Henry VIII xiv, xxxvi–xxxvii
Crouchton (Cruston), M. William, advocate 214
Cuffold, M. William, advocate 217
Cunte, M. Peter le, examiner general 204
*Curia Cantuariensis*, meaning of xxv–xxvi
  *see also* Arches, Court of
customs of the Court of Arches xxvi, xxix, 19–20, 27–34, 56, 109, 110
  edition of long version of Customs of the Court of Arches 65–80
  edition of shorter version 80–84

Dakyn, M. John, advocate 217
Davenport, M. Adam, advocate 213
Davy, M. Philip, registrar 207
dean of the Arches
  list of 200–03
  as papal judge delegate xviii–xix
  statutes concerning 5–6, 29, 44, 116
Decretals of Gregory IX, *see* Liber extra
*Decretum Gratiani* 120
Depham, Henry de, monk of Christ Church Canterbury 197n.
Derby, Henry de 209n.
Derby, John, notary public xxxi
Digest 121
Ditton, Alan, proctor 221
Dobbes, M. Robert, Official of the Court of Arches 200
Doctors' Commons xxxiii–xxxiv
Draper, M. Richard, advocate xxxii, 215
Drax, M. Richard, advocate 211
Draycot, M. Anthony, advocate 217
Drogheda, William of xlvi, 188n., 190n.
Ducarel, A.C. 1n., 2
Dudley, M. George, advocate 216
Duffeld, M. Thomas, scribe of the acts 208
Dun, Daniel 61
Durantis, William 188n.
Duton, Alan de, proctor 221

Elmer, M. John de, advocate 213
Eltham, Kent 87
Elyngton, Thomas, apparitor 209
Emlyn(e), M. John
  proctor 222
  scribe of the acts 208

Erdyngton, William de, proctor 221
Ergum, M. Ralph, advocate 212
Essex, William de, proctor 218n.
Estcourt, M. John, examiner general 206
Eston, M. Walter de, proctor 220
Eton (Eydon), M. Geoffrey de, advocate 210
Euwyes, M. Thomas, advocate 211
examiners general xxvi, xxix, xlv, 6, 13, 36–38, 115–16
  list of 204–06
  *see also* witnesses
exceptions xxv, xlvi, 99, 100, 101, 102, 105, 109, 113, 114, 115–16, 127–28, 129, 131, 133–34, 146, 147, 148–49, 152–54, 155, 156, 159, 160, 161, 162, 168, 169, 178, 181–82, 184–86, 188, 191, 194, 195, 196
excommunication xli, xliv, 78, 107–08, 130–31, 149–50, 162
  *see also* absolution
Exeter, *see* Bronscombe

*factum contrarium seu exclusorium* xxv, xliii, 126, 150, 152–53, 161, 164
Falesham, M. Robert de xx
Falke, William, proctor 222
Farley, M. John, examiner general 205
Fastolf, M. Laurence, advocate 210
Faversham, M. Robert de, apparitor 209
Fayhayr, M. William, advocate 216
Fayter, M. John, advocate 216
fees, *see* Arches, Court of
Feringes, M. Richard de, Official of the Court of Arches 198
Fewter, *see* Fayter
Flaynburgh, M. William de, advocate 213
Foderingeye, M. John de, scribe of the acts 208
Foderingeye, M. William de, advocate 209
formulary books xxx–xxxi
Fovente, William de, proctor 220
Foxford, M. Richard, advocate 217
Franketon, Warwicks. 146
Fransham, Norfolk 164
Freton, M. Roger de, advocate 211
Freynsche, M. John, advocate 213
Frillawe, *see* Trillawe
Frysby, John, proctor 221
Fyllol, Egidius, archdeacon of Colchester 20

Garsias (Iohannes Garsias Hispanus) 179, 182, 186n., 195
Gerebert, M. John advocate 214; registrar 207
Ghent, M. Simon de, bishop of Salisbury (1297–1315) 121, 162n.
Giffard, Godfrey, bishop of Worcester (1268–1302) xxiii, xxiv
Glossa ordinaria of *Liber extra* 121, 122, 127, 133, 136, 137, 166, 174, 176 (*bis*), 177
Gloucester Abbey, xxi
Gloucester, M. Richard de, advocate 210
Glynn, M. Maurice, advocate 216
Godeford, M. John, advocate 212
Godeford, M. Philip, advocate 211
Godeford, M. William, examiner general 205
Godenough, M. John, advocate 212
Goldsmyth, William, advocate 222
Goldyngton, M. Thomas, proctor 221
Goodman, William, proctor 221
Gore, M. Nicholas de, examiner general 204
Gotson, Thomas, proctor 222
Graffton, M. William de
 apparitor 208
 registrar 206
Graham, M. Thomas de, advocate 209
Graham, Thomas de, proctor 220
Gratian, *see Decretum Gratiani*
gravamen xxxviii–xxxix, 12, 15–17, 26, 30–31, 73–74, 76, 98–99, 105, 106–07, 110–111, 126, 131, 134–35, 149, 154, 156, 163, 171, 195
Gravesend, Richard de, archdeacon of London 20
Green, *see* Ryngstede
Greenfield, William archbishop of York (1305–15) 65
Gregory IX, pope (1227–41), on court calendar 225
 *see also Liber extra*
Grosseteste, bishop of Lincoln (1235–53) xviii, xxi–xxii
Gwent, M. Richard
 advocate 217
 dean of the Arches xiv
 Official of the Court of Arches 200
Gyldesburgh, M. Peter de, advocate 212
Gylle, M. John, advocate 214
Gylle, M. Stephen, advocate 213

Hagh, M. Hugh de, advocate 211; proctor 220
Hagh, M. John de, examiner general 204
Haleburg, M. William de, examiner general 204
Hales, M. Adam de, Official of the Court of Arches 198
Harald, M. John, examiner general 205
Harpisfield, M. Nicholas, advocate 216
Harryngton, M. William, advocate 215
Harvey, Dr Henry xxxiii
Haversham, M. Richard de, advocate 211(*bis*)
Hawardyn, M. Humphrey
 dean of the Arches 203
 Official of the Court of Arches 200
Hawkings, M. Nicholas, advocate 217
Hay, M. Philip, proctor 220
Hede, M. Thomas, advocate 215
Hengham, Sir Ralph, chief justice 129
 *see also* Ingham
Henton, William de, proctor 220
Henyngham, *see* Hovyngham
Hereford Cathedral
 chapter 218
 dean of 218
 subdean of xxiii
Herton, M. William de, dean of the Arches 201
Heryng, M. John, proctor 223
Heyton, M. Reginald de, examiner general 204
Hill, Richard, bishop of London (1489–96) xxxi–xxxiii
Hodges, Joan xxxi
Holme, Roger, chancellor of St Paul's Cathedral, London xxix
Holton, William de, proctor 220
Honyngton, M. William de, advocate 211
Hoo, M. Nicholas de, examiner general 204
Hoorde, M. Edmund, proctor 223
Horsey, M. William, advocate 215
Horton, priory of 113
Hostiensis 121, 144, 174, 195 (*bis*)
Houdan, M. Stephen de, proctor 220
Houghton, M. Adam de, advocate 211
Hoveden, M. Henry de, examiner general 204
Hovyngham, M. John, advocate 214
Hughes, M. John, advocate 217
Hunte, M. William, advocate 212
Hutton, M. James, advocate 215

Hyll, M. Geoffrey, proctor   222
Hylton, M. John, registrar   207

Iacobus Buttrigarius   183n.
Iacobus de Arena   183n.
Iacobus de Porta Revannate   183n.
Ickham, Peter of, monk of Christ Church Canterbury   197n.
Idsworth, M. Henry de
  advocate   210
  dean of the Arches   199, 202
Incent, M. John, advocate   216
Ingham, M. Edmund de, examiner general   205
inhibition   xv, xx, xxi, xxiii, xxvii–xxviii, xxxii, xxxiv, xxxv, xli, xlii, xliii, xliv, 29, 126, 136, 139
Innocent III, pope (1198–1216)   173n.
Innocent IV, pope (1243–54)   121, 135n.
  commentaries as canonist   98, 99, 103, 104, 105, 106, 107, 108, 111, 112, 113, 114, 123, 127, 136nn., 138, 139nn., 140n., 141 and n., 143n., 144 (bis), 145 and n., 148, 149, 152, 156 and n., 158n., 162, 166, 173, 174 and n., 175 (bis), 178, 185, 186, 188n., 189, 192 and n., 193 and n., 194 (bis), 195, 196 and nn.
  decrees of at the First Council of Lyons   97, 99, 107, 108, 109, 112, 116, 121, 136, 139 (bis), 140, 141, 143, 145, 148, 158, 179, 188, 193, 194 (bis), 195 (bis), 196
*Institutes* 120
Iohannes Garsias   121
Irtlingburgh, M. Reginald de, advocate   211
Islip, M. Thomas de, registrar   207
Islip, Simon, arcbishop of Canterbury (1349–66)
  advocate   210
  on calendar of the court   225
  on duties of registrar and scribe of acts   xxix, 58–60
  Official of the Court of Arches   xxix, 199
  statute of   58–60
Ivyngho, Ralph de, chancellor of St Pauls Cathedral, London   20

Jarberd, M. John   214n.
Jenkins, Sir Leonine   xiv
Jennyn, M. John, advocate   215
Johnson, Robert, proctor   223
  see also Copland

Katerynton, M. John, registrar   207
Kemp(e), M. John
  dean of the Arches   202
  examiner general in the Court of Arches   206
Kempston, M. Simon, proctor   221
Kenilworth, priory of , Warwicks.   158
Kent, M. Thomas   xxxiii
Kereven, M. Gregory de, dean of the Arches   201
Kettlebury (Kettleberg), M. Stephen de, advocate   210
Kilkenny, M. Adam de, dean of the Arches   201
Kilkhampton, Cornwall   151n.
Kilwardy, Robert, archbishop of Canterbury (1273–78)
  his register   66
  statute concerning oaths for advocates and proctors   xvi, xxii, 4, 218
Kingston, Richard de, proctor   218
Kyngton, M. Thomas, advocate   214

Laiton, M. Richard, advocate   217
Lameleye, M. John de, advocate   211
Lancastre, M. Roger, advocate   215
Lane, M. William, advocate   217
Langeden, M. John de
  advocate   212
  examiner general   205
Langestok, Thomas de, dean of the Arches   201
Langland, the poet   xiv
Langton, Stephen, archbishop of Canterbury (1207–28)   xvi, 130
Law, Roman, see Code of Justinian, Digest, *Institutues, Novels*
Lawson, Alexander, proctor   222
Layton, see Laiton
Lee, M. Rowland, advocate   216
Leech, M. John de, Official of the Court of Arches   199
Legh, M. Thomas, advocate   217
Leicester, prior of   71n.
Lenn, M. Eustace de, Official of the Court of Arches   197
Leson, M. William, advocate   217
Letch, John de, apparitor   208
Levenant, Walter, proctor   220
Leyson, M. Griffin, advocate   217
Leyte, M. Richard, dean of the Arches   203

libel (*libellum*) xxxv, xlii, xliv, xlvii, ll, 18, 27, 38–39, 40, 74, 78, 80, 83, 87–88, 91, 93, 99, 100, 101, 104, 107–08, 113, 116, 122, 137, 148, 150, 157, 158, 160, 166, 167, 168, 169, 179, 182, 190–91, 195, 196
*Liber Cicestrensis* 226
*Liber extra* of Gregory IX 120
*Liber sextus* of Boniface VIII 120, 121, 175
Lichfield Cathedral 88
Ligham, M. Peter
 advocate 216
 dean of the Arches 203
 Official of the Court of Arches 200
*litis contestacio* xliv
Littleton, M. Wilbert, advocate 210
London
 annals of xxvii
 Greyfriars Church 199n., 207n., 211n., 213n., 214nn., 215nn., 221nn.
 Holy Trinity Priory, Aldgate xix, xxxi–xxxii
 Inner Temple Library 118–9
 St Paul's Cathedral
  canons of 20, 145
  chancellor of xxix
  dean of xxix
 St Bartholomew's Hospital, master of xxix
 St Mary Aldermary
  Church xxvii–xxviii
 St Mary le Bow Church xiv, xv, xviii, xx–xxi, xxv, xxvii–xxviii, xxxviii, xlii
London, M. Henry de, proctor 218, 219
London, M. John, advocate 216
Longden, *see* Langeden
Loryng, M. William
 advocate 212
 examiner general 205
Ludgate, Simon de 159n.
Lupton, M. Ralph, advocate 216
Lydford, M. John, advocate 212
Lygham, *see* Ligham
Lyndfeld, M. John
 dean of the Arches 203
 examiner general 206
Lyndwood, M. William
 on the court calendar 225
 Official of the Court of Arches xxxi, 199
 and his *Provinciale* 97, 225
Lynton, M. John, registrar 47, 207
Lyons, First Council of 120, 121
 *see also* Innocent IV

Lyons, Second Council of 178n.

Makerell, M. Robert, advocate 214
Maleuyle, M. John, examiner general 204
Mallyng, Ralph de, archdeacon of Middlesex 20
Martival, John de, proctor 219
Martival, Roger, bishop of Salisbury (1315–30) xxvii, xli
Maryner, William, apparitor 209
Mason, M. Robert, advocte 214
Matthew, M., advocate 209
Mawer, M. Gregory 216
Mayrey, Robert, proctor 222
Meleford, John de, proctor 219
Mennass (Menesse), M. William, advocate 213
Mepham, Simon, archbishop of Canterbury (1328–33) 225n.
Meriton, John de, examiner general 204
Merton, M. John de, advocate 211
Meynot, Matthew, proctor 220
Michel, M. Thomas, examiner general 205
Michell, M. Sampson, advocate 216
Middelton (Midylton), M. Christopher
 dean of the Arches 203
 proctor 222
Middleton, M. Gilbert de
 advocate 210
 dean of the Arches 201
 Official of the Court of Arches 199
Middleton, M. William de, Official of the Court of Arches 197n., 198, 210, 216
Mompesson, M. Henry, advocate 216
Monachus, Iohannes 115n.
Mone, M. Louis, proctor 221
Montacute, Simon de, bishop of Worcester (1334–37) xxviii
Montegarner, M. Richard, canon of Hereford 218
Montford, M. William de 98, 105–6, 156n.
Morce, M.William, advocate 216
More, M. Richard, advocate 215
More, M. Robert, advocate 213
Morgan, M. Henry, advocate 217
Morgan, Percival, proctor 223
Moris, M. John, advocate 216
Mortimer, M. Hugh de, Official of the Court of Arches xvi, xxi, 197(*bis*)
Morton, M. John,
 advocate 214

dean of the Arches   203
archbishop of Canterbury (1486–1500)
    xxxi–xxxii
Mottingham, Kent   87
Mottram, M. Adam   xxix–xxx
Mouner, Walter le, prior of Tutbury,
    Staffs.   57n.
Mugge, M. Richard, advocate   217
Mulakyn, M. Zanobius
    dean of the Arches   203(*bis*)
    Official of the Court of Arches   200
Murymouth, M. Adam de
    advocate   210
    Official of the Court of Arches   199(*bis*)

Nassington (Nassyngton), M. Henry de,
    dean of the Arches   20, 201
Naufer, *see* Mulakyn
Nettleton (Netyleton), M. Robert de
    advocate   211
    examiner general   205
Newport, M. Alexander de, examiner
    general   204
Newton Longville, prior of   xix
Nicholas III, pope (1228–80)   172n.
Norrays, M. Thomas, proctor   221
Norris, *see* Sugar
Northampton, M. Walter de, advocate
    209
Northburgh, M. Michael de, advocate
    210
Northeye, M. Stephen, proctor   220
Norton, M. Robert, dean of the Arches
    202
Norton, M. William de, advocate   213
*Novels*   120

oaths required in Court of Arches   4,
    5–6, 35, 45–46
Official of the Court of Arches
    list of   197–200
    meaning of word 'Official'   xvi
    statutes concerning   5–6, 6–7, 24–26,
        116
Offord, M. John de, dean of the Arches
    202(*bis*)
Olyver, M. John, advocate   216
*Omne bonum*   67
Orleton, Adam, bishop of Worcester
    (1327–33)   218
Otto, legatine constitutions of   44n., 69,
    170
Ottobuono, legatine constituions of   69,
    170, 182

Page, M. Roger
    advocate   213
    dean of the Arches   202
Pagula, William of   67, 68
papal judges delegate   xvi, xvii–xix
Parker, M. Nicholas, registrar   207
Parker, Matthew, archbishop of
    Canterbury (1559–75), insertion of his
    statutes in Black Book of the Arches   2
Pas, M. Richard, proctor   218
Pateney (Patenis), M. Philip de,
    registrar   114, 116, 206
Pays, M. Thomas, proctor   221
Pecham, John, archbishop of Canterbury
    (1279–92), dispute with suffragans
    xxii–xxvi, xxxix, xl, 66, 145
Peek, M. John, dean of the Arches   203
Pencryche, M. William, proctor   221
Pennand, M. John, advocate   216
Penne, M. John, scribe of the acts   208
Perch, M. John
    examiner general   205
    registrar   207
Percy, Thomas, prior of Holy Trinity
    Priory, Aldgate, London   xxxi–xxxii
Perstwode, Thomas, apparitor   209
Pert, M. Thomas, advocate 216
Plessis, M. Richard de
    advocate   211
    dean of the Arches   202
Plymstoke, M. Thomas de, advocate   210
Pole, M. David, advocate   217
Pole, M. Ralph de la, proctor   218
Portland, Robert, proctor   222
Potkyn, M. Peter, advocate   216
Prene, M. John, dean of the Arches   202
Prentys, M. Edward, examiner
    general   206
Prerogative Court
    controversy over   xxv, xxxii–xxxiii,
        xxxiv–xxxv
    origin of   xiii
Price, M. David, advocate   213
    *see also* ap Rhys
proctors function of   xxxv, xlii–xliii,
    90–97 *passim*, 149, 159, 160, 163–64
    list of   218–223
    statutes concerning   xxii, xxvi, 4, 6–11,
        15, 24, 35, 38–39, 50–55, 55–56,
        60–63, 112–13
Prophet, M. John, registrar   207
*provocacio*, *see* appeals
Prowet, M. Alexander, advocate   214
Pryor, *see* Barbar

Purleigh, Essex 113
Purley, Berks. and Surrey 113
*querele, see* appeals

Radcliffe, M. Roger, advocate 214
Radenhale, M. John de, proctor 218
Rawson, M. Richard, advocate 215
Rayne, M. John, advocate 216
Rede, John, proctor 222
Rede, William, bishop of Chichester (1369–85) 68, 226
Redeswell, M. Robert, examiner general 204
Rees, M. John, proctor 219
Reformation Parliament and acts affecting the Court of Arches xxxvi–xxxviii
registrar of the Court of Arches xxix, 13, 39–40, 47–48, 48–50, 58–60, 93
  list of 206–07
rescribe to appeals xli, 11, 12, 24–27, 163
Revet, M. William, advocate 217
Révigny, Jacques de (Iacobus de Ravanis) 183n.
Reynolds, Walter, archbishop of Canterbury (1313–27) 114
  statute of concerning the Court of Arches 22–3
  synodal statues of 97
Rippeley, M. John 23
Rippeley, M. Thomas, advocate 212
Rochester Precedent Book xxxi
Rocoumbe (Rowcombe), M. William, advocate 213
Roffredus Beneventanus 181n.
Romney (Romenal), Geoffrey de, Official of the Court of Arches 198
Ros, M. John de, Official of the Court of Arches 58, 198
Ros, M. Robert de Ros, Official of the Court of Arches 110, 198
Rowell (Rothwell), M. Roger de
  dean of the Arches 201
  Official of the Court of Arches 198
Rudhale, M. Richard, advocate 214
Russel, M. William
  proctor 219
  registrar 206
Russel, John, rector of Yoxall, Staffs. 57n.
Ryngstede, M. Ralph de, proctor 220
Ryngstede, M. William, proctor 221

St Leofard, M. Gilbert de
  advocate 209
  Official of the Court of Arches 198

St Maur, M. Peter de, Official of the Court of Arches 198
St Neots, priory, Hunts. 133n.
Samme, M. Nicholas, advocate 216
Sandford, M. Roger, advocate 215
Sandwich, M. John de, advocate 210
Sapecote, Leics. 118, 121
Sardinia (Sarden), M. William de
  dean of the Arches 201
  Official of the Court of Arches 20, 198
Savoy, Boniface of, archbishop of Canterbury (1245–70) xvi, xxi–xxii
Schellwyk, M. William de, proctor 220
Scolaclif, M. Peter, advocate 210
scribe of acts 48–50, 58–60, 95–96
  list of 208
sentence, pronouncing of xlviii, 96
Sergeaux, Serjeaux, *see* Cergeaux
Sharsted, M. Brice, advocate 210
Shepey, M. John, advocate 212
Shillyngford, M. John, advocate 212
Shirford, M. Thomas de, advocate 212
Shordich, M. John de, advocate 210
Shrewsbury, Ralph of, bishop of Bath and Wells (1329–63) xxviii, xli
Silvester, *see* Godeford
Slole, M. John, scribe of the acts 48, 208
Smyth, John, proctor 221
Smythe, M. John, advocate 216
  *see also* Olyver
Snappe, M. John, advocate 213
Snede, M. Ralph, advocate 216
Solbergh, M. Richard de, advocate 210
Southdon, M. Henry de, examiner general 205
Southwark, St Mary's Priory, prior of xix
Spaldyng, M. William
  dean of the Arches 203
  examiner general 206
Spencer, Richard
  proctor 222
  registrar 207
  scribe xxxii
Spenser, M. Miles, advocate 216
Spert (Spret), M. Thomas, advocate 212
Stafford, M. John, advocate 214
Stanhoe, M. Richard de, dean of the Arches 201
statutes of the Court of Arches xv, 1–63
Staunton, Henry de, Official of the Court of Arches 197
Stephen, M., dean of the Arches 201
Steucle, M. William, advocate 213
Steven, M. Thomas, advocate 214

Stevenes, M. John, examiner general   206
Stewkley (Bucks.), rector of   xix
Stokes, M. John, Official of the Court of
  Arches   200
Stokie, *see* Slole
Stokysley, M. Nicholas, proctor   222
Stone, M. Walter
  advocate   215
  Official of the Court of Arches   200
Stowe, M. Thomas, advocate   213
Stratford, John, archbishop of Canterbury
  (1333–48)
  advocate   210
  and Customs of the Court of Arches
    66–7
  dean of the Arches   201
  referred to in subsequent legislation
    53n., 59nn., 60nn.
  statutes of   xxvii, xxviii–xxix, 23–45
  on tuitorial appeals   xl
  and 'rescribing' to appeals   xl–xli
Stratford, M. Richard de
  dean of the Arches   201
  Official of the Court of Arches   198
Stretele, M. John, examiner general   205
Stretford, M. Thomas de, examiner
  general   205
Stude, M. William, advocate   213
Styecle, M. William, proctor   221
Style, M. Henry, advocate   217
Styleton, Simon de, scribe of the acts
  208
Styllington, M. William, advocate   216
Stynt, M. William, advocate   216
Submission of the Clergy and Restraint of
  Appeals, Act of   xxxvii–xxxviii
Sudbury, M. John, Official of the Court of
  Arches   200
Sudbury, Simon, archbishop of
  Canterbury (1375–81)   xxix–xxx
  his confirmation of ruling of Archbishop
    Islip   58–60
Sugar, M. Hugh, advocate   214
*Summa summarum* of William of Pagula
  67, 68
Supplication of the Commons
  xxxv–xxxvi
Sustede, M. Robert, advocate   212
Sutton, John de   97, 103
Sutton, M. Roger de, advocate   212
Sutton, Richard, master of St
  Bartholomew's Hospital, Smithfield,
  London   xxix
Sutton, Thomas de   103

Swineshead, William de, proctor   219
Sylvester, M. John, *see* Godeford, M. John

Tadeworth, M. William, advocate   213
Tancred   121, 192
Tatchbrook prebendary in Lichfield
  Cathedral   88n.
Taylor, M. John, advocate   215
Teffont(e), M. Thomas de,
  dean of the Arches   201
  proctor   219
Tervin prebendary in Lichfield Cathedral
  88n.
Thame, prebend of in Lincoln Cathedral
  98, 103n.
Thinghull, M. William de
  dean of the Arches   202
  examiner general   205
Thirlowe, *see* Trillawe
Thorp, M. Walter de, dean of the
  Arches   57–8, 201
Tonneshend, M. Roger, advocate   217
Toreville, Philip de, examiner general
  204
Totton, archdeacon of   xli
Trani, Geoffrey of   181n., 186
Tregilian (Tregylton), Richard de, proctor
  219
Tregonwell, M. John, advocate   217
  proctor 223
Tregrigion, M. Ralph, advocate   212
Trillawe, M. Robert de, dean of the Arches
  201
Trumpington, Cambs.   147
Tuddeworth, *see* Tadeworth
Tunstall, M. Cuthbert, advocate   215
Turnour, M. Nicholas, proctor   222
Tutbury, Staffs., priory   57n.
Tykhull, J., proctor   219
Tyssebury, M. John, proctor   221

Uphulle, Simon, proctor   220
Upton, Richard de, proctor   220
Urban V, pope (1362–70)   226
Usk, M. Adam
  advocate   213
  proctor   221

Vaghan, M. Edward, advocate   xxxii, 215
Vaughan, M. John, advocate   216
Vaughan, M. Richard, Official of the
  Court of Arches   199
Vaughan, M. William, advocate   216
Verdun, M. Edmund de, registrar   206

Vincentius Hispanus 121, 192

Walford (Herefs.), church of xxi
Walkington, William de, proctor 219
Walter, Hubert, archbishop of Canterbury (1193–1205) xvi
Wardale, M. John, advocate 214
Ware, M. Henry, Official of the Court of Arches 199
Warham, M. Richard, advocate 217
Warham, William
  advocate in Court of Arches 215
  archbishop of Canterbury (1503–32)
    controversy with suffragans xxxiv–xxxv
    statute concerning number of proctors in the Court of Arches 60–3
Watkyns, M. Richard, proctor 223
Welbourne, M. John, advocate 213
Wells Cathedral xix
  dean of xli
  dean and chapter of xlii
Welton, M. Gilbert de, advocate 211
Wengham, John de, precentor of St Paul's Cathedral, London 20
Went, M. John, scribe of the acts 208
Weston, M. Robert, advocate 213
Weston, M. William de, advocate 210
Wharton, M. Geoffrey, advocate 216
Whiet, M. Ralph, proctor 223
Whitebi, M. William de, dean of the Arches 201
Whittlesey, M. William de,
  advocate 211
  Official of the Court of Arches 199
Wickmer, see Wykemore
Wikeford, see Wykford
William the Conqueror, king of England (1066–87), statute of concerning church courts xvii
William, M. David, dean of the Arches 203
Wills, see Prerogative Court
Wilson, M. John, advocate 217
Winchelsey, Robert, archbishop of Canterbury (1293–1313) 66, 145n., 209
  insertion of his statute in Black Book of the Arches 3
  statutes of 1295 xxii, xxiv, xlii, 5–20, 218
  statute of 1309 21
  statutes referred to subsequently 24, 26n., 29n., 30n., 33n., 35nn., 36nn., 38n., 40n., 42n., 43n., 44nn., 47, 53nn., 56nn., 60n., 62, 65
  and time for prosecuting tuitorial appeals xl, 57–8
Winterburn, M. Thomas, Official of the Court of Arches 200
witnesses xxix, xliv–xlv, 33–34, 41–42, 91–93, 101, 130, 150, 153, 163, 171, 185–86, 191–92, 196
see also examiners general
Wittlesey, William, archbishop of Canterbury (1368–74) 212n.
Wodyngton, M. Thomas
  dean of the Arches 203
  Official of the Court of Arches 2, 3, 200
Wogan, Ennea, proctor 220
Wolleman, M. Richard, advocate 216
Wooton (Somerset), rector of 209
Worcester, see Orleton
Worcester, M. Robert de, advocate 210
Worston(e), M. William
  advocate xlii, 211
  examiner general 204
Wotton, M. Nicholas, advocate 217
Wotton, M. R., advocate 214
writs
  cerciorari xlvii
  consultation xlvii
  prohibition xlvi
Wyberry, John, proctor 222
Wykemore, M. Adam de, examiner general 205
Wykford, M. Robert
  advocate 212
  examiner general 205
Wylton, M. William, advocate (?) 215n.
Wymborn, M. Peter de, scribe of the acts 208
Wyse, M. Robert le, Official of the bishop of Hereford xxiii, xxv
Wytechurche, M. John de, examiner general 204
Wytham, M. William, dean of the Arches 203
Wytton, M. William, advocate 215

Yonge (Young), M. Thomas
  advocate 211
  Official of the Court of Arches 199
York, St Mary's Abbey, abbot of 98, 105–6
Yoxall, Staffs. 57n.

www.ingramcontent.com/pod-product-compliance
Lightning Source LLC
Chambersburg PA
CBHW051805230426
43672CB00012B/2637